Finanztango

Klaus Boltres-Streeck • Susanne Femers

Finanztango

Wirtschaftliche Beziehungen
und ihr Management
in der Wirtschaftskommunikation

Klaus Boltres-Streeck
Susanne Femers
Berlin, Deutschland

ISBN 978-3-531-19295-6   ISBN 978-3-531-19296-3 (eBook)
DOI 10.1007/978-3-531-19296-3

Die Deutsche Nationalbibliothek verzeichnet diese Publikation in der Deutschen Nationalbibliografie; detaillierte bibliografische Daten sind im Internet über http://dnb.d-nb.de abrufbar.

Springer VS
© VS Verlag für Sozialwissenschaften | Springer Fachmedien Wiesbaden 2012
Das Werk einschließlich aller seiner Teile ist urheberrechtlich geschützt. Jede Verwertung, die nicht ausdrücklich vom Urheberrechtsgesetz zugelassen ist, bedarf der vorherigen Zustimmung des Verlags. Das gilt insbesondere für Vervielfältigungen, Bearbeitungen, Übersetzungen, Mikroverfilmungen und die Einspeicherung und Verarbeitung in elektronischen Systemen.

Die Wiedergabe von Gebrauchsnamen, Handelsnamen, Warenbezeichnungen usw. in diesem Werk berechtigt auch ohne besondere Kennzeichnung nicht zu der Annahme, dass solche Namen im Sinne der Warenzeichen- und Markenschutz-Gesetzgebung als frei zu betrachten wären und daher von jedermann benutzt werden dürften.

Einbandentwurf: KünkelLopka GmbH, Heidelberg

Gedruckt auf säurefreiem und chlorfrei gebleichtem Papier

Springer VS ist eine Marke von Springer DE. Springer DE ist Teil der Fachverlagsgruppe Springer Science+Business Media.
www.springer-vs.de

Inhaltsverzeichnis

1 **Management und die Beziehungsgestaltung in der Wirtschaftskommunikation** 1
    1.1 Das Unternehmen als „chemischer Betrieb". 3
    1.2 „State of the art" im Beziehungsmanagement 3
    1.3 Neue Fragen zur Beziehungsgestaltung. 5
    1.4 Die Schrittfolge im Finanztango. 7
    Literatur. 9

2 **Ein Gespräch über Beratung und Beziehung in der Wirtschaftskommunikation** 11

3 **Die Begriffe Akteure, Zielgruppen, Stakeholder & Co und ihre Implikationen für das Beziehungsmanagement** 17
    3.1 Akteure in der Kommunikationswissenschaft, Unternehmens- und Organisationskommunikation 19
    3.2 Das klassische Zielgruppenkonzept in Marketing und Werbung ... 22
    3.3 Das Dialogkonzept in der Unternehmenskommunikation 23
    3.4 Der Begriff der Teilöffentlichkeiten in den Public Relations 26
    3.5 Neue mediale Kontexte, neue Akteure und neue soziale Beziehungen 31
    3.6 Netzwerkmodelle und Stakeholdermanagement 32
    Literatur. 34

4 **Vertrauen oder von der Kunst, Pferden etwas einzuflüstern** 37
    4.1 Werbung: Philosophisch-rhetorisch versierte Spiele mit Vertrauen 39
    4.2 PR: Vertrauen ist gut, Reputation ist besser, Kontrolle ist immer ... 43
    4.3 Public Affairs und Lobbying: Januskopf in der Vertrauensfrage? ... 47
    4.4 Customer(-Relationship-)Verschaukelung: „Wir schaffen Vertrauen" 50
    Literatur. 53

5 Lügentypen – über Unaufrichtigkeit im Wirtschaftsleben ... 55
- 5.1 Explizite sprachliche Lügen ... 56
- 5.2 Stumme Lüge ... 58
- 5.3 Bunte Lüge ... 60
- 5.4 Strukturelle Lügen ... 62
- 5.5 Griechische Lügen ... 63
- 5.6 Psychische Belastung durch Lügen ... 65
- 5.7 Mit Lügen umgehen ... 67
- Literatur ... 68

6 Fairness und Gerechtigkeit und ihre Bedeutung für das Beziehungsmanagement in der Wirtschaftskommunikation ... 71
- 6.1 Gegenseitigkeit, Fairness und Gerechtigkeit – Boni auf den Beziehungskonten im kommunikativen Kalkül ... 72
- 6.2 Der Kaffee aus „To go", der die Welt schön macht, und andere Geschichten von der Kommunikation zur gerechten Wirtschaftswelt ... 75
  - 6.2.1 Distributive Gerechtigkeit oder was gerecht ist, entscheidet jeder für sich ... 76
  - 6.2.2 Prozedurale Gerechtigkeit oder auf das „Wie" kommt es auch an ... 78
  - 6.2.3 Interaktionale Gerechtigkeit oder die Rolle des Umgangs miteinander ... 80
- 6.3 Beliebte Metaphern und Legenden der Gerechtigkeit: Es lebe der Sport und ein Hoch auf David! ... 82
- Literatur ... 86

7 Besser als erwartet: Der Einfluss von Geld auf Beziehungen ... 89
- 7.1 Sprechen über Geld in geselliger und in wirtschaftlicher Beziehung ... 90
- 7.2 Soziale Funktionen von Preisen ... 93
- 7.3 Kommunikation über Geld ... 96
- 7.4 Geld und Moral ... 99
- 7.5 Geld, das zu lächeln versteht ... 101
- Literatur ... 103

8 Beziehungswetter – über die wirtschaftliche Bedeutung von Stimmungen und Atmosphären ... 105
- 8.1 Stimmungen, Emotionen, Persönlichkeitszüge ... 105
- 8.2 Stimmungen erkennen ... 106
- 8.3 Stimmungen und Atmosphären ... 109

8.4	Atmosphären von Innenräumen	110
8.4.1	Musik und Stimmung	111
8.4.2	Stimmungen und Olfaktorik	113
8.5	Welche Stimmungen sind anzustreben?	114
Literatur		116

9 Gefühlsanarchisten und Emotionssimulanten – auf den Spuren der Freundlichkeit in Dienstleistungsbeziehungen 119
    9.1   Die ökonomische Facette: Kundenorientierung 121
    9.2   Die psychologische Facette: Gefühlskontrolle 123
    9.3   Die kulturhistorische Facette: Sanftheit als Ideal 125
    9.4   Die kritisch-soziologische Facette: Emotionaler Kapitalismus 127
    Literatur 130

10 Menschliche Schönheit – Beziehungskatalysator und geldwerter Vorteil 133
    10.1   Objektive Schönheit 134
    10.2   Die Ästhetik des Menschen 136
    10.3   Schönheit per Befragung 139
    10.4   Das Versprechen der Schönheit 143
    Literatur 146

11 PR-Berater und ihre Klienten: Von Desillusionierungsfallen und der Kunst, ein Stachelschwein zu küssen 147
    11.1   Beratung und Dienstleistung 148
    11.2   PR-Beratung und PR-Dienstleistung 150
    11.3   Desillusionierungsfallen in der PR-Beratung 154
        11.3.1   Desillusionierungsfalle 1: Beratung ist kein Management 154
        11.3.2   Desillusionierungsfalle 2: PR-Disziplin unter Generalverdacht 155
        11.3.3   Desillusionierungsfalle 3: Schwarze Schafe als Vertrauensmalus 156
        11.3.4   Desillusionierungsfalle 4: Feminisierung und Freundlichkeitsfalle 158
        11.3.5   Desillusionierungsfalle 5: Vorprogrammierung von Rollenkonflikten 159
        11.3.6   Desillusionierungsfalle 6: Professionell ohne Professionalisierung 162
    11.4   Schlussbetrachtung: Coaching auf dem Weg zur Reifeprüfung? 163
    Literatur 164

12 Die Sparkasse im Gehirn – Neurowissenschaftliche Aspekte der Finanzberatung 167
12.1 Was weiß das Neuromarketing? 169
12.2 Die Angst vor der Transparenz 172
12.3 Gehirne in der Finanzberatung 174
12.4 Glaubwürdigkeitseinschätzung 176
12.5 Spiegelung 178
12.6 Enthemmung 180
Literatur 183

13 „wir backen. du König." (Back König) Ein Kunde ist (k)ein König – Die Beziehungspflege im Marketing 185
13.1 Den anderen durchdringen oder das Ideal der sozialen Penetration 187
13.2 Wirtschaftskommunikation als Akt sozialer Penetration 189
13.2.1 Orientierungsphase: Easy – nicht zu forsch, aber emotional intelligent! 190
13.2.2 Explorative Affektivität: Langsam miteinander in Einklang kommen! 192
13.2.3 Affektive Phase: Jetzt noch mal mit ganz viel Gefühl! 193
13.2.4 Phase der Stabilität: Auf Miteinander und Innensicht setzen! 195
13.2.5 Depenetration – Herausforderung für die Beziehungspflege im Marketing 196
13.3 Fazit: Zum Wert der Theorie der sozialen Durchdringung 198
Literatur 200

14 Strategische Beziehungen – innerhalb und außerhalb der Wirtschaftskommunikation 203
14.1 Von der Strategie zur strategischen Beziehung 204
14.2 Vom Krieg zum Frieden 206
14.3 Von Schwarz und Weiß zu zufällig und anders 208
14.4 Von oben herab führt zu nichts 211
14.5 Von Herrschaftsstrategien zu Beziehungsstrategien 216
Literatur 218

15 Sozialpsychologie der Affiliation – und der Wert von Freundschaft in der Wirtschaftskommunikation 219
15.1 Affiliation in der Sozialpsychologie 221

15.2 Freundschaft in der Wirtschaftskommunikation.............. 223
    15.2.1 Renaissance der Freundschaft: „Guten Freunden gibt man ein Küsschen"........................... 224
    15.2.2 Das Phänomen der sozialen Netzwerke.............. 226
    15.2.3 Werteverfall oder „pubertärer Schulterschluss": Burger Kings „Whopper Sacrifice und die wa(h)re Freundschaft"..................... 227
15.3 Schlussbetrachtung und Ausblick – und doch brauchen wir einen Teddy!.. 230
Literatur.. 231

16 Markenbild-Beziehungen – ein Ausflug in die entferntere Nachbarschaft 235
16.1 Marken-Bildakte 237
16.2 Die Normalität des Fetischismus 242
16.3 Evolution des Markenbildes................................ 246
16.4 Was nun? 248
Literatur.. 249

17 Realität und Virtualität in und von Beziehungen – was wirklich ist, ist wirklich schwer zu sagen 251
17.1 Die Welt als Bühne – Möglichkeiten der Wirklichkeit im Sozialen... 252
17.2 Impression Management und persuasive Selbstinszenierung ... 254
17.3 Ebenen der Kommunikation und Aushandlung geteilter Realität.. 256
17.4 Medien und soziale Realität: Erweiterungen und Modifikationen 258
    17.4.1 Soziale Realität und interpersonale medienvermittelte Kommunikation 259
    17.4.2 Soziale Realität in der Kommunikation mit Medien(produkten)........................... 263
17.5 Episches Theater für Wahrheit und Wahrhaftigkeit im Möglichkeitsraum sozialer Realität...................... 265
Literatur.. 267

18 Am Ende: Warum?... 271

Management und die Beziehungsgestaltung in der Wirtschaftskommunikation

Zusammenfassung

Was ist Management? Und was hat Management mit Beziehungsgestaltung zu tun? Management ist Beziehungsgestaltung. So kann man zumindest folgern, wenn man modernen Auffassungen im Management und Marketing glaubt, die die Steuerung von Beziehungen zu Mitarbeitern, Kooperationspartner und Kunden in jüngster Vergangenheit in den Mittelpunkt der Betrachtung von kritischen Erfolgsfaktoren von Unternehmen gerückt haben. Was das speziell in der Wirtschaftskommunikation bedeutet, wird im einführenden Beitrag mit Bezug auf theoretische Arbeiten aus der Kommunikationswissenschaft und der Betriebswirtschaftslehre erörtert. Im Zuge der Klärung des „state of the art" im Beziehungsmanagement ergeben sich einige neue, bislang noch nicht thematisierte oder nicht ausreichend geklärte Fragen, die die Autoren des vorliegenden Buches für sich als Herausforderung verstanden haben, um ausgewählte Wissenslücken zu (er)schließen. Das Ende des Kapitels bietet eine Vorschau auf das, was den Leser bei der Lektüre des „Finanztango" erwartet.

Susanne Femers

Fragt sich ein Manager, wie er seiner Rolle am besten gerecht wird, ist er nach wie vor nicht schlecht beraten, sich beim amerikanischen Ökonomen Peter Drucker über die Kunst des Managements zu informieren. Der um Erfolg bemühte Leser erfährt dort, dass die *Klärung dreier Leitfragen* entscheidend ist. Die erste Frage lautet: „Was genau ist die Aufgabe des Managements?" Die Antwort von Drucker (2000, S. 105) ist so banal wie wahr zugleich, es geht um das *Erzielen wirtschaftlichen Erfolgs*: Management sollte zum Ziel haben, „Ressourcen und Bemühungen eines Unternehmens in eine Richtung zu lenken, um Chancen zu ergreifen, damit Ergebnisse von wirtschaftlicher Bedeutung erzeugt werden können." Dies entspricht den heute gängigen Auffassungen in der Betriebswirtschaftslehre wie einschlägige Autoren sie in ihren Definitionsansätzen fassen.[1]

Die zweite Frage ist schon kniffliger: „Worin liegt das hauptsächliche Problem dieser Aufgabe (des Managements, S. F.)?" Druckers (2000, S. 105 f.) Antwort lautet: „Vor allem die Verwirrung um den Unterschied zwischen Effektivität und Effizienz führt dazu, dass Dinge richtig gemacht werden, statt die richtigen Dinge zu tun. (...) Was wir benötigen ist ein (...) Weg, um Bereiche der Effektivität (...) zu identifizieren." D. h. Management ist eine *Selektionsaufgabe* zwischen wichtig und unwichtig, eine Frage der *Priorisierung*.

Die dritte Leitfrage schließlich kann als noch größere Herausforderung betrachtet werden: „Welches Prinzip liegt dem zugrunde?" Druckers (2000, S. 106) Antwort: „Ein Wirtschaftsunternehmen ist kein natürliches, sondern ein soziales Phänomen. In einer sozialen Situation treten Ereignisse jedoch nicht an die ‚Normalverteilung' des natürlichen Universums gelehnt auf." Das bedeutet – wie Drucker im Nachgang erläutert – dass in einer sozialen Situation nur wenige Ereignisse, 10–20 %, für 80–90 % aller Ergebnisse und die große Mehrheit der Ereignisse nur für 10 % oder weniger der Ergebnisse ursächlich sind.

Was bedeutet das? Mit einigen wenigen Großkunden wird vielleicht das entscheidende, die Existenz sichernde Geschäft gemacht. Nur eine einzige kritische Stimme kann im Internet eine Welle des Protests aufgrund einer Beschwerde auslösen, die vielleicht als Lappalie seitens des Marketingmanagers verkannt worden war. Ein kleines Sandkorn im sozialen Getriebe einer komplexen Teamkonstellation kann eine Routineaufgabe für Spezialisten zur Herausforderung werden lassen. Und trotz strategisch klug geplanter PR und hoher Professionalität in der Medienarbeit kann ein einziges ungeschickt geführtes Hintergrundgespräch mit der Redaktion des wichtigen Medienpartners die Erfolgsblase zum Platzen bringen. Was folgt daraus? Eine der Maximen für den Erfolg suchenden Manager könnte lauten: „Achte auf jedes Detail! Es könnte das wichtigste sein – auch wenn es noch so klein ist."

---

[1] So besteht z. B. nach Thommen und Achleitner (2006, S. 859) das Management eines Unternehmens in der gezielten und koordinierten Gestaltungs- und Steuerungsfunktion der Umsatzprozesse der Organisation. Ulrich und Fluri (1995, S. 13) definieren Management in ihrer klassischen „konzentrierten Einführung" zum Thema als „die Leitung soziotechnischer Systeme in personen- und sachbezogener Hinsicht mit Hilfe professioneller Methoden."

1.1 Das Unternehmen als „chemischer Betrieb"

Eines dieser Details in dem komplexen Handlungsfeld eines Unternehmens, in dem Manager und Managerinnen agieren, sind die Beziehungen der Menschen, die diese Organisation bilden oder im Umfeld mit diesem System im Austausch stehen. Im Alltag spricht man in Bezug auf die Güte von Beziehungen davon, dass die „Chemie" stimmt, was bedeutet, dass eine Beziehung gut funktioniert, dass Beziehungspartner miteinander harmonieren oder eben dass die „Chemie" nicht stimmt, wenn Beziehungen nicht reibungslos funktionieren. Der häufig geäußerte Satz „Da stimmte die Chemie einfach nicht", kann auch als eine Art Kapitulation vor der Aufgabe, Beziehungen zu managen verstanden werden. Überhaupt ist das Gestalten von Beziehungen als Managementaufgabe noch eine geschichtlich betrachtet recht neue Herausforderung, die die Managementlehre für sich entdeckt hat. Das *Unternehmen als „chemischer Betrieb"* gedacht, hat immer auch mit der Betrachtung der Kommunikation der Beziehungsteilhaber zu tun. Der Manager oder die Managerin, die also bei der Suche nach Erfolg auch dieses Detail im Gesamtportfolio ihres Handelns betrachten, sollten sich weiteren „sozialen Fragen" widmen: Wie funktionieren Beziehungen? Welche Beziehungskonstellationen sollte man kennen? Wie können Beziehungen gestaltet werden, um wirtschaftliche Erfolge zu sichern? Konsequenter Weise wird daher bei Druckers (2002, S. 306 ff.) Managementansatz der gut funktionierenden Kommunikation für den wirtschaftlichen Erfolg einer Organisation eine herausragende Rolle zugeschrieben.

1.2 „State of the art" im Beziehungsmanagement

In diesem Buch wird die Beziehungsgestaltung des Unternehmens in der Kommunikation mit seinem Umfeld in den Mittelpunkt der Betrachtung gerückt. Wirtschaftskommunikation selbst kann als eine vielfältige Managementaufgabe verstanden werden. Dieser Anspruch begründet sich einerseits aus der Praxis der Kommunikationsschaffenden im Alltag von Redaktionen, Agenturen und Unternehmen und resultiert andererseits auch aus theoretischen Reflexionen über die Tätigkeit von Kommunikationsmanagern. Was sind nun die Gegenstände der Steuerung in diesen Managementprozessen? Zweifelsohne gehören dazu die Inhalte der Kommunikation, also Themen, Botschaften, Konsumentenwünsche und Fantasien. Arbeiten beispielsweise zum Agenda-Setting (z. B. Maurer 2010), zum Issuemanagement (Ingenhoff 2004) oder zum Management von Fantasien (Streeck 2010) belegen dies. Noch stärker im Fokus der Betrachtung von Management in der Kommunikation stehen die verschiedenen Instrumente der Unternehmens- bzw.

Marktkommunikation, die entwickelt und aufeinander abgestimmt, d. h. integriert werden müssen, um Kommunikationserfolg zu sichern (vgl. Bruhn 2009a, 2010).

Management in der Wirtschaftskommunikation bedeutet darüber hinaus mehr: Vielfältige Beziehungen der Akteure, Kommunikationsschaffenden und Rezipienten im gesamten Kommunikations(produktions)prozess werden in unterschiedlichen Schnittstellenkonstellationen bewusst und häufig auch wenig reflektiert gesteuert. Das Management dieser Beziehungen und ihrer Verflechtungen ist für *ausgewählte Akteure* bereits Gegenstand einschlägiger Arbeiten geworden. Für die *Public Relations* sind hier z. B. die Arbeiten von Femers (2002) und Fuhrberg (2010) zur *Beziehung von Beratern und Klienten* zu nennen, für die werbende Wirtschaftskommunikation lässt sich exemplarisch die Reflexion von Streeck (2008) anführen. Am intensivsten in der Betriebswirtschaftslehre sind sicherlich bislang die *Beziehungen zwischen Unternehmen und Kunden* im Rahmen des Customer-Relationship-Marketings untersucht worden (Bruhn 2009b).

Für die Kommunikationswissenschaft ist die theoretisch durchaus elaborierte Analyse und empirische *Überprüfung des Verhältnisses von Journalisten und PR-Beratern* zu nennen. Diese haben traditionell ein angespanntes Verhältnis, das sich theoretisch z. B. in Modellen der Determinierung oder Intereffikation abbilden lässt (Raupp 2008; Bentele 2008). In der Praxis sind für die Beschreibung der Beziehung metaphorische Hilfen in Anspruch genommen worden: wie die der „Symbiose", der „siamesischen Zwillinge" oder des „Parasitismus" (vgl. Bentele 2008, S. 210). Zentral ist dabei die Frage, ob und inwieweit Öffentlichkeitsarbeit die Unabhängigkeit des Journalismus gefährdet. Trotz intensiver Beschäftigung der Forschung mit dieser Frage, ist eine befriedigende Antwort noch nicht gefunden. Allerdings steht die angesprochene Beziehung moralisch betrachtet unter Generalverdacht: „Darf man PR-Helfer sein?" fragt sich z. B. das Medium Magazin Anfang 2012 (Niggemeier 2012, S. 73). Dahinter steht die Frage, wie intensiv die Interaktion der beiden Beziehungspartner sein darf, um die systemeigenen Ziele nicht zu gefährden.

Beziehungen in der Wirtschaftskommunikation sind also – das zeigt das Beispiel – auch mit *Fragen der Ethik von Kommunikation* und grundsätzlichen Wertedebatten der Mediengesellschaft verbunden, die u. a. für das Funktionieren von Beziehungen relevant sind. In der Kommunikationswissenschaft sind dazu *eine Reihe von moralischen Imperativen* erarbeitet worden, die als Maximen erfolgreichen kommunikativen Handels bekannt sind. So hat beispielsweise Grice in seinen Konversationsmaximen eine *Maxime der Qualität* aufgestellt, die besagt, man solle Gesprächsbeiträge liefern, die wahr sind; nichts sagen, wovon man selber glaubt, dass es falsch ist und auch nichts sagen, wofür man keine hinreichenden Anhaltspunkte hat (Grice 1975, S. 46 f.). Analog dazu hat Habermas (1981) in seiner Theorie kommunikativen Handelns u. a. die damit verwandten Empfehlungen für *Wahrheit*,

Wahrhaftigkeit und Richtigkeit als elementare Voraussetzungen für Verständigung formuliert (Habermas 1981, S. 410 ff.).

1.3 Neue Fragen zur Beziehungsgestaltung

Über die bisherige o. g. disziplinspezifische Fokussierung hinaus lassen sich allerdings noch viele weitere Herausforderungen für das Beziehungsmanagement in der Wirtschaftskommunikation nennen. Insbesondere das *Schnittstellenmanagement bei komplexen Dienstleistungsaufgaben* ist hier zu nennen. Darüber hinaus ist mit der Weiterentwicklung medialer Kontexte der Kommunikationsproduktion und -rezeption das vormals dominante asymmetrische Verhältnis der „One-to-Many"-Kommunikation im massenmedialen Kontext dem *„Many-to-Many"-Prinzip in der Netzwerkgesellschaft* gewichen. Es ist also auch nach den *Wandlungen der Beziehungen zwischen Akteuren* zu fragen, so wie auch zu klären, ob gänzlich neue Beziehungen in der Wirtschaftskommunikation entstanden sind oder alte Beziehungsmuster in neuen medialen Kontexten einen Bedeutungswandel erfahren oder gar drohen, brüchig zu werden. Für den *Begriff der „Freundschaft"* wird dies beispielsweise vor dem Hintergrund der inflationären Verwendung des Begriffs im Kontext des sozialen Netzwerks Facebook in letzter Zeit reklamiert (vgl. z. B. Meckel 2010; Fetscher 2010).

Betrachtet man die zeitgenössische Literatur zur Netzgesellschaft, kann man den Eindruck gewinnen, dass der Wert von Beziehungen an sich derzeit eine besondere Aufmerksamkeit erfährt bzw. auch ein besonderer Charakter von Beziehungen in sozialen Netzwelten der Internetökonomie unterstellt wird. So sprechen Friebe und Lobo (2007, S. 78) von *„Respektnetzwerken"*, in denen die sogenannte „digitale Bohème" verflochten ist und sich gegen das Gestern der Ökonomie abgrenzt: „Statt ökonomisches Kapital anzuhäufen (…), investiert sie Zeit, Arbeit und Energie in die Respekt-Ökonomie, das heißt in den Aufbau und die Pflege sozialer Netzwerke." (Friebe und Lobo 2007, S. 78). Blogs werden in diesem Kontext als „digitale Wohnzimmer" charakterisiert, in denen sich Leben und Arbeit abspielen und in denen eine „enorme emotionale Dynamik" zu beobachten ist, die durch starke Subjektivität, Egozentrik und die Neigung zur Selbstdarstellung der Bewohner zustande kommt (Friebe und Lobo 2007, S. 205). Jenseits dieser Wohnzimmer wird sogar ein Umbruch für die Gesellschaft als Ganze konstatiert, wenn das *„We 2.0"* im Wortspiel mit dem „Web 2.0" gleichgesetzt wird und Kevin Kellys Ausruf „We are the Web" aus dem Jahr 1998 für die deutsche Gesellschaft zu Beginn des neuen Jahrtausends im „Das Netz sind wir."-Anspruch gipfelt (Friebe und Lobo 2007, S. 166).

So sehr das Netz verbindet oder zumindest das Potential zur intensiven Beziehungspflege aufweist, so sehr wird aber auch in Zweifel gezogen, ob es alle verbindet oder nicht vielleicht auch trennt. So wird vielen Unternehmen unterstellt, dass sie die Herausforderungen des Internetzeitalters nicht wirklich erkannt hätten und in Bezug auf die Teilhabe am neuen Miteinander wird die Generationenfrage laut. Bezogen auf die sogenannten „digital natives", die quasi schon im Uterus online waren, könnte man befürchten, dass sie die anderen, früheren Generationen „abzuhängen" in der Lage sind – wie die Kulturredakteurin Pilarczyk (2011) diskutiert. Die „Net Kids" von heute sind die ausgewachsenen Netzwerker von morgen, die selbstverständlich auch das Miteinander in der Wirtschaft mitbestimmen und neben ihrer Netzeuphorie auch ihre Erfahrungen von „Tatort Internet" und den verschiedenen Spielarten des „Cybermobbings" mitnehmen in die Geschäfts- und Arbeitswelt der Zukunft. Ob diese dann eine moralisch „bessere", „sozialere" wird, ist schwer zu sagen. Feststellen aber kann man, dass für die Beziehungsgestaltung in der Wirtschaft die neuen medialen Räume des Internets bewohnt werden müssen und auf ihr Raumklima hin zu erkunden sind. Hierzu sind trotz intensiver Forschung zur computer- bzw. medienvermittelten Kommunikation noch viele Fragen offen.

Egal ob Beziehungsgestaltung in der Face-to-Face-Kommunikation oder in medienvermittelten Kommunikationsformen zu leisten ist, einige weitere *Kernkonzepte* spielen neben den o. g. Maximen der ethischen Beziehungspflege eine besondere Rolle für das Gelingen von Beziehungsmanagement. Wenn von Beziehungen die Rede ist, werden in der Wirtschaftskommunikation häufig auch in einem Atemzug die Konzepte *Vertrauen und Glaubwürdigkeit* genannt, von denen zuweilen behauptet wird, sie seien für das „Funktionieren" von wirtschaftlichen Beziehungen und Beziehungserfolg entscheidender als die kommunikativen Inhalte, die zwischen den Akteuren ausgetauscht werden. Es ist ebenso sinnvoll, in einem Buch zum wirtschaftlichen Beziehungsmanagement die Frage zu stellen, welchen Stellenwert andere „Beziehungsgradmesser" wie *Gerechtigkeit und Fairness* oder die *Emotionalität in Sozialbeziehungen* von Dienstleistern bzw. Beratern und Kunden, Konsumenten und Unternehmen haben.

Solchen *Leitfragen* folgt das Buch „Wirtschaftliche Beziehungen und ihr Management in der Wirtschaftskommunikation", das Wissen zum Management von Wirtschaftsbeziehungen bündeln und systematisieren, aber auch ausweiten will, indem es im Überblick Beziehungswissen darstellt und in der Fokussierung und Reflexion neuer Beziehungsdimensionen und -konstellationen Bemerkenswertes und bislang Übersehenes thematisiert. Der Haupttitel des Werkes, „*Finanztango*", rechtfertigt sich durch die Beschaffenheit der Beziehungen, die hier bevorzugt betrachtet werden. Es sind immer finanziell getriebene bzw. monetär motivierte Beziehungen, die im Wirtschaftsleben zu steuern und zu gestalten sind.

1.4 Die Schrittfolge im Finanztango

Erfolgreiches Management – so die Ausgangsfrage – bedeutet bezogen auf den „Finanztango", dass bei Wirtschaftsbeziehungen für zielorientierte Kommunikation die Parkettbeschaffenheit zu prüfen ist, die gemeinsamen Schrittfolgen genau zu planen und mögliche Hindernisse abzuschätzen sind. Das vorliegende Buch arbeitet Wissen zum Beziehungsmanagement auf, damit die soziale Pflicht des Kommunikationsmanagers nicht zur Bürde und die Kür ohne Abzug in der B-Note absolviert werden kann. Die vor dem Leser liegenden „Lektionen" zum Tango sollen im nachfolgenden „Tanzschulprogramm" die Leseerwartungen für die Lektüre abstimmen und auf Themenschwerpunkte und inhaltliche Ausgestaltung der beiden Autoren einstimmen, so dass die einzelnen Schrittfolgen nachvollziehbar werden – in der Hoffnung, dass so das Lesen ein anregendes und vergnügliches Erlebnis zugleich wird.

Für die *Auswahl der Schwerpunkte zum Beziehungsmanagement* im vorliegenden Band ist sowohl der *berufsbiographische Hintergrund* als auch die derzeitige kollegiale Verbundenheit der Autoren aufschlussreich. Klaus Boltres-Streeck ist promovierter Diplom-Soziologe mit langjähriger Erfahrung in der strategischen Kommunikationsberatung, vornehmlich in der Werbung. Er ist bis heute in der Beratung engagiert und arbeitet als Professor für Wirtschaftskommunikation an der Hochschule für Technik und Wirtschaft (HTW) Berlin. Das Buch ist in intensivem Austausch mit seiner Kollegin Susanne Femers entstanden, die eine Professur für Wirtschaftskommunikation am gleichnamigen Studiengang an der HTW Berlin innehat. Sie ist promovierte Diplom-Psychologin, die langjährige Erfahrung in der Public Relations Beratung aufweist und heute neben Beratung auch Coaching für Organisationen anbietet. Die Betrachtung von Beziehungsmanagement im vorliegenden Buch ist folglich interdisziplinär sowie zugleich theorie- wie auch praxisorientiert. Die Ziele des Publikationsvorhabens, die Entscheidungen über die Inhalte und die Hoffnungen für die Leserschaft waren seit dem Frühjahr 2011 Gegenstand intensiver *Gespräche der Autoren*, von denen Auszüge im nachfolgenden *2. und im abschließenden 18. Kapitel* des Buches wiedergegeben werden.

Kapitel 3 (von Susanne Femers) thematisiert die grundlegenden „Begriffe Akteure, Zielgruppen, Stakeholder & Co und ihre Implikationen für das Beziehungsmanagement", die in unterschiedlichen Theorietraditionen und Kommunikationsdisziplinen darüber Aufschluss gegeben haben, wer als *Kommunikationsteilnehmer* im professionellen Kommunikationsmanagement Geltung besitzt. Im Kommunikationsmanagement werden Dienstleister und Berater als *Vertrauensexperten und -vermittler* aufgefasst, daher behandelt der Folgebeitrag im Kap. 4 (von Susanne Femers) das Thema „Vertrauen" oder die „Kunst, Pferden etwas einzuflüstern".

Nicht nur in der Auftragskommunikation, im gesamten Wirtschaftsleben sind moralische Implikationen in der Kommunikation mitzudenken, die weiter oben unter den Stichworten *Wahrheit, Wahrhaftigkeit und Richtigkeit* bereits angesprochen wurden. Klaus Boltres-Streeck beschäftigt sich in diesem Kontext im Kap. 5 mit *„Lügentypen"* und der *„Unaufrichtigkeit im Wirtschaftsleben"*. Ein weiteres Kernelement im Beziehungsmanagement beleuchtet Susanne Femers im Kap. 6, in dem sie *„Fairness und Gerechtigkeit* und ihre Bedeutung für das Beziehungsmanagement in der Wirtschaftskommunikation" untersucht.

Im „Finanztango" geht es grundsätzlich um monetär motivierte Beziehungen, weshalb Klaus Boltres-Streeck in Kap. 7 nach dem *„Einfluss von Geld auf Beziehungen"* fragt, der sich als besser als erwartet herausstellt. Um das Klima der Begegnungen näher zu erforschen, hat derselbe Autor im Kap. 8 das „Beziehungswetter" thematisiert und analysiert die *„wirtschaftliche Bedeutung von Stimmungen und Atmosphären"*, bevor er sich in Kap. 9 mit „Gefühlsanarchisten und Emotionssimulanten" beschäftigt und auf die Suche nach den Spuren der *Freundlichkeit in Dienstleistungsbeziehungen* begibt. Als weiteren Beziehungskatalysator identifiziert Klaus Boltres-Streeck im Kap. 10 die *Schönheit*, die sich zugleich als geldwerter Vorteil herausstellt. Nach diesem Ausflug in die Ästhetik schließt Susanne Femers an die Charakterisierung von Dienstleistungsbeziehungen im Kap. 11 an, dort werden für die *PR-Beratung berufsspezifische Desillusionierungsfallen* und Auswege aus den korrespondierenden Rollenkonflikten für Berater und Beraterinnen aufgezeigt.

In der aktuell viel diskutieren Neurowissenschaft bzw. im Neuromarketing wird das *„Gehirn als Beziehungsorgan"* gedacht, weswegen *neurowissenschaftliche Aspekte der Beratung* von Klaus Boltres-Streeck im Kap. 12 – hier mit Blick speziell auf die Finanzberatung – untersucht werden. Kap. 13 von Susanne Femers fragt allgemeiner nach den zeitgenössischen Empfehlungen, die im *Marketing* für die *Beziehungspflege von Unternehmen und Kunden* gegeben werden, das Managementerfolg über die strategische Optimierung von Transaktionen zwischen Käufer und Verkäufer verspricht. *Strategie* als wesentliches *Element von Beziehungen innerhalb und außerhalb der Wirtschaftskommunikation* wird im 14. Kapitel von Klaus Boltres Streeck kritisch untersucht.

Während der Begriff der Strategie das Intentionale und Zweckdienliche im Beziehungsmanagement anspricht, fokussiert die *Affiliation bzw. das menschliche Anschlussmotiv* an sich nur auf den ersten Blick rein „Soziales". Auf den zweiten Blick stellt sich der Wunsch nach Nähe und Austausch zwischen Menschen im Kap. 15 in der Analyse von Susanne Femers ebenfalls als ökonomisch motiviert und nicht nur sozialer, sondern auch *wirtschaftlicher Wert im Beziehungskalkül der Wirtschaftskommunikation* heraus – dies insbesondere auch vor dem Hintergrund, dass die Wa(h)re Freundschaft in der Gegenwart eine Art Renaissance erfährt.

Einen „*Ausflug in die entferntere Nachbarschaft*" des Beziehungsmanagements unternimmt im Kap. 16 Klaus Boltres-Streeck, wenn er Marken als kulturell aufgeladene Zeichen untersucht, die die Beziehungen zwischen Menschen und Dingen zu konstellieren in der Lage sind. Dazu bezieht er moderne Ansätze der Kulturwissenschaften auf *Fragen der Markentechnik*. Im Kap. 17 wird für den Rahmen dieses Buches ein letzter Ausflug in die Ferne, die virtuelle Welt des Beziehungsmanagements gewagt (Susanne Femers), der der Frage von *Realität und Virtualität in Beziehungen* nachgeht und zu dem Schluss kommt, dass die *ganze* Welt ein Theater ist – egal ob die Bühnen als real oder virtuell verstanden werden. Eine Unterscheidung derselben erweist sich bei näherer Betrachtung bezogen auf menschliche Beziehungen und ihre Gestaltung sowieso als obsolet.

Für diejenigen Leser, die den Autoren bis zum Abschlusskapitel geneigt sind, bietet das Kap. 18 wie gesagt noch einmal Gelegenheit, an einem Gespräch der Autoren teilzunehmen und den Titel „Finanztango" abschließend zu reflektieren und zu überprüfen, ob die Autoren aus der Leserperspektive die sich selbst gesteckten Ziele in der Untersuchung des Beziehungsmanagements in der Wirtschaftskommunikation erreicht haben.

Literatur

Bentele, G. (2008). Intereffikationsmodell. In G. Bentele, R. Fröhlich, & P. Szyszka (Hrsg.), *Handbuch der Public Relations. Wissenschaftliche Grundlagen und berufliches Handeln* (S. 209–222). Wiesbaden: VS Verlag für Sozialwissenschaften.

Bruhn, M. (2009a). *Integrierte Unternehmens- und Markenkommunikation: Strategische Planung und operative Umsetzung.* Stuttgart: Schäffer-Poeschel.

Bruhn, M. (2009b). *Relationship Marketing. Das Management von Kundenbeziehungen.* München: Vahlen.

Bruhn, M. (2010). *Kommunikationspolitik: Systematischer Einsatz der Kommunikation für Unternehmen.* München: Verlag Vahlen.

Drucker, P. F. (2000). *Die Kunst des Managements.* München: Econ.

Drucker, P. F. (2002). *Was ist Management? Das Beste aus 50 Jahren.* München: Econ.

Femers, S. (2002). Berater und Klienten. Die Inszenierung destruktiver Beziehungen. In A. Güttler & J. Klewes (Hrsg.), *Drama Beratung! Consulting versus Consultainment?* (S. 41–54). Frankfurt a. M.: Frankfurter Allgemeine Buch.

Fetscher, C. (2010). Im Zeitalter von Facebook und Co. Was ist Freundschaft? http://www.tagesspiegel.de/weltspiegel/im-zeitalter-von-facebook-und-co-was-ist-freundschaft/3636740.html. Zugegriffen: 10. August 2012.

Friebe, H., & Lobo, S. (2007). *Wir nennen es Arbeit. Die digitale Boheme oder Intelligentes Leben jenseits der Festanstellung.* München: Heyne.
Fuhrberg, R. (2010). *PR-Beratung. Qualitative Analyse der Zusammenarbeit zwischen PR-Agenturen und Kunden.* Konstanz: UVK Verlagsgesellschaft.
Grice, H. P. (1975). Logic and conversation. In P. Cole & J. L. Morgan (Hrsg.), *Syntax and semantics, Volume 3: Speech acts* (S. 41–58). New York: Academic Press.
Habermas, J. (1981). *Theorie kommunikativen Handelns. Bd. 1: Handlungsrationalität und gesellschaftliche Rationalisierung.* Frankfurt a. M.: Suhrkamp.
Ingenhoff, D. (2004). *Corporate Issues Management in multinationalen Unternehmen: Eine empirische Studie zu organisationalen Strukturen und Prozessen.* Wiesbaden: VS Verlag für Sozialwissenschaften.
Maurer, M. (2010). *Agenda-Setting.* Baden-Baden: Nomos.
Meckel, M. (2010). Virtuelle Nähe: „Gefällst Du mir, gefall ich dir". http//www.tagesspiegel. de/medien/virtuelle-naehe-gefaellst-du-mir-gefall-ich-dir/2316502.html. Zugegriffen: 10. August 2012.
Niggemeier, S. (2012). Darf man ... PR-Helfer sein? http://www.mediummagazin.de/archiv/2012-2/ausgabe-01022012/darf-man-pr-helfer-sein-3/. Zugegriffen: 10. August 2012.
Pilarczyk, H. (2011). *Sie nennen es Leben. Werden wir von der digitalen Generation abgehängt?* München: Heyne.
Raupp, J. (2008). Determinationsthese. In G. Bentele, R. Fröhlich, & P. Szyszka (Hrsg.), *Handbuch der Public Relations. Wissenschaftliche Grundlagen und berufliches Handeln* (S. 192–208). Wiesbaden: VS Verlag für Sozialwissenschaften.
Streeck, K. (2008). *Kirchtürme, High Heels und Werbeagenturen.* München: Reinhard Fischer.
Streeck, K. (2010). *Management der Fantasie: Einführung in die werbende Wirtschaftskommunikation.* Baden-Baden: Nomos.
Thommen, J.-P., & Achleitner, A.-K. (2006). *Allgemeine Betriebswirtschaftslehre. Umfassende Einführung aus managementorientierter Sicht.* Wiesbaden: Gabler.
Ulrich, P., & Fluri, E. (1995). *Management. Eine konzentrierte Einführung.* Bern: Verlag Paul Haupt, UTB.

2 Ein Gespräch über Beratung und Beziehung in der Wirtschaftskommunikation

Zusammenfassung

Die beiden Autoren haben während der Erarbeitung des vorliegenden Buches eine Reihe vorbereitender und begleitender Gespräche geführt, um sich über die relevanten Themen, eigenen Intentionen und die gemeinsamen Ziele klar zu werden. Die beiden hier und am Ende des Buches abgedruckten Auszüge aus diesen Gesprächen sollen einen Eindruck von diesem Entstehungskontext vermitteln und die „wissenschaftlichen" Autoren auch in ihrer Perspektive als aktive Kommunikationsberater vorstellen.

KBS (Klaus Boltres-Streeck): Wir wollen ein Buch über Wirtschaftsbeziehungen erarbeiten. Berufliche Beziehungen und private Beziehungen hängen aber doch irgendwie auch immer zusammen, oder?

SF (Susanne Femers): Naja, man ist ja nicht eine völlig andere Person im jeweils anderen Bezug. Ich bringe ja meine Geschichte, meine Erfahrungen und Werte, meine Erwartungen und auch Befürchtungen, meine ganze Identität in die Beziehung ein.

KBS: Viele unserer Texte werden um diese Fragen kreisen: Wo höre ich als Mensch auf, wo fange ich als Rolle an? Wie hängt das miteinander zusammen? Gibt es da Verknüpfungen? Und: Wie wird diese Unterscheidung von beruflich und privat möglicherweise zu einer Falle, in der ich mich verfange?

Meine eigene Erfahrung ist, dass ich häufig im beruflichen Kontext eine engere Beziehung zu Kunden oder Dienstleistern haben möchte. Ich weiß natürlich, dass das nicht vorgesehen ist. Was mich dann aber interessiert, ist, wie eine solche Grenze aufrechterhalten wird, ohne dass jemand irritiert oder gar ernsthaft empört ist, dass es nicht weitergeht. Auf der einen Seite so ein Halbflirten mit unterschiedlichen Dienstleistern, die dann meistens freundlich reagieren – andererseits Unmut über einen Berater, der auf freundliche Avancen nicht eingeht, obwohl man ihn doch bezahlt hat. Also, dieses Ausloten der Besonderheit einer beruflichen Beziehung, die immer durchsetzt ist mit Privatheit, die immer geprägt ist von den beiden Menschen, die dort sind, die aber offenbar doch ganz eigenen Gesetzen gehorcht.

SF: Also, mit dem Flirten bin ich immer ganz vorsichtig gewesen – das muss auch so sein, weil Frauen ansonsten schnell mangelnde Professionalität unterstellt wird. Daher habe ich auch immer großen Wert auf die Trennung von Beruflichem und Privatem gelegt. Das heißt aber nicht, dass ich keine intensiven Beratungsbeziehungen gepflegt habe. Beratung hat ja auch sehr viel mit Vertrauen zu tun, mit zunehmender Vertrautheit, die immer auch auf Gegenseitigkeit beruht. Man verbringt viel Zeit miteinander, spricht über Probleme, das geht nur in einer engen Beziehung.

Sie sprachen gerade Ihre Wünsche nach Nähe zu Kunden *und* Dienstleistern an. D. h. Sie sind auch in der Rolle des Rat-Nehmenden. Steht man Beratung eher kritisch gegenüber, wenn man selber Berater ist, oder ist man vielleicht eher beratungsresistent, wenn man selber Berater war?

KBS: Ihre Frage betrifft das Prinzip Beratung an sich und damit den Unterschied zwischen Methode und Trick. Ein Trick funktioniert eben nicht mehr, wenn man weiß, wie es geht, eine Methode dagegen funktioniert trotzdem. Wie der Unterschied zwischen Zaubern und Jonglieren. Methodische Beratung funktioniert auch, wenn das Gegenüber selbst etwas von der Sache versteht, vielleicht sogar selbst Berater ist.

SF: Das würde bedeuten, dass die besten Kunden in der Beratung diejenigen sind, die Beratungserfahrung haben, die Methoden kennen und sich, weil sie wissen, dass die Methoden funktionieren, auch ganz entspannt auf das Beratungsgeschehen einlassen. Oder ist es einfacher, Kunden zu beraten, die überhaupt keine Ahnung haben?

KBS: Ich glaube, dass Beratung nur funktioniert, wenn die Leute wissen, wovon man redet. Wenn Kunden überhaupt keine Ahnung haben, dann haben sie auch Angst und vertrauen dem Berater oder der Beraterin nicht. Und zudem müssen sie ja auch irgendwann selber rechtfertigen, was aus der Beratung an Konsequenzen erwachsen ist – zumindest im wirtschaftlichen Kontext ist das so.

SF: Und was ist dann die grundlegende Methode der Beratung?

KBS: Nun, Beratung funktioniert einfach deshalb, weil jemand eine dritte Position einnimmt, weil er oder sie von außen auf ein System guckt und dabei etwas sieht, was die Handelnden selber gar nicht sehen können. Beratung braucht viel Wissen, beruht aber letztlich auf einer ganz besonderen Perspektive, die des Außenstehenden, der durch seine Beobachterposition Wahrnehmungsvorteile hat im Vergleich zu den Systeminnensichten. Deshalb kann man sich zwar selbst helfen, aber sich nicht selbst beraten.

SF: Das heißt aber, dass die Beziehung zwischen Berater und Klient nicht zu eng werden darf. Ganz am Anfang haben Sie gesagt, dass es Ihnen manchmal schwer fällt, zwischen Beratungsbeziehungen und persönlichen Beziehungen zu unterscheiden, dass Sie sich oft wünschen, dass das Verhältnis einen persönlicheren Charakter annimmt. Wenn ich jetzt höre, man braucht diese Außenperspektive, diese Distanz, damit das Ganze sinnvoll ist und funktioniert, darf ja diese Nähe gar nicht entstehen. Weil man dann blind wird – oder zumindest diesen distanzierten Blick nicht mehr pflegen kann.

KBS: Ja – darum ist Beratung immer eine Beziehung auf Zeit. Die Beratungsbeziehung endet, wenn die Distanz aufgebraucht ist. Das heißt nicht, dass es nicht sehr langlebige Beratungsbeziehungen geben kann.

SF: Waren Sie schon einmal traurig als eine Beratungsbeziehung aufgehört hat? Oder haben Sie das schon mal erlebt, dass Sie sich schwer trennen konnten von einem Kunden oder einer Organisation?

KBS: Eigentlich nicht. Ich war natürlich manchmal traurig, dass ein bestimmter Auftrag zu Ende war, denn je länger man einen Auftrag hat, desto länger profitiert man natürlich von der Einarbeitung in ein System. Aber eigentlich habe ich auch immer den Eindruck gehabt: So, was ich in diesem System an Impulsen setzen kann, das habe ich jetzt auch gesetzt, und jetzt ist es zur Gewohnheit geworden, dass der Herr Boltres-Streeck kommt und irgendwas sagt – jetzt bin ich einer von ihnen geworden, und deshalb muss ich als Berater gehen.

SF: Und ein guter Berater sollte das eher merken als der Kunde, dass diese Beziehung ihrem Ende entgegengeht?

KBS: Naja, ein guter Berater ist natürlich auch jemand, der Geschäfte macht. Er sollte es sicher eher merken als der Kunde – aber es gibt natürlich immer auch die Möglichkeit, nochmals zu überlegen: Wie kann ich da jetzt nochmal für mich selber eine neue Perspektive gewinnen? Wie kann ich dieses Sich-Abnutzende – was ja für Kunden manchmal auch ganz praktisch ist, weil dann die Beratung nicht mehr so ein Stachel im Fleisch ist – wie kann ich das wieder neu schärfen? Wie kann ich wieder auftreten als jemand, der wieder als Katalysator, als Impulsgeber wirkt?

SF: Ich habe durchaus erlebt, dass es auch „Beziehungsrohrkrepierer" gab bei meiner Beratungsarbeit. Kunden, mit denen ich nicht so richtig warm geworden bin, für die ich viel gearbeitet habe. Ich hab' mir Mühe gegeben, ich war bei denen bestimmt auch nicht dümmer als bei anderen – aber irgendwie hat das nicht funktioniert. Da hat die Chemie nicht gestimmt – wie man so sagt.

KBS: Die Chemie stimmt nicht – gibt's da ein schönes Beispiel?

SF: Also, keines mit explosivem Charakter. Ich kann mich aber an einen Kunden erinnern aus dem ländlichen Raum, rechtschaffen, trocken, unfröhlich. Und ich weiß noch, dass ich an Altweiber dahin hinfahren musste – und eigentlich viel lieber Karneval gefeiert hätte. Ich musste aber dahin und mir in dieser öden Ausfallstraßen-Flachbau-Atmosphäre seine neuen Produktideen anhören. Ich glaube, wir sind auch deshalb nicht warm geworden, weil ich seine Produkte nicht geliebt habe, die ganze Kategorie nicht, und den Kunden in seiner Rechtschaffenheit gar nicht geschätzt habe. Der war mir egal. Also: Er und seine Produkte waren mir egal. Ich glaube, ich kann mit einem Kunden eher warm werden, wenn ich die Begeisterung für eine Idee oder ein Produkt auch ein Stück weit teilen kann. Dabei halte ich es aber auch für wichtig, dass der Berater gleichzeitig eine kritische Distanz zum Produkt hat. Denn zumindest in der PR ist es eine wichtige Aufgabe, auch den kritischen Blick von außen, den kritische Konsumenten oder erzürnte Bürger haben, in Unternehmen mit hineinzutragen und deutlich zu machen: Guck mal, Du wirst nicht überall geliebt.

Das darf dann aber nicht als ablehnende Haltung missverstanden werden. Es geht um einen Drahtseilakt: Der Kunde muss lernen, die Wahrheit, mit der der Berater ihn konfrontiert, auch auszuhalten. Und der Berater muss lernen, die Wahrheit angemessen zu vermitteln. Ich glaube, es war Max Frisch, der gesagt hat, dass man dem anderen die Wahrheit wie einen Mantel hin halten soll, in den er hineinschlüpfen kann – sie ihm aber nicht wie ein nasses Tuch um den Kopf schlagen soll.

KBS: Auch nach meiner Erfahrung ist es eine Balance. Eine Beratungsbeziehung funktioniert so lange es diese Balance-Spannung gibt, dass da jemand ist, den ich interessant finde, den ich respektiere, der mir was zu sagen hat, der auch mir positive Verstärkung gibt. Der mir aber auch nicht blind folgt, der mir nicht nach dem Mund redet, der nicht das gleiche meint, was auch ich meine, sondern auf der anderen Seite eine Möglichkeit aufbaut, in Zukunft positiv anders zu sein – und mir dorthin den Weg weist.

SF: Das ist aber jetzt ein Idealzustand. In einem Dienstleistungsunternehmen müssen Sie Kunden nehmen, die kommen – einfach, weil Sie Etats brauchen, weil Sie Gehälter zahlen müssen.

KBS: Das ist dann eine Frage der Professionalität.

SF: Also: Wenn man professionell ist, kann man sich Kunden aussuchen? Meinen Sie das?

KBS: Wenn man professionell ist, dann kann man sich den Kunden anpassen.

SF: Das halte ich für eine gewagte These! Sind Sie denn ein Chamäleon als Berater?

KBS: Nein – aber ich bin professionell, das heißt, ich verfüge über ein Repertoire von Erfahrungen, Wahrnehmungen und Methoden – und genauso, wie sich ein Arzt in seiner Therapie, aber auch in seiner Kommunikation, der Lage des Patienten oder der Patientin anpassen muss, so muss ich mich auch – im Rahmen meines Repertoires und meiner Möglichkeiten – meinen Kunden anpassen. Und aus solchen Anpassungen folgt durchaus auch Wertschätzung.

SF: Ja, das habe ich auch oft erlebt. Ich erinnere mich da übrigens an einen Kunden, der eine ganz besondere Art gefunden hat, mir seine Wertschätzung entgegen zu bringen – und zwar eine Art, die ich köstlich fand. Ich musste für ihn eine Rede schreiben zur Eröffnung seiner neuen Fabrik. Diese Rede hat ihm gefallen, alles hat gut geklappt, und anschließend hat er mich gefragt, ob er mir als besonderes Dankeschön mal ein Wildschwein schießen sollte. Das würde er gern mal machen. Dazu ist es dann zwar nie gekommen, aber schon das Angebot empfand ich als eine ganz besondere Form von Wertschätzung. Ehrlich gesagt ärgere ich mich heute, dass ich da nicht „Ja" gesagt habe – wenn ich mir das vorstelle, dieses wilde Schwein, mit dem Fell noch dazu… Das hätte ich mir dann ins Büro hängen können.

KBS: Wäre das nicht auch die „Trophäe Kunde"?

SF: Ja, das ist ein ganz wichtiger Punkt. Die Trophäe als Symbol für den Vertrauensgewinn und den Erfolg. Man muss ja sehen, dass es auch unter Dienstleistern ein hoch kompetitives Feld ist. Etats zu gewinnen macht auch deutlich mehr Spaß als Etats abzuarbeiten. Dieses Jagen gehört – glaube ich – auch dazu, wenn man in der Kommunikationsberatung unterwegs ist.

3
Die Begriffe Akteure, Zielgruppen, Stakeholder & Co und ihre Implikationen für das Beziehungsmanagement

> **Zusammenfassung**
>
> Je nach Theorietradition, Autor und Kommunikationsdisziplin finden sich unterschiedliche Begriffe, um die Kommunikationsteilnehmer zu beschreiben, für die das professionelle Kommunikationsmanagement Informations- und Kommunikationsangebote bereitstellt. Diese Begriffe sind allerdings nicht synonym zu verstehen. Vielmehr implizieren sie unterschiedliche Auffassungen von Kommunikation, eher symmetrische oder eher asymmetrische Beziehungen und korrelieren mit zum Teil recht unterschiedlichen medialen Kontexten und Kommunikationsinstrumenten. Insbesondere für die Strategieentwicklung ist entscheidend, dass sich Kommunikationsmacher darauf einigen, wie sie ihre Interaktionspartner auffassen wollen und auch reflektieren, welche Weichen sie damit für die Beziehung zu ihnen stellen.
>
> Susanne Femers

Wirtschaftskommunikation ist interdisziplinär gedacht. Entsprechend ihrer facettenreichen Identität ist keine eindeutige, in allen Kommunikationskontexten verbindliche Auffassung von Teilnehmern der Kommunikation erwartbar. Daher findet man viele unterschiedliche Begriffe, die die Interaktionsteilnehmer unter einer spezifischen Perspektive reflektieren. Die wichtigsten Begriffe in Theorie und Praxis, die Kontexte der Begriffsverwendung und die Unterschiede in den Konzepten von Interaktionspartnern sollen im Folgenden konturiert und systematisiert werden. Dabei wird kein Anspruch auf Vollständigkeit erhoben, wohl aber der Versuch unternommen, die grundsätzlichen Implikationen für das Beziehungsmanagement zu fassen. Dies ist für die praktische Kommunikationsgestaltung in interdisziplinären Bezügen wesentlich, in denen die unterschiedlichen „Folien", unter denen Kommunikation betrachtet wird, durchsichtig werden müssen, um Planungssicherheit an Schnittstellen zu gewährleisten.

Der nachfolgende Ordnungsversuch soll also helfen, Stakeholder & Co in der Analyse von Kommunikationssituationen und bei der Strategieentwicklung zu identifizieren und auch zu priorisieren. Denn die einzelnen Begriffe weisen neben Gemeinsamkeiten auch Unterschiede auf und implizieren zum Teil unterschiedliche Auffassungen von Kommunikation, eher symmetrische oder eher asymmetrische Beziehungen beispielsweise und korrelieren mit zum Teil recht unterschiedlichen medialen Kontexten und Kommunikationsinstrumenten. Insbesondere für die Strategieentwicklung ist entscheidend, dass sich Kommunikationsmacher darauf einigen, wie sie ihre Interaktionspartner auffassen wollen und auch reflektieren, welche Weichen sie damit für die Beziehung zu ihnen stellen.

Je nach Ziel, Aufgabe und medialem Kontext der Kommunikation kann eine einzelne Person mit sehr unterschiedlichen Bezeichnungen in der Kommunikationsplanung gefasst werden. Ein Einzelner kann als Konsument oder Verbraucher gelten, als Bürger, der Zeitung liest und damit als Medienrezipient. Vielleicht ist diese Person auch Mitglied einer Selbsthilfeorganisation oder aktiven Teilöffentlichkeit, die als Dialogpartner für ein Unternehmen interessant ist, das Akzeptanz für Unternehmensaktivitäten in einer kritischen gesellschaftlichen Anspruchsgruppe erreichen will. Sie ist vielleicht auch User, Friend oder Twitterer, wenn sie im Kontext der so genannten neuen Medien aktiv an computervermittelter Kommunikation teilnimmt. Diese einzelne Person auf effektivem Wege ohne große Streuverluste und ohne ein Zuwenig (d. h. Aufmerksamkeitsdefizit) oder ein Zuviel (d. h. Reaktanzrisiko) an Kommunikation zu erreichen, ist die Herausforderung der Kommunikationsplanung mit Bezugsgruppen von Organisationen und Unternehmen.

Mit *Bezugsgruppen* werden ganz allgemein *die öffentlichen Beziehungen eines Unternehmens oder einer Organisation und deren Partner* angesprochen: „Bezugsgruppen sind Gruppen mit ähnlichen Merkmalen; sie sind eine ‚Umfeldgröße' von Organisationen mit einem gemeinsamen Handlungs- und damit Beziehungssinn; Bezugsgruppen sind damit keine wirklichen ‚Gruppen', sondern vielmehr als ‚Quasi-Gruppe' einzustufen; sie treten gegenüber der Organisation als Gruppe auf. So wird der Beziehungssinn der Bezugsgruppe eigentlich nur durch bzw. in einer Organisation bestimmt und in Bezug auf diesen gehandelt." (Weder 2010, S. 133). Das Beziehungsgeflecht, d. h. der Bezug zur Organisation, kann auf viererlei Weise bestimmt werden:

1. *räumlich* (z. B. Nachbarschaft),
2. *sachlich* (im Sinne einer funktionalen Anwesenheit wie die von Lieferanten oder Kunden),
3. *sozial* (im Sinne einer existentiellen Anwesenheit, d. h. direkter oder indirekter Abhängigkeit der Entwicklungs- und Entscheidungsstrukturen zur Organisation wie im Fall von Mitarbeitern) und

4. *zeitlich* (im Hinblick auf die gegenwärtige, vergangene oder zukünftige Relevanz für die Organisation).

> **Der WWF Deutschland und seine Bezugsgruppen**
>
> Nehmen wir als Beispiel zur Veranschaulichung des Bezugsgruppenkonzeptes den World Wide Fund For Nature (WWF), eine der größten Naturschutzorganisationen der Welt, der in mehr als 100 Ländern aktiv ist. Etwa 5 Mio. Förderer unterstützen weltweit die Arbeit des WWF. In einem globalen Netzwerk engagiert sich der WWF in 90 Büros in mehr als 40 Ländern mit ca. 5.400 Mitarbeiterinnen und Mitarbeitern für die Bewahrung der biologischen Vielfalt auf diesem Planeten (http://www.wwf.de/ueber-uns. Zugegriffen: 22. März 2012). Räumlich betrachtet sind z. B. andere nationale Umweltschutzorganisationen wie Greenpeace oder der Bund für Umwelt und Naturschutz Deutschland (BUND) als Bezugsgruppe zu berücksichtigen. Sachlich zählen beispielsweise Politiker und Mitarbeiter von Ministerien und nachgeordneten Behörden zu den Bezugsgruppen. Eine wichtige soziale Bezugsgruppe sind die Mitarbeiter, die je nach Nation, Büro oder Einzelprojekt weiter differenziert werden können. Zeitlich gesehen sind die aktuellen Förderer eine relevante Bezugsgruppe. Bezogen auf die Zukunft können Kinder und Jugendliche als wesentliche Bezugsgruppe für die zukünftige Arbeit des WWF betrachtet werden. (Hier und im Folgenden werden jeweils nur Beispiele von Kommunikationsteilnehmern zur Illustration des jeweiligen Konzeptes benannt, ein Anspruch auf Vollständigkeit würde den Rahmen des Beitrags sprengen.)

Parallel zu dieser Differenzierung von Beziehungspartnern haben sich wie gesagt weitere Konzepte zur Bestimmung von Kommunikationsteilnehmern herausgebildet, die im Folgenden vorgestellt, voneinander abgegrenzt und an Beispielen illustriert werden.

3.1 Akteure in der Kommunikationswissenschaft, Unternehmens- und Organisationskommunikation

Kommunikationsteilnehmer werden im sozialwissenschaftlichen Sprachgebrauch angelehnt an den Akteur im Schauspiel bezeichnet, der als Individuum vor Publikum eine bestimmte Rolle spielt. Das soziologische Verständnis des Akteursbegriffs, den die Kommunikationswissenschaft entlehnt, baut auf der Handlungstheorie Max Webers auf (Vowe 2006, S. 11), nach der soziale Phänomene sinnhaft aufeinander bezogene Handlungen sind. Kommunikation wird als eine Form sozialen Handelns gefasst, an Kommunikation Beteiligte, Akteure, interagieren über Zeichen. *Akteure können nicht nur Personen, sondern auch Unternehmen, Organisationen, Verbände, Parteien, Staaten usw. sein, die im wechselseitigen symbolischen Bezug stehen und in und mit der Kommunikation Sinn entfalten (Vowe 2006, S. 11) und ihren jeweiligen Nutzen dabei zu optimieren versuchen.*

In modernen Konzepten des Akteursbegriff wird dieser mit dem Strukturbegriff verbunden: *Akteure reproduzieren und modifizieren mit ihrem Handeln gesellschaftliche Strukturen, Struktur und Handeln sind damit wechselseitig aufeinander bezogen* (vgl. z. B. Giddens 1984; Schimank 2000, 2010; im Überblick Weder 2010, S. 34 ff.). Sie sind grundsätzlich als handlungsfähige Einheiten zu verstehen (Weder 2010, S. 31 ff.), die nach Jarren und Donges (2002, S. 62) als Beteiligte in der Kommunikation durch fünf Grundmerkmale gekennzeichnet sind:

1. Sie haben Interessen und verfolgen Ziele.
2. Sie haben Orientierungen (wie z. B. Werte oder kognitive Schemata).
3. Sie können zur Zielerreichung Ressourcen einsetzen (Geld, Macht, Personal usw.).
4. Sie verfolgen Strategien, um Ziele mit verschiedenen Mitteln zu erreichen.
5. Sie verstehen sich selbst als Akteur mit den genannten Eigenschaften und werden auch von anderen so verstanden.

Akteure sind mit verschiedenen Gruppen oder Systemen in ihrer Umwelt (sprich anderen Akteuren) konfrontiert und unterhalten mit ihnen Beziehungen. Da diese Gruppen auch Ansprüche an Akteure haben, werden sie auch Stakeholder genannt und sind in organisationstheoretischer Perspektive für das jeweils betrachtete System und über die jeweils in Frage stehenden Marktgrenzen hinaus im Hinblick auf ihre Interessen und Ziele zu spezifizieren: *„Stakeholder (Anspruchsgruppen) sind diejenigen Menschen, die von den Entscheidungen eines Unternehmens betroffen sind, oder mit ihrem Handeln selbst die Aktionen einer Firma beeinflussen können. (…)* Sie können durchaus unterschiedliche Interessen verfolgen und über unterschiedliche Einflusspotentiale verfügen, um diese Interessen durchzusetzen." (Mast 2006, S. 127, Hervorhebung durch den Autor).

Ein Unternehmen kann feste oder eher lose Beziehungen zu seiner Umwelt haben, im letzten Fall spricht man von „linkages" (Avenarius 2000, S. 178). Für diese Beziehungsarten hat der Amerikaner Freeman (1984) ursprünglich den Stakeholder-Begriff geprägt, der im Deutschen eben häufig mit Anspruchs- oder Interessengruppen übersetzt wird: „People linked to an organization have a stake in it. A stakeholder therefore, is any individual or group who can effect or is effected by the actions, decisions, policies, practices, or goals of the organisation." (Freeman 1984, S. 25). Zu den Anspruchsgruppen gehören die Kapitalgeber eines Unternehmens (Shareholder bzw. Aktionäre), die eigenen Mitarbeiter, Kunden, Lieferanten, Medien, Regierungen, Behörden, spezifische Interessengruppen wie z. B. auch Umweltgruppen, lokale Initiativen und viele andere mehr, je nach Unternehmensausrichtung und –aktivität (Avenarius 2000, S. 178; Fill 2001, S. 141 f., 607 f.; Mast 2006, S. 128; Lies 2008, S. 551 f.; Kunczik 2010, S. 300 f.; Weder 2010, S. 133 f.).

Auch die Relevanz einzelner Stakeholder ist nur in Abhängigkeit von dem jeweiligen Unternehmensengagement zu bestimmen, das Gegenstand der Interaktion mit den Bezugsgruppen ist. Finanzielle Abhängigkeiten können zwischen den Kommunikationspartnern bestehen, müssen aber nicht zwingend vorhanden sein, um den Stakeholderstatus einzunehmen. Dahinter steht die Auffassung, dass auch Gruppen, mit denen keine wirtschaftlichen Austauschbeziehungen für das Unternehmen bestehen, in Abhängigkeit von kritischen Themen („issues") (vgl. Röttger 2000) existentiell wichtig für die Organisation sein können: „Gelingt es einer Organisation nicht, mit diesen Gruppen eine dauerhaft positive Beziehung herzustellen, einen verlässlichen Modus vivendi zu finden, der für beide Seiten akzeptabel ist, können diese Anspruchsgruppen für die Organisation zu existentiellen Problemen führen." (Merten 2000, S. 382). Der Stakeholderbegriff ist ein Bezugsgruppenkonzept, das Beziehungen über die Konzepte Interesse einerseits und Macht andererseits definiert und vielfältige Formen von Machtausübung für die Beziehungsgestaltung berücksichtigt (z. B. Vergeltungsmacht bei Zuwiderhandlung gegen Interessen, Koalitionsmacht mehrerer Stakeholder oder Macht über Ressourcen vgl. hierzu Kunczik 2010, S. 301).

Der WWF Deutschland und seine Stakeholder

Als typische Stakeholder für die Naturschutzorganisation können die Mitarbeiter, Förderer und Geförderten identifiziert werden. Auch die Politik und Umweltschutzbehörden gehören zu ihren relevanten Anspruchsgruppen. Daneben können Kooperationspartner, z. B. andere Umweltschutzorganisationen, ökologisch engagierte Unternehmen und Wissenschaftler als Stakeholder fungieren. Eine besondere Relevanz kommt den Medien zu. Über die Ressource Aufmerksamkeit sind sie in der Lage, durch ihre Berichterstattung die Anliegen des WWF zu fördern oder aber zu einer kritischen Auseinandersetzung mit dem WWF Anlass zu geben. Im Sommer 2011 (22.06.2011) strahlte die ARD beispielsweise eine Sendung aus mit dem Titel „Der Pakt mit dem Panda – was uns der WWF verschweigt". Darin wurde massive Kritik am WWF geäußert. Der WWF sah sich daraufhin veranlasst, öffentlich auf diese Vorwürfe zu reagieren, um das Vertrauen anderer Stakeholder in sein Tun nicht zu verlieren. Das Beispiel zeigt, dass für gelungene Kommunikation eine kontinuierliche Analyse der Stakeholder und ihrer Einstellungen und Anliegen notwendig ist.

3.2 Das klassische Zielgruppenkonzept in Marketing und Werbung

Das Marketing reflektiert ein instrumentelles Verständnis der Beziehungspartner in der Kommunikation (Mast 2006, S. 126). Als Interaktionspartner werden grundsätzlich solche Personengruppen aufgefasst, zu denen das Unternehmen oder die kommunizierende Organisation *Austauschbeziehungen* pflegt, *um die Organisationsziele zu erreichen. Wer dafür nicht als relevant erachtet wird, bleibt außerhalb des Kommunikationsradius*. Der Rahmen der Betrachtung liegt in der betriebswirtschaftlichen Fokussierung des Marktes als „wirtschaftlich relevante Umwelt (…), in der die Austauschbeziehungen zwischen Anbietern und allen potenziellen und tatsächlichen Abnehmern erfolgen." (Weis 1999, S. 46). In der strategischen Zielgruppenplanung versteht man im Marketing Zielgruppen bzw. Zielpersonen ganz allgemein wie folgt: „*Zielgruppen der Kommunikation sind die mittels des Einsatzes des kommunikationspolitischen Instrumentariums anzusprechenden Adressaten (Rezipienten) der Kommunikation eines Unternehmen.*" (Bruhn 2005, S. 3, Hervorhebung durch den Autor). *In diesem Verständnis ist dem Beziehungspartner des Unternehmens eine passive Rolle zugeschrieben, die Kommunikation monologisch gefasst* – neuerdings beschäftigt sich das Marketing aber mehr und mehr auch mit der dialogischen Kommunikation.

In der Differenzierung von Zielgruppen werden unternehmensinterne und externe Gruppen unterschieden. Für die Segmentierung der externen Gruppen fokussiert man im Marketing das Prinzip der „differenzierten Marktbearbeitung", das es notwendig macht, „hinsichtlich ihrer Kommunikationsbedürfnisse homogene Zielgruppenschichtungen offen zu legen und abzugrenzen." (Bruhn 2005, S. 177). Die Homogenität bezieht sich ganz allgemein auf die Kriterien Produkt- bzw. Dienstleistungsmerkmale, Bedürfnismerkmale und Kundenmerkmale. Bei der Zielgruppenidentifikation werden Kernzielgruppen für die Kommunikation (Kunden, Absatzmittler, Investoren, Öffentlichkeit und Mitarbeitende) von ergänzenden Zielgruppen (Lieferanten, Konkurrenzunternehmen, staatliche Stellen, Non Governmental Organisations u. a.) unterschieden (Bruhn 2005, S. 181 ff.).

Je nach Markttyp (Konsumgüter, Investitionsgüter, Dienstleistung) und in Abhängigkeit vom Kommunikationsinstrumentarium wird in der Zielgruppenplanung die Segmentierung verfeinert (Altmeppen 2006, S. 327) und im Hinblick auf die Zielgruppenbeschreibung und –erreichbarkeit weiter spezifiziert. Als generelle Unterscheidungsmerkmale dienen demographische, sozioökonomische, psychografische und Verhaltensmerkmale (Bruhn 2005, S. 185; Pepels 2005, S. 68 ff.). Diese theoretisch recht einfache, funktionale Fassung des Zielgruppenkonzepts bedeutet in der Praxis allerdings eine große Herausforderung für die Analyse dieser Gruppen, denn hier liegt ein wesentlicher Schlüssel für den Erfolg von Kommunikation: Die Genauigkeit der im jeweiligen Marktkontext spezifizierte Zielgruppendefinition bestimmt die Wahrscheinlichkeit, dass die jeweiligen Botschaften an die richtigen Adressaten geraten (Behrens et al. 2001, S. 472 f., 475).

Beschreibt man Zielgruppen in Abhängigkeit von korrespondierenden Kommunikationsinstrumenten, zeigt sich, dass man von der Perspektive des Marketings allgemein die Perspektive der Werbung differenzieren muss. Im Marketing spricht man nach Auffassung von Streeck (2010, S. 63) mehr von Zielmärkten als von Zielgruppen, „denn im Marketing gilt es viel stärker, ein Angebot im Zusammenhang mit den konkurrierenden, sachlichen Angeboten zu sehen und dann auf dem Markt abgestimmt zu präsentieren, während es bei Kommunikation um ganz andere Angebotsstrukturen geht und hier das Wissen um die Personen und ihre sozialen Bezüge von großer Bedeutung ist." Im Unterschied zu anderen Kommunikationsformen nimmt Werbung eine gewisse Sonderstellung ein: Sie ist „in ihrer Selbstdefinition davon bestimmt, für eine bestimmte Gruppe gemäß deren Erwartung zu kommunizieren. Insofern ist die Zielgruppenorientierung der Werbung ebenfalls eines ihrer herausragenden Charakteristika." (Streeck 2010, S. 64).

Der WWF Deutschland und seine Zielgruppen

In Korrespondenz zu den eingesetzten Kommunikationsinstrumenten kann man Journalisten als Zielgruppe für die Pressearbeit identifizieren. Bei der jedes Jahr im Sommer stattfindenden „WWF-Night", einem Event mit Informations- und Unterhaltungsanspruch zum Netzwerken, werden Mitarbeiter, Freunde und Förderer zur Zielgruppe. Besucht man die Internetseite des WWF, kann man als Jugendlicher den „2°Campus" kennenlernen, ein vom WWF Deutschland und der Robert Bosch Stiftung initiiertes bundesweites Qualifizierungsprogramm für Jugendliche der 10. und 11. Klasse, die sich für die Naturwissenschaften begeistern und mit ihren Forschungsarbeiten den Klimaschutz vorantreiben wollen (http://www.wwf.de/aktiv-werden/bildungsarbeit-lehrerservice/klima/der-2-campus/. Zugegriffen: 22. März 2012.). Diese Maßnahme beinhaltet aktive Teilnahme von Zielgruppen, ebenso interaktiv konzipiert ist die Einladung an Verbraucher, Fan auf der Facebook-Seite des WWF zu werden.

3.3 Das Dialogkonzept in der Unternehmenskommunikation

Der Zielgruppenbegriff im Verständnis des Marketings ist aus der Sicht der Unternehmenskommunikation kritisiert worden. Er sei zu ungenau, um die Kommunikationspartner für die Öffentlichkeitsarbeit eines Unternehmens zu identifizieren

(Dörrbecker und Fissenewert-Gossmann 2003, S. 63). Auch wird die in den Public Relations häufig angestrebte Kommunikationsform des Dialogs im Konzept der Zielgruppe nicht deutlich: „Der auch heute noch vielfach verwendete Begriff der Zielgruppe reflektiert den Dialogcharakter, der in verschiedenen Definitionen der Public Relations einen prominenten Platz beansprucht, nur sehr unvollkommen. (…) (Es) lassen sich Zielgruppen als nach bestimmten Merkmalen differenzierte disperse Publika beschreiben, wobei zwischen den Mitgliedern dieser Publika keinerlei soziale Kontakte bestehen." (Klewes 2002, S. 159 f.; weiterführend vgl. Mast 2006, S. 124 ff.). Mit dem Begriff der Bezugs- bzw. Dialoggruppe soll diese Unterscheidung zur Werbung unterstrichen werden: „Mit Bezugsgruppen sind diejenigen gemeint, an die sich die Aktivitäten der Unternehmenskommunikation richten, genauer: die Dialogpartner des Unternehmens im Hinblick auf die durch Kommunikation definierten Aktionsfelder, die Stakeholder, die bestimmte Interessen an dem Unternehmen haben." (Klewes 2002, S. 159 f.; weiterführend vgl. Mast 2006, S. 124 ff.; Lies 2008, S. 344 ff.).

Der Dialoggruppenbegriff soll für die strategische Planung von Public Relations deutlich machen, „dass es nicht nur darum geht, einseitig bestimmte Gruppen ‚anzuzielen' und nur zu informieren, sondern darum, sie in Kommunikation zu nehmen." (Dörrbecker und Fissenewert-Gossmann 2003, S. 63 f., Hervorhebung durch den Autor). *Dialoggruppen definieren sich also über die Art der Kommunikation, es sind Zielgruppen, mit denen Kommunikation mit dialogischen Mitteln gepflegt wird* – ursprünglich personal, heute aber vermehrt digital (Hansen und Schmidt 2009, S. 85). Das Dialogkonzept der strategischen Kommunikation im Sinne der Public Relations trägt auch – so die Verwender und Befürworter des Begriffs – der Einsicht Rechnung, dass sich gesellschaftlicher Wandel nicht in statische Zielgruppen zwängen lässt (Leipziger 2009, S. 104) und Dialog immer im Fluss ist: „Vielmehr steht dahinter die These, dass sich Meinungen und Einstellungen von Konsumenten, Wählern, Geschäftspartnern oder Investoren zu bestimmten Themen vor allem innerhalb bestimmter Dialoggruppen bzw. Dialogfelder bilden." (…) *„In einer offenen Gesellschaft mit modernen Kommunikationstechnologien können permanent neue Dialoggemeinschaften entstehen."* (Leipziger 2009, S. 105, Hervorhebung durch den Autor). Themen- und Beziehungsmanagement gehen hier Hand in Hand, denn strategische Kommunikation orientiert sich sowohl an bestehenden als auch an neu zu schaffenden Dialoggemeinschaften, „dockt" an Netzwerke an oder etabliert neue (Leipziger 2009, S. 105).

Mit dem Dialogbegriff verbindet sich auch das *Ziel der symmetrischen Kommunikation* als höchste anzustrebende Form der Kommunikation bzw. Beziehungsform mit dem Publikum, das in den Public Relations konzeptualisiert worden ist. Ohne hier auf die Details dieses Ansatzes eingehen zu können, soll zumindest die

Skizzierung der vier Modellvarianten die unterschiedlichen Beziehungsmuster in der Kommunikation zwischen Unternehmen und Adressaten nachzeichnen, die auch mit der Macht der Kommunikationsparteien konfundiert sind (vgl. Grunig und Hunt 1984, S. 59 ff.; Avenarius 2000, S. 85 ff.; Kunczik 2010, S. 206 f.):

Die „Publicity" hat den Charakter des Propagierens mit dem Ziel der Anschlusshandlung, es handelt sich um kurze und bündige Ein-Weg-Kommunikation mit Anweisungscharakter, die keine Alternativen kennt. Auch bei dem Typus „Informationstätigkeit" bleibt die Kommunikation vom Sender zum Empfänger eine Einwegstrecke, die den Zweck der Aufklärung verfolgt, wenn auch die Mitteilungen ausführlicher sind, behalten sie einen Verlautbarungscharakter. Zur Zwei-Wege-Kommunikation kommt es erst auf der Stufe der „Überzeugungsarbeit", die allerdings einen asymmetrischen Beziehungscharakter hat, da sie zwar Feedback berücksichtigt, aber dem Kommunikationsziel „Erziehung" folgt, das voraussetzt, dass der eine Partner, das Unternehmen, weiß, was für den anderen Partner, den Adressaten, die adäquate Mitteilung und Anschlusshandlung sind. *Sich auszutauschen mit dem Ziel der Konsensfindung ist das Anliegen der symmetrischen Zwei-Wege-Kommunikation, die man „Dialog" nennt,* der aber den Charakter der Mediation zwischen Interessenunterschieden der Kommunikationsbeteiligten hat. Da dieser Typus streng genommen einen ergebnisoffenen Kommunikationsprozess vorzeichnet, kann er für die Kommunikation von Unternehmen nur als theoretischer Idealfall respektive Ausnahmefall gelten, weil Wirtschaftsunternehmen ihr Tun und Lassen nicht grundsätzlich zur Disposition stellen.

Selbstverständlich entspricht nicht jede Form der Öffentlichkeitsarbeit in der Praxis dem mit dem Dialogbegriff einhergehenden Modell des Beziehungsmanagements. Für die praktische Handhabung ergeben sich im Kontext des Dialogbegriffs auch noch andere Schwierigkeiten für die Kommunikationsplanung (vgl. Dörrbecker und Fissenewert-Gossmann 2003, S. 64; Hansen und Schmidt 2009, S. 83 ff.), die sich zum Teil auch für jede Zielgruppenbestimmung ergeben, bezogen auf das Kommunikationsziel „Dialog" aber besondere Herausforderungen darstellen:

Dazu gehört die Verhaftung an bekannten Zielgruppen anstelle der Suche nach Dialoggruppen, zu denen man doch „nur" Ein-Weg-Kommunikation pflegt. Jenseits der Pfade von massenmedialer Ansprache ist oft eine unzulängliche Klarheit der Erreichbarkeit der Dialoggruppen gegeben, die zudem auch nicht leicht trennscharf differenzierbar sind. Für die Pflege des Dialogs fehlen häufig auch entlastende „Relaisstationen" wie Multiplikatoren, Opinionleader, Experten, Fachkreise oder Journalisten.

Das größte Problem des Begriffs liegt aber sicher in der Überschätzung der Dialogfähigkeit und individuellen Ansprachemöglichkeit sowie in der Überforderung durch Verzettelung in einer „Dialoggruppeninflation". Schon eine einzige Dialoggruppe kann anstrengend sein für das Beziehungsmanagement, denn ein Dialog pflegt ja nicht die Kommunikation um der Kommunikation willen, er ist nicht l'art pour l'art, er hat Konsequenzen. Denn Dialogpartner geben sich in der Regel nicht damit zufrieden, dass man ihnen zuhört. Sie haben selber persuasive Absichten und wollen ihr Gegenüber zu etwas veranlassen, wollen, dass es etwas tut oder aber unterlässt. Dies allerdings sind Anliegen, die Unternehmen nicht unbedingt als Gegenstand der Kommunikation mit Bezugsgruppen akzeptieren.

Der WWF Deutschland und ein Fall für den Dialog

Am 27.07.2011 verlautbarte die Deutsche Umwelthilfe e. V. (DUH), dass sie Danone wegen irreführender Werbung für neue Activia-Joghurtbecher aus Bioplastik abmahnen werde. Begründung: Der neue Becher biete keine gesamtökologischen Vorteile gegenüber herkömmlichen Plastikbechern. Seit 2011 schmückt das WWF-Logo diesen neuen Becher mit dem Label „WWF Partner für umweltfreundliche Verpackung". In erster Linie ist hier das Unternehmen Danone gefragt, den klärenden Austausch über die Angriffe auf die WWF-Partnerschaft zu führen. In diesen Dialog involviert ist selbstverständlich auch der WWF. Da am 25.08.2011 die Deutsche Umwelthilfe per Pressemitteilung („Deutsche Umwelthilfe erhebt Klage gegen Danone wegen Verbrauchertäuschung") die Medien darüber unterrichtete, dass sie beim Landgericht München Klage gegen die Danone GmbH wegen Verbrauchertäuschung eingereicht habe, werden außerdem die Medien zur relevanten Dialoggruppe, um eine intensive und sachgerechte Erörterung der der Klage zugrundeliegenden Studie des Instituts für Energie- und Umweltforschung Heidelberg (IFEU) zu erreichen. Aufgrund der Komplexität und des Dissens über den Gegenstand der Kommunikation kann im vorliegenden Fall eine klassische Ein-Wege-Kommunikation kein angemessenes Mittel der Kommunikation sein.

3.4 Der Begriff der Teilöffentlichkeiten in den Public Relations

Insbesondere Merten (2000, S. 380) betont, dass der Begriff Zielgruppe in Fokussierung der Adressaten der Kommunikation nicht nur zwischen Werbung und Public Relations, sondern auch innerhalb der Public Relations recht unterschiedlich definiert wird. Umgangssprachlich werde er synonym zum Begriff Teilöffentlichkeit verwendet. Es werde aber auch die Summe aller Bezugsgruppen als Teilöffentlichkeit verstanden: „Zielgruppen sind dann nur ausgewählte Sektoren der Teilöf-

3.4 Der Begriff der Teilöffentlichkeiten in den Public Relations

fentlichkeit, auf die PR kommunikativ zugehen will." (Merten 2000, S. 380). Diesbezüglich findet die Abgrenzung vom Zielgruppenbegriff im Marketing wie folgt statt: „Man unterstellt (bei Zielgruppen) lediglich, dass aufgrund vergleichbarer demographischer Merkmale und/oder Konsumverhaltensmuster auch vergleichbare Verhaltensmuster zu erwarten seien. Anders sieht dies bei *Teilöffentlichkeiten* aus, *die als interessengeleitete soziale Gruppen oder Organisationen einem Prozess kollektiver Willensbildung unterworfen sind.*" (Klewes 2002, S. 160, Hervorhebung durch den Autor).

Zielgruppen sind nach Merten (2000, S. 380) systemtheoretisch abzugrenzen vom Begriff (Teil)Öffentlichkeit: „Grundsätzlich ist anzumerken, dass eine Zielgruppe aus realen, für einander aber nicht wahrnehmbaren und oft auch aus einander nicht bekannten Personen besteht, im strengen Sinne aber ein disperses Publikum darstellt. Ein Publikum aber ist nicht unbesehen gleichzusetzen mit Öffentlichkeit bzw. Teilöffentlichkeit: Aus systemtheoretischer Sicht sind die (externen) Zielgruppen einer Organisation deren Umwelt, während Öffentlichkeit für eine Organisation zwar ebenfalls Umwelt ist, aber zugleich selbst als System fungiert." Für die kommunikativen Zusammenhänge, die durch Dialogbedürfnisse und Dialoggestaltung geprägt sind, in denen alle, egal ob Unternehmen oder die davon adressierten Personen aktiver Gestalter der Interaktion sind, dürfte die Unterscheidung von Zielgruppe und Teilöffentlichkeit insofern wichtig sein, als dass sich im klassischen Zielgruppenbegriff die in diesem Begriff bezeichneten Personen in der Regel nicht kennen und auch nicht zwingend miteinander kommunizieren, dies in der Bedeutung des Begriffs der Teilöffentlichkeiten aber sehr wohl der Fall ist.

Dies kann sowohl für die direkte, personale Kommunikation angenommen werden als auch in besonderer Weise in der computervermittelten Kommunikation moderner Netzwelten, in denen nicht mehr das „one-to-many-Prinzip" massenmedialer Kommunikation kennzeichnend ist, sondern vielmehr das „many-to-many-Prinzip", bei dem alle mit allen kommunizieren können (egal ob anonymisiert oder nicht). Dies ist für die Unternehmenskommunikation eine besondere Herausforderung für die Beziehungsgestaltung, die sich umstellen muss, weil individuelle Massenkommunikation sich zu massenhafter Individualkommunikation gewandelt hat (im Sinne von Martini nach Avenarius 2000, S. 32). Auch sind hier die „Relaisstationen" der Kommunikation wie sie Agenturen und Kommunikationsdienstleister bzw. auch Journalisten darstellen, weitgehend ausgeschaltet – zumindest aber in ihrer Bedeutung erheblich geschmälert.

Wie wird der Begriff „Teilöffentlichkeiten" über die grundsätzliche Abgrenzung zum Zielgruppenkonzept hinaus gefasst? *Teilöffentlichkeiten als „Akteure im Meinungsmarkt" sind als „Öffentlichkeit" konstituiert, sie setzen sich aus Individuen zusammen, die einen kleinsten gemeinsamen Nenner haben, ihr Kollektivinteresse so*

Hansen und Schmidt (2009, S. 84, Hervorhebung durch den Autor). *Es handelt sich um „situative Öffentlichkeiten" oder „Publicas", die gemeinsam Sachverhalte diskutieren, ähnlich zu bestimmten Positionen denken, sich vergleichbaren Problemen gegenüber sehen, entsprechende Sachverhalte als Problem verstehen und sich sogar organisieren, um mit dem Problem umzugehen* (Mast 2006, S. 131; Kunczik 2010, S. 303 ff., Hervorhebung durch den Autor).

Der Ansatz der Teilöffentlichkeiten ist eng verwandt mit dem organisationstheoretischen Konzept des Stakeholder, aber während im letztgenannten Fall die Frage der Bindung im Mittelpunkt steht, *fokussiert der Ansatz der Teilöffentlichkeiten mehr die in Frage stehenden Themen („Issues")*. Das Konzept geht auf die amerikanischen PR-Theoretiker Grunig und Hunt (1984) zurück und differenziert zwischen *vier verschiedenen Typen von Teilöffentlichkeiten* je nach Aktivierungsgrad:

1. Die niedrigste Stufe bildet die *„Nicht-Teilöffentlichkeit"*, sie hat mit einem spezifischen Problem (noch) nichts zu tun.
2. Die *„latente Teilöffentlichkeit"* ist betroffen, weiß es aber (noch) nicht.
3. Die *„bewusste Teilöffentlichkeit"* hingegen kennt das Problem, tut aber nichts dagegen.
4. Die *„aktive Teilöffentlichkeit"* schließlich organisiert sich, um etwas gegen das Problem zu tun.

Neben dem Erkennen eines Problems ist für diese Stufe auch das Erkennen von Handlungsmöglichkeiten Voraussetzung und die Identifikation von persönlicher Betroffenheit bzw. Beteiligung. Diese von der PR-Theorie der 1980-er Jahre genannten Vorbedingungen wurden bereits vom amerikanischen Philosophen Dewey (1927) definiert, um den Begriff „public" zu bestimmen, eine spezifische Form menschlichen Zusammenschlusses über ein gemeinsames Anliegen (Avenarius 2000, S. 179). Für das Verständnis des Konzepts Teilöffentlichkeit ist die Abgrenzung zum Marketingbegriff der Zielgruppe einerseits, aber auch zum Begriff der Öffentlichkeit andererseits relevant (Avenarius 2000, S. 179 f.): Anders als das Marketing kann die Öffentlichkeitsarbeit nämlich bestimmte Gruppen respektive Märkte nicht ignorieren. Märkte können geschaffen werden und auch z. B. aus Kostengründen ignoriert werden, nicht so Teilöffentlichkeiten als „Ansprüche vortragende Gruppen" (Avenarius 2000, S. 180), denn mit Bezug auf Grunig (1992, S. 112) ist eine Teilöffentlichkeit kein Markt: „Organizations can create their own markets by carving up a population into segments most like to consume their products and services. Publics in contrast, organize around issues and seek out organizations that create those issues – to seek information, to seek redress of grievances, to pressure the organization, or to seek governmental regulation. As publics move

3.4 Der Begriff der Teilöffentlichkeiten in den Public Relations

from being latent to active, organizations have little choice other than to communicate with them, whereas organizations can choose to ignore markets if they wish.".

Der Begriff der Zielgruppe ist also für die Public Relations zu eng gefasst, der Begriff der Öffentlichkeit hingegen ist zu weit gefasst, um die Anliegen von Teilöffentlichkeiten sinnvoll in der Beziehungsgestaltung zu berücksichtigen. Streng genommen gibt es nach Grunig „die" Öffentlichkeit gar nicht, Öffentlichkeiten sind immer spezifisch und problem- bzw. issuebezogen zu identifizieren. Diese Auffassung differiert von einem allgemeinen Begriff der Öffentlichkeit wie er in den Kommunikations- und Medienwissenschaften gebraucht wird und in Differenzierung verschiedener (moderner Konzepte) von Öffentlichkeit und Gesellschaft verstanden wird (Imhof 2003, S. 193 ff.).

Will eine Unternehmung oder eine Organisation, die für ein Thema, „Issue" oder Problem verantwortlich ist, Beziehungen zu den korrespondierenden Teilöffentlichkeiten pflegen, sind für die Festlegung der Kommunikationsstrategie bzw. die Identifikation von Kommunikationsteilnehmern folgende Leitfragen Richtung weisend (nach Dörrbecker und Fissenewert-Gossmann 2003, S. 193), die zeigen, dass die Definition von Teilöffentlichkeiten zu anderen Ergebnissen kommen muss als die Segmentierung von Zielgruppen im Marketing:

1. Will ich informieren oder kommunizieren?
2. Wer sind die beteiligten, wer die unbeteiligten Gruppen oder Individuen?
3. Trete ich direkt oder über Meinungsbildner an die Teilöffentlichkeiten heran?
4. Wer ist Verbündeter, wer Gegner meiner Überzeugungsstrategien?
5. Welche Priorität messe ich welcher Teilöffentlichkeit bei?
6. Wie weit lässt mein Etat eine Segmentierung der Teilöffentlichkeiten zu?
7. Welchen Nutzen hat welche Gruppe von meinen Aktivitäten?
8. Kann ich bestimmte Teilöffentlichkeiten zusammenfassen?
9. Kenne ich wirklich die Teilöffentlichkeiten, oder glaube ich nur, sie zu kennen?
10. Wie teste ich schrittweise, ob ich mit meiner Segmentierung richtig liege?
11. Habe ich alle wichtigen Analysen bei der Bestimmung der Teilöffentlichkeiten berücksichtigt?

Zur Bestimmung der Kommunikationspartner im Sinne des Begriffs der Teilöffentlichkeiten, auf die hier nicht näher eingegangen werden kann, finden sich zwar Parallelen zur Segmentierung im Marketing, allerdings werden auch ziel- und themenabhängig andere Wege beschritten (vgl. hierzu z. B. Mast 2006, S. 126 f.; Hansen und Schmidt 2009, S. 91 ff.).

Der WWF Deutschland: Teilöffentlichkeiten beim Issue „irreführende Werbung mit Activia"

Entsprechend der Differenzierung von vier Teilgruppen kann man analog zum o. g. Issue in der Verbraucheröffentlichkeit vier Untergruppen für die Planung der Kommunikation differenzieren: „Nicht-Teilöffentlichkeit" sind die Verbraucher, die im Supermarkt Activia kaufen und nichts von den Vorwürfen wissen. Die „latente Teilöffentlichkeit" besteht z. B. aus denjenigen Verbrauchern, die sich als umweltbewusst verstehen, daher Activia mit den neuen Bechern bevorzugen, aber noch nicht davon gehört haben, dass diese Verpackung eventuell nicht wirklich ökologisch überzeugen kann. Als „bewusste Teilöffentlichkeit" können die Konsumenten gelten, die über die Angelegenheit Bescheid wissen, aber keine Konsequenzen ziehen. Eine „aktive Teilöffentlichkeit" kann sich schließlich im Internet in einem Verbraucherblog austauschen, organisieren und zu einem Boykott gegen Danone-Produkte aufrufen.

Die vorgestellten Konzepte zur Kommunikationsplanung sind zusammenfassend der Tab. 3.1 zu entnehmen, die die jeweiligen Illustrationen des ausgewählten Beispiels „WWF Deutschland" wiedergibt.

Tab. 3.1 Ausgewählte Kommunikationspartner u. Differenzierung (Beispiel WWF). (Copyright: Susanne Femers)

Beispiele	Bezugsgruppe	Stakeholder	Zielgruppe	Dialoggruppe	Teilöffentlichkeit
Greenpeace	x				
BUND	x				
Politik/Behörden	x	x			
Mitarbeiter	x	x	x		
Förderer	x	x	x		
Kinder/Jugendliche	x		x		
Geförderte		x			
Kooperationspartner	x			x	
Medien		x	x	x	
Verbraucher			x		
DUH				x	
IFEU				x	
Verbraucher					x

3.5 Neue mediale Kontexte, neue Akteure und neue soziale Beziehungen

Im Rahmen der oben angesprochenen Kommunikationsprozesse nutzen Akteure Medien aktiv und passiv. Mit neuen Medien verändern sich durchaus auch Beziehungen zwischen Akteuren. Insbesondere mit den so genannten „neuen Medien" der computervermittelten Kommunikation wird den ehemals passiven Medienrezipienten vielfach auch eine neue Macht in der Beziehungsgestaltung zugesprochen (Femers 2005). Es ist von der „Demokratisierung" der Kommunikation durch das Internet und der „kommunikativen Entfesselung" der Rezipienten die Rede. Mit dem „many-to-many-Prinzip" der netzbasierten Kommunikation im Internet sind die Grenzen einseitig kontrollierter Massenmedien aufgehoben worden (Fröhlich 2005, S. 254 f.) und Machtverhältnisse werden neu bestimmt. *Insbesondere das Web 2.0 macht an Kommunikation partizipierende Teilöffentlichkeiten stärker sichtbar als in vergleichsweise „alten" Medien wie Print, Radio und Fernsehen* (Meckel 2008).

Das Neue am Medium Web 2.0 ist darüber hinaus, dass die Erscheinungsweise des Mediums selbst in einem wesentlichen Sinn dadurch bestimmt ist, wie die Nutzer partizipieren (Münker 2010, S. 31). Das Medium ist quasi der Nutzer. Und das „Cluetrain Manifest" (s. Korbien 2010), vor mehr als zwei Jahrzehnten dem Web 2.0 quasi ins Stammbuch geschrieben, verlangt viel von Unternehmen in Bezug auf ihren kulturellen Wandel. „Märkte als Gespräche" – und zwar solche ohne Geheimnisse – verlangen Teilhabe und Transparenz, was viele Unternehmen heute noch als Kulturschock erleben und ihren Vorstellungen von angemessenen Beziehungsmustern diametral entgegensteht.

In diesem Kontext werden Akteuren neue Namen gegeben wie *„User", „Blogger" „Twitterer", „Follower" oder „Friend"* als Teilnehmer in sozialen Netzwerken. Die technologische Entwicklung des Web 2.0 hat dabei einen Katalysatoreffekt für die Beziehungsgestaltung in modernen Netzgesellschaften und nimmt revolutionären Charakter an. Damit verbunden sind vielfältige Herausforderungen für die strategische Organisationskommunikation sowohl was die Gestaltung von Informations- und Interaktionsmöglichkeiten angeht als auch was die Identifikation relevanter Anspruchsgruppen betrifft. Letzteres ist derzeit unter dem Stichwort „Web-Monitoring" (siehe im Überblick Brauckmann 2010) als ein engagierter Versuch zu verstehen, verlorene soziale Kontrolle wieder zu erlangen.

Mehr als die vielen User, die als „Freunde" im Sinne von „Informations- und Unterhaltungsfressern" Unternehmen kommunikativ „auf Trab" oder besser gesagt „auf Galopp" halten, stellen kritische, mobilisierte Kunden, Bürger und „Berufsprotestler" Unternehmen in den „neuen medialen Gelegenheitsstrukturen unternehmenskritischen Protests" im Sinne des „Anti-Corporate-Campaigning" und im Cyberprotest auf die Probe (Baringhorst 2010; März 2010). Viele Unternehmen sind daher verständlicherweise noch nicht von Netzeuphorie infiziert, sondern eher reaktiv und passiv. Wer aber gar keine Informationen produziert und im Netz nicht kommuniziert, wird unsichtbar und erleidet den sozialen Tod in der digitalen Welt. Es drängt sich hier die Parallele zum ehemals machtlosen, passiven Medienrezipienten der „alten" Massenmedien auf, von dem im Mythos der Medienmacht in der Medienwirkungsforschung angenommen wurde, er werde der Kommunikationsmacht so ausgesetzt, als würde sie mit einer „hyperdermic needle" injiziert (Femers 2005, S. 164).

3.6 Netzwerkmodelle und Stakeholdermanagement

In dem bisher dargestellten „kleinen Alphabet der Beziehungspartner" von „A" wie Anspruchsgruppe bis „Z" wie Zielgruppe wurde gezeigt, dass Akteure aus unterschiedlichen Blickwinkeln betrachtet werden können, um die Erfordernisse der Beziehungsgestaltung entsprechend der Bedürfnisse der einzelnen Akteure zu verstehen. Dabei wurde vereinfachend davon ausgegangen, dass es sich um *dyadische Beziehungen* handelt wie die zwischen Unternehmen und Kunde oder Medienunternehmen und Medienrezipient. Tatsächlich ist aber der Kontext, in dem Austauschprozesse stattfinden, weitaus komplexer und es gilt, einen ganzes *Netzwerk von Beziehungen* zwischen verschiedenen Akteuren zu verstehen und zu managen (Fill 2001, S. 139 f.; im Überblick z. B. Schubert 2008; Bommes und Tacke 2010), denn die Beziehung zwischen zwei Akteuren ist letztlich auch von den direkten und indirekten Beziehungen anderer bzw. aller Akteure eines Systems beeinflusst. Innerhalb eines solchen Systems sind die Beziehungen also *komplexe Verflechtungen* und nicht linear oder unidirektional zu denken.

Netzwerke werden durch ein ganzes „Muster von Interdependenz und Reziprozität" zusammengehalten (Achrol 1997). *Netzwerke im engeren Sinne sind gekennzeichnet durch die „Koordination zwischen autonomen Akteuren zur Erreichung gemeinsamer Resultate (…), freiwillige, horizontale, reziproke Muster von Kommunikation und Austausch, hohe Informalität, flexible Strukturen (und) oft starken Einfluss von Personen unterschiedlichen Organisationsgrads (…)"* (Weder 2010, S. 46, Hervorhebung durch den Autor). Neben kooperativen Beziehungen sind allerdings auch andere Beziehungstypen zu betrachten, es können auch Konkurrenten und Kontrahenten zum Beziehungsnetzwerk eines Akteurs gehören, die in der Gestaltung der Stakeholderbeziehungen zu berücksichtigen sind und damit über die Grenzen des engen Netzwerkbegriffs hinausgehen.

In modernen Ansätzen zur Unternehmenskommunikation versucht man dem gerecht zu werden, in dem z. B. PR als „Netzwerk öffentlicher Beziehungen einer

3.6 Netzwerkmodelle und Stakeholdermanagement

Organisation zu ihrer Umwelt" gefasst wird (Szyszka 2009, S. 135), deren Beziehungsqualität sich im Sozialkapital einer Organisation niederschlägt bzw. im sozialen Vertrauen der Stakeholder ausdrückt. Der *Stakeholder-Ansatz* geht also in dieser Hinsicht weit über die Netzwerktheorie hinaus. Nach Karmasin (2008, S. 268 f.) ist er im Hinblick auf *drei Perspektiven* zu würdigen:

1. In *deskriptiver Perspektive* zeigt er den Charakter der Unternehmung als „öffentlich-exponierte, gesellschaftliche" Organisation auf, die über die Integration von Interessen (bzw. „Ansprüchen", „stakes") derer, die von Entscheidungen der Unternehmung betroffen sind, die „Rückkehr der Gesellschaft" in die Organisation leistet.
2. *Instrumentell betrachtet* fokussiert Stakeholdermanagement auf die spezifischen Interaktionsprozesse mit den Anspruchsgruppen.
3. In *normativer Perspektive* schließlich verweist der Ansatz auf die Notwendigkeit der Einbeziehung legitimer Ansprüche in unternehmerische Entscheidungen (Karmasin 2008, S. 270).

Und damit verbindet sich mit der Konzeption der Stakeholder bzw. Anspruchsgruppen der modernen Unternehmenskommunikation auch ein *Paradigmenwechsel von der Ziel- zur Anspruchsgruppe bzw. von der Persuasion zur Legitimation*, da alleine schon das Koordinations- und Kommunikationsmodell gänzlich unterschiedlich sind (vgl. hierzu im Detail Karmasin 2008, S. 276).

Mit Blick auf die strategische bzw. instrumentelle Perspektive ist zu fragen, wer die wesentlichen Partner für die in Frage stehenden Interaktionen sind. Das Stakeholdermanagement folgt dabei Ansätzen der Netzwerkanalyse. *In der Netzanalyse wird versucht, die Position, die ein Akteur hat, näher zu bestimmen, denn seine Position kann Aufschluss darüber geben, welche Ressourcen ein Unternehmen nutzen kann, um seine Ziele zu erreichen* (Fill 2001, S. 141 f.; Scott 2000). Die Frage, wer mit welchen Interessen und Zielen mit wem wie durch direkte Austauschbeziehungen oder indirekte Verbindungen vernetzt ist, gibt Hinweise auf die relative Wichtigkeit von Beziehungen, die im Stakeholdermanagement zu gestalten sind. Auch Normen als Orientierungsrahmen für die Beziehungsgestaltung werden in der Analyse von Stakeholdernetzen untersucht.

Mit verschiedenen Methoden der Netzwerkanalyse und der „Kartierung" von Stakeholdern kann auch für die zukünftige strategische Ausrichtung im Beziehungsmanagement besser entschieden werden, welche strategische Option aus der jeweiligen Akteursperspektive Erfolg versprechend ist (weiterführend z. B. Stegbauer und Häußling 2010). Daher gehört zum kleinen Einmaleins des Beziehungsmanagements auf jeden Fall dazu, nicht nur um die Eigenschaften und Bedürfnisse der identifizierten Kommunikationsteilnehmer zu wissen, sondern auch den Gedanken des Beziehungsnetzwerks ins Kalkül des Miteinanders einzubeziehen: *„Netze liefern den Kontext für das Verstehen von Handlungen, die Akteure durchführen, und insbesondere ein Mittel, die Kommunikation, mittels derer Beziehungen aufrechterhalten oder verbessert werden, zu verstehen und zu interpretieren."* (Fill 2001, S. 141, Hervorhebung durch den Autor).

Zum Netzwerkgedanken gehört außerdem unweigerlich dazu, von solchen Beziehungsgeflechten als dynamischen Einheiten zu denken, die immer nur relative Machtgleichgewichte und relative Harmoniezustände des Austauschs der Kräfte abbilden. *Die hier identifizierten Stakeholder können ihre Positionen in Netzwerken und ihre Beziehungsart und -intensität durchaus ändern* – selbst bestimmt aufgrund strategischer Neupositionierungen oder aber external determiniert, durch Ereignisse der sie umgebenden Systeme von Netzwerken, mit denen sie verbunden sind. Denn ein Akteur eines Netzwerkes ist auch zugleich Teil anderer Netzwerke. Balancen in Beziehungen sind also allenfalls Momentaufnahmen eines komplexen dynamischen Geschehens.

Literatur

Achrol, R. S. (1997). Changes in the theory of interorganisational relations in marketing: Toward a network paradigm. *Journal of the Academic of Marketing Science, 25*(1), 56–71.

Altmeppen, K.-D. (2006). Zielgruppen. In G. Bentele, H.-B. Brosius, & O. Jarren (Hrsg.), *Lexikon Kommunikations- und Medienwissenschaft* (S. 327). Wiesbaden: VS Verlag für Sozialwissenschaften.

Avenarius, H. (2000). *Public Relations. Die Grundform der gesellschaftlichen Kommunikation.* Darmstadt: Primus-Verlag.

Baringhorst, S. (2010). Anti-Corporate Campaigning – neue mediale Gelegenheitsstrukturen unternehmenskritischen Protests. In S. Baringhorst, V. Kneip, A. März, & J. Niesyto (Hrsg.), *Unternehmenskritische Kampagnen. Politischer Protest im Zeichen digitaler Kommunikation* (S. 9–31). Wiesbaden: VS Verlag für Sozialwissenschaften.

Behrens, G., Esch, F.-R., Leischner, E., & Neumaier, M. (2001). *Gabler Lexikon Werbung.* Wiesbaden: Gabler.

Bommes, M. & Tacke, V. (Hrsg.). (2010). *Netzwerke in der funktional differenzierten Gesellschaft.* Wiesbaden: VS Verlag für Sozialwissenschaften.

Brauckmann, P. (Hrsg.). (2010). *Web-Monitoring. Gewinnung und Analyse von Daten über das Kommunikationsverhalten im Internet.* Konstanz: UVK Verlagsgesellschaft.

Bruhn, M. (2005). *Kommunikationspolitik: Systematischer Einsatz der Kommunikation für Unternehmen.* München: Vahlen.

Dewey, J. (1927). *The public and its problems.* New York: Holt.

Dörrbecker, K., & Fissenewert-Gossmann, R. (2003). *Wie Profis PR-Konzeptionen entwickeln. Das Buch zur Konzeptionstechnik.* Frankfurt a. M.: Frankfurter Allgemeine Buch.

Femers, S. (2005). Neue Medien – neue Macht, neue Mythen? In P. Rössler & F. Krotz (Hrsg.), *Mythen der Mediengesellschaft. The Media Society and its Myths* (S. 159–175). Konstanz: UVK Verlagsgesellschaft.
Fill, C. (2001). *Marketing Kommunikation. Konzepte und Strategien*. München: Pearson Studium.
Freeman, R. E. (1984). *Strategic management. A stakeholder approach*. Boston: Prentice Hall.
Fröhlich, R. (2005). Zauberformel „Digitalisierung"? PR im Digit-Hype zwischen alten Problemen und neuen Defiziten. In: E. Wienand, J. Westerbarkey & A. Scholl (Hrsg.). Kommunikation über Kommunikation. Theorien, Methoden und Praxis (S. 252-264). Wiesbaden: VS Verlag für Sozialwissenschaften.
Giddens, A. (1984). *The constitution of society*. Cambridge: University of California Press.
Grunig, J. (1992). The development of public relations research in the United States and its status in Communications Science. In H. Avenarius & W. Ambrecht (Hrsg.), *Ist PR eine Wissenschaft?* (S. 103–132). Opladen: Westdeutscher.
Grunig, J., & Hunt, T. (1984). *Managing public relations*. New Jersey: Holt, Rinehart and Winston.
Hansen, R., & Schmidt, S. (2009). *Konzeptionspraxis. Eine Einführung für PR- und Kommunikationsfachleute*. Frankfurt a. M.: Frankfurter Allgemeine Buch.
Imhof, K. (2003). Öffentlichkeitstheorien. In G. Bentele, H.-B. Brosius, & O. Jarren (Hrsg.), *Öffentliche Kommunikation. Handbuch Kommunikations- und Medienwissenschaft* (S. 193–209). Wiesbaden: Westdeutscher.
Jarren, O., & Donges, P. (2002). *Politische Kommunikation in der Mediengesellschaft. Eine Einführung. Bd I.: Verständnis, Rahmen und Strukturen*. Wiesbaden: VS Verlag für Sozialwissenschaften.
Karmasin, M. (2008). Stakeholder Management als Ansatz der PR. In G. Bentele, R. Fröhlich, & P. Szyszka (Hrsg.), *Handbuch der Public Relations. Wissenschaftliche Grundlagen und berufliches Handeln* (S. 268–280). Wiesbaden: VS Verlag für Sozialwissenschaften.
Klewes, J. (2002). Substanz und Eleganz. PR-Konzeptionen als Beispiel für strategische Planung. In A. Güttler & J. Klewes (Hrsg.), *Drama Beratung! Consulting versus Consultainment?* (S. 151–173). Frankfurt a. M.: Frankfurter Allgemeine Buch.
Korbien, M. (2010). Das Cluetrain Manifest. In D. Michelis & T. Schildhauer (Hrsg.), *Social Media Handbuch. Theorien, Methoden, Modelle* (S. 67–76). Baden-Baden: Nomos.
Kunczik, M. (2010). *Public Relations. Konzepte und Theorien*. Köln: Böhlau , UTB.
Leipziger, J. W. (2009). *Konzepte entwickeln: Handfeste Anleitungen für bessere Kommunikation*. Frankfurt a. M.: Frankfurter Allgemeine Buch.
Lies, J. (Hrsg.). (2008). *Public Relations. Ein Handbuch*. Konstanz: UVK Verlagsgesellschaft.
März, A. (2010). Mobilisieren: Partizipation – vom „klassischen Aktionismus" zum Cyberprotest. In S. Baringhorst, V. Kneip, A. März & J. Niesyto (Hrsg.), *Unternehmenskritische Kampagnen. Politischer Protest im Zeichen digitaler Kommunikation* (S. 222–263). Wiesbaden: VS Verlag für Sozialwissenschaften.
Mast, C. (2006). *Unternehmenskommunikation*. Stuttgart: Lucius & Lucius, UTB.
Meckel, M. (2008). Unternehmenskommunikation 2.0 – ein Paradigmenwechsel? In M. Meckel & B. F. Schmid (Hrsg.), *Unternehmenskommunikation. Kommunikationsmanagement aus Sicht der Unternehmensführung*. (S. 471–492). Wiesbaden: Gabler.
Merten, K. (2000). *Das Handwörterbuch der PR – R-Z*. Frankfurt a. M.: FAZ-Institut.
Münker, S. (2010). Die Sozialen Medien des Web 2.0. In D. Michelis & T. Schildhauer (Hrsg.), *Social Media Handbuch. Theorien, Methoden, Modelle* (S. 31–41). Baden-Baden: Nomos.

Pepels, W. (2005). *Marketing-Kommunikation: Werbung – Marken –Medien*. Rinteln: Merkur.
Röttger, U. (Hrsg.). (2000). *Issues Management. Theoretische Konzepte und praktische Umsetzung. Eine Bestandsaufnahme*. Wiesbaden: Westdeutscher.
Schimank, U. (2000). *Theorien gesellschaftlicher Differenzierung*. Opladen: Westdeutscher.
Schimank, U. (2010). *Handeln und Strukturen. Einführung in die akteurstheoretische Soziologie*. München: Juventa.
Schubert, H. (Hrsg.). (2008). *Netzwerkmanagement: Koordination von professionellen Vernetzungen – Grundlagen und Praxisbeispiele*. Wiesbaden: VS Verlag für Sozialwissenschaften.
Scott, J. (2000). *Social network analysis. A handbook*. London: Sage.
Stegbauer, C., & Häußling, R. (Hrsg.). (2010). *Handbuch Netzwerkforschung*. Wiesbaden: VS Verlag für Sozialwissenschaften.
Streeck, K. (2010). *Management der Fantasie. Einführung in die werbende Wirtschaftskommunikation*. Baden-Baden: Nomos.
Szyszka, P. (2009). Organisation und Kommunikation: Integrativer Ansatz einer Theorie zu Public Relations und Public Relations Management. In U. Röttger (Hrsg.), *Theorien der Public Relations. Grundlagen und Perspektiven der PR-Forschung* (S. 135–159). Wiesbaden: VS Verlag für Sozialwissenschaften.
Vowe, G. (2006). Akteur. In G. Bentele, H.-B. Brosius, & O. Jarren (Hrsg.), *Lexikon Kommunikations- und Medienwissenschaft* (S. 11). Wiesbaden: VS Verlag für Sozialwissenschaften.
Weder, F. (2010). *Organisationskommunikation und PR*. Stuttgart: facultas wuv UTB.
Weis, H. C. (1999). *Marketing*. Ludwigshafen: Kiehl.

Vertrauen oder von der Kunst, Pferden etwas einzuflüstern 4

Zusammenfassung

Vertrauen ist für das Beziehungsmanagement eine Conditio sine qua non. Als riskante Vorleistung macht sie es möglich, dass soziales Kapital für die Beziehungsentwicklung und -aufrechterhaltung eingesetzt wird. Was das Wesen von Vertrauen ist, und welche Risiken mit dem Vertrauen geben und nehmen verbunden sind, soll im nachfolgenden Beitrag ergründet werden. Außerdem beschäftigt sich der Aufsatz mit der Frage, wie Vertrauen entstehen und gefährdet werden kann. Dabei wird auch erörtert, welche Rolle professionelle Kommunikatoren als Vertrauensexperten und -vermittler dabei spielen. All dies wird im Rückgriff auf einschlägige theoretische Konzepte und aussagekräftige Praxisbeispiele aus verschiedenen Bereichen der Wirtschaftskommunikation reflektiert.

Susanne Femers

An einem eisigen Wintermorgen satteln zwei Teenager ihre Pferde, reiten aus und geraten durch unglückliche Umstände bei einem Reitunfall in eine Katastrophe: Durch die Kollision mit einem Truck verlieren ein Mädchen und ein Pferd ihr Leben, das andere Mädchen und ihr Pferd werden schwer verletzt und verlieren ihr Zutrauen in die Welt wie sie vorher war. Dem Pferdeflüsterer Tom Booker, im gleichnamigen Film von Robert Redford gespielt, gelingt es, das verlorene Vertrauen wieder aufzubauen. Dieses Epos über Vertrauen nach dem Roman von Nicholas Evans (2004) lehrt über Vertrauen drei Dinge:

1. Vertrauensverlust ereignet sich sehr schnell und bedeutet Angst und Kontrollverlust. Vertrauen hat also etwas mit Sicherheit zu tun, Misstrauen etwas mit Unsicherheit.
2. Vertrauensaufbau ist schwierig und langwierig (der Vertrauensaufbau im zitierten Melodram entspricht einer epischen Filmüberlänge von fast drei Stunden).

Oft ist Vertrauensaufbau sogar so schwierig, dass es des Experteneinsatzes bedarf.
3. Und drittens ist aus der Geschichte zu lernen, dass Vertrauen eine Systemfrage ist.

Als Grundelemente eines Vertrauenssystems kann man eine Vertrauensperson, der Vertrauen gegeben wird, einen Vertrauenden, der Vertrauen gibt, und häufig eine Vertrauensperson als Vertrauensvermittler anführen. Der Vertrauensvermittler ist der Pferdeflüsterer im Film: Denn das Flüstern des Experten ist erst erfolgreich, als er das Vertrauen des Mädchens gewinnen kann, das lernt, sich wieder selbst zu vertrauen und trotz Beinamputation wieder zu reiten und dann ihrem Pferd dabei hilft, seiner Umgebung wieder zu vertrauen. Und überhaupt, ohne das Vertrauen der Familie in den Experten und das Vertrauen des Experten in die Familie wäre der Film am Ende noch länger gewesen und das Sujet hätte sich nicht so recht zur Entspannung geeignet.

In der Realität treffen Kommunikationsmanager, die als Experten für Vertrauensaufbau und –erhalt gelten können, zum Glück auf weniger dramatische und aussichtslose Situationen: Ihre Klienten sind in der Regel nicht traumatisiert und anders als Pferde zur Reflexion über sich und ihre soziale Umwelt fähig. Gute Voraussetzungen, um in die Fußstapfen von Robert Redford zu treten. Dennoch ist zu fragen, was dessen Kompetenzen im Vertrauensmanagement sind? Er muss um das Wesen von Vertrauen wissen und die Auswirkungen von Vertrauensverlusten kennen, um Beziehungen erfolgreich zu managen. Vertrauen kann als grundlegende Voraussetzung sozialen Handelns angesehen werden, wobei Vertrauen sowohl als konstituierend für soziale Beziehungen als auch als systemerhaltend für Sozialsysteme angesehen werden kann (Bentele und Seidenglanz 2008, S. 347; Weder 2010, S. 75). Mit der zentralen Bedeutung von Vertrauen verbindet sich auch ein Dilemma für moderne Sozialbeziehungen: Es geht schwer mit Vertrauen – aber keinesfalls ohne. Wir sind quasi zum Vertrauen verdammt, folgt man der Argumentation bei Hoffjann (2011, S. 77), denn: „Die vielfältigen Abhängigkeitsbeziehungen zwischen gesellschaftlichen Teilbereichen führen zur Notwendigkeit von Vertrauenshandlungen – ohne Vertrauenshandlungen würde sich die Gesellschaft wieder entdifferenzieren. ‚Die einzige Sicherheit, die wir in dieser Welt haben können, ist Vertrauen.' (Krieg 1997, S. 11)".

Vertrauen ist aus Sicht einer Organisation „die Stütze ihrer Umweltbeziehungen" (Weder 2010, S. 170). Was genau ist nun Vertrauen? Unter *Sozialvertrauen* ist nach Szyszka (2009, S. 141, Hervorhebung durch den Autor) „*die Erwartung in die Kontinuität von Haltungen, Entscheidungen und Verhalten einer Organisation bzw. einer Bezugsgruppe in sachlicher, zeitlicher und sozialer Dimension*" zu fassen. Unter öffentlichem Vertrauen wird eine in der Regel über medienvermittelte „generalisierte ‚Form von sozialem Vertrauen' verstanden." (Szyszka 2009, S. 141). Diese noch recht allgemeinen Beschreibungen von Vertrauen und Vertrauensaufbau, sollen im Folgenden etwas konkreter durch die Betrachtung von Vertrauenskommunikation in der Praxis gefasst werden. Es sollen unterschiedliche Konzepte und Anwendungen des Vertrauensbegriffs in der Wirtschaftskommunikation daraufhin untersucht werden, wie sie Vertrauensaufbau und -erhalt abbilden – ohne Anspruch auf Vollständigkeit, aber mit Anspruch auf hinreichende Sinnhaftigkeit, um die Relevanz von Vertrauen für die Beziehungsgestaltung zu klären. Neben theoretischen Auffassungen basiert die nachfolgende Analyse vor allem auf ausführlichen Fallbeispielen.

4.1 Werbung: Philosophisch-rhetorisch versierte Spiele mit Vertrauen

Die Werbung erweist sich bezogen auf das Konzept Vertrauen als philosophisch und rhetorisch besonders versierte Variante der Wirtschaftskommunikation. Ihre markigen Sprüche zielen häufig auf den Kern des Konzeptes, für das der Pferdeflüsterer steht. Das sollen einige Beispiele zeigen. Dem elementaren Sicherheitsbedürfnis von Menschen gibt die Ergo-Versicherung Ausdruck, die in ihren Werbespots in jüngster Vergangenheit Menschen sagen ließ: „Ich will versichert werden, nicht verunsichert." Und die Arndt Gruppe Finanzen (2011) weiss: „Sicherheit ist Vertrauenssache". Vertrauen erweist sich als unabdingbare Voraussetzung für alles Weitere, glaubt man dem Slogan der Deutschen Bank: „Vertrauen ist der Anfang von allem." Dieser folgt der Einsicht des Soziologen Luhmann (2000, S. 1): „Der Mensch hat zwar in vielen Situationen die Wahl, ob er Vertrauen schenken will oder nicht. Ohne jegliches Vertrauen aber könnte er morgens sein Bett nicht verlassen. Unbestimmte Ängste, lähmendes Entsetzen befielen ihn." Dass die Kompetenz eines Akteurs Vertrauen rechtfertigt, proklamiert Adiro Technologie (2010): „Kompetenz schafft Vertrauen." Als alternativer Garant ist auch Kapital einsetzbar: „Kapital ist Vertrauen" (Aeonis Finanzen 2010).

Der Ausdruck „Jemandem Vertrauen schenken" ist eigentlich eine Mogelpackung, denn ein Geschenk verlangt nicht unbedingt eine Gegenleistung. Beim Vertrauen ist das anders. Jemand muss sich des Vertrauens als würdig erweisen. „Vertrauen verpflichtet." – das wusste schon die Versicherung Alte Leipziger, die diese Aussage 1967 zu ihrem Slogan machte. Für den Fall, dass auf Grund fehlender persönlicher Erfahrungen das Vertrauen geben schwer fällt, verweist die Werbung gerne auf Referenzen, die die Vertrauensseligkeit des Gesamtsystems argumentativ bemühen. „Omega hat das Vertrauen der Welt." heißt es bereits seit den 50er Jahren beim Schweizer Uhrenhersteller. Auch die Aufforderung von Nescafé (1962) bemüht dieses rhetorische Argumentationsmuster: „Vertrauen Sie Nescafé – Ihrem Nescafé vertraut die Welt." Und Nivea nutzt es im Jubiläumsjahr 2011: („Fühlen Sie die Pflege, der Millionen vertrauen. 100 Jahre Hautpflege fürs Leben"). Vertrauen kann man im Zweifelsfall getrost dann, wenn die anderen es tun. *Vertrauen hat also ansteckenden Charakter.*

Ein Zweifelsfall in punkto Vertrauen ist die Werbung auf einer Metaebene betrachtet generell. Denn der Verbraucher steckt bezogen auf die Aussagen der Werbung vor einem Vertrauensdilemma. Einerseits muss er ihr vertrauen, andererseits weiß er, dass man das wohl nicht tun sollte. Kaufentscheidungen sind immer solche unter Risiko. In unsicheren Situationen hilft aber nur Vertrauen weiter. Das Interesse an werblichen Informationen ist neben den Unterhaltungseffekten als Dreingabe nur gerechtfertigt, weil bezüglich der Wahl eines Kaufobjektes Unsicherheit herrscht. Auf dieses Gefühl der Unsicherheit reagiert die Werbung als „informativ beratende Rhetorik" (Lehn 2011, S. 47 f.): „So soll (…) die Werbung aus der Rezipientenperspektive vor allem eine Beratungsfunktion erfüllen und als idealtypische ‚Verbraucherinformation' dienen, die einen Überblick zum Warenangebot liefert, vom (Mehr-)Wert eines Angebots rational überzeugt und eine Orientierungshilfe zur Entscheidung liefert.". Auf der anderen Seite kann der Werbung Glaubwürdigkeit und Vertrauenswürdigkeit nicht zuerkannt werden, da ihre Zielsetzung des Verkaufs bekannt ist. Diese offenkundige ökonomische Zweckdienlichkeit und die anonyme Ansprache sind Quellen generellen Misstrauens gegenüber der Werbung (Lehn 2011, S. 49). Der Aufbau von „Scheinwirklichkeiten" und ungestützten Behauptungen, der selektive und stark affektive Informationscharakter der Werbung und die Tatsache, dass sie die „Waffe" Rhetorik zum Diener ökonomischer Interessen macht, stellen die Werbung nach Lehn (2011, S. 55) vor ein *generelles Ethos-Problem*, das rhetorisch Tradition hat: „Schon in der Antike galten Hermes und Merkur als Götter der Kaufleute und Diebe." (Bertold 1981, S. 213 zitiert nach Lehn 2011, S. 55).

Das Ethosproblem kann die Werbung nur abmildern, indem sie zeigt, dass sie weiß, was Vertrauen ist (wie die Beispiele oben andeuten) und indem sie auf die Glaubwürdigkeit ihrer Kommunikatoren setzt und z. B. Testimonials mit Glaubwürdigkeitsvorteilen einsetzt (z. B. Experten, die Kompetenz signalisieren wie Dr. Best oder als Sympathieträger auf den Ausstrahlungseffekt dieses zentralen, positiven Merkmals ihrer Persönlichkeit setzen können.). Der werbende Kommunikator muss auch etwas einsetzen in das Spiel bzw. Unterfangen des Vertrauen-Gebens und -Nehmens, z. B. seine persönliche Integrität wagen und Authentizität zeigen. Geradezu vorbildlich scheint dies der Unternehmer Claus Hipp zu realisieren, der

4.1 Werbung: Philosophisch-rhetorisch versierte Spiele mit Vertrauen 41

in Werbespots mit dem Satz „Dafür stehe ich mit meinem Namen." auftritt, um die Qualität seiner Babynahrung zu unterstreichen und als Vertrauenskatalysator in der Funktion des „Pferdeflüsterers" zu wirken. Seine vertrauensbildende Wirkung resultiert auf der empirischen Belastbarkeit seiner Werbeaussage. Claus Hipp ist eine echte Person, keine Fiktion, er führt die Geschäfte des Babynahrungsherstellers und lebt ein zur Naturidylle der Werbeinszenierung passendes Landleben mit Ehefrau und fünf Kindern auf einem Bauernhof mit 20 Pferden (!). (http://www.reklameblogger.de/2006/02/16/dafuer-stehe-ich-mit-meinem-namen. Zugegriffen: 9. Dez. 2011).

Letztlich wird die Glaubwürdigkeit der Werbung auch an der Wahrung der Verhältnismäßigkeit ihrer Mittel bemessen. Wer zu viel kommunikativen Druck in der Vertrauensfrage aufbaut, läuft Gefahr, mit Reaktanz abgestraft zu werden. Daher ist Angstwerbung – zumindest in der deutschen Kultur – nur bedingt erfolgreich bzw. muss in die Zeit und die korrespondierenden Sicherheitsbedürfnisse passen. Dies soll das nachfolgende Beispiel mit einem kurzen historischen Streifzug nach Hars (2002, S. 189 ff., zitiert nach Femers 2011, S. 215) illustrieren:

Beispiel Allianzversicherung: Von Angstappellen zu Imperativen für die Sicherheit

In der Nachkriegszeit wurde bei der Allianzversicherung noch ohne Wenn und Aber mit Angstwerbung für die Rentenversicherung plädiert: „Wenn jede Frau wüßte, was jede Witwe weiß." Auch die Werbung für die Lebensversicherung ließ keine Zweifel zu: „Sicher ist der Tod, unsicher nur die Stunde." Die Arme der Allianzversicherung waren für all jene offen, die nach den katastrophalen Kriegserfahrungen nach der abgesicherten Zukunft suchten. Mit dem Optimismus des Wirtschaftswunders in den 50er Jahren traf Angstwerbung weder den richtigen Ton noch den Nerv der Zeit. Mit „…hoffentlich Allianz versichert!" war der Worte genüge getan. In den 80er Jahren dann schwanden die Hoffnungen auf die Zukunft beträchtlich. In Deutschland wurde dieser erfolgreiche Slogan zu einem immer noch bekannten Jingle in der Argumentation erweitert: „Denn wer sich Allianz versichert, der ist voll und ganz gesichert, der schließt vom ersten Augenblick ein festes Bündnis mit dem Glück – eine Allianz fürs Leben.".

Mit Vertrauen z. B. in den Lebensversicherer – das zeigt das Beispiel – ist immer auch Sicherheit als grundlegendes Bedürfnis angesprochen – eine ernste Angelegenheit, die sensibel kommuniziert werden muss. Für die Branchen Finanzen, Versicherungen, Ernährung und Gesundheit beispielsweise ist das Konzept Vertrauen zentraler als für andere, weswegen man bei der Analyse von zeitgenössischen Slogans durchaus den Eindruck gewinnen kann, dass der Begriff Vertrauen hier stark strapaziert, wenn nicht sogar inflationär verwendet wird. Beispiele, die für andere stehen und das illustrieren können: „Ich vertrau' der DKV." Deutsche Krankenversicherung (2011) oder „Vermögen braucht Vertrauen" Finanzberatung der Sparkassen (2011). Produkte und Dienstleistungen mit existentiellem und vitalem Gefährdungspotential bzw. solche zur Absicherung von Existenzängsten legen also bevorzugt Gewicht auf Vertrauen in der Kommunikation. Man findet eine Thematisierung von Sicherheit und Vertrauen als Basisbedürfnisse aber auch in ganz anderen Produktbereichen (z. B. bei Waschmitteln: „Vertrau pink. Vergiss Flecken. Vanish.").

Und wenn es sich nicht gerade um „todernste" Themen handelt, ist sogar das Spiel mit Humor und Ironie in der Werbung erlaubt und den von ihr erwarteten Unterhaltungswirkungen zuträglich. Humor ist bekanntlich, wenn man trotzdem lacht. Solche an diese Weisheit angelehnte Werbeinszenierungen geben dem Konsumenten auch die Gelegenheit, sich selbstironisch von dem Diktat der Sicherheit zu distanzieren, was psychologisch durchaus entlastend wirken kann. Denn in einer Welt der Komplexität und Unsicherheit permanent auf einer hohen Sicherheitsstufe agieren zu müssen, überfordert. Dagegen helfen Entspannungsbotschaften in der Werbung, die alltägliche Dinge zu begleiten: Radio hören z. B. („Deutschlands einziger Radiosender mit Anti-Nerv-Garantie." Klassik Radio 2011), die Nutzung einer App für iPhone und iPad („Vorsicht: Kleine Berührungen können heftige Denkanstöße auslösen." Die Tagesspiegel App, 2011) oder das Versprechen eines wirklich sicheren Hotelaufenthalts, auf den man vertrauen kann („Angst vor Monstern unterm Bett? Unsere Hotelexperten prüfen auch das." HRS Das Hotelportal 2011).

Mit Bezug auf das Verhältnis von Werbung zum Konzept Vertrauen kann man abschließend selbstreferentiell mit Opel formulieren „Wir haben verstanden.". Werbetexter als „Pferdeflüsterer" versorgen Verbraucher präventiv mit empathischen Vertrauensbotschaften zu deren Bedürfnis nach Sicherheit und Selbstzuschreibungen als Vertrauensgeber. Reicht Prävention nicht aus, sind andere Formen der Unternehmenskommunikation gefragt, mit denen Kommunikationsmanager als Therapieexperten mit Vertrauensfragen per definitionem befasst sind: Die Rede ist von PR-Experten als den Vertrauensbeschaffern der Organisation.

4.2 PR: Vertrauen ist gut, Reputation ist besser, Kontrolle ist immer

Im Rahmen des Vertrauensaufbaus von Wirtschaftsorganisationen durch Kommunikation stellt sich die skeptisch stimmende Frage: „Wie ist die grundsätzlich mögliche Vertrauensbereitschaft in einer (...)welt zu erklären, die aus ökonomischer Sicht vor allem durch Eigennutzenmaximierung geprägt ist?" (Lies 2008, S. 599). Ein Grundmisstrauen, was die Interessenverwirklichung von Anspruchsgruppen der Unternehmung angeht, ist also in der Wirtschaftskommunikation immer mitzudenken. In der Werbung, die mit unseren Phantasien vom Glück in einer sicheren Welt spielt, ist diese Frage weniger relevant als im Rahmen von Public Relations, dem kommunikativen Handeln der Organisation, das explizit die Akzeptanz für sein Tun, die Legitimation seiner selbst sucht und auf Vertrauensaufbau in der Beziehungsgestaltung mit Bezugsgruppen setzt. Der Begriff Vertrauen steht daher im Zentrum wissenschaftlicher PR-Ansätze und ist zentral für die Erreichung weiterer Ziele wie Akzeptanz und Legitimation (Weder 2010, S. 76; Röttger et al. 2011, S. 149, zum Überblick und Stand der PR-Forschung zum Vertrauen vgl. Hoffjann 2011).

Vertrauen und Glaubwürdigkeit sind dabei als zwei Seiten einer Medaille zu verstehen, denn Vertrauen kann nicht aufgebaut und aufrechterhalten werden, wenn es keine Konsistenz zwischen Kommunikationsinhalten und kommunizierten Sachverhalten selbst gibt. In der Literatur werden die Begriffe Vertrauen und Glaubwürdigkeit häufig synonym verwendet.[1] Man kann aber auch Glaubwürdigkeit – so wie bei Bentele und Seidenglanz (2008, S. 346 f.) – als Teil von Vertrauen verstehen, als ein Produkt von Attribution: Glaubwürdigkeit wird Personen zugeschrieben, denen man vertraut. Als *Vertrauensfaktoren*, die Glaubwürdigkeit erhöhen und deren Fehlen zu Vertrauensverlust führen, gehören nach Bentele und Seidenglanz (2008, S. 355) bzw. Weder (2010, S. 77):

1. Sach- und Problemlösungskompetenz,
2. Kommunikationsadäquatheit (kommunikative Konsistenz, Transparenz, Offenheit) sowie
3. gesellschaftlich verantwortliches Handeln und Verantwortungsethik.

---

[1] Diese Gleichsetzung von Vertrauen und Glaubwürdigkeit besteht allerdings nicht den folgenden Plausibilitätstest von Klaus Boltres-Streeck: Wenn ein Verbrecher mir mit der Pistole in der Hand zusichert, dass er mich erschießt, wenn ich mich bewege, ist das glaubwürdig – dennoch wäre es ungewöhnlich zu sagen, dass ihm deshalb vertraut werden kann oder dass die Drohung wegen seines ausgestrahlten Vertrauens auch glaubwürdig ist.

Gesellschaftliche Anspruchsgruppen müssen, wenn sie einer Organisation Vertrauen geben, eine Entscheidung unter Unsicherheit fällen. Wird das Unternehmen so handeln, wie ich es aufgrund der jetzt verfügbaren Informationen für die Zukunft erwarten kann? Wenn diese Frage bejaht werden kann, dann kann Vertrauen entstehen und zwar in Form einer *unweigerlich riskanten Vorleistung*: „Man kann Vertrauen nicht verlangen. Es will geschenkt und angenommen sein. Vertrauensbeziehungen lassen sich daher nicht durch Forderungen anbahnen, sondern nur durch Vorleistung – dadurch, dass der Initiator selbst Vertrauen schenkt oder eine sich zufällig bietende Gelegenheit benutzt, sich als vertrauenswürdig darzustellen. (…) Für den Vertrauenden ist seine Verwundbarkeit das Instrument, mit dem er eine Vertrauensbeziehung in Gang bringt. Erst aus seinem eigenen Vertrauen ergibt sich für ihn die Möglichkeit, als eine Norm zu formulieren, dass sein Vertrauen nicht enttäuscht werde, und den anderen dadurch in seinen Bann zu ziehen." (Luhmann 2000, S. 46). Vertrauen ist also entscheidend für die Beziehung, für die Public Relations formuliert Szyszka (2009, S. 135): „Die Beziehungsqualität von Public Relations schlägt sich im Sozialkapital einer Organisation (Reputation, Image) nieder. *Sozialkapital kommt im sozialen Vertrauen zum Ausdruck*, mit dem einer Organisation umweltseitig von Bezugsgruppen bzw. Stakeholdern begegnet wird."

Das „Ja" in der Vertrauensfrage wird erleichtert durch die Reputation eines Unternehmens, die den Informationsstand darüber reflektiert, wie vertrauenswürdig eine Organisation sich in der Vergangenheit gezeigt hat: „In diesem Sinne gilt, dass Reputation die Fähigkeit einer Organisation beschreibt, die Erwartungen seiner relevanten Stakeholder zu befriedigen. (…) So kann man die ideale Unternehmen-Stakeholder-Beziehung als systematischen Aufbau einer kognitiven Tausch-Beziehung bezeichnen, die über die Eskalation von Vertrauenswürdigkeit gegen Vertrauensbereitschaft im Ideal als Tausch von Reputation gegen Vertrauen gipfelt." (Lies 2008, S. 600 f.).

Für den Handel mit dem Sozialkapital Vertrauen stellen Mechanismen der sozialen Kontrolle gleichsam eine Börsenaufsicht da. Auf den engen Zusammenhang von Vertrauen und Kontrolle verweist Röttger (2010, S. 316, Hervorhebung durch den Autor): Vertrauen bezieht sich immer auf die Erwartungen, sich auf andere verlassen zu können. In komplexen, schwer überschaubaren Situationen schafft Vertrauen „über Vereinfachung Sicherheit; *Vertrauen reduziert soziale Komplexität*". (Zur ausführlichen Analyse s. Luhmann 2000). Nach Endress (2002, S. 11) formuliert ist dies dreidimensional zu denken: das Vertrauen „reduziert Komplexität (sachlich), schafft stabile Rahmenbedingungen für Handlungs- und Interaktionsprozesse (sozial) und dient als zentraler Mechanismus der Kontinuierung von sozialer Ordnung und des Aufbaus sowie der Aufrechterhaltung stabiler sozialer Beziehungen (zeitlich)." Prozessbezogen nachvollziehbar wird dies bei Szyszka (2009,

S. 141): „Soziales Vertrauen entlastet von Beobachtungsdruck, indem ein Vertrauensobjekt aus konkreter Beobachtung ausgeblendet wird (…): Entscheidungsprozesse werden zu Routinen."
Vertrauen und Vertrauenswürdigkeit sind permanenter Überprüfung unterworfen. „Sicherheit und Reduktion von sozialer Komplexität stellt sich erst ein, wenn die Überprüfung der an Vertrauen gebundenen Erwartungen positiv ausfällt." (Röttger 2010, S. 316). Schlichte Konsequenz für professionelle PR ist daher, dass organisationsintern wie –extern nur solche Leistungserwartungen an PR geweckt werden sollten, die auch unter Berücksichtigung des unsicheren Prozesscharakters der Gestaltung öffentlicher und organisationsinterner Beziehungen befriedigt werden können. Dabei dürfte die Schaffung von Transparenz über organisationales Handeln als wichtiger vertrauensbildender Faktor angesehen werden. Auf die immer stärkere Bedeutung von Transparenz für die Vertrauensbildung in der Unternehmenskommunikation verweisen auch Bentele und Seidenglanz (2009, S. 42).

Obwohl Vertrauen für jede Gesellschaft als wichtiger Mechanismus reklamiert werden kann, müssen für *moderne Gesellschaften „verschärfte"* Bedingungen für das Funktionieren dieses Mechanismus konstatiert werden: „Dadurch dass Geltung nicht mehr allein als eine Frage der Wahrheit, sondern auch der gesellschaftlichen Akzeptanz aufgefasst wird, gewinnt Vertrauen die Bedeutung eines reflexiven Lenkungsmechanismus. Die Moderne wird (…) als ‚high trust'-Zeit aufgefasst, der Begriff der ‚Gewissheit' – kennzeichnend für traditionelle Gesellschaften – wird (…) vom entsprechenden Begriff ‚Vertrauen' innerhalb moderner Gesellschaften abgelöst." (Bentele und Seidenglanz 2008, S. 348). Bestehen keine Gewissheiten, müssen Entscheidungen unter Unsicherheiten getroffen werden, muss man lernen, welche Vertrauenspersonen vertrauenswürdig sind. Eine weitere wichtige Rolle bei den „verschärften" Ausgangsbedingungen für die Vertrauensbildung in modernen Gesellschaften spielen ihre typischen Informationsasymmetrien, die sich in komplexen Wirtschaftssystemen zwischen den Akteuren einstellen. *Kommunikation ist relevant, um als Vertrauensvermittler diese Asymmetrien auszugleichen. Kommunikatoren sind daher Vertrauensvermittler.* Dabei ist professionelle Kommunikationsarbeit schon im Normalfall schwierigen Bedingungen für die Vertrauensbildung ausgesetzt.

Daneben ergeben sich aber noch weitere spezifische Herausforderungen, wenn Unsicherheit und Informationsasymmetrien besonders ausgeprägt sind wie beispielsweise in Krisensituationen von Unternehmen. In solchen Situationen kann Misstrauen von außen als schützendes Korrektiv verstanden werden, denn „Krisen sind ungeplante und ungewollte Prozesse von begrenzter Dauer und Beeinflussbarkeit sowie mit ambivalentem Ausgang. Sie sind in der Lage, den Fortbestand der gesamten Unternehmung/Organisation substanziell und nachhaltig zu gefährden oder sogar unmöglich zu machen." (Krystek 1987, S. 6 zitiert nach Ditges et al. 2008, S. 12). Krisen erweisen sich häufig als Vertrauenskrisen, in denen es darauf ankommt, Glaubwürdigkeit und Vertrauen zu bewahren oder wieder zu gewinnen, wie das Beispiel einer PR-Anzeige in der Krise von Vattenfall zeigt (vgl. Ditges et al. 2008, S. 21 f., Originalanzeigentext):

> **„Vattenfall stellt sich Ihren Fragen"**
>
> 0800 – 3 21 21 21 oder unter dialog@vattenfall.de
> Sehr geehrte Leserinnen und Leser,
> die Ereignisse der letzten Zeit haben das Vertrauen in Vattenfall belastet. Wir haben Sie nicht offen und umfassend genug informiert. Deshalb möchten wir mit Ihnen in einen offenen Dialog treten. Und der fängt mit Zuhören an:
> Auf welche Energien wird Vattenfall in Zukunft setzen?
> Was tut Vattenfall konkret für den Klimaschutz?
> Wie sorgt Vattenfall für die Sicherheit seiner Kernkraftwerke?
> Was macht Vattenfall, um besser zu werden?
> Stellen Sie uns Ihre Fragen! Wir werden sie Ihnen alle beantworten und in der Öffentlichkeit Rede und Antwort stehen – besonders auch bei kritischen Themen.
> (…)
> Wir übernehmen Verantwortung.
> Hans Jürgen Cremer
> Sprecher des Vorstands der Vattenfall Europe AG

Die wesentlichen *Ursachen für Vertrauensverluste* sehen Bentele und Seidenglanz (2008, S. 356) in der *Wahrnehmung von Diskrepanzen* durch die Vertrauenden:

1. Diskrepanzen zwischen Information und wirklichem Sachverhalt,
2. Diskrepanzen zwischen Aussagen und Handeln,
3. Diskrepanzen zwischen verschiedenen Handlungen in Organisationen sowie
4. Diskrepanzen zwischen Normen einerseits und Kommunikationsinhalten und Handlungen andererseits.

Für den Vertrauensverlust dürfte es dabei unerheblich sein, ob diese Diskrepanzen intentional, also absichtlich erzeugt, oder eher zufällig durch fehlende Abstimmung und Reflexion entstehen. Hier zählt nur die Wahrnehmung der (kommunikativen) Handlung, nicht ihr motivationaler Hintergrund. In Krisensituationen, in denen

Vertrauen verloren gegangen ist, geht es daher vor allem darum, Hintergründe des Krisengeschehens auszuleuchten, damit das „Sich-Verlassen-Können" wieder möglich ist. Es gilt, Kompetenz zuzusichern und auch zu zeigen, dass das eigene Handeln durch Fairness und Verantwortungsübernahme motiviert ist – wenn nicht in der Vergangenheit, so doch in der Zukunft. Dies genau versucht die Anzeige von Vattenfall in einer Art Schadensminimierungsstrategie zu realisieren.

Am Ende stellt sich die Frage, welche Spielarten von Kommunikation für den Vertrauens(wieder)aufbau als besonders sinnvoll angesehen werden können, auf die Vertrauensvermittler, die „Pferdeflüsterer", verstärkt setzen sollten. Bentele und Seidenglanz (2008, S. 357) beantworten diese Frage wie folgt: „Perspektivisch gesehen sind es weniger traditionelle Elemente der Einweg-Kommunikation, die die Vertrauensbildung nachhaltig unterstützen, sondern vor allem dialogische Formen, offenes Kommunikationsverhalten (Transparenz), die Fähigkeit zu selbstkritischer Betrachtung und zur Revision von (als faktisch erkanntem) Verhalten." Der *Dialog* folgt hier nicht seinem Selbstzweck, sondern ist der *Türöffner* für die Korrektur eigenen Verhaltens durch die Auseinandersetzung mit Gegenpositionen und der Fremdwahrnehmung, die man erzeugt hat. Als spezifische Konzepte, die diese Orientierung auf vertrauensstärkende Kommunikation besonders ausweisen, nennen Bentele und Seidenglanz (2008) die *symmetrische Kommunikation* im Sinne von Grunig und Hunt (1984) sowie die *verständigungsorientierte Öffentlichkeitsarbeit* von Burkhardt und Probst (1991).

4.3 Public Affairs und Lobbying: Januskopf in der Vertrauensfrage?

Unter dem Begriff Public Affairs wird eine Managementfunktion verstanden, die für die Analyse und Interpretation des gesellschaftlichen Umfeldes einer Organisation genutzt wird, um im Sinne der Unternehmensziele auf dieses zu reagieren. Ihre Beziehung zur Unternehmenskommunikation versteht der Experte dieser Form von politischer Kommunikation Köppl (2000, S. 11) wie folgt: „Es ist eine strategische Unternehmensfunktion, die durch den koordinierten Einsatz aller relevanten Kommunikationsinstrumente die Erreichung der Unternehmensziele unterstützt." Lobbying als aktive politische Mitwirkung im Sinne der Public Affairs ist als gleichsam mystifiziertes und stigmatisiertes Managementinstrument zu fassen (Köppl 2000, S. 117). Dieses Instrument gilt vielen ob seines informellen Charakters als verdächtig. Vom lateinischen Wort „Labium" (Vorhalle, Wartehalle) abstammend, werden damit „vielfältige intensive Aktivitäten von gesellschaftlichen Gruppen, Wirtschaftsverbänden und Firmenvertretungen im Vorhof von Politik und Bürokratie verstanden." (Köppl 2000, S. 105). Da diese Aktivitäten nicht immer öffentlich stattfinden und auch nicht stattfinden können, die *Einflussnahme* sich also „*verdeckt*" vollzieht, erwecken entsprechende Tätigkeiten von Unternehmen oft *Misstrauen über die Art und Intensität der politischen Einflussnahme*. Köppl (2003, S. 194, Hervorhebung durch den Autor) betont: „*Vertrauen basiert bekanntlich auf Vertraulichkeit.*" Und fügt ohne Reflexion des Widerspruchs direkt hinzu „Neben Offenheit und Transparenz sind dies die Grundprinzipien der politischen Beratung.".

Gleichzeitig wird aber gerade der viel beschworene Vertrauensverlust von Unternehmen und politischen Institutionen bei der Öffentlichkeit (vgl. Bentele und Seidenglanz 2008, S. 354) als Basis und zur Begründung von Public Affairs herangezogen: „Viele Unternehmen haben sich in der Vergangenheit zu einseitig auf die Überzeugungskraft von Image-Maßnahmen und Produkt-Werbung verlassen. Der Schwerpunkt lag auf der Darstellung der uneingeschränkten Kompetenz, der Betonung des wirtschaftlich Machbaren und schloss die wahren Interessen des gesellschaftlichen und politischen Umfeldes aus: Transparenz und der Beitrag der Unternehmen zum Gemeinwohl." (Köppl 2000, S. 21). Auch das jährliche Edelman Trust Barometer kommt für 2012 zu einem ernüchternden Fazit und sieht Politik und Wirtschaft in der globalen Vertrauenskrise. Für die Politik in Deutschland wird konstatiert: „Die Bevölkerung traut den Aussagen der Regierenden nicht: Mehr als ein Drittel der Befragten (36 %) zweifeln am Wahrheitsgehalt der Regierungsaussagen. 65 % der Befragten sind der Meinung, dass Politik die Aufgabe hat, die Interessen der Bevölkerung zu vertreten, aber lediglich 12 % denken, dass dies adäquat geschieht. Auch in Bezug auf politische Transparenz herrscht Misstrauen. Lediglich 12 % sind der Meinung, dass Transparenz und Offenheit politische Praxis ist." (Edelman 2012, Befragung bei 1.000 Personen in 25 Ländern.)

Bezogen auf Vertrauen und Transparenz muss man von einer „Janusköpfigkeit" und einer grundsätzlichen Ambivalenz des Charakters von Public Affairs und Lobbying ausgehen. *Aus Vertrauensverlust und dem Ruf nach Transparenz wird eine* Kommunikationsweise *begründet, der zugleich Transparenz und Vertrauenswürdigkeit abgesprochen wird*. Letztes begründet sich durch ethisch nicht immer einwandfreie Praktiken wie problematische Protagonisten, die sich nicht gerne in die Karten schauen lassen, wenn sie im strategischen Kalkül der Kommunikation ihre Strippen ziehen. Dies illustriert ein Beitrag, den die Tageszeitung taz am 29.10.2011 unter dem Titel „Interne Dokumente der Atomlobby: Professor Dankeschön" publizierte:

Beispielfall Atomlobby: „Professor Dankeschön"

Es handelt sich um die Geschichte des Professors S., Ökonom, der eine Rolle spielte in der Lobbykampagne der Atomindustrie und Aufschluss gibt über „den Handwerkskasten der Macht" im Rahmen der Kampagne „Energieverantwortung für Deutschland", die die Düsseldorfer Agentur Deekeling Arndt Advisors für das Deutsche Atomforum von Mai 2008 bis zur Bundestagswahl im September 2009 durchführte. Aufgabe des Wissenschaftlers war es vorzurechnen, dass Kernenergie nicht nur mit Milliardengewinnen den Konzernen nützt, sondern auch der Gesellschaft. Dies sollte anhand von Kennziffern zur „Gesellschaftsrendite" erfolgen. Seine Studie sollte kurz vor der Bundestagswahl platziert werden. Doch der Deal platzte damals, zwei Jahre später wurde er dennoch offenbar.

Für Empörung auf Seiten der Industrie sorgte die Behauptung des Professors S. nach Bekanntwerden der Transaktion im Herbst 2011, er sei nicht bereit gewesen, ein „Gefälligkeitsgutachten" zu erarbeiten. Ganz anders die Auffassung des Atomforums: „Dort wird behauptet: S (…). Zwischenergebnisse seien selbst so unbelastbar und gefällig gewesen, dass eine Fortführung des Projekts sinnlos und peinlich geworden wäre." – so die taz. Der Professor, „der als Wissenschaftler gern mehr Anstand und Moral in Deutschlands Chefetagen einfordert und für das ‚Leitbild des ehrbaren Kaufmanns' eintritt" wird sich nun nach Meinung der taz Fragen zur Ehrbarkeit gefallen lassen müssen, denn nicht nur ließ er sich auf die „fragwürdige Zusammenarbeit" ein, sondern sollte auch noch 135.000 € Honorar bekommen, das nicht an die Universität, bei der er die Tätigkeit gar nicht gemeldet hatte, sondern auf das Konto seiner Ehefrau überwiesen werden sollte. Diese betreibt eine Kommunikationsagentur, ein „Ein-Personen-Unternehmen mit Sitz im gemeinsamen Wohnhaus des Ehepaars". Ihr Kommentar in dieser Angelegenheit bezieht sich auf die nur vermeintlich entlastende „Tatsache": „Es sei von Anfang an klar gewesen, dass es sich bei dem Auftrag nicht um Wissenschaft, sondern um eine ‚Kommunikationsleistung' gehandelt habe."

Was lehrt diese Geschichte bezogen auf das Konzept Vertrauen und die Fähigkeiten von Pferdeflüsterern? *Ein Pferdeflüsterer ist ein Flüsterer, weil er nicht laut schreien kann – ansonsten könnte er die Pferde scheu machen.* Die leise Sprache der Lobbyisten lässt aber kritische Hörer mit gespitzten Ohren aufmerken und vermuten, dass der Flüsterer etwas zu sagen hat, was er der Öffentlichkeit verheimlichen will, um sich dadurch Vorteile zu verschaffen und seine intransparenten Interessen zu befriedigen. Nicht nur Inhalte der Kommunikation, sondern auch die Beziehungen der verschiedenen, an einem Prozess der politischen Einflussnahme beteiligten Akteure stehen im Generalverdacht, nicht öffentlichkeitsfähig zu sein. Setzt Lobbying auf Intransparenz gegenüber der Öffentlichkeit, hat diese Art von Kommunikation kaum eine Chance als vertrauenswürdig in der Öffentlichkeit zu gelten.

4.4 Customer(-Relationship-)Verschaukelung:„Wir schaffen Vertrauen"

Auf das undurchschaubare Beziehungsgeflecht von Akteuren und dessen Bedeutung für den Aufbau und den Verlust von Vertrauen in einem System verweist auch das letzte Fallbeispiel des vorliegenden Beitrags, das zeigt, dass ein um Reduktion von Komplexität ringender Verbraucher ein ausreichendes Maß an Transparenz braucht, um sich nicht als Opfer der Beziehungskonstellationen und Geschäfte auf Gegenseitigkeit der anderen zu empfinden, die ihr Transaktionsnetz um ihn spinnen. *Erfolgreiche Austauschbeziehungen basieren auf Vertrauen, das im Relationship Marketing als „transaktionsübergreifendes Konstrukt verstanden* (wird S.F.), *das durch die Komplexitätsreduktion die Interaktionseffizienz steigert"* (Bruhn 2009, S. 77, Hervorhebung durch den Autor). Vertrauensaufbau kann sogar als zentrale Aufgabe des Customer Relationship Management verstanden werden (Bruhn 2009, S. 84). Als Determinanten des Vertrauens gelten neben der Kompetenz eines Anbieters auch sein Wohlwollen den Kunden gegenüber, seine Integrität bzw. seine Rechtschaffenheit, die wahrgenommene Fairness und das „Wohlbefinden" im Umgang mit ihm, das der Kunde in der Beziehung erlebt (vgl. Bruhn 2009, S. 79). Das Ausbleiben dieses „*Wohlfühlfaktors*" in der Interaktion ist das dominante Merkmal der Transaktion, die im Folgenden bewusst aus Verbrauchersicht dargestellt wird:

Fallbeispiel: SCHUFA-Bonitätsauskunft

Der Name SCHUFA steht für „Schutzgemeinschaft für allgemeine Kreditsicherung". Dahinter verbirgt sich eine Wirtschaftsauskunftei, die von kreditgebenden Unternehmen privatwirtschaftlich organisiert ist. Sie verfolgt den Geschäftszweck, ihre Vertragspartner vor Kreditausfällen zu schützen. Die „SCHUFA Holding AG Verbraucherservice" wird von Verbrauchern in ihrem Servicecharakter nicht immer eindeutig identifiziert. Schlimmer noch, naivitätsbedingt können sich Vertrauenskrisen einstellen. Dies zeigt der Fall der besonders weltfremden Verbraucherin Susanne F. aus B., die ihren Fall wie folgt darstellt:
Bei der Wohnungssuche werde ich vom Vermittler darauf hingewiesen, dass der Weg zu meiner Wunschwohnung nur über die SCHUFA führt. Will ich von dieser eine „positive Bonitätsauskunft", die für die Bewerbung um eine Woh-

4.4 Customer(-Relationship-)Verschaukelung: „Wir schaffen Vertrauen"

nung verlangt wird, dann wende ich mich am besten direkt an easyCredit der genossenschaftlichen Finanzgruppe Volksbanken Raiffeisenbanken, die eine SCHUFA-Auskunft in 20 min zum Mitnehmen bereitstellt. Vorbedingung ist ein Termin in einem easyCredit Shop, ein gültiger Personalausweis und ein Girokonto, von dem die Gebühren in Höhe von 18,50 € sofort abgebucht werden können. Das alles habe ich, als ich die Filiale betrete. Ausnehmend freundlich werde ich empfangen, unterschreibe die vorgelegten Formulare und Einverständniserklärungen und nehme verwirrt die Warnung der Kundenberaterin wahr, die mich darauf hinweist, die Daten ab Seite zwei der Auskunft nur unter äußerstem Druck an den Vermieter weiterzuleiten, denn „gerade die kleinen Vermieter treiben damit oft Missbrauch," so die Beraterin. Mehr möchte ich gar nicht wissen. Für die Wartezeit auf meine Auskunft über mich werde ich in einen Raum geleitet, in dem ich in einem Sessel Platz nehmen darf. Die Kundenbetreuerin weist mich darauf hin, dass ich viel Glück habe mit meinem Termin in einer Lücke zwischen vielen anderen. „Oft haben wir hier Busladungen aus dem Umland. Also, ich kann Ihnen sagen...". Mehr sagte sie mir zum Glück nicht, als sie mir einen Cappuccino aus dem Automaten zubereitet auf dem ein großes Schild klebt: „Keine Selbstbedienung".

Als ich mich gerade frage, was der Cappuccino kostet, legt man mir ein umfangreiches Broschürenpaket in einer Mappe „Ihr Umzug kann so einfach sein!" vor. Mir geht es gut. Ich sitze an der Heizung, mit Heißgetränk, Hoffnung auf meine Wunschwohnung und mit freundlicher Hilfe für meinen Umzug. Der Flyer „Mein Umzugsplaner" offeriert eine Beratung, um die Kosten im Blick zu haben. Die anderen Broschüren bieten Aussicht auf Kreditkarten „mit flexibler Finanzreserve" und Verbraucherkredite „So individuell wie Sie: easyCredit – Für Ihr Leben gut." Es gibt „partnerschaftliche Begleitung in allen Finanzlagen" und „Fairnesspakete". Kein Interesse. Ich wende mich den anderen Auslagen auf dem Besuchertisch zu. Da gibt es eine Ausgabe von „Schöner Wohnen" voller Verführungsofferten wie begehbaren Kleiderschränken und Designerküchen. Eine Automobilzeitschrift lädt zur Beschäftigung mit neuen dynamischen Mittelklassewagen ein. Kein Thema – jetzt vor dem Umzug. Als letztes greife ich mir einen Sonderdruck von Focus Money, dem „modernen Wirtschaftsmagazin", mit einem Artikel über Konsumentenkredite mit dem Titel „Raten ohne Reue", in dem easyCredit auf Platz 1 der Rankingliste steht.

Mein Cappuccino ist kalt geworden. Um mich herum sind Menschen, die es nach einer Bonitätsauskunft verlangt, die sie aber nicht bekommen, weil sie busladungsvolle Problemlagen aufweisen wie fehlende Aufenthaltsgenehmigungen, abgelaufene Personalausweise oder gesperrte Girokonten. Ich werde aufgerufen am „Ausdruckterminal" meine 10-stellige Bestellnummer und mein 8-stelliges Password einzugeben. Die Prozedur verläuft nicht ganz reibungslos, aber sie

läuft. Ich halte meine begehrte Bonitätsauskunft für meinen Immobilienmakler in der Hand und lese:
„Sehr geehrte Frau F., Information schafft Vertrauen! Sie haben ihre persönliche SCHUFA-Bonitätsauskunft bestellt, mit der wir Sie unterstützen möchten, das notwendige Vertrauen zwischen Ihrem Vertragspartner und Ihnen herzustellen. Mit der SCHUFA-Bonitätsauskunft bieten wir Ihnen eine Auskunft an, die nicht nur nützt, sondern auch schützt! Weitere Informationen finden Sie im beiliegenden Infoblatt." Es sind viele Seiten, die folgen, die ich nur überfliege. Ich lese ... Deutsche Bank AG IFC Köln ... Landesbank Berlin ... A.T.U. Auto-Teile Unger GmbH & Co Card Service ... Parfümerie Douglas GmbH Dauerkonto ... Schwab Versand GmbH ... E Plus Service GmbH & CO. KG ... Ich möchte nicht mehr weiter lesen. Ich, die ich nie das Kleingedruckte lese. Über mich ist ein Basisscore errechnet worden „anhand moderner mathematisch-statistischer Verfahren" – ganz ohne mich. Wohl nur theoretisch wären 100 % erreichbar gewesen, aber nun ja, man muss sich wohl zufrieden geben. Ich werde Vertragspartner genannt und möchte das nicht. Ich verstehe jetzt nicht mehr, wer wessen Kunde ist und wen man vor wem schützen muss usw. Es ist alles ein Durcheinander. Auch der Slogan der SCHUFA auf dem Briefpapier „Wir schaffen Vertrauen." hilft mir da nicht weiter. Schluss mit Heizung, Heißgetränk und Hilfe. Ich bin doch eine Verführte. Die Wohnungssuchende als dumme Stubenfliege im Spinnennetz. Ich bin E.T., ein Trottel, der nach Hause will und alle Kundenkarten mit einer großen Schere zerschneiden möchte.

Der „Wohlfühlfaktor" für den Konsumenten geht im vorliegenden Fall gegen Null, da sich in dieser relativ unbedeutenden Transaktion für die Verbraucherin Beziehungen offenbaren, die ihr zuvor nicht transparent waren – obwohl sie es hätten sein können – hätte sie das Kleingedruckte gelesen. Das ist selbstverständlich ihre eigene Verantwortung in ihrer Beziehung zu Geschäftspartnern wie A.T.U. oder Douglas, in die sie vertraut hat. Die einmalige Transaktion mit der SCHUFA legt nun Beziehungen dieser Gesellschaft mit anderen Akteuren offen, denen die Kundin zugestimmt hat, ohne sich dies klar zu machen. Die angedeutete Reaktanz, das Zerschneiden von „Kundenbindungen" via Kartenzerstörung, resultiert aus dem subjektiven Gefühl, dass die Freiwilligkeit der Beziehungsgestaltung im vorliegenden Fall nicht gegeben war. Wird Freiwilligkeit eingeschränkt, drängt der Betroffene auf die Wiederherstellung der Freiheit respektive Unabhängigkeit – wie die Reaktanztheorie es vorhersagt.

Sozialer Einfluss über Kommunikation kann nach diesem Ansatz als Freiheitsbedrohung verstanden werden. Je stärker die Wahrnehmung dieses Einflusses ist, desto größer ist auch der Widerstand, also die *psychologische Reaktanz*, gegen die

Beeinflussung: „Sozialer Einfluss bzw. Kommunikation werden dann als einengend empfunden, wenn sie

a. als einseitig und unfair empfunden werden,
b. Botschaftsempfänger vermuten, dass die Kommunikation systematische Fehlinformationen zugunsten der durch Botschaftsabsender bevorzugten Position enthalten,
c. Schlussfolgerungen enthalten sind, die aus Sicht der Empfänger nicht nachvollziehbar sind,
d. die Beeinflussungsabsicht über ein von den Empfängern akzeptiertes Maß hinaus erkennbar wird und
e. Botschaftsabsender ein hohes Maß an Eigennutzen aus der bevorzugten Position ziehen können." (Raab und Unger 2005, S. 65).

Getäuscht worden ist die empörte Konsumentin nicht. (Fall b) trifft also nicht zu.) Aber durch den Mangel an Transparenz ist die Vertrauensbotschaft der SCHUFA „Wir schaffen Vertrauen" aus Verbrauchersicht ad absurdum geführt worden. Dieser psychologischen Realität muss sich der Pferdeflüsterer stellen, wenn er Vertrauensmanagement in der Kundenbeziehung erfolgreich gestalten will. *Vertrauen erweist sich nur dann als empirisch belastbar, wenn beide Seiten Verantwortung für Transaktionsart und -inhalte übernehmen.* Auch sich selbst als souveräne Verbraucherin zu vertrauen, erweist sich im Fallbeispiel als eine durchaus riskante Vorleistung. Die Konsequenzen aus dem Vertrauensverlust haben beide Seiten zu tragen. Daher tun Akteure in der Wirtschaft gut daran, im Vertrauenskalkül auch die Vertrauensseligkeit des anderen mitzudenken und sich neben dem Transparenzgebot auch an einem angemessenen Komplexitätsniveau zu orientieren, das Verbrauchern im Kleingedruckten zumutbar ist, so dass sie Komplexität nicht blind reduzieren, sondern angemessen zu kontrollieren in die Lage versetzt werden. Erfolgt diese Orientierung nicht oder im nicht ausreichenden Maße, büßen die „Pferdeflüsterer" den Einfluss ihrer Stimme ein.

Literatur

Bentele, G., & Seidenglanz, R. (2008). Vertrauen und Glaubwürdigkeit. In G. Bentele, R. Fröhlich, & P. Szyszka (Hrsg.), *Handbuch der Public Relations. Wissenschaftliche Grundlagen und berufliches Handeln* (S. 346–361). Wiesbaden: VS Verlag für Sozialwissenschaften.
Bentele, G., & Seidenglanz, R. (2009). Ein Berufsstand unter der Lupe. *Pressesprecher*, 09/09, 40–43.

Bruhn, M. (2009). *Relationship Marketing. Das Management von Kundenbeziehungen.* München: Vahlen.
Burkhardt, R., & Probst, S. (1991). Verständigungsorientierte Öffentlichkeitsarbeit. Eine kommunikationstheoretisch begründete Perspektive. *Publizistik, 1,* 56–76.
Ditges, F., Höbel, P., & Hofmann, T. (2008). *Krisenkommunikation.* Konstanz: UVK Verlagsgesellschaft.
Edelman (2012). *Edelmann Trust Barometer 2012.* Pressemitteilung, 26.01.2012, Berlin.
Endress, M. (2002). *Vertrauen.* Bielefeld: transcript.
Evans, N. (2004). *Der Pferdeflüsterer.* München: Goldmann.
Femers, S. (2011). *Textwissen für die Wirtschaftskommunikation.* Konstanz: UVK Verlagsgesellschaft mit UVK, Lucius bei UTB.
Grunig, J. E., & Hunt, T. (1984). *Managing Public Relations.* New York: Holt, Rinehart and Winston.
Hars, W. (2002). *Nichts ist unmöglich. Lexikon der Werbesprüche. 500 bekannte deutsche Werbeslogans und ihre Geschichte.* München: Piper.
Hoffjann, O. (2011). Vertrauen in Public Relations. *Publizistik, 1,* 65–84.
Köppl, P. (2000). *Public Affairs Management. Strategien und Taktiken erfolgreicher Unternehmenskommunikation.* Wien: Linde.
Köppl, P. (2003). *Power Lobbying: Das Praxishandbuch der Public Affairs. Wie professionelles Lobbying die Unternehmenserfolge absichert und steigert.* Wien: Linde.
Lehn, I. (2011). *Rhetorik der Werbung. Grundzüge einer rhetorischen Werbetheorie.* Konstanz: UVK Verlagsgesellschaft.
Lies, J. (2008). Vertrauen – und Reputation. In J. Lies (Hrsg.), *Public Relations. Ein Handbuch* (S. 598–601). Konstanz: UVK Verlagsgesellschaft.
Luhmann, N. (2000). *Vertrauen. Mechanismus sozialer Komplexität.* Stuttgart: Lucius & Lucius Verlagsgesellschaft, UTB.
Raab, G., & Unger, F. (2005). *Marktpsychologie – Grundlagen und Anwendung.* Wiesbaden: Gabler.
Röttger, U. (2010). *Public Relations – Organisation und Profession. Öffentlichkeitsarbeit als Organisationsfunktion. Eine Berufsfeldstudie.* Wiesbaden: VS Verlag für Sozialwissenschaften.
Röttger, U., Preusse, J., & Schmitt, J. (2011). *Grundlagen der Public Relations. Eine kommunikationswissenschaftliche Einführung.* Wiesbaden: VS Verlag für Sozialwissenschaft.
Szyszka, P. (2009). Organisation und Kommunikation: Integrativer Ansatz einer Theorie zu Public Relations und Public Relations-Management. In U. Röttger (Hrsg.), *Theorien der Public Relations. Grundlagen und Perspektiven der PR-Forschung* (S. 135–150). Wiesbaden: VS Verlag für Sozialwissenschaften.
Weder, F. (2010). *Organisationskommunikation und PR.* Wien: Facultas.wuv, UTB.

Lügentypen – über Unaufrichtigkeit im Wirtschaftsleben

5

> **Zusammenfassung**
>
> Sich für oder gegen eine Lüge zu entscheiden, ist eine Frage der Moral – wobei keineswegs stets die Wahrheit zu sagen die moralisch zu bevorzugende Lösung darstellt. Selbst lügen zu dürfen oder Lügen anderer zuzulassen ist vielmehr eine der Grundlagen einer friedlichen zivilisierten Gesellschaft. Allerdings sind nicht alle Lügen gleich zu behandeln. Was für die Gesellschaft insgesamt gilt, gilt auch für die Wirtschaft: Lügen können Beziehungen stabilisieren oder zerstören. Mit Hilfe grundlegender Literatur aus den Bereichen der Soziologie und der Philosophie wird die Ambivalenz der Lüge in der Wirtschaft in diesem Beitrag auszuleuchten versucht.

Klaus Boltres-Streeck

Gesetzliche Regelungen über Lügen beziehen sich größtenteils auf sachliche Vertragsbestandteile und auf den Schutz der Person. Wenn von einem künstlich gefärbten Jogurt auf der Verpackung behauptet wird, er enthalte keine künstlichen Farbstoffe, dann ist das Betrug und natürlich strafbar. Auch Verleumdung oder üble Nachrede sind strafrechtlich relevante Täuschungen. Dagegen sind viele der tagtäglichen kleinen oder größeren Lügen des Geschäftslebens – „der Scheck ist seit gestern in der Post" – entweder nicht nachweisbar oder nicht strafbedroht. Dabei handelt es sich nicht um eine Gesetzeslücke; die Möglichkeit, Unwahres zu behaupten, ist vom Gesetz gewollt, denn andernfalls hätte jeder allein durch das Stellen einer Frage schon ein Recht auf eine wahre Antwort. Eine solche soziale Wahrheitsdiktatur ließe einerseits keinerlei Privatheit und auch keinerlei kommunikativen Entscheidungsspielraum zu und würde andererseits jede Justiz überfordern – ganz zu schweigen von den Problemen, die es mit sich brächte, festzustellen, was in bestimmten Situationen wahr und was unwahr ist.

Die Lüge, „ein bewusster, aber verdeckter Widerspruch zwischen Aussage und innerem Fürwahrhalten, der verdeckten, weiter reichenden Absichten dient" (Dietz 2003, S. 25) ist somit eine oftmals legale Form der Wirtschaftskommunikation. Ob und wie man sie nutzt, ist daher eine moralische und eine taktische Frage. Eine moralische Frage, weil solche alltäglichen kommunikativen Täuschungen nicht unbedingt sanktionsfrei bleiben: Bezugsgruppen pflegen Lügen übel zu nehmen, wenn sie solche entdecken. Doch das kann man – taktisch – in Kauf nehmen, wenn Vorteile, die sich aus der Lüge ergeben, attraktiver erscheinen. Ob man legal lügt oder nicht, ist mithin eine persönliche Entscheidung, die einem jedoch durch die Gepflogenheiten des Umfeldes, in dem man sich bewegt, mehr oder weniger einfach gemacht wird.

Es wäre daher naiv (und fundamentalistisch), das Lügen im Bereich der Wirtschaftskommunikation rundweg abzulehnen. Der folgende Text versucht deshalb, Entscheidungshilfen im Hinblick auf Lügen zu geben – durchaus auch praktische Entscheidungshilfen. Dazu werden zunächst, ohne Anspruch auf Vollständigkeit, kommunikativ unterschiedlich strukturierte Arten von Lügen vorgestellt, nämlich (5.1) explizite sprachliche, (5.2) stumme, (5.3) bunte, (5.4) strukturelle und (5.5) griechische Lügen. Anschließend wird (5.6) die Frage nach psychischen Folgen des Lügens für den Lügenden angeschnitten und schließlich (5.7) eine zusammenfassende Betrachtung versucht. Dass all dies in der hier gebotenen Kürze nur weitere Lektüre und weiteres Nachdenken anregenden Charakter haben kann, ist selbstverständlich.

5.1 Explizite sprachliche Lügen

Mit Lügen ist zunächst wohl ein sprachliches Verhalten assoziiert, denn die Menschen lügen „meistens mit der Sprache" (Weinrich 2000, S. 7), es gibt sogar ein geflügeltes Wort, demzufolge die Sprache dem Menschen gegeben ist, „damit er seine Gedanken verkleiden kann" (Weinrich 2000, S. 9). Deshalb ist es auch hier naheliegend, mit expliziten sprachlichen Lügen zu beginnen: Die Krankmeldung an den Arbeitgeber, die per SMS aus dem sonnigen Schwimmbad abgesendet wird; die Gespräche über die weitere Zusammenarbeit, während schon ein Auflösungsvertrag aufgesetzt ist; die lobenden Worte für den ausscheidenden Mitarbeiter, an dessen Stuhl schon seit Monaten gesägt wurde; die Auslobung von Restbeständen aus der Vorjahreskollektion als topmodische Eyecatcher oder auch die positive Besprechung des eigenen Produktes unter falschem Namen in einer Verbrauchercommunity.

5.1 Explizite sprachliche Lügen

Der hier verwendeten Definition des Lügens gemäß sagt oder schreibt man in all diesen Fällen etwas, das man selbst nicht für wahr hält, um den Empfänger zu täuschen und damit einen Vorteil zu erzielen. Denn man „lügt nicht, um zu täuschen, sondern um durch die Täuschung etwas anderes zu erreichen" (Dietz 2003, S. 24). Wenn ich mich dagegen täusche oder auf Grund einer Täuschung eine sich später für mich als unwahr herausstellende Tatsache weitergebe, lüge ich nicht – denn ich hatte nicht den „Willen zur Unwahrheit" (Dietz 2003, S. 18).

Zu lügen ist dieser Auffassung zufolge also ein bewusster Akt – ich kann das Lügen zwar gewohnheitsmäßig oder ohne weiteres Nachdenken, scherzend oder auch leichtfertig geschehen lassen, aber eben nicht unwissentlich oder irrtümlich. Denn wenn ich mich irre, weiß ich definitionsgemäß nicht, dass ich gegebenenfalls etwas sachlich Falsches sage.

Inhaltlich können sich Lügen entweder auf prinzipiell überprüfbare Sachverhalte oder aber auf innere Zustände des Kommunizierenden beziehen. Solche Zustände wie Bedauern, Bewunderung oder auch Ahnungslosigkeit entziehen sich einer Objektivierung. Dennoch sind beide inhaltlichen Ausprägungen letztlich insofern gleich, als dass Aussagen darüber zur Lüge werden, weil der Lügende selbst sie dazu macht. „Ob ein Sachverhalt als wahr behauptet wird, der sich *objektiv* als *unwahr* erweist, ist für das Lügen nicht entscheidend, sondern die Frage, ob der Lügner *subjektiv vom Gegenteil überzeugt* ist" (Dietz 2003, S. 45, Hervorhebungen im Original). Man kann zwar zeigen, dass Aussage und Sachverhalt nicht übereinstimmen, aber ob das dem Sprechenden bewusst war, weiß letztlich nur er selbst. „Deshalb lässt es uns auch nicht unberührt, wenn jemand allen Indizien zum Trotz bestreitet, gelogen zu haben. Nicht nur die Möglichkeit, dass unser Urteil falsch sein könnte, sondern auch der Respekt vor dem Selbstbestimmungsrecht des anderen hindert uns, seine Selbstzuschreibung bedenkenlos zu übergehen" (Dietz 2003, S. 50).

Lügen, die sich auf innere Zustände beziehen, dienen oft der Glättung sozialer Situationen. „Wäre es uns tatsächlich in jedem Fall lieber, wenn unsere Gäste sich mit der ehrlichen Begründung verabschieden, sie langweilten sich bei uns?" (Dietz 2003, S. 8). Die Lüge, dass man müde sei und morgen einen anstrengenden Tag zu bestehen habe, erklärt das frühe Verlassen der Party dagegen mit Bezug auf wahrscheinlich geteilte Werte und diskriminiert nicht die Bemühungen der Gastgeber.

Aber auch sachliche Lügen werden oft gewählt, weil sie Situationen zu vereinfachen scheinen. Langfristig muss das aber nicht der Fall sein: Allein der Gedächtnisaufwand, den komplexe Lügengeschichten erfordern, ist nicht zu unterschätzen. Darüber hinaus ist die Lüge auch für das Gehirn aufwändiger als die (subjektive) Wahrheit, denn es muss sozusagen eine Parallelwelt anlegen, in der die Lüge prozessiert und mit der Realität halbwegs in Einklang gehalten wird. Lügen sind mithin nicht nur die Regelverstöße, als die sie oft thematisiert werden, sie müssen auch nach eigenen Regeln vollzogen werden (vgl. Dietz 2003, S. 40).

Bereits in den dreißiger Jahren des 20. Jahrhunderts hat der Philosoph Ludwig Wittgenstein festgestellt: „Das Lügen ist ein Sprachspiel, das gelernt sein will, wie jedes andere" (Wittgenstein 1984, Nr. 279). Nicht bloß ein (Sprach-)spiel, sondern sogar eine Kunst ist die Lüge für die bereits mehrfach zitierte Philosophin Simone Dietz: „Von einer Kunst sprechen wir normalerweise dann, wenn über die bloße Regelbefolgung hinaus besondere Geschicklichkeit im Spiel ist. Dies trifft auch auf die Kunst des Lügens zu. Auf der Grundlage der Regeln sprachlichen Handelns ist das Lügen ein kreativer Akt, der Einbildungskraft erfordert. In vielen Fällen bildet die Negation des Fürwahrgehaltenen bloß die Basis des Lügens, die aber allein nicht ausreicht – um überzeugend zu sein, muss der Lügner auch etwas erfinden, was hätte wahr sein können" (Dietz 2003, S. 41).

5.2 Stumme Lüge

Die oben zitierte Bestimmung der Lüge als Kunst trifft im Hinblick auf die formulierten Anforderungen an den guten Lügner zu. Dennoch ist die Lüge selbst deshalb keine akzeptierte Kommunikationsform. Der Satz „Ich bin ein Lügner" wird als Bekenntnis oder Selbstanklage, nicht als Lob oder Hinweis auf eine Kunstfertigkeit verstanden, und natürlich würde Simone Dietz sich gegen die Bezeichnung „Lügenphilosophin" schon wegen der darin liegenden Doppeldeutigkeit verwehren. Der Nachweis, in wichtigen Angelegenheiten gelogen zu haben, ist insbesondere für Personen mit öffentlichen Ämtern oft fatal, selbst wenn es sich um ganz private Sachverhalte handelt.

Der ehemalige Hamburger Bürgermeister Ole von Beust berichtete in einem Interview mit der Wochenzeitung DIE ZEIT, dass nach der Entlassung des Senators Roland Schill, der Beust wegen dessen Homosexualität erpressen wollte, von Journalisten „sein Privatleben monatelang durchforstet" worden sei. „Bei Kneipenwirten fragten sie nach, mit wem ich da war, was ich getrunken habe. Dieses Gefühl, dass das eigene Umfeld abgeschöpft wurde – das hat mich belastet (…) Ich habe mit Journalisten gesprochen. Die sagten: Es geht nicht um dein Privatleben, wir wollen nur überprüfen, ob du gelogen hast" (Beust 2011, S. 4).

Unaufrichtigkeit scheint offenbar im politischen wie im wirtschaftlichen Leben üblich, explizite Lügen jedoch sind eine sozial besonders gefährliche, weil besonders schlecht angesehene Form von Unaufrichtigkeit. Direkte Lügen werden daher nach Möglichkeit vermieden und durch andere Formen der Täuschung ersetzt, insbesondere durch sogenannte Halbwahrheiten.

5.2 Stumme Lüge

Halbwahrheiten sind Aussagen, die für sich genommen zutreffen, aber durch bewusstes Verschweigen oder Weglassen von Aspekten zu täuschen versuchen. Einige Beispiele: Man hebt den hohen Eiweiß- und den geringen Kohlehydratanteil eines Käses hervor, weil man vermutet, dass Kunden dies als vorteilhaft interpretieren, während der hohe *Fett*gehalt des Lebensmittels nicht erwähnt wird – so in der Werbung für Grünberg-Käse. Katjes dagegen bewirbt sein Fruchtgummi als fettfrei, ohne den hohen *Zucker*anteil zu erwähnen. Eine Agentur stellt einen neuen Mitarbeiter ein und lobt dessen hohe Kompetenz, ohne zu erwähnen, dass er für ein Konkurrenzunternehmen des Kunden gearbeitet hat. Als ich in meiner eigenen Berufspraxis meinen Geschäftsführer auf das Risiko eines solchen Vorgehens hinwies, antwortete er mit der genialen Formulierung: „Machen Sie sich keine Sorgen, ich habe das bereits verschwiegen".

Der amerikanische Philosoph Nyberg (1994) hat ein recht umfangreiches Buch dem „Lob der Halbwahrheit" gewidmet und im Untertitel Antworten auf die Frage in Aussicht gestellt: „Warum wir so manches verschweigen". Seine Ausführungen dazu konzentrieren sich dann auf die Vermeidung von Reibereien durch die Vermeidung unangenehmer Wahrheit oder Wahrhaftigkeit. Höflichkeit, Freundschaft und auch Kindererziehung sind die Felder, in denen Nyberg zeigt, dass wohldosiertes Weglassen, nicht offensives Lügen, zu sozialem Erfolg führt.

Auch dieser Gedanke ist nicht völlig unstrittig. Es ließe sich zum Beispiel einwenden, dass man einen Gesprächspartner auch im Rahmen von Höflichkeit, Freundschaft oder Erziehung nicht ohne weiteres um die Wahrnehmung eines Befremdens, das er auslöst, betrügen sollte. Dennoch: Nicht immer alles zu sagen, was einem in sozialen Situationen einfällt oder sogar unabweisbar erscheint, kann als basales Element zivilisierten Zusammenlebens gelten.

Auch in Geschäftsbeziehungen gelten solche Höflichkeitsregeln – das Verschweigen eigener Einwände bekommt jedoch eine andere Qualität, wenn ich offensichtlich falschen Interpretationen eines Kunden nicht widerspreche, weil sein Irrtum zu meinem Vorteil ist, etwa wenn ein Kunde laut vermutet, bei einer bestimmten Strickjacke handele es sich um ein Einzelstück, in Wahrheit habe ich allerdings noch weitere zehn Exemplare am Lager, jedoch nicht in der Ausstellung im Laden.

Stumme Lügen können sich demzufolge sowohl auf Äußerungen beziehen, die ich auf Fragen hin *nicht* mache, um einen bestimmten Sachverhalt nicht augenfällig zu machen, als auch auf das Nichtwidersprechen für mich ersichtlich oder auch nur vermutlich falscher Interpretationen. Die Konvention deckt solches Verhalten auch im wirtschaftlichen Kontext zumindest fallweise. Denn wenn ein Kunde vermutet, dass ein Gegenstand nirgendwo billiger als in dem Geschäft zu finden sei, in dem er sich befindet, erwartet niemand von einem Verkäufer, dass er dem widerspricht, selbst wenn er es besser weiß.

5.3 Bunte Lüge

Gern wird von Philosophen festgestellt, dass Tiere nicht lügen, aber auch nicht aufrichtig sein können, weil sie eben sind, wie sie sein müssen und keinen freien Willen haben – beliebtes Beispiel für diese Einschätzung sind Hunde (vgl. Dietzsch 1998, S. 87 f.; explizit Eco 2011 in Jaretzky 2011). Biologen dagegen sehen durchaus Formen kommunikativer Täuschungen im Tierreich, ein besonders faszinierendes Beispiel ist das Mimikry. „Mimikry bedeutet – kurz und prägnant – Signalfälschung: Ein Signalsender dient als Vorbild für den Nachahmer; für den Nachahmer und Fälscher entstehen Vorteile durch die Täuschung des Signalempfängers" (Lunau 2002, S. 7). Ob und in welcher Form hierbei oder beim expliziten Lügen freier Wille im Spiel ist, sei an dieser Stelle dahingestellt, ebenso wie der freie Wille beim Lügen der Menschen aus biologischer Sicht keinesfalls unstrittig ist (vgl. z. B. Roth 2009).

Mimikry bedeutet, auf menschliche Kommunikationsverhältnisse übertragen, Lügen durch das Führen von Symbolen, die einem nicht zukommen, die einem aber zu einem Vorteil verhelfen. Es geht also *nicht* um eine sehr teure Uhr als Statussymbol, sondern um das Nutzen einer solchen Uhr, um einen Status vorzutäuschen, den man eigentlich nicht hat. Im direkten zwischenmenschlichen Bereich spricht man hier von hochstapeln, und entsprechende wirtschaftsrelevante Fälle wie etwa der des Jürgen Harksen, dessen Aktivitäten als Investmentvermittler die Grundlage sowohl des Dokumentarfilms „Der Hochstapler" (2007) wie auch des Dieter-Wedel-Fernsehfilms „Gier" (2009) wurden, sind hinlänglich bekannt.

Komplizierter ist der Sachverhalt, wenn es um Produktkommunikation geht. Hier finden sich (Raub-)kopien, Me-Too-Produkte aber auch bloße Anmutungsübernahmen. Während die Kopien tatsächliches Mimikry darstellen, ist die Intention bei Me-Too-Produkten nicht die Verwechslung, sondern der Vorschlag einer – in der Regel preiswerteren – Alternative: „Ich bin nicht Apple, aber ich sehe fast so aus und kann auch fast das gleiche, bin aber deutlich billiger". Man kann allerdings davon ausgehen, dass im Kalkül der Me-Too-Strategen auch gelegentliche Verwechselungen mit dem imitierten Produkt eingerechnet sind. Anmutungsübernahmen schließlich können nur fallweise beurteilt werden. Die Spannweite reicht hier vom funktionslosen Fake bis zur Nutzung etablierter Standards.

Neben dem Imitieren ist der zweite große Bereich „bunter" Lügen die Verwendung imaginationsfördernder Abbildungen, deren täuschendes Moment im Wesentlichen erzeugt wird durch Perspektivität (Vergrößerung, Aufnahmewinkel etc.), Addition („Serviervorschläge") oder Subtraktion (insbesondere bei Gesichtern, die von Falten und Hautunreinheiten befreit gezeigt werden). Zu diesen Techniken gibt es eine ausführliche gebrauchsanweisende Literatur, die offenbar kaum moralischen Verdacht erregt (z. B. Matthai 2011).

Simone Dietz sieht neben der konventionellen Höflichkeit auch die bilderreiche Wirtschaftswerbung als „Grauzonen der Lüge" (Dietz 2003, S. 51), Bereiche also, wo eine klare Unterscheidung, ob eine Lüge vorliegt oder nicht, oft nicht eindeutig zu treffen ist. Im Hinblick auf konventionelle Höflichkeit ist diese Einschätzung leicht nachvollziehbar. Höflichkeiten wie Gruß- oder Anteilnahmeformeln werden oftmals auch vom Rezipienten nicht als sachliche, sondern als performative Kommunikation aufgefasst. Die Wahrheit solcher performativen Kommunikation liegt in der Verbindung von Inhalt und Ausführung, mit einem starken Akzent auf der Ausführung: Wenn ich einen Meetingraum betrete, ist die entscheidende Botschaft, ob, wie und wen ich grüße, während sich an dieser Stelle niemand fragen wird, ob ich den jeweiligen Personen tatsächlich einen guten Tag wünsche. Natürlich wäre es ein Affront, einer bestimmten Person einen schlechten Tag zu wünschen – ebenso aber auch, diese eine Person gar nicht zu grüßen.

Eine weitere Begründungslinie, warum Höflichkeiten, auch wenn sie nicht so gemeint sind, doch keine Lügen darstellen, resultiert aus der Erklärung professionellen Rollenverhaltens: „Wer sich im Rahmen einer Rolle nicht nach seinen jeweiligen Einstellungen und Überzeugungen richtet, sondern nach den Erwartungen, die an eine solche Rolle gerichtet werden, verhält sich professionell" (Dietz 2003, S. 53) – und täte die Person das nicht, bekäme sie in vielen Zusammenhängen schnell Schwierigkeiten. Professionalität im Bereich der konventionellen Höflichkeit ist also auch ein Klugheitsgebot im wirtschaftlichen Kontext, und die in solchen Kontexten als Höflichkeiten geäußerten Formeln werden nur von Laien als belastbar wahrgenommen, etwa so: „Sie haben mir doch einen guten Tag gewünscht, dann geben Sie mir doch jetzt bitte entsprechende Kreditkonditionen".

In gewisser Weise gelten diese beiden Argumentationen auch für bildreiche Werbung: Werbung kann zum einen als performative Kommunikation aufgefasst werden, bei der nicht so sehr der Inhalt als das Faktum des Werbens an sich zählt, zum anderen wird auch Werbung in der Regel als solche erkannt und deshalb in ihrer inhaltlichen Belastbarkeit eingeschränkt. Insofern ist also Werbung auch Konvention. Allerdings ist Werbung erheblich komplexer als es Höflichkeitsformeln zu sein pflegen, und Werbung ist auch als Hintergrundinformation für einen wirtschaftlichen Vertrag zu verstehen. Deshalb ist hier genau zu unterscheiden zwischen den werbetypischen Emotionalisierungen durch Sprache, Farben, Töne und Bilder und den als belastbar zu unterstellenden Informationen. Hinweise wie „Abbildung zeigt Sonderausstattung" oder „Serviervorschlag" reagieren auf diese Unterscheidung – einen Hinweis „Gesicht bildbearbeitet" findet man allerdings bislang auch bei Werbung für Kosmetika noch nicht.

5.4 Strukturelle Lügen

Die Organisation „Foodwatch" lässt regelmäßig Verbraucher abstimmen, welche von fünf ausgewählten Produktkommunikationen mit dem „Goldenen Windbeutel" für die „dreisteste Werbelüge" des Jahres ausgezeichnet werden soll. 2011 bekam Ferrero diese naturgemäß wenig geliebte Auszeichnung: „Foodwatch rügte den Süßwarenhersteller dafür, dass er die ‚Milch-Schnitte' mit dem Slogan ‚Schmeckt leicht. Belastet nicht. Ideal für zwischendurch' und mit Unterstützung von Spitzensportlern bewerbe. ‚Die Milch-Schnitte ist nur in der Werbung eine leichte Zwischenmahlzeit, in der Wirklichkeit ist sie mit rund 60 % Zucker und Fett schwerer als Schoko-Sahnetorte', sagte Anne Markwardt, Leiterin der Foodwatch-Kampagne gegen Etikettenschwindel. Ferrero wies die Kritik in einer Erklärung von sich. Man betreibe regelmäßig Marktforschung, wie die Konsumenten die Qualität der Ferrero-Produkte und die Aussagekraft der Werbung einschätzten. Bisher gebe es keine Hinweise darauf, dass die Verbraucher die Werbung für ‚Milch-Schnitte' als irreführend empfinden" (beide Zitate: Frankfurter Allgemeine Zeitung 2012).

Die Antwort des Unternehmens folgt offenbar der Devise: „Das macht doch nichts, das merkt doch keiner" – wie es im bekannten Song des Kabarettisten Hans Scheibner heißt. Doch was hätte der betreffende Mitarbeiter von Ferrero sonst schreiben sollen? Vielleicht, dass Verbraucher sich über die Illusion freuen, ihren Kindern gesundes Essen zu geben, das diese auch gern essen – und gar nicht wissen wollen, dass Milch-Schnitten gar nicht gesund sind? Dass es sich also quasi um einen „Wahn zu zweit" handelt, bei dem sich Verbraucher und Unternehmen in ihrem Wunschdenken bestätigen?

Strukturelle Lügen in der Wirtschaftskommunikation sind solche Unwahrheitszusammenhänge, die nicht auf die Aktivität einer einzelnen Person oder Gruppe zurückgehen, sondern sich aus dem Zusammenwirken unterschiedlicher gesellschaftlicher Akteure ergeben. Im Fall der Milchschnitte sind diese Akteure die Süßwarenindustrie und ihre Zuliefer- und Handelspartner sowie Verbraucher mit Bedürfnissen, die zu benennen ihnen unangenehm ist. Gestützt werden diese Akteure durch einen gesellschaftlichen Teilkonsens darüber, dass süß = gut ist – was zudem teilweise in der menschlichen Stoffwechselbiologie verankert ist –, dass Kinder mit Süßigkeiten belohnt werden dürfen und dass man dergleichen nicht dramatisieren sollte.

Gegen solche strukturellen Lügen ist zwar Widerstand möglich – aber nicht innerhalb des befürwortenden Systems. Foodwatch kann einen entsprechenden Negativpreis ausloben – aber kein Ferreromitarbeiter kann als solcher Foodwatch recht geben. Veränderungen struktureller Lügen innerhalb der Wirtschaft sind nur über längere Zeit und verbunden mit tiefergreifenden gesellschaftlichen und damit auch die Märkte betreffenden Wandlungen möglich. Der folgende Abschnitt analysiert deshalb das entsprechende Rückzugsgefecht einer bedeutenden Industrie und den Versuch, ihre strukturelle Lüge so lange wie möglich aufrecht zu erhalten.

5.5 Griechische Lügen

Das so genannte Trojanische Pferd, von dem in der Illias berichtet wird, war eine technische Meisterleistung seiner Zeit. Das griechische Heer täuschte die belagerten Trojaner durch ein großes hölzernes Pferd, in dessen Inneren sich griechische Krieger verbargen. Die Trojaner waren so angetan von dem interessanten Gegenstand, dass sie ihre Tore öffneten, das Werk in ihren Sicherheitsbereich einließen und damit den ersten Schritt zum Verlust der Schlacht taten. Interessanter Weise hat sich diese List mit den Trojanern, die doch besiegt wurden, namentlich verbunden, und nicht mit den aus klassizistischer Sicht so wahrheitsliebenden Griechen.

Bekanntlich hat die deutsche Werbeagentur Jung/von Matt das Trojanische Pferd zum Leitbild ihrer Werbekultur erhoben, als „Trojaner" werden schädliche Programme bezeichnet, die, als interessante oder nützliche Daten maskiert, in Computersysteme eingeschleust werden. Die griechische List vor Troja bildet den Archetyp einer Lügenstruktur, die darauf beruht, die Werte und Interessen des Gegners zu nutzen, um sich selbst einen Vorteil zu verschaffen. Dieses ist auch das Grundmuster der im Folgenden nachgezeichneten, vermutlich komplexesten Lügenstruktur der Wirtschaftsgeschichte: der Kampagne der amerikanischen Zigarettenindustrie gegen die Erkenntnis der lungenkrebserzeugenden Wirkung des Tabaks.

Obwohl seit dem 16. Jahrhundert in Europa Tabak geraucht wurde, traten Lungenkrebsfälle vermehrt erst zu Beginn des 20. Jahrhunderts auf. Mit der Zigarette wurde der Tabakkonsum zum einen erschwinglich, zum anderen wurde erst Ende des 19. Jahrhunderts „der Zigarettenrauch mild genug, dass er inhaliert werden konnte". Bereits 1929 veröffentlichte ein deutscher Arzt erste medizinstatistische Untersuchungen, die einen Zusammenhang zwischen Lungenkrebs und Zigaretten belegten. Viele der nachfolgenden deutschen Untersuchungen zu diesem Zusammenhang wurden allerdings weltweit aus ideologischen Gründen ignoriert (vgl. Procter 2002, S. 205 ff.; Zitat S. 210).

Erst Ende des Jahres 1953 entstand für die amerikanische Zigarettenindustrie die unabweisbare Notwendigkeit, auf eine durch immer mehr wissenschaftliche Studien über die Entstehung von Lungenkrebs alarmierte Öffentlichkeit zu reagieren. Der amerikanische Journalismushistoriker Christensen (2008) hat akribisch nachgezeichnet, wie die Zigarettenindustrie mit Hilfe des PR-Profis John W. Hill systematisch einen Feldzug gegen diese Erkenntnisse geführt und dabei, so meine Interpretation, „griechische" Methoden benutzt hat.

Christensen unterscheidet dabei einzelne Phasen, die erste Phase dieses Feldzugs, von 1954 bis ca. 1964, kennzeichnet er (Christensen 2008, S. 268) mit dem Motto „Fighting Science with Science": Die Tabakindustrie begann, eigene Studien in Auftrag zu geben, mit dem erklärten Ziel, die bislang veröffentlichten Forschungen zu relativieren. In dieser Phase wurde die Ethik der Wissenschaft instrumentalisiert, die sehr hohe Maßstäbe an Wahrheit anlegt und entsprechend lange zulässt, dass Ergebnisse hinterfragt werden. Christensen schließt nicht aus, dass bis 1964 möglicherweise die Entscheider der Industrie selbst noch gehofft haben, durch wissenschaftliche Untersuchungen tatsächlich neue Fakten zum Thema zu finden. Für alle vernünftigen Beobachter musste diese Hoffnung aufgrund bestimmter medizinischer Veröffentlichungen jedoch 1964 als endgültig zerschlagen anerkannt werden.

Die folgenden Phasen der PR-Aktionen der Zigarettenindustrie bis in die 1990er Jahre instrumentalisieren deshalb die Ethik des Journalismus, insbesondere den journalistischen Anspruch, objektiv zu berichten. Inhaltlich wurde fortan, soweit technisch möglich, jede Meldung über den Zusammenhang von Lungenkrebs und Tabakrauch von der Industrie als zweifelhaft kommentiert. Der Tenor war stets: man wisse letztlich nicht genau, ob die Studien stimmen – während aus internen Protokollen eindeutig zu entnehmen ist, dass der bei den Tabakleuten der – tatsächlich gar nicht vorhandene – Zweifel (doubt) dasjenige war, was kommuniziert werden sollte. „ ‚Doubt is our product since it is the best means of competing with the > body of fact < that exists in the mind of the general public (…) Unfortunately, we cannot take a position directly opposing the anti-cigarette forces and say that cigarettes are a contributor to good health. No information that we have supports such a claim' ", zitiert Christensen (2008, S. 280 f.) veröffentlichte Dokumente einer federführenden PR-Agentur.

Die journalistische Ethik wird mit diesem Vorgehen insofern instrumentalisiert, als von der Zigarettenindustrie stets darauf bestanden wird, dem „ethischen Grundsatz", beide Parteien zu hören, zu folgen. Indem dieser Grundsatz, der eigentlich zu einer „objektiven" Berichterstattung beitragen soll, befolgt wurde, hatten die Zigarettenleute stets die Möglichkeit, ihre vermeintlich „zweifelnde" Position in die Öffentlichkeit zu tragen. Jeder warnende Beitrag konnte so relativiert werden.

In der letzten Phase schließlich verzichtete man sowohl auf Gegendarstellungen als auch auf das Bezweifeln von wissenschaftlichem Wissen. Stattdessen positionierte sich die Zigarettenindustrie nun als „ ‚responsible manufacturer of a risky product' " (Christensen 2008, S. 269) – und bezeichnete alle Veröffentlichungen über die Gefahren des Rauchens als „not news" – nichts Neues. Unterstrichen wurde diese Einschätzung mit der relativ widerstandsarmen Einwilligung zu Warnhinweisen auf Zigarettenpackungen.

Wiederum waren große Teile des journalistischen Systems in eine Falle gegangen, die sie durch ihre eigenen Werte und Interessen zugelassen hatten: Wenn nur berichtet wird, was Neuheitswert hat, erlaubt das, bestimmte Sachverhalte einfach abzuwiegeln. Vergleicht man die Aufmerksamkeit, die die Einführung von Google Street View erzeugt hat, mit der des Konkurrenzproduktes von Microsoft, ist ersichtlich, dass die „Not News"- Strategie nach wie vor greift.

5.6 Psychische Belastung durch Lügen

Die prinzipielle Bewusstheit der Lüge – ein Lügner weiß, dass er lügt, sonst ist er kein Lügner, sondern ein „Irrer" – ist insofern bedeutsam, weil sie den Wirkungsbereich der Lüge ausdehnt: Lügen „machen" nicht nur etwas in der kommunikativen Umwelt eines Menschen, sie sind auch Bestandteil seines Bewusstseins und nehmen damit in der einen oder anderen Weise Einfluss auf seine Persönlichkeit.

Zunächst ist das Lügen selbst, während es geschieht, beanspruchend. Man mag fürchten, etwas die Lüge Entlarvendes zu sagen, man muss zwei Wirklichkeiten gleichzeitig prozessieren, man entwickelt zudem eventuell Emotionen wie Furcht oder Scham. Der Psychologe Paul Ekman hat in seinen Studien sowohl die kognitiven wie die emotionalen Begleitumstände von Lügen untersucht und ihre Auswirkungen auf den Körper der Lügenden dargestellt. Ekmans seit 1985 immer wieder fortgeschriebenes und aktualisiertes Buch „Ich weiß, dass Du lügst" (2011) schildert ausführlich mögliche Veränderungen von Gesichtsausdruck, Augenrichtung, Hautoberflächenspannung, Durchblutung, Muskeltonus und anderen körperlichen Aspekten während des Lügens. Dass zu lügen eine körperliche und psychische Belastung darstellt, steht nach Lektüre dieser Studie außer Frage. Allerdings stellt er auch fest, dass keine dieser Reaktionen *nur* beim Lügen oder bei *allen* Lügen auftritt. Die Varianz, die durch allgemeine Persönlichkeitsstruktur, Inhalt und Tragweite der Lüge sowie subkulturelle Vorgaben entsteht, ist beträchtlich (vgl. Ekman 2011, S. 106 ff. u. ö.).

Es ist zu vermuten, dass dieser Befund auch auf langfristige Auswirkungen von Lügen auf die Psyche übertragbar ist: Es gibt eine Reihe von Risiken, aber es ist nicht auszuschließen, dass manch einer gut und zufrieden mit seinem Lügenleben zurechtkommt. Von zentraler Bedeutung ist dabei die Art und Weise, wie Personen mit den kognitiven Dissonanzen umgehen, die sich aus dem Lügengeschehen ergeben. So macht es fraglos einen Unterschied, ob eine Lüge frei gewählt oder systemisch vorgegeben ist, ob sie jemandem schadet oder nicht und ob der Schaden eine Person der Bezugsgruppe oder eine Person einer Gegnergruppe trifft. Wie sich das in konkreten Berufssituationen auseinanderdividieren lässt, ist jedoch fraglich: Ist für einen Kundenberater einer Werbeagentur die eigene Unit die Bezugsgruppe und die konkurrierende Unit die Gegnergruppe – oder ist die Agentur insgesamt Bezugsgruppe – aber sind dann die Kunden Gegner?

Die Unklarheit und situative Wandelbarkeit von Bezugsverhältnissen und Loyalitätsanforderungen in modernen Beziehungsverhältnissen wirkt sich auch auf die kognitive Verarbeitung eventueller Lügenschuldgefühle aus. Häufige Konsequenz sind unterschiedliche Formen der Entfremdung, insbesondere Zynismus oder Depression. „Psychologisch" – so stellte Peter Sloterdijk bereits 1983 fest – „läßt sich der Zyniker der Gegenwart als Grenzfall-Melancholiker verstehen, der seine depressiven Symptome unter Kontrolle halten und einigermaßen arbeitstüchtig bleiben kann. Ja, hierauf kommt es beim modernen Zynismus wesentlich an: auf die Arbeitsfähigkeit seiner Träger – trotz allem, nach allem, erst recht. Dem diffusen Zynismus gehören längst die Schlüsselstellungen der Gesellschaft in Vorständen, Parlamenten, Aufsichtsräten, Betriebsführungen, Lektoraten, Praxen, Fakultäten, Kanzleien und Redaktionen" (Sloterdijk 1983, S. 36 f.).

Ist das übertrieben? Vielleicht. Aber es gibt Indizien, die Sloterdijks pointierte Kritik stützen. Dazu ein ausführliches Beispiel: In der Tageszeitung Financial Times Deutschland (FTD) gibt es gegenwärtig mindestens drei Rubriken, die ihre Pointen aus dem Unterschied von Gesagtem und Gemeintem beziehen. Eine der täglich wiederkehrenden Textformen trägt genau diesen Titel „Gesagt – Gemeint". Zitiert wird darin zum Beispiel unter „Gesagt…" Dmitri Medwedew mit den Worten: „Russland braucht gute Beamte und Standards wie zivilisierte Länder. Gute Gesetze genügen nicht, das ist eine Illusion." Die Redaktion fügt dann unter „…Gemeint" an: „1) Wir sind kein zivilisiertes Land. 2) Ein guter Beamter legt die Gesetze aus, wie wir es wollen" (Financial Times Deutschland 2011, S. 25).

Jeden Montag erscheint auf der letzten Seite der Zeitung der „Businesstalk" – auch dazu ein Beispiel: „Ziel|grup|pe, die, dt.; eine Anzahl von Menschen, die mit einem Produkt erreicht werden soll, etwa mittels Werbung oder Dings, äh, ↑ Strategie. Vorher muss die Z. definiert werden. Mit anderen Worten: Man muss sich schon etwas ausdenken, wenn jemand das Zeugs kaufen soll" (Financial Times Deutschland 2011, S. 28). Drittens gibt es die in einer britischen Bank situierte Comic-Serie „Alex", die Mitarbeitern Dialoge wie diesen in den Mund legt: „Seit drei Monaten ist Brian nun weg. Hast Du etwas von ihm gehört?" – „Nein, Du?" – „Keinen Piep. Ich hatte gehofft, er würde uns für seinen neuen Laden anwerben. Aber offensichtlich hält er uns nicht für gut genug." – „Keine voreiligen Schlussfolgerungen. Ein völlig neues Team schüttelt man nicht aus dem Handgelenk. Für alles und jedes braucht er die Genehmigung seines Chefs. Vielleicht gibt es gute Gründe dafür, dass er noch nicht mit uns gesprochen hat." – „Welche?" – „Beispielsweise, dass er davon überzeugt ist, dass wir in einigen Wochen deutlich billiger zu haben sind." – „Oh Gott. Glaubst Du den Gerüchten über bevorstehende Entlassungen?" (Financial Times Deutschland 2011, S. 2).

Alle drei Rubriken wollen mit ihren Beiträgen offensichtlich zum Schmunzeln anregen – in Umschreibung einer Formulierung von Peter Sloterdijk: Gewissermaßen als sei das, was tatsächlich in Wirtschaft und Politik gesagt wird, nur für die Dummen da, während um die Lippen der Wissenden jenes fatal kluge Lächeln spielt, das es besser weiß (vgl. Sloterdijk 1983, S. 35). In dieser Attitüde der Wissenden gefällt sich, so lässt sich wohl ohne großes Risiko schlussfolgern, die mehrheitliche Leserschaft der FTD. Um wen es sich dabei tatsächlich handelt, ist nicht endgültig festzustellen, die Projektion des Verlages besagt allerdings: Die FTD „verfügt über den höchsten Leserschaftsanteil an Top-Entscheidern gegenüber allen anderen überregionalen Tageszeitungen", nämlich „75 % leitende Angestellte"; die Leserschaft stelle zudem – wiederum nach Verlagsangaben – eine „Premiumzielgruppe" dar: Die Leser seien „nicht nur jung und luxusaffin, sondern gehören mehrheitlich auch zur gesellschaftlich höchsten Schicht" (Gruner+Jahr 2012).

Leserschaftsangaben von Zeitungen sind sicherlich mit Vorsicht zu genießen, dennoch kann an dieser Stelle wohl festgehalten werden: Unter „Top-Entscheidern" der Wirtschaft weiß man über einen institutionalisierten täuschenden Einsatz von Sprache, denn man lächelt darüber. Zynisch? Depressiv?

5.7 Mit Lügen umgehen

Einer der wesentlichen Gründe, aus denen heraus Lügen einen schlechten Ruf haben, ist die Unterstellung, dass sie das Vertrauen unterminieren, das in gesellschaftlichen Kontexten herrschen sollte. Zwar ist deutlich geworden, dass es durchaus Lügen gibt, die das Vertrauen sogar stärken – z. B. Höflichkeitslügen oder Lügen über eigene Befindlichkeiten im Rahmen professioneller Handlungen. Dennoch wird die erwiesene Lüge über Sachverhalte als Indiz für die fehlende allgemeine Glaubwürdigkeit von Personen angesehen – wie das Beispiel des Hamburger Politikers Ole von Beust demonstriert hat.

Erkannte Lügen wirken sich daher allgemein negativ auf die Reputation aus. Zwar gilt: „Der ökonomische Bereich ist der Bereich der kalkulierten Interessen und des jeweiligen Vorteilsstrebens. Zwar gelten hier wie in anderen Gesellschaftsbereichen bestimmte Regeln, die von den Beteiligten einzuhalten sind – und dazu gehören durchaus auch moralische Regeln –, doch mit rückhaltloser Offenheit rechnen wir im Allgemeinen nicht" (Dietz 2003, S. 149). Dennoch wird erwartet, dass das, was mitgeteilt wird, Überprüfungen standhält.

Insbesondere die Möglichkeiten der digitalen Vernetzung haben dazu beigetragen, dass bestimmte Formen von Lügen sehr viel leichter aufgedeckt werden können: Lügen über Qualität und Leistungsfähigkeit von Produkten, aber auch über Aufenthaltsorte von Personen. In sozialen Netzwerken werden Angaben von Firmen ebenso diskutiert wie Leistungen von Beratern. Damit hat sich aber auch die Möglichkeit der *Verbreitung* von Lügen über Wirtschaftsunternehmen vervielfacht.

Lügen, ihre Aufdeckung und die Reaktion auf ihre Aufdeckung werden daher auch weiterhin zentrale Probleme des Beziehungsmanagements im Rahmen der Wirtschaftskommunikation bleiben. Technische Möglichkeiten haben diese Probleme neu figuriert, aber im Grundsatz nicht verändert. In dieser Konstellation ist keiner der Beteiligten in einer grundsätzlich moralisch einwandfreien Position: Sowohl Verbraucher wie Unternehmen, sowohl Angestellte wie Arbeitgeber, sowohl PR-Berater wie Verbraucherschützer lügen. Deshalb ist es für jeden Beteiligten am Wirtschaftsspiel – und das ist im Prinzip jeder – insbesondere aber für professionelle Kommunikatoren unabdingbar, sich mit dem Problem der Lüge *persönlich* auseinander zu setzen. Einen Ansatzpunkt, um für sich selbst zu einer Ethik der Wahrheit und der Lüge zu kommen, mag die Frage bieten: „Zu welcher Lüge bin ich *nicht* bereit?". Ein solches „Das nicht" hilft, in alltäglichen Situationen zu pragmatischen Graduierungen zu gelangen – und sich, wenn es gut geht, vor Fundamentalismus ebenso wie vor Zynismus zu schützen.

Literatur

Beust, O. v. (2011). „Ich gehöre niemandem." Der ehemalige Hamburger Regierungschef im Gespräch. http://www.zeit.de/2011/23/Interview-Ole-von-Beust. Zugegriffen: 19. März 2012.
Christensen, J. (2008). Smoking out Objectivity: Journalistic Gears in the Agnotology Machine. In R. N. Proctor & L. Schiebinger (Hrsg.), *Agnotology. The Making and Unmaking of Ignorance* (S. 266–282). Stanford: Stanford Universtity Press.
Dietz, S. (2003). *Die Kunst des Lügens. Eine sprachliche Fähigkeit und ihr moralischer Wert.* Reinbek: Rowohlt.
Dietzsch, S. (1998). *Kleine Kulturgeschichte der Lüge.* Leipzig: Reclam.
Ekman, P. (2011). *Ich weiß, dass Du lügst. Was Gesichter verraten.* Reinbek: Rowohlt.
Financial Times Deutschland, 10.10.2011.
Frankfurter Allgemeine Zeitung. http://www.faz.net/aktuell/gesellschaft/gesundheit/wer-beluegen-milch-schnitte-erhaelt-negativ-auszeichnung-1654358.html. Zugegriffen: 19. März 2012.
Gruner + Jahr. http://www.gujmedia.de. Zugegriffen: 19. März 2012.
Jaretzky, R. (2011). Umberto Eco. Die Sehnsucht nach Verschwörungen. http://www.tagesspiegel.de/kultur/umberto-eco-die-sehnsucht-nach-verschwoerungen-/4673422.html. Zugegriffen: 13. August 2012.

Literatur

Lunau, K. (2002). *Warnen, Tarnen, Täuschen. Mimikry und andere Überlebensstrategien in der Natur.* Darmstadt: Wissenschaftliche Buchgesellschaft.
Matthai, M. (2011). *Porträts retuschieren mit Photoshop: Haut, Figur, Effekte.* Heidelberg: dpunkt.
Nyberg, D. (1994). *Lob der Halbwahrheit. Warum wir so manches verschweigen.* Hamburg: Junius.
Procter, R. N. (2002). *Blitzkrieg gegen den Krebs. Gesundheit und Propaganda im Dritten Reich.* Stuttgart: Klett-Cotta.
Roth, G. (2009). *Persönlichkeit, Entscheidung, Verhalten. Warum es so schwierig ist, sich und andere zu ändern.* Stuttgart: Klett-Cotta.
Sloterdijk, P. (1983). *Kritik der zynischen Vernunft* (1. Bd.). Frankfurt a. M.: Suhrkamp.
Weinrich, H. (2000). *Linguistik der Lüge.* München: C.H. Beck.
Wittgenstein, L. (1984). *Philosophische Untersuchungen* (Werkausgabe Bd. 1). Frankfurt a. M.: Suhrkamp.

Fairness und Gerechtigkeit und ihre Bedeutung für das Beziehungsmanagement in der Wirtschaftskommunikation

6

Zusammenfassung

Ob Transaktionen zufriedenstellend beurteilt werden, ob Geschäftspartnerschaften langjährig und belastbar sind, und ob Unternehmensaktivitäten als legitim und Entscheidungen als akzeptabel beurteilt werden, hängt u. a. davon ab, ob die Prinzipien der Fairness, Gerechtigkeit und Gegenseitigkeit eingehalten werden, die das Sozialleben von Menschen regulieren. Der nachfolgende Beitrag arbeitet grundlegende Prinzipien von Gerechtigkeit heraus. Im Rückgriff auf Gerechtigkeitstheorien u. a. der Sozialpsychologie wird beleuchtet, wann welches Gerechtigkeitsprinzip für das Management von Beziehungen in der Wirtschaftskommunikation relevant ist. Dabei werden Beispiele aus der Wirtschaftskommunikation herangezogen, um die Prinzipien gerechten Handelns zu illustrieren.

Susanne Femers

Die Einsicht ist bitter: Das Leben ist nicht fair. Der Mensch verfügt über kein Gerechtigkeitsgen, auch wird er nicht mit einem Anspruch auf Gerechtigkeit und Fairness geboren. Ihm selbst ist es überlassen, die sozialen Verhältnisse so zu gestalten, dass im Umgang miteinander solche Prinzipien handlungsleitend sind. Übermenschliches versagt an dieser Stelle auch. Das Schicksal ist oft hart und schafft beklagenswerte Ungerechtigkeiten – besonders dann, wenn unverschuldet das Kostbarste genommen wird, was ein Mensch hat: das Leben selbst. Dies hat der Musiker Herbert Grönemeyer in seinem Abschiedslied „Der Weg" für seine Frau besungen: „du hast jeden raum mit sonne geflutet, hast jeden verdruß ins gegenteil verkehrt, nordisch nobel, deine sanftmütige güte, dein unbändiger stolz, das leben ist nicht fair." „Guter" Charakter, „richtig" gelebt, für andere da gewesen und dann früh gestorben, stellt eine Formel dar, die sinnlosen Widerstand provoziert und Mitleid garantiert. Wird solch ein Schicksal besungen, erhellen die Wunderkerzen das Dunkel der

Konzerthalle und das Publikum ist harmonisch vereint in kollektiver Trübsal. So einvernehmlich geht es nicht immer zu, wenn in sozialen Kontexten Fairness und Gerechtigkeit thematisiert werden. Erbitterte Arbeitskämpfe, Rosenkriege am Ende der Zweierbeziehung, Verteilungskämpfe bei Unternehmensfusionen – ob Privat- oder Wirtschaftsleben: Gerechtigkeit und Fairness wollen oft erstritten werden.

Da Gerechtigkeit für das soziale Miteinander ein wesentlicher Gradmesser ist, soll nachfolgend geklärt werden, was das Konzept der Gerechtigkeit aussagt und was es im wirtschaftlichen Kontext bedeutet. Für die Klärung der Frage „Was hat Wirtschaft und Wirtschaftskommunikation mit Gerechtigkeit zu tun?" werden darauffolgend dann Kriterien und Prinzipien der Gerechtigkeit herausgearbeitet und auf ihre Relevanz für ihre Anwendung in der Wirtschaftskommunikation geprüft. Auch wenn ein Ausflug in die Philosophie zur Frage „Was ist Gerechtigkeit?" lohnenswert wäre, wird hier bewusst in der modernen Sozialpsychologie nach den Prinzipien der Gerechtigkeit gegraben, weil diese sich zum einen im philosophischen Steinbruch der Ideen zur Gerechtigkeit bedient und zum anderen für das Wirtschaftsleben aussagekräftige Kontexte sozialer Interaktionen untersucht hat, die für die Wirtschaftskommunikation erhellend sind.

6.1 Gegenseitigkeit, Fairness und Gerechtigkeit – Boni auf den Beziehungskonten im kommunikativen Kalkül

Für das Beziehungsmanagement in der Wirtschaftskommunikation ist die Tatsache, dass der Mensch ein soziales Wesen ist, von großer Bedeutung. Die soziale Orientierung von Akteuren im Kommunikationsmanagement beinhaltet, dass das Miteinander nach den Prinzipien der Gegenseitigkeit, Fairness und Gerechtigkeit geregelt ist (vgl. Femers 2013 im Überblick). Dies bedeutet allerdings nicht, dass dieser Regelungsprozess immer glatt verläuft und es hier nicht zu Reibungsverlusten kommen kann. Es ist nur zunächst im sozialen Miteinander davon auszugehen, dass Menschen sich an Prinzipien von fairem Miteinander und an einem Ideal des Ausgleichs von Interessen orientieren und – sofern es Abweichungen von diesen Prinzipien gibt – zur sozialen Sanktionierung berechtigt fühlen, um den sozialen Ausgleich wieder herzustellen.

Das Fehlen von Gerechtigkeit in sozialen Beziehungen hat ein Streben nach Ausgleich zur Folge – so die Equity-Theorie von Adams (1965), eine der grundlegenden sozialpsychologischen Werke zum Thema Gerechtigkeit bzw. Gegenseitigkeit. Der Begriff der *Fairness* wird hier in Anlehnung an den Sprachgebrauch in sozialpsychologischen Arbeiten *synonym zum Terminus Gerechtigkeit* verwendet (vgl. Klendauer et al. 2006, S. 187). Im positiven Fall, wenn Akteure die Fairness bzw. Gerechtigkeit ins kommunikative Kalkül einbeziehen, können sie durch diese

Normorientierung nicht nur zum sozialen Frieden in ihren Geschäftsbeziehungen beitragen, sondern darüber hinaus auch noch Imagepunkte bzw. Sozialprestige gewinnen. Dieses soziale Ordnungsprinzip ist sozialpsychologisch sowohl theoretisch gut untermauert als auch empirisch zufriedenstellend belegt (vgl. Klendauer et al. 2006, S. 187 ff.; Fischer und Wiswede 2009, S. 495 ff.; Schönbach 2009, S. 45 ff.; Raab und Unger 2010, S. 328 ff.; Sturm et al. 2011, S. 133 ff.).

Seine *Relevanz als Thema für die Wirtschaftskommunikation* und als moderierende Variable im Kommunikationsprozess ist überaus vielfältig und zeigt sich etwa bei der *Kommunikation von Vergütungen und Preisen, bei Verhandlungen und Vertragsgestaltungen, dem Management von Kundenbeziehungen und der Ausgestaltung von betrieblicher Mitbestimmung und Arbeitsbedingungen, aber auch im Kontext von Unternehmensfusionen und Diversity-Management*. In Form der für den deutschen Sprachraum recht neuen „*Litigation-PR*", d. h. der prozessbegleitenden Öffentlichkeitsarbeit im Rahmen von gerichtlichen Auseinandersetzungen, erfährt das Thema Gerechtigkeit noch einmal eine besondere Aufmerksamkeit. So kann man mit Jahn (2010) auch fragen, ob Kommunikation hier „Dienst an der Gerechtigkeit" erfüllt und ein neues Dienstleistungsgenre geboren wurde. Von Streeck (2010, S. 129) als „beauftragte Beeinflussungsdienstleistung" qualifiziert, dürfte der moralische Legitimationsversuch dieser Kommunikationsform auf jeden Fall für eine verstärkte Diskussion um den Wert von Gerechtigkeit in der Wirtschaftskommunikation beitragen. Daher sind die Grundlagen dieses Begriffs zu klären.

Der Sozialpsychologe Cialdini (2007, S. 43) identifiziert soziale *Gegenseitigkeit als eines der wirksamsten sozialen „incentives"*: Sie funktioniert als starke Triebfeder des Verhaltens. Soziale Gegenseitigkeit kann als allgemeingültiger Wert in modernen Gesellschaften verstanden werden, den sich die persuasive Kommunikation als Prinzip und auch sozialen Verstärker zunutze machen kann. Zugegeben: Gerechtigkeit, Gegenseitigkeit und Fair Play sind im wirtschaftlichen Kontext nicht unumstritten. Jeder weiß: Auch asozial kommt man weiter! Der Verzicht auf soziale Orientierungen kann ökonomischen Nutzen maximieren helfen. Aber langfristig ist diese Orientierung jenseits von handlungsleitenden Sozialprinzipien kein Erfolgsgarant – zumindest nicht bei Bezugsgruppen, die Fairness und Gerechtigkeit als relevante Werte leben und auch keinen Trade off zum Beispiel über Preise für Waren akzeptieren.

Die entscheidende Frage bezogen auf soziale Handlungsmaximen im wirtschaftlichen Kontext lautet: Lohnt es sich, sozial, d. h. im vorliegenden Kontext insbesondere gerecht und fair zu sein? Dies ist die Ausgangsfrage eines Werks von Schmidt und Tropp (2009) mit dem Titel „Die Moral der Unternehmenskommunikation. Lohnt es sich, gut zu sein?". Die Lektüre lehrt, dass Unternehmen ohne soziale Orientierung und einen moralisch korrekten Auftritt der Unternehmenskommunikation ökonomische Nachteile einstecken. Die Inflation von *Sozialkampagnen* und insbesondere Aktivitäten zur „*Corporate Social Responsibility*" (CSR) legen zumindest diese Einsicht nahe. Auch die Erörterung von Röttger „Campaigns (f) or a better world?" (2009) bringt diese „Gretchenfrage" auf den Punkt. Die Antwort hat auch hier mit dem Paradox zu kämpfen, dass sich soziale Orientierung und wirtschaftlicher Erfolg ausschließen bzw. dass sich der Klügere auf den ersten Blick und wirtschaftlich betrachtet nicht aufs Nachgeben bei sozialen Ansprüchen von Bezugsgruppen verlegen sollte. Wer sich als Unternehmen sozial engagiert, kann dies tun und sich damit selbst veredeln, vergoldet wird diese Haltung immer erst zeitversetzt. Denn Ernsthaftigkeit und Langfristigkeit sind in der Regel die Messlatten für die Beurteilung und Honorierung sozialer Orientierungen im Wirtschaftsleben wie auch der moralischen Aufladung von Kampagnen. *Soziales Handeln ist erstens immer Vorleistung und darf zweitens nicht mit der Vorstellung investiert werden, dass die Gegenleistung vom „sozial Begünstigten" selbst kommen sollte.*

Die paradox anmutende Synthese aus Moral und Ökonomie ist sozialpsychologisch im Rahmen der o. g. Austauschtheorie von Adams (1965) ganz gut zu erklären: Dadurch, dass Menschen sich sozial verhalten, sich z. B. einen Gefallen tun, egal ob sie sich kennen oder nicht, egal ob sich das Verhalten kurzfristig lohnt oder nicht, sammeln sie eine Art „*soziales Kapital*" an. Dieses Kapital unterstützt ihre Imagearbeit bzw. ihr Reputationsmanagement sowohl als Person als auch in der Rolle als Organisation. Die soziale Positionierung kann an ihren Beziehungskonten abgelesen werden. Die Boni können an allen möglichen Stellen eingesetzt werden, im CSR-Bericht wie bei Geschäftsverhandlungen oder Unternehmenskrisen und dort – unabhängig von der früheren sozialen Gerichtetheit und Höhe der sozialen Einzelhandlungen – Vorteile bringen. Gegenseitiger Austausch, so Schönbach, (2009, S. 47) dient als Bindemittel der Gesellschaft, die in einem Netz gegenseitiger Verpflichtungen zusammengehalten wird und der nach den Gesetzen der *Umwegrentabilität* verbucht wird.

Die Theorie sozialer Gerechtigkeit und Gegenseitigkeit kann also Beliebtheit und Erfolg moderner Konzepte der Unternehmenskommunikation wie Corporate Social Responsibility, Corporate Responsibility, Corporate Citizenship oder Corporate Volunteering logisch nachvollziehbar machen (siehe im Überblick Moser 2007, S. 347 ff.). Unternehmen begründen ihr soziales Engagement häufig damit, dass die Organisation der Gesellschaft „etwas zurückgeben" will – was genau auf diese soziale Rentabilität im kommunikativen Kalkül abzielt, den die sozialpsychologische Austauschtheorie beschreibt. Prinzipien der Gegenseitigkeit und Gerechtigkeit können für das Kommunikationsmanagement einer Unternehmung eine wesentliche Orientierungsfunktion nach innen und außen haben. Dahinter steckt auch eine Art Selbstdisziplinierung der Organisation, die sich in einer Welt der Profitorientierung, an der zunehmend öffentliche Kritik geübt wird, sowohl behaupten als auch ihr paradox anmutendes (Sozial)verhalten rechtfertigen muss.

Die sozialpsychologische Equity-Theorie versteht alle sozialen Beziehungen als gegenseitigen Austausch. Auch in der Austauschtheorie wird analog zur kapitalistischen Wirtschaftsordnung jedes Subjekt (Individuum oder Organisation) grundsätzlich als an der *Eigennutzmaximierung* orientiert gedacht. Neben dieser Maxime bestimmt die Gruppe oder die Gesellschaft für ihre Mitglieder ein Mindestmaß an Normkonformität, zu deren Normen auch soziale Orientierungen gehören. Diese sind Gegenstand sozialer Konsensbildung – die sich ändern kann, und um deren Einhaltung gerungen werden muss. Normkonformität wird – wie gesagt – belohnt (z. B. mit Akzeptanz oder Imagepluspunkten). Normwidriges Verhalten wird sanktioniert. Gerade die Sanktionierungsleistungen moderner Anspruchsgruppen in globalisierten Netzwelten sind aber wohl dafür verantwortlich, dass das „Soziale", das „Gerechte" im unternehmerischen Handeln in den letzten Jahren eine Renaissance erfahren hat.

Das Abstrafen kann sich für die Wirtschaftsorganisation im schlimmsten Fall als Boykott in einem nicht immer fairen Spiel ohne Marktgrenzen realisieren. „Gerechtigkeitschecks" unternehmerischen Handelns und Skandalisierung liegen heute nur einen Mausklick entfernt. „Die Politik mit dem Einkaufswagen" netzbasierter Anti-Corporate Campaigns macht deutlich, dass das neue Nachdenken über Gerechtigkeit im Wirtschaftsleben nicht allein Gegenstand von Kamingesprächen profitmüder Manager beim Rotwein sein dürfte: „Marktarenen werden zu zentralen Orten der Konfliktaustragung zur Durchsetzung universalistischer Normen wie Menschenrechte, Tierrechte oder ökologische Nachhaltigkeit. (…) Unternehmen wird, entsprechend ihrer Selbstbeschreibung als nicht nur gewinnorientiert, sondern auch moralisch handelnde Akteure, eine genuine Verantwortung für die Einhaltung von Menschenrechten und ökologischen Standards zugeschrieben. Zugleich wird mit der Adressierung von Konsumenten als Bürgern eine neue Akteursgruppe aufgefordert, die Marktarena zur politischen Bühne umzudefinieren." (Baringhorst 2010, S. 389 f.). Privater Konsum wird politisch und zur sozialen Frage zugleich. Was in dieser Wirtschaftswelt sozial und gerecht ist, ist Gegenstand öffentlicher Kämpfe in der Konsumwelt geworden und nicht mehr allein Gegenstand von Sonntagspredigten oder parlamentarischen Debatten.

6.2 Der Kaffee aus „To go", der die Welt schön macht, und andere Geschichten von der Kommunikation zur gerechten Wirtschaftswelt

Gerechtigkeit ist ganz allgemein gesagt ein Idealzustand des sozialen Miteinanders, in dem Interessen ausgeglichen und Güter und Ressourcen, Chancen und Risiken zwischen allen Beteiligten angemessen ausgeglichen werden. Um diese Angemessenheit wird gestritten in der Wirtschaft wie in ihrer Kommunikation. Welche Prinzipien dabei angelegt werden und welchen Stellenwert sie haben, soll im Folgenden anhand von Einzelprinzipien und ihrer Anwendung in der Wirtschaftskommunikation entfaltet werden. Der soziale Kontext, der bei der Betrachtung von fairer Verteilung einbezogen wird, reicht von der Kleingruppe bis zur globalisierten Welt. Dies belegt die Konjunktur, die Begriffe wie fairer Handel bzw. Fair Trade haben. Das Geschäft mit der Solidarität blüht, die Fair-Trade-Branche boomt wie nie zuvor und jeder kann sich heute sogar beim nächsten Discounter an der Ecke eine „Tüte voller Gerechtigkeit" Schulze (2011, S. 22) mit nach Hause nehmen. Der Kaffee zum Beispiel, der irgendwo auf der Welt – oft der dritten – angepflanzt, auf Plantagen gehegt und gepflegt und schließlich geerntet wird, soll in der ersten Welt in dem Wissen konsumiert werden, dass sich diese Prozesse unter fairen Arbeits- und Handelsbedingungen vollziehen und mit fairen Preisen verbunden sind. Von diesem Wunsch beseelt wird die fremdsprachlich unbedarfte „Oma" unfreiwillig Protagonistin eines gern erzählten Witzes über die globalisierte Welt: Sie nimmt in der Metropole wahr, dass es überall „Coffee to go" gibt, und kommentiert dies gegenüber ihrer Kaffee trinkenden Freundin mit den Worten „Ach, das ist ja so schön, dass der Kaffee überall jetzt aus Togo kommt." Im angesprochenen Fall geht es um das erste wichtige Gerechtigkeitsprinzip für die Wirtschaftskommunikation: die distributive Gerechtigkeit.

6.2.1 Distributive Gerechtigkeit oder was gerecht ist, entscheidet jeder für sich

Die wahrgenommene Fairness von (Verteilungs-)Ergebnissen ist die Gerechtigkeitsart, die in der Forschung zur Austauschtheorie die längste Tradition aufweist (Adams 1965). *Betrachtet wird das Verhältnis von geleistetem Input und erhaltendem Output.* Unter Input kann man jede Art von Anstrengung, Ressource, Alter oder Status verstehen. Der Output kann z. B. Geld, Status oder Macht sein. *Entscheidend für das Gerechtigkeitsempfinden* von Menschen ist nicht der absolute Betrag eines Verteilungsergebnisses (z. B. der gezahlte Lohn für den geleisteten Arbeitseinsatz), sondern die *Bewertung des eigenen Ergebnisses im Vergleich zu den Outputs, die relevante Bezugspersonen*, z. B. die Kollegin im gleichen Team oder ein Kaffeebauer in einem anderen Land, *erhalten.* Daher gilt als Regel: „Ein Ergebnis wird als fair wahrgenommen, wenn das eigene Input/Output-Verhältnis proportional ist zu demjenigen relevanter Bezugspersonen." (Klendauer et al. 2006, S. 187). Da es sich hier um einen subjektiven Bewertungsprozess handelt, liegt nahe, dass distributive Gerechtigkeit und Zufriedenheit mit Verteilungsergebnissen intersubjektiv sehr unterschiedlich ausfallen können. Erschwerend kommt hinzu, dass Menschen einem sog. „*self serving bias*" unterliegen, einer systematischen Urteilsverzerrung, die die Tendenz beschreibt, den Wert des eigenen Inputs zu überschätzen und den Input anderer Personen systematisch zu unterschätzen.

Das folgende Beispiel kann die Relevanz der distributiven Gerechtigkeit für die Wirtschaftskommunikation und das Reputationsmanagement illustrieren:

Kassiererin Emmely – ein Fall später Gerechtigkeit

Anfang des Jahres 2008 hatte Barbara E., Deutschlands wohl prominenteste Kassiererin, genannt „Emmely", zwei Leergut-Bons im Wert von 1,30 €, die ein Kunde an der Kasse vergessen hatte, zehn Tage später selbst eingelöst. Daraufhin hatte ihr Arbeitgeber, der Lebensmittelmarkt „Kaiser's", sie gekündigt. Zuvor hatte Emmely 31 Jahre für dieses Unternehmen gearbeitet. Der Arbeitgeber begründete die Kündigung mit einem durch die Eigennutzung der Leergutbons zerrütteten Vertrauensverhältnis.

Die Republik war empört, die Medien schäumten vor Wut „des kleinen Mannes", sprich hier der „kleinen Frau". War denn da noch die Verhältnismäßigkeit von Input und Output gewahrt? Barbara E. kämpfte um Gerechtigkeit und ihren Job an der Kasse. Mit ihrer Klage auf Wiedereinstellung zog sie in einem Kampf um faire Behandlung bis vor das Bundesarbeitsgericht. Mit Erfolg: Nach aufgehobener Kündigung saß sie ab Mitte 2010 wieder an einer Kasse in einer „Kaiser's"-Filiale. Dieser Fall von erstrittener Gerechtigkeit wurde, wie die Bildzeitung berichtete, zu einem Fall später Gerechtigkeit, denn keine zwei Monate nach der Wiederaufnahme ihrer Arbeit reichte Barbara E. über ihren Anwalt Urlaub ein – bis kurz vor Weihnachten! Am 7.8.2010 verkündete dann Bild: „Deutschlands berühmteste Kassiererin Emmely macht jetzt fast vier Monate Urlaub".

Durch den über zweijährigen Rechtsstreit mit ihrem Arbeitgeber Kaiser's stehen ihr nach BILD-Informationen 98 Urlaubstage zu. Benedikt Hopmann, Rechtsanwalt von ‚Emmely', sagte BILD.de: ‚Meine Mandantin hat einen Urlaubsanspruch aus den vergangenen zweieinhalb Jahren, den sie jetzt nimmt. Wegen der ungerechtfertigten Kündigung kann sie den Urlaub nachträglich nehmen. Der Urlaub geht vom 23. August bis zum 14. Dezember.' Einen großen Reisewunsch hat die bundesweit bekannte Kassiererin für 2011: Sie möchte zur Weltfrauenkonferenz nach Venezuela reisen, um dort gegen Bagatell-Kündigungen zu demonstrieren.

Für den Arbeitgeber Kaiser's dürfte durch die Dauerthematisierung dieses Konflikts in den Medien ein beträchtlicher Imageschaden entstanden sein. Zu hoffen ist nur, dass der Kassiererin durch den zusätzlichen Aufwand sozialpolitischer Aufklärungsarbeit während des Erholungsurlaubs keine Schiefe im Input-Out-Verhältnis entstanden ist, was in diesem Fall später Gerechtigkeit noch irgendwie und irgendwo auszugleichen wäre. Sonst wäre der ausgleichenden Gerechtigkeit schließlich nicht Genüge getan.

Soziale Gerechtigkeit lebt vom gegenseitigen Nehmen und Geben und dem ausgeglichenen Verhältnis – so die Theorie. Vom Stamme nimm sein, so die Redensart, deutet an, dass jemand nur auf seinen eigenen Vorteil bezogen ist. Dies widerspricht der Forderung des Ausgleichs für den sozialen Frieden. Eine Leistung, die ich für mich in Anspruch nehme, sollte ich auch bereit sein, anderen gegenüber zu erweisen. Diese soziale Einsicht wird z. B. auch in der Kampagne zur „Pro-Gesellschaft" proklamiert, in „der es sich besser lebt, weil Menschen füreinander einstehen" – so der Tenor der Kampagne, die von der Initiative Pro-Organ-Spende 2010 ins Leben gerufen wurde. „Du bekommst alles von mir. Ich auch von Dir?" fragten Prominente wie das Model Luca Gajdus oder der Schauspieler Til Schweiger, die auf Plakaten porträtiert und als Organspender identifizierbar wurden. Natürlich würden viele das Herz von Til Schweiger nehmen. Das Problem, das die Kampagne motivierte, lag aber darin, dass fast jeder Deutsche ein Spenderorgan annehmen würde, um das eigene Leben zu retten, aber nur jeder Fünfte selbst zur Organspende bereit ist. Diese soziale Schieflage wurde versucht mit der offensiven Frage „Was bekomme ich von Dir?" in eine Balance zu bringen – ein klarer Fall von distributiver, ausgleichender Gerechtigkeit (http://lifestyle.t-online.de/organspende-til-schweiger-und-luca-gajdus-geben-alles/id_41555364/index6.5.2010. Zugegriffen: 07. Dez. 2011).

6.2.2 Prozedurale Gerechtigkeit oder auf das „Wie" kommt es auch an

Die rein ergebnisorientierte Betrachtung von Gerechtigkeit stellte sich im Laufe der sozialpsychologischen Forschung als unzureichend heraus, um Bewertungen von Verteilungen zu erklären. Neben der Frage, was bei einer Verteilung herauskommt, erwies sich die Frage, wie ein Verteilungsergebnis zustande kommt, als relevant. Dieser Prozesscharakter von Gerechtigkeit wurde von Thibaut und Walker (1975) thematisiert: *Gerechtigkeitsbeurteilungen hängen davon ab, wie, mit welchem Verfahren ein Verteilungsergebnis – insbesondere bei Konfliktlösungen divergierender Interessen – entsteht. Prozedurale Gerechtigkeit wird folglich definiert als die wahrgenommene Fairness von Prozessen, die zu einem Ergebnis führen*: „Die zentrale Implikation besteht darin, dass Personen auf Grund eines fairen Entscheidungsprozesses bereit sind, sogar für sie nachteilige oder unerwünschte Ergebnisse zu akzeptieren." (Klendauer et al. 2006, S. 189). In der Folge konnten Kriterien für faire Prozesse herausgearbeitet werden, die hier in Anlehnung an die Überblicksdarstellung bei Klendauer et al. (2006, S. 189) wiedergegeben und anhand des Beispiels von umstrittenen Industrieansiedlungen illustriert werden (vgl. hierzu Wiedemann et al. 1991, 1993, 1994; Beck und Ziekow 2011):

1. *Kriterium der „Stimme":* Betroffene haben die Möglichkeit angehört zu werden, ihre Stimme, ihren Standpunkt und ihre Argumente gegenüber einem Entscheidungsträger vorzustellen. Nehmen wir an, ein Unternehmen möchte einen neuen Standort bauen, der in der direkten Nachbarschaft kritisch aufgenommen wird, so ist es für die Unternehmenskommunikation wichtig, im Rahmen von Bürgerbeteiligungsverfahren oder Mediationsprozessen Raum zu geben für die Sichtweise der Gegner eines Vorhabens – wenn das Unternehmen einen fairen Prozess für die Ansiedlung sicherstellen möchte. Anhören ist nicht Mitbestimmung – diesbezüglich sind allerdings Missverständnisse zu vermeiden.
2. *Regel der Konsistenz:* Über verschiedene Zeitpunkte und Personen hinweg müssen Entscheidungsprozesse konsistent sein. Für das Unternehmen, das einen fairen Prozess garantieren will, muss also darauf geachtet werden, „mit einer Stimme" zu sprechen und Widersprüche auszuschließen – eine Forderung, die für die positive Außenwahrnehmung des Unternehmens generell Geltung hat.
3. *Regel der Unvoreingenommenheit:* Für faire Prozesse darf bei einer Entscheidung nicht der Eindruck entstehen, dass persönliche Selbstinteressen oder Voreingenommenheit von Entscheidungsträgern relevant sind. Diese Regel wird bei der Unternehmenskommunikation im Kontext der Durchsetzung von wirtschaftlichen Partialinteressen (hier eben der Industrieansiedlung) kaum oder zumindest nicht vollständig umsetzbar sein.
4. *Regel der Akkuratheit:* Die bei der Entscheidungsfindung berücksichtigten Informationen müssen korrekt sein. Diese Forderung entspricht ganz allgemein den ethischen Regeln der Wahrheit und Wahrhaftigkeit, zu der sich das Unternehmen, das im Bürgerbeteiligungsverfahren um eine faire Abstimmung mit der kritischen Öffentlichkeit bemüht ist, bekennen sollte.
5. *Regel der Korrigierbarkeit:* Ein Verfahrensbeteiligter muss in der Lage sein, Entscheidungen zu revidieren, wenn er an einer fairen Prozessgestaltung interessiert ist. Für das Unternehmen, das eine sozial oder ökologisch bedenkliche Industrieansiedlung plant, muss es im Rahmen der selbst gesteckten Möglichkeiten erlaubt sein, Änderungen an den Planungen vorzunehmen – beispielsweise ein Beschwerdeverfahren zu implementieren und sich ernsthaft mit den

Beschwerdeinhalten aus der Nachbarschaft oder seitens einer Bürgerinitiative auseinanderzusetzen.
6. *Regel der Repräsentativität:* Alle am Verfahren Beteiligten müssen sich mit ihren Bedürfnissen, Interessen und Meinungen repräsentiert sehen, wenn ein Prozess als fair beurteilt werden soll. Für die Kommunikation eines Unternehmens im Fall der nicht erwünschten Industrieansiedlung bedeutet dies zum Beispiel, alle Kritiker anzuhören und Gegenargumente bei der Klärung des eigenen Standpunktes explizit zu berücksichtigen.
7. *Regel der Ethik:* Ein als fair wahrgenommener Entscheidungsprozess ist mit persönlichen Wertvorstellungen sowie moralischen und ethischen Anschauungen der am Verfahren Beteiligten vereinbar.

Diese letzte Regel für den fairen Prozess dürfte wohl in vielen Fällen die sein, die am schwersten verhandelbar ist. Denn Einstellungen, gerade wenn sie für die Selbstwahrnehmung fundamental sind, sind schwer zu ändern. Und zwischen ökonomisch handelnden Wirtschaftssubjekten, den profitorientierten Industrievertretern auf der einen Seite, die durch eine Neuansiedlung ihren Gewinn steigern wollen, und ökologischen Anspruchsgruppen mit der Vision einer konsumfernen und „sauberen" Welt auf der anderen Seite, existieren realiter und definitionsgemäß oft unüberbrückbare Klippen von Weltanschauungen und Werten. Analysen von Mediationsprozessen und Bürgerbeteiligungsverfahren zeigen in der Regel auch, dass die meisten Konflikte zwischen den Streitparteien nicht als Sachkonflikte, sondern als Interessenskonflikte und Wertdivergenzen aufgefasst werden können. Hier findet also die Wahrnehmung eines gerechten Prozesses eine natürliche Grenze, die durch die Identität der Beteiligten und nicht durch den Prozess selbst bedingt ist.

6.2.3 Interaktionale Gerechtigkeit oder die Rolle des Umgangs miteinander

Die beiden oben beschriebenen Gerechtigkeitsdimensionen sind in der Praxis oft nur schwer zu trennen und haben im Übrigen auch noch eine „soziale" Seite, mit der sie in der Regel konfundiert sind. Diese dritte Form von Gerechtigkeit wird nach Bies und Moag (1986) als interaktionale Gerechtigkeit beschrieben und komplementiert die seit den achtziger Jahren des letzten Jahrhunderts nun dreidimensionale Betrachtung der Bewertung von Gerechtigkeit. Es geht dabei um die zwischenmenschliche Seite der Prozesse, die zu Entscheidungen führen bzw. das Zustandekommen von Verteilungsergebnissen kennzeichnen. *Eine kritische Frage bei der Fairnessbeurteilung ist nämlich auch, wie sich ein Entscheidungsträger gegenüber den von einer Entscheidung Betroffenen verhält*: Ist er respektvoll und versetzt er sich in ihre Lage? Berücksichtigt er ihre Fragen in Bezug auf den Prozess? Erklärt er angemessen, wie er handelt?

In der Literatur zur Gerechtigkeitsforschung wird z. T. kontrovers diskutiert, ob man diese dritte Dimension getrennt behandeln sollte, oder ob sie nicht integraler Bestandteil der distributiven respektive prozeduralen Gerechtigkeit sein sollte. Fest steht, die interaktionale Dimension ist relevant – ob isoliert betrachtet oder nicht. Je nach theoretischem Hintergrund wird sie auch noch in zwei Faktoren unterteilt, die die interpersonale Behandlung der Beteiligten bzw. das Kommunikationsverhalten des Entscheiders näher differenzieren nach

1. der *interpersonalen Gerechtigkeit*, d. h. dem Ausmaß des respektvollen, höflichen und korrekten Verhaltens gegenüber Betroffenen und
2. der *informationalen Gerechtigkeit*, d. h. der Frage, ob adäquate Erklärungen zur Begründung von Entscheidungen gegeben werden (Klendauer et al. 2006, S. 190; Sturm et al. 2011, S. 135 f.). Dabei wird sowohl nach der Quantität als auch nach der Qualität von Informationen gefragt.

Dass diese „soziale" Seite von Gerechtigkeit in Mediationsprozessen eine Rolle spielt, dürften die oben stehenden Ausführungen zu den einzelnen Kriterien der prozeduralen Gerechtigkeit bereits deutlich gemacht haben. Aber auch losgelöst von diesen Prozessen greift die Wirtschaftskommunikation das Thema interaktionale Gerechtigkeit auf und instrumentalisiert sie für die Produktwerbung. Das kann am Beispiel des TV-Spots für Ikea-Küchen aus dem Jahr 2011 verdeutlicht werden.

Beispiel IKEA-Küchen 2011: „Gemacht, um ganz viel Leben auszuhalten".

Gezeigt wird eine typische Familienszene: Eltern und zwei Pubertäre beim gemeinsamen Essen in der Küche. Die 15-Jährige will zu einem Festival, was die Eltern verbieten. Selbst der etwas ältere Bruder ist der Auffassung, dass man der Schwester diesen Festivaltrip mit der Begründung „Sie ist fünfzehn! Weißt Du, was die da machen?" nicht erlauben sollte. Diese „ungerechte" Entscheidung des Familienrates bringt den Teenager zum Toben. Da wird geschrien „Warum nicht?", „Oh Mann! Oh Papa!", Schranktüren werden zugeknallt, Schubladen aufgerissen und zugestoßen, und nochmal lauter und mit mehr Wut das Ganze von vorn. Kommentiert wird der Spot im Blog wie folgt: „Vielleicht fühlen sich jetzt einige von euch in ihre Pubertät zurückversetzt und können sich absolut mit dem Verhalten identifizieren. Da will man mit 15 zum Festival und Mutti und Papa machen einen Strich durch die Rechnung. Da kann man schon mal ausrasten, Schranktüren knallen lassen, Schubladen zuschmeißen oder mit der Cornflakes-Schüssel auf die Arbeitsplatte einhauen – schade nur, dass das bei IKEA-Küchen rein gar nichts bewirkt..." (http://www.klonblog.com/2011/04/27/video-ikea-werbung-mit-pubertaren-teenager. Zugegriffen: 06. Jan. 2011).

Was die von der bitteren Entscheidung Betroffene besonders in Wut versetzt ist, dass ihr aufschäumendes Auflehnen gegen die Entscheidung von den überaus coolen Eltern mit Glotzen, Achselzucken und dann auch noch mit Spott quittiert wird. „Küchen von Ikea – gemacht, um ganz viel Leben auszuhalten!" kommentiert die Werbestimme aus dem Off und jeder weiß, hätte man einen Weg gefunden, diese höchstelterliche Entscheidung angemessen erklären zu können, hätte die Schublade vielleicht nicht ganz so viel aushalten müssen.

6.3 Beliebte Metaphern und Legenden der Gerechtigkeit: Es lebe der Sport und ein Hoch auf David!

Macht sich die Wirtschaftskommunikation den sozialen Wert Gerechtigkeit zunutze, findet man in der kommunikativen Inszenierung Vorlieben für Metaphern aus der Welt des Sports und auch die Wiederbelebung kulturell vorgeformter Schemata für das Thema wie die Geschichte vom erfolgreichen Kampf des Kleinen gegen den Großen, dessen siegreicher Ausgang für den Kleinen als Sieg der Gerechtigkeit interpretiert werden kann. Einige Beispiele aus der aktuellen Wirtschaftskommunikation sollen hier abschließend als Beleg dienen. Im ersten Fall des Multivan Match von VW deutet schon der Name des Produkts auf Fair Play:

Fairplay „Unser Beitrag zur Nachwuchsförderung"

So fair war Sport noch nie.
Der Multivan Match.
Mit dem Multivan MATCH ist auch dem Nachwuchs ein Stammplatz garantiert. Dieser Mannschaftsbus überzeugt unter anderem mit Privacyverglasung, dem Radio „RCD 310" und den glanzgedrehten Leichtmetallfelgen „Cascavel". Und auch beim Preis setzt der Multivan MATCH auf die Jugend: Neben dem Fairplay-Vorteil von 1.600 € gibt es auch noch einen Kinderrabatt von 1.000 € pro Kind. Mehr Informationen bei Ihrem Volkswagen Partner und unter volkswagen.de/multivan.VW. Das Auto, 12/2011.

Die Sportmetapher und das faire Miteinander unterschiedlicher Gesellschaftsmitglieder wird derzeit in der Werbung zu mehreren Modellen des Wolfsburger Automobilkonzerns thematisiert (s. auch die Kommunikation 2011 zum Golf MATCH:

„Endlich ein Top-Star, der nicht Millionen kostet."). Geht da noch mehr? Ja, geht! Denn als selbsterklärten Hüter der Gerechtigkeit könnte man in der deutschen Werbelandschaft Media Markt identifizieren. Insbesondere die Kommunikation von gerechten Preisen hat in diesem Unternehmen Tradition. Der Schlachtruf „Lasst Euch nicht verarschen. Vor allem nicht beim Preis!" hinterließ bei manch einem Konsumenten den Eindruck, dass man hier in seinem Bedürfnis nach Fairness Heimat und einen Mitstreiter gefunden hätte. Aber was dem Konsumenten nicht erspart blieb, war die Kontrolle der „fairen" Preise und die Suche nach Transparenz über die verschiedenen Angebote, die bis heute noch je nach Media Markt-Standort recht unterschiedlich sein können. Ab 1. Oktober 2011 wollte das Unternehmen dann endgültig Schluss machen mit dem „Preis-Irrsinn" und versprach Transparenz und den „klarsten" Preis. Zum Auftakt der Kampagne hat Media Markt den neuen „Media-Markt-Preis" in einem 12-seitigen Flyer als Beilage aller großen Tageszeitungen erklärt sowie auf mediamarkt.de. Zur Transparenzoffensive gehörten auch Image-Spots in unterschiedlichen Längenversionen in besonders relevanten TV-Umfeldern und sowie auf großen Online-Portalen (http://www.derhandel.de/news/unternehmen/pages Elektrohandel. Zugegriffen: 06. Jan. 2012.):

Beispiel Media Markt I „Täglich tief."

Klare Ansage: Der neue Media Markt Preis!
Der erste Preis ohne den Preis-Irrsinn (…)
Das ist keine Aktion. Das ist kein Versprechen.
Wir reden nicht über den klarsten Preis, wir machen ihn.
Keine Sonderaktionen, immer alles günstig.
Jeder Preis ein Beweis. (…)
Jeden Tag Tiefpreise.
Und unsere Geschäftsführer prüfen täglich, ob dieser Preis dem aktuellen Marktpreis entspricht. (…)

Heute richtig günstig. Morgen auch. Und … eben täglich tief.
1. Keine Sonderaktionen.
2. Immer alles günstig.
3. Der sauberste Preis für alle.

(Auszug aus dem Media Markt Flyer zum Preis-Irrsinn 10/2011)

Dieser Vorstoß zu fairen, d. h. „sauberen" Preisen wurde im Winter 2011 von der Weihnachtspreisgarantie unter dem Motto „Weihnachten wird unterm Baum entschieden" abgelöst. Was verbarg sich dahinter?

> **Beispiel Media Markt II: „Weihnachten wird unterm Baum entschieden"**
> Im umfangreichen Media-Mix, bestehend aus TV, Print, Internet, Riesenposter und Citylights bis hin zu PoS-Maßnahmen verkündigte ab 22.11.2011 Media Markt seinen Kunden die so genannte „Weihnachtspreisgarantie": „Für alle Einkäufe, die zwischen dem 22. November und Weihnachten bei Media Markt getätigt werden, gilt: Sollte nach Weihnachten in dem Markt, in dem der Artikel erworben wurde, der Preis für ein Produkt niedriger sein als zum Zeitpunkt des Kaufs, erstattet der Markt den Preisunterschied zurück. Media Markt gewährt diese Weihnachtspreisgarantie bis zum 7. Januar 2012." (http://www.wuv.de/nachrichten/unternehmen/media_markt_weihnachten_wird_unterm_baum_entschieden. Zugegriffen: 17. Dez. 2011.).
> Diese Kampagne von Media Markt wurde nicht von jedem positiv quittiert. Vor allem Christen beschwerten sich beim deutschen Werberat über diese Kampagne. Wie allerdings der „Evangelische Presse-Dienst" (epd) berichtete, sah der Werberat keine Verletzung der religiösen Empfindung. Dies hatte die vorgebrachte Kritik von kirchlicher Seite aber anders gesehen: Ludwig Schick, Bamberger Erzbischof, verkündete: „Die Frohe Botschaft von Weihnachten wird mit dieser Werbekampagne ad absurdum geführt." In Windeseile hatte sich als Reaktion auf die Media Markt Offensive eine Facebook-Gruppe mit dem Titel „Weihnachten wird in der Krippe entschieden" formiert, die bereits Anfang Dezember 2011 über 30.000 Befürworter zählte. (http://www.pro-medienmagazin.de/gesellschaft.html?&news[action]=detail& news[id]=4815. Zugegriffen: 07. Dez. 2011.).

Was zeigt nun dieser Fall? Das vielleicht nicht ganz ernst gemeinte Ansinnen, das Kalauern des Media Marktes, passt wohl in den Augen der Konsumenten nicht recht zum vermeintlich sozialen Anspruch der Initiative. Dass christliche Symbolik bemüht wird, um Aufmerksamkeit für angebliche Preisgerechtigkeit zu beschaffen, erzeugt Widerspruch. Wer soziale Werte in der Kommunikation anspricht, darf sie nicht überstrapazieren, vielmehr ist große Sensibilität gefragt. Das zeigt auch die Kritik am makaber anmutenden Werbeslogan von Ben & Jerry's aus dem Sommer 2011. Der Eiscremehersteller hatte auf Plakaten mit folgender Werbeaussage gespielt: „Wer einmal den Löffel abgibt, bekommt ihn nicht mehr wieder. Das Leben ist nicht immer fair – Ben & Jerry's schon." Es ließen sich in der Folge kritische Stimmen von Verbrauchern hören, die Eiscremewerbeplakate mit diesem Ausspruch in der Nähe von Krankenhäusern und Friedhöfen gesichtet und für empörend gehalten hatten (http://www.schuh-chromosom.de/2011/07/werbung-benjerrys-eis-werbung-mal-anders. Zugegriffen: 10. Feb. 2012.).

6.3 Beliebte Metaphern und Legenden der Gerechtigkeit: ...

Wer es mit der Instrumentalisierung von sozialen Werten wie Gerechtigkeit aus kommerziellen Gründen übertreibt, wird also mit Protest und Reaktanz abgestraft. Überhaupt wird jedes Foul wie im Strafraum geahndet. Auch eignet sich das Thema Gerechtigkeit nicht als Gegenstand eines Kalküls, das nach Maßgabe des katholischen Ablasshandels zur Reinwaschung von Sünden dienen kann. „Fairwashing"- garantiert keine Fleckenfreiheit. Das Beziehungskonto rutscht dann ins Minus und die Verbraucher winken mit der roten Karte, wenn sie sich ums Fair-Play gebracht fühlen. Will man in der Werbung mit dem Traum von der gerechten Welt spielen, ist Behutsamkeit angeraten. Das gilt besonders für die ganz Großen – auch wenn sie mit dem Kleinsein kokettieren. VW tut so was, wenn die Legende von David und Goliath, eine der berühmtesten kulturellen Mythen von der Gerechtigkeit, bemüht wird, und die Moral von der Geschichte den Sieg des Kleinen gegen die Großen verspricht, wie beim neuen up:

Beispiel des neuen Volkswagens up: „In einer Welt voller Goliaths: Ein David!"

Klein ist groß. Der neue up!
Früher reichte noch eine Steinschleuder, um Riesen zu Fall zu bringen. Wer aber heute große Probleme lösen möchte, braucht schon ein paar clevere Ideen mehr. So wie der neue up! Ausgestattet mit zahlreichen Sicherheits-, Verbrauchs- und Komforttechnologien beweist er, dass man auch auf nur 3,54 m Länge nahezu alles bieten kann, was man sonst nur von Autos höherer Klassen kennt. Man muss eben nicht groß sein, um großartig zu sein. VW Das Auto (12/2011).

Der Wagen ist sehr klein, was viele Menschen bezogen auf den räumlichen Verteilungskampf im Stadtverkehr als die sozial angemessene Variante des Individualverkehrs empfinden. Er ist auch sehr leicht und besticht in punkto Umweltgerechtigkeit durch seinen geringen Kraftstoffverbrauch. Egal, ob soziale Gerechtigkeit im Kontext von Familiengerechtigkeit oder als Nachhaltigkeitsfacette die Gerechtigkeit gegenüber zukünftigen Generationen direkt oder indirekt thematisiert, wer mit Gerechtigkeit argumentiert, muss auf der Hut sein, dass seine Steinschleudern auch sauber sind. Die Hüter der Gerechtigkeit sind überall und sie nehmen es sehr genau, im schlimmsten Fall können sie sogar richtiggehend gnadenlos sein – wie Anonymous mit modernem Robin-Hood-Selbstverständnis. Da zählt dann nur noch Auge um Auge, Zahn um Zahn – auch eine Anschauung von Gerechtigkeit, die aber lange als zivilisatorisch überholt galt.

Literatur

Adams, J. S. (1965). Inequity in social exchange. *Advances in Experimental Social Psychology, 62*, 335–343.

Baringhorst, S. (2010). Politik mit dem Einkaufswagen – netzbasierte Anti-Corporate Campaigns als Ausdruck eines neuen Verständnisses des Politischen. In S. Baringhorst, V. Kneip, A. März, & J. Niesyto (Hrsg.), *Unternehmenskritische Kampagnen. Politischer Protest im Zeichen digitaler Kommunikation* (S. 389–397). Wiesbaden: VS Verlag.

Beck, K., & Ziekow, J. (Hrsg.). (2011). *Mehr Bürgerbeteiligung wagen: Wege zur Vitalisierung der Demokratie.* Wiesbaden: VS Verlag für Sozialwissenschaften.

Bies, R. J., & Moag, J. S. (1986). Interactional justice: Communication criteria of fairness. In R. J. Lewicki, B. H. Sheppard, & M. H. Bazerman (Hrsg.), *Research on Negotiation in Organizations* (S. 43–55). Greenwich: JAI Press.

Cialdini, R. B. (2007). *Die Psychologie des Überzeugens: Ein Handbuch für alle, die ihren Mitmenschen und sich auf die Schliche kommen wollen.* Bern: Huber.

Femers, S. (2013). Public Relations aus sozialpsychologischer Sicht. In G. Bentele, R. Fröhlich, & P. Szyszka (Hrsg.), *Handbuch der Public Relations. Wissenschaftliche Grundlagen und berufliches Handeln.* Wiesbaden: VS Verlag für Sozialwissenschaften. (im Druck).

Fischer, L., & Wiswede, G. (2009). *Grundlagen der Sozialpsychologie.* München: Oldenbourg.

Jahn, J. (2010). Zwischen Erpressung und Dienst an der Gerechtigkeit. In V. Boehme-Neßler (Hrsg.), *Die Öffentlichkeit als Richter? Litigation-PR als neue Methode der Rechtsfindung* (S. 11–19). Baden-Baden: Nomos.

Klendauer, R., Streicher, B., Jonas, E., & Frey, D. (2006). Fairness und Gerechtigkeit. In H.-W. Bierhoff & D. Frey (Hrsg.), *Handbuch der Sozialpsychologie und Kommunikationspsychologie* (S. 187–195). Göttingen: Hogrefe.

Moser, K. (Hrsg.). (2007). *Wirtschaftspsychologie.* Heidelberg: Springer.

Raab, G., & Unger, F. (2010). *Marktpsychologie – Grundlagen und Anwendung.* Wiesbaden: Gabler.

Röttger, U. (2009). Campaigns (f) or a better world? In U. Röttger (Hrsg.), *PR-Kampagnen. Über die Inszenierung von Öffentlichkeit* (S. 9–26). Wiesbaden: VS Verlag für Sozialwissenschaften.

Schmidt, S. J., & Tropp, J. (Hrsg.). (2009). *Die Moral der Unternehmenskommunikation. Lohnt es sich, gut zu sein?* Köln: Halem.

Schönbach, K. (2009). *Verkaufen, Flirten, Führen. Persuasive Kommunikation im Überblick.* Wiesbaden: VS Verlag für Sozialwissenschaften.

Schulze, K. (2011). Das Geschäft mit der Gerechtigkeit. Der faire Handel boomt. http://www.tagesspiegel.de/wirtschaft/das-geschaeft-mit-der-gerechtigkeit-der-faire-handel-boomt/5918078.html. Zugegriffen: 13. August 2012.

Streeck, K. (2010). Litigation-PR als beauftragte Beeinflussungsrichtung. In V. Boehme-Neßler (Hrsg.), *Die Öffentlichkeit als Richter? Litigation-PR als neue Methode der Rechtsfindung* (S. 129–138). Baden-Baden: Nomos.

Sturm, A., Opterbeck, I., & Gurt, J. (2011). *Organisationspsychologie.* Wiesbaden: VS Verlag für Sozialwissenschaften.

Thibaut, J., & Walker, L. (1975). *Procedural justice: A psychological analysis.* Hillsdale: Erlbaum.

Wiedemann, P. M., Femers, S., & Hennen, L. (1991). *Bürgerbeteiligung bei entsorgungswirtschaftlichen Vorhaben. Analyse und Bewertung von Konflikten und Lösungsstrategien*. Berlin: Erich Schmidt-Verlag.

Wiedemann, P. M., Femers, S., & Nothdurft, W. (1993). Kommunikatives Konfliktmanagement bei umweltbezogenen Auseinandersetzungen. Diagnose, Trainings- und Bewertungsmöglichkeiten. *Entsorgungspraxis, 3*, 158–163.

Wiedemann, P. M., Femers, S., & Nothdurft, W. (1994). Kommunikatives Konfliktmanagement: Trainingsmöglichkeiten. In F. Claus & P. M. Wiedemann (Hrsg.), *Umweltkonflikte – Vermittlungsverfahren zu ihrer Lösung* (S. 215–228). Taunusstein: Eberhard Blottner.

Besser als erwartet: Der Einfluss von Geld auf Beziehungen

7

Zusammenfassung

Geld wird zwar gern genommen, hat aber keinen guten Ruf: Es soll den Charakter und die Freundschaft verderben, sagt man, und zudem der Inbegriff der Entfremdung sein. Dabei wird vergessen, dass viele Beziehungen erst durch Geldfluss möglich werden, ohne sich deshalb im Wirtschaftlichen zu erschöpfen müssen. Dieser Aufsatz umkreist die Frage, wie Geld möglichst beziehungsfördernd eingesetzt werden kann – und so vielleicht zu einem etwas besseren Ruf gelangt.

Klaus Boltres-Streeck

Das Sprichwort „Über Geld redet man nicht" mag zunächst wie ein Affront für das Fach Wirtschaftskommunikation klingen – denn Wirtschaftskommunikation bedeutet doch wohl genau das: Kommunizieren über die bzw. im Kontext der Wirtschaft, und damit eben auch über Geld. Wenn also über Geld zu reden moralisch fragwürdig ist, wie es das Sprichwort nahelegt, dann ist wohl auch die Wirtschaftskommunikation ein wenig ehrenwertes Unterfangen.

Eine solche Interpretation erscheint von Ferne plausibel, beruht jedoch auf gleich vier Unterbestimmtheiten, denen im folgenden Text nachgegangen werden soll. Genauer zu bestimmen ist zunächst (7.1) die Reichweite des Sprichwortes, das nämlich für den geselligen, nicht aber für den wirtschaftlichen Umgang miteinander geprägt wurde. Die Unterscheidung von Wirtschaft und Geselligkeit regt dann dazu an, (7.2) auch die Differenz von Geld und Preisen genauer zu beleuchten. Zu kurz gegriffen ist, wie sich drittens (7.3) zeigen wird, auch die Gleichsetzung von Sprechen und Kommunizieren, denn auch Schweigen wirkt als Kommunikation. Die moralische Frage schließlich (7.4) sollte sich weniger auf das Geld selbst als auf die Einstellung zum und den Umgang mit diesem beziehen. Ebenfalls sprichwörtlich wird behauptet, dass Bargeld lacht. Ob und gegebenenfalls wie dagegen Geld auch zu lächeln in der Lage ist, wird dann (7.5) Gegenstand der abschließenden Betrachtung sein.

7.1 Sprechen über Geld in geselliger und in wirtschaftlicher Beziehung

„Über Geld spricht man nicht", dieses Sprichwort formuliert eine Normen-Faustregel, die zunächst für solche geselligen Bereiche Geltung hatte, in denen sich Personen als distinguiert darstellen (wollten). Selbstverständlich, so meint man, muss im Bereich der Wirtschaft über Geld gesprochen werden, aber eben in einem aus geselliger Sicht technischen, beruflichen, schmutzigen Kontext, der als solcher zwar existiert, der aber eben nicht tauglich für die Unterhaltung bei Tisch ist. Das liegt nicht daran, dass Geld als Gegenstand inakzeptabel wäre und deshalb den Appetit verdirbt. Geld stinkt nicht, wie man schon zu römischer Zeit wusste – aber es duftet auch nicht. Die gesellige Regel, über Geld nicht zu sprechen, hat ihren Grund darin, dass dies „gewöhnlich" wirkt. Damit ist aber nicht gemeint, dass Geld zu besitzen nicht erstrebenswert wäre – das gesellige Problem besteht darin, dass Geld für alle gleich ist und sich nur in der Menge unterscheidet. Deshalb entindividualisiert der Bezug auf Geld. Die Funktion des Geldes besteht nämlich darin, *individuelle* Unterschiede des Begehrens zu *überbrücken*. Die klassische Formulierung des Soziologen Georg Simmel dazu lautet:

> Beruht aller wirtschaftliche Verkehr darauf, daß ich etwas haben will, was sich zur Zeit im Besitze eines anderen befindet, und daß er es mir überläßt, wenn ich ihm dafür etwas überlasse, was ich besitze und er haben will: so liegt auf der Hand, daß das letztgenannte Glied dieses zweistelligen Prozesses sich nicht immer einstellen wird, wenn das erste auftaucht: unzähligemal werde ich den Gegenstand a begehren, der sich im Besitz von A befindet, während der Gegenstand oder die Leistung b, die ich gern dafür hingäbe, für A völlig reizlos ist. (Simmel 1989, S. 50 f.)

Geld als ein Drittes zwischen dem Begehrenden und dem Besitzenden erlaubt es nun, statt des Gutes, das der Besitzende haben möchte, über das der Begehrende aber nicht verfügt, ein für beide gleich wertvolles und gleich flexibles Gut – Geld – als Maßstab und Tauschmittel einzusetzen. Der vormals Besitzende bekommt damit die Möglichkeit, für das erhaltene Geld irgendetwas anderes zu kaufen, völlig unabhängig davon, was der Begehrende an Gegenständen anzubieten hatte.

Diese extreme Flexibilität, die Geld ermöglicht, ist aber nur deshalb gegeben, weil das Geld *selbst* ohne Eigenschaften ist. Spreche ich also beim Essen im Restaurant über das Geld, das ich verdiene oder das ich für das Menu zahle, wird aus der Einmaligkeit meiner Einladung und dieses besonderen Essens, das ich heute hier mit meinen Freunden zu mir nehme, eine Ware im Vergleich zu anderen,

7.1 Sprechen über Geld in geselliger und in wirtschaftlicher Beziehung

etwas Käufliches und damit per Definition „Austauschbares" – und zwar unabhängig davon, ob gleichzeitig noch mit der eigenen Bezahl-Potenz geprahlt wird oder nur ganz allgemein ein Geldthema angeschnitten wird. Dass über Geld, zumal über eigenes Geld zu reden als „gewöhnlich" gilt, liegt also daran, dass Geld an sich „nichts Besonderes" ist – und auch nicht sein darf, weil es sonst als ubiquitäres Tauschhilfsmittel nicht funktionieren würde. Das gesellige Gespräch dagegen beruht darauf, das Besondere des Augenblicks, der Sichtweisen des Einzelnen, der Persönlichkeit und Geltungsansprüche herauszustreichen.

Anders sind die Verhältnisse in wirtschaftlichen Beziehungen. Zwar führen Wirtschaftswissenschaftler und Soziologen eine komplexe theorie- und begriffsbezogene Debatte um die Frage, was denn Wirtschaft – und damit auch eine wirtschaftliche Beziehung – eigentlich sei. Unstrittig ist jedoch, dass zumindest Vertragsbeziehungen, bei denen Geld fließt oder ein in Geld messbares Entgelt geleistet wird, als Wirtschaftsbeziehungen aufzufassen sind. Zu diesem Bereich wirtschaftlicher Beziehungen gehören alle Dienstleistungsbeziehungen, private Käufe und Verkäufe sowie Beschäftigungsverhältnisse – und damit der weitaus größte Teil der für das Berufsfeld der Wirtschaftskommunikation relevanten Bereiche. Über Randgebiete wäre gesondert nachzudenken.

Die so skizzierten Beziehungen können auch als geldwirtschaftliche Beziehungen bezeichnet werden, weil sie durch Entgelt und Vertrag konstituiert werden. Nun erscheint es auf den ersten Blick absurd zu verlangen, dass ausgerechnet in geldwirtschaftlichen Beziehungen nicht über Geld zu sprechen sei – und doch trifft man fallweise auf diese Position. Zum Beispiel wird von nicht wenigen Angestellten verlangt, ihr Gehalt gegenüber Kollegen und Kunden geheim zu halten. Ein weiteres Beispiel: Bekanntlich wird in solchen Geschäften, die sich als besonders hochwertig oder hochpreisig verstehen, die Ware nach Möglichkeit gar nicht – oder, wenn dies aus gesetzlichen Gründen unumgänglich ist, besonders unauffällig ausgezeichnet. Das Fehlen von Preisen ist ein Hinweis darauf, dass sie hoch sind, während – vermeintlich – besonders niedrige Preis auch besonders groß deklariert werden. Und schließlich noch ein drittes Beispiel: Wenn eine Werbeagentur die Vertreter eines Auftrag gebenden Unternehmens zu einer geselligen Abendveranstaltung einladen, wird der Geschäftsführer selbstverständlich seine Begrüßung nicht mit dem Satz beginnen: „Wir sitzen heute Abend hier zusammen, weil sie uns bezahlen" – obwohl alle Anwesenden eigentlich wissen, dass genau dies zutrifft. Drei Beispiele für wirtschaftliche Situationen, in denen nach Möglichkeit nicht über Geld geredet werden sollte. Wie kann das sein?

Die Antwort ist einfach: Beziehungen zwischen Menschen, die sich in den gerade skizzierten wirtschaftlichen Zusammenhängen begegnen, *erschöpfen* sich nicht im Geldwirtschaftlichen: Sie sind geldvermittelt und geldbezogen, aber darüber hinaus von konventionellen, ästhetischen, psychodynamischen und vielen anderen

Faktoren geprägt. Wirtschaftliche Beziehungen sind daher zwar *einerseits* geldbezogene Beziehungen, andererseits aber *nicht ausschließlich* geldbezogene Beziehungen. Andernfalls wäre das gesamte Konzept des wirtschaftlichen Beziehungsmanagements sinnlos. Denn wirtschaftliches Beziehungsmanagement bedeutet u. a., „rein" wirtschaftliche Beziehungen von Zahlung und Vertrag mit geselligen Aspekten zu durchsetzen, um daraus für *alle* Beteiligten Vorteile zu generieren.

Die angestrebten Vorteile für die Zahlungsempfänger liegen dabei auf der Hand: Loyalität, verringerte Preissensibilität, höhere Fehlertoleranz, emotionales Involvement oder schlicht konventionelle Angepasstheit der Geschäftspartner. Zu den kleinen Tricks der Händler gehört es z. B. seit jeher, Verkaufssituationen gesellig zu gestalten: Mit Gesprächen zu Seitenthemen, nach Möglichkeit dem Aufbau eines persönlichen Verhältnisses zum Kunden, neuerdings unterstützt von Kaffee, Schaumwein oder kleineren Gebäckstücken. Dies und Freundlichkeiten aller Art dienen dazu, die Verkaufssituation an eine gesellige Situation anzugleichen – und damit die Diskussion über Geld zu verpönen.

Was aber ist der Vorteil für die Kunden? Wirtschaftliche Beziehungen ermöglichen *weitergehende* Kontakte zwischen Menschen, die ohne die Grundlage von Verträgen und Geldflüssen nicht zustande kämen, aber in diesen Verträgen nicht vereinbart und mit den Geldflüssen nicht abgegolten sind. Geschätzt zu werden, angesprochen zu werden, eingeladen zu werden, das sind offenbar Güter, die hohe Attraktivität besitzen. Deshalb ist es mittlerweile nicht unüblich, dass Unternehmen ihren Mitarbeitern verbieten, an Weihnachtsessen oder sonstigen geselligen Anlässen mit Dienstleistern teilzunehmen.

Ein rein ökonomisches Geld-Beziehungs-Konzept käme vermutlich zu dem Schluss, dass Geld im Hinblick auf Beziehungen als Begrenzungsmechanismus fungiert: Dass beispielsweise durch den bezahlten Preis die Art und der Umfang des Anspruchs auf eine Leistung festgestellt werden, was sich in Vertragsformulierungen zum Beispiel folgender Art spiegelt: „Das Pauschalhonorar deckt die erste möglicherweise notwendige Weiterentwicklung des Layouts ab, jede weitere Bearbeitung berechnen wir nach Aufwand zu einem Stundensatz von 85,00 € brutto".

Aus soziologischer Sicht kann festgestellt werden, dass durch derartige ökonomische Vereinbarungen ein Möglichkeitsraum gesellschaftlichen Miteinanders entsteht, der ohne diese ökonomische Grundlage gar nicht vorhanden wäre, aber nicht allein durch sie bestimmt ist: Ohne einen ökonomischen Bezug, sei es im Zuge einer Akquise oder schon im Rahmen eines Agentur- oder Projektvertrags, würde ich als Werbeleiter eines Unternehmens überhaupt nicht mit der Geschäftsführerin oder dem Layouter der Agentur sprechen – unter den Bedingungen solcher ökonomischen Interessen kommen allerdings einige „Unterhaltungen" zustande, die ihrerseits wiederum in ökonomische Leistungen münden können, die den vermeintlich schon bezahlten Umfang überschreiten: Sei es ein Gespräch über

Positionierungsalternativen zwischen Kunden und Agenturmitarbeitern, sei es eine Anzahl unbezahlter Überstunden, um die einfühlsame Projektleiterin zu entlasten. Vor diesem Hintergrund erweist sich das Sprichwort, dass man über Geld nicht redet, also auch in wirtschaftlichen Kontexten überraschend oft als zutreffend. Auch wenn die Geldvermitteltheit aller wirtschaftlichen Beziehungen stets latent präsent ist, sollte sie – das ist eine Klugheitsregel – so selten wie möglich und am besten in einem gesonderten Kontext explizit thematisiert werden, um die Möglichkeitsräume der Latenz zu erhalten. Der prädestinierte Kontext für solche geldzentrierte Kommunikation im Rahmen wirtschaftlicher Beziehungen sind Preisgespräche.

7.2 Soziale Funktionen von Preisen

Neben der Geldvermitteltheit als solcher ist ein zweiter Problembereich wirtschaftlicher Beziehungen die Frage der Preise. Preise beinhalten eine Vielzahl sozialstruktureller Informationen, die sich auf die damit in Zusammenhang stehenden Beziehungen auswirken.

Eine *erste*, grundlegende Information, die durch einen Preis ausgedrückt wird, ist die Mitteilung, das etwas als Bepreistes käuflich und damit ein Wirtschaftsgut ist. Diese Information kann manches gerade begonnene Verhältnis zerrütten, wenn man zum Beispiel einen Rechtsanwalt auf einer Party um Rat fragt und er einem mitteilt, wieviel er für die gewünschte Auskunft berechnen wird. Meistenteils steht zwar im Grundsatz außer Frage, dass für eine Dienstleistung zu zahlen ist, wo aber die Dienstleistung anfängt und wo der zwischenmenschliche Kontakt endet, ist nicht immer ganz klar.

Die *zweite* grundlegende Information, die ein Preis beinhaltet, ist seine *absolute* Höhe. Dies gilt für Wirtschaftswissenschaftler sozusagen definitionsgemäß, denn diese lautet dort etwa: „Der Preis ist die *Zahl* der Geldeinheiten, die der Käufer für eine Mengeneinheit des Produktes oder der Dienstleistung entrichten muss" (Simon und Fassnacht 2009, S. 6, Hervorhebung durch den Autor).

Geht man von hier weiter zu einer soziologischen Definition von Preisen, erfährt man nicht nur, was Preise sind – Zahlen – sondern ebenfalls, warum es überhaupt Preise gibt, welche sozialen Funktionen sie zu erfüllen in der Lage sind. Die Wirtschaftsphilosophin Andrea Steinhilber bietet hierzu, in Umschreibung der Simmelschen Geldtheorie, folgende Formulierung an: „Die *Distanz*, die ein Objekt des Begehrens zum Objekt des Wirtschaftens macht, findet ihren Ausdruck im wirtschaftlichen Wert, im Preis eines Objektes, der in Geldeinheiten ausgedrückt wird" (Steinhilber 2004, S. 52, Hervorhebung durch den Autor).

Preise beinhalten demzufolge als *dritte* Information, neben der Tatsache, dass etwas überhaupt käuflich ist und dass eine bestimmte Menge von Geldeinheiten zu zahlen ist, einen Distanzhinweis: Der Preis sagt auch: dies ist nicht deins. Während also *nach* der Zahlung durch Geld ein Möglichkeitsraum geschaffen wird, wie im ersten Abschnitt gezeigt, bildet der Preis *vor* der Zahlung einerseits einen Distanzraum, gibt aber andererseits, und das ist die *vierte* Information, auch den Einigungspunkt an, an dem diese Distanz aufgehoben ist: Wenn Du dies zahlst, ist es deins.

Die Angabe des Einigungspunktes funktioniert nun im Rahmen der Geldwirtschaft in der Regel unabhängig von den persönlichen Wertpräferenzen der Beteiligten: „Das Geld fungiert in diesem Tauschakt als eine Art Sprache, die jedoch alles Individuelle, das A und B sich mitteilen könnten, wegfiltert. Alle Unterschiede der jeweiligen Zwecksetzungen, die mit dem Tauschgegenstand verbunden sein können, fallen weg; das, was als Mitteilung bleibt, ist allein das, was auf Einigung abzielt: Ein Preis, ausgedrückt in Geld" (Steinhilber 2004, S. 77). Preise gelten für jeden unabhängig von seiner Persönlichkeit – und man weiß, dass Freundschaftspreise in der Regel nur so heißen.

Preise zeichnen sich in soziologischer Sicht also durch eine Doppelnatur aus, einerseits markieren sie Distanz, andererseits zielen sie auf Einigung. Als Einkaufender erlebt man, dass die Distanzfunktion quantitativ überwiegt, denn das meiste Käufliche kauft man nicht, vieles interessiert einen nicht, und was man begehrt, ist oft teuer. Doch obwohl das reale Einkaufen mit sehr viel Frustration über Preise verbunden ist, sagen diese Preise doch auch immer ganz klar, was nötig ist, um etwas zu bekommen. Soziologen unterstellen sogar, dass diese Doppelfunktion zur Befriedung der Gesellschaft maßgeblich beiträgt.

Simmel stellte dazu bereits fest: „Daher begünstigt aber auch der Tausch die Friedfertigkeit der Beziehungen unter den Menschen, weil sie in ihm eine intersubjektive, ihnen gleichmäßige übergeordnete Sachlichkeit und Normierung anerkennt" (Simmel 1994, S. 85 f.). Luhmann hat diesen befriedenden Zug der Geldwirtschaft technisch ausformuliert: „Das Problem der Knappheit (…) entsteht, wenn jemand im Interesse der eigenen Zukunft andere von Zugriff auf Ressourcen ausschließt. Die Frage ist: Wann darf er das? (…) Die Antwort, die das (…) Geld ermöglicht, lautet: wenn er zahlt" (Luhmann 1988, S. 252). Preise besagen dann, *wie viel* für den Zugriff zu zahlen ist und markieren so einerseits den Abstand, andererseits die Voraussetzung zur Überwindung des Abstandes.

Diese, von allem Persönlichen gereinigte, vierfache Information, die Preise liefern – Käuflichkeit, nominale Höhe, Distanzhinweis und Einigungsaussicht – ermöglicht im *fünften* Schritt eine weitere Ausdehnung des Möglichkeitsraums, nämlich, etwas *allein* wegen seines Preises *nicht* zu kaufen, nicht in Anspruch zu

7.2 Soziale Funktionen von Preisen

nehmen oder auch nicht anzubieten. Preise bieten kurz gesagt die Möglichkeit, sie um ihrer selbst willen abzulehnen.

Gerade im Bereich der Dienstleistung wäre das Ablehnen ansonsten erheblich erklärungsbedürftiger und wirkte sich dauerhafter auf die Beziehung aus. Während einem dies heute zu teuer ist, kann es morgen doch als angemessen bepreist erscheinen und man kauft dann, freundlich behandelt im gleichen Geschäft. Hat man dagegen bei der Bitte um Hilfe im Haushalt an einem Tag eine ablehnende Antwort bekommen, wird man sich eine erneute Anfrage überlegen – und die Beziehung zum Ablehnenden überdenken: „Was gegen Geld fortgegeben wird, gelangt an denjenigen, der das meiste dafür giebt (!), gleichgültig was und wer er sonst sei; wo andere Äquivalente ins Spiel kommen, wo man um Ehre, um Dienstleistung, um Dankbarkeit sich eines Besitzes entäußert, sieht man sich die Beschaffenheit der Person an, der man giebt…" aber Simmel hebt hervor, dass dieses auch umgekehrt gilt, „…wo ich selbst um Geld kaufe, ist mir gleichgültig, von wem ich kaufe, was mir erwünscht und den Preis wert ist; wo ich aber um den Preis der Dienstleistung, der persönlichen Verpflichtung in innerlicher und äußerlicher Beziehung erwerbe, da sehe ich mir genau an, mit wem ich zu tun habe, weil ich nichts anderes von mir als gerade nur Geld jedem Beliebigen geben mag" (Simmel 1989, S. 60).

Dass Preise so erheblich zur Flexibilisierung der wirtschaftlichen Beziehungen beitragen, weil sie von allem Persönlichen befreit sind, heißt nicht, dass Preise für jede Person und schon gar nicht zu jedem Zeitpunkt gleich sind. Jeder einzelne Preis ist am Ende zwar wieder nur eine Zahl – doch immer mehr Preise sind Effekt eines ausgeklügelten Regel- und Kalkulationssystems, das auch früheres Verhalten von oder zukünftige Erwartungen an Personen berücksichtigt, zum Beispiel bei Vielfliegerrabatten oder Studentenermäßigungen durch Fluggesellschaften. Als *sechste* Informationsebene sind in einem Preis auch all diese kalkulatorischen Erwägungen enthalten – allerdings vom Adressanten oft nicht mehr zu entschlüsseln.

Dennoch, auch wenn Personenmerkmale bei der Preisfindung zunehmend an Bedeutung gewinnen, sind es doch keine Ableitungen aus persönlicher Zuneigung oder gesellschaftlicher Wertschätzung, sondern wiederum nur statistisch oder auf Grund von Erfahrungswerten hergeleitete innerwirtschaftliche Gesichtspunkte, die berücksichtigt werden. Als Beamter bekommt man oft günstigere Versicherungstarife, aber ein Adelsrabatt ist nicht üblich, weil die hohe Geburt sich nicht auf das Autofahrverhalten auszuwirken scheint. Umgekehrt lässt sich jedoch vermuten, dass bevorzugte Preislagen in der individuellen Persönlichkeit recht dauerhaft verankert sind. So wählen Mensch im Ausland oft Mahlzeiten, Hotelzimmer oder Mietwagen in der gleichen Preisklasse, die sie auch zuhause wählen würden.

Und auch der Geiz kristallisiert zunächst nicht am Geld, sondern an Preisen. Geiz ist, anders als Armut, dem Sozialprestige nicht abträglich, weil er in allen Gesellschaftsklassen vorkommt. Wenn jemand etwa ein teures Hotelzimmer – so das

Beispiel in einem Roman von Marcel Proust – nicht mietet, weil es ihm zu teuer ist, er es sich aber offensichtlich leicht leisten könnte, wirkt das dem Hotelpersonal gegenüber anders, als wenn er es nicht mietet, weil es ihm im Hinblick auf sein Auskommen nicht möglich ist, den geforderten Preis zu zahlen.

Man kann – wie auch Simmel das in einer früheren Schrift tut – einen Grund des Geizes in einer tiefen Einsicht des Geizigen in die Dynamik des Konsums sehen: „Denn dem Geizigen bleiben die Enttäuschungen erspart, die dem realen Genuss stets folgen" (Simmel 1989, S. 54). Doch man liegt falsch, wenn man die Ausgabeverweigerung des Geizigen mit einer Beziehungsverweigerung gleichsetzt. Gerade für den Geizigen drehen sich alle Beziehungen irgendwie um Geld – das er auszugeben vermeiden will, ohne damit aber zum sozialen Außenseiter werden zu wollen.

Aber was ist es, das Geizige am Geld fasziniert? Preise, so haben wir gesehen, schaffen Distanz und Einigungsaussichten, gereinigt von allem Persönlichen; das ausgegebene Geld ermöglicht dagegen persönliche Beziehungen, die ohne Zahlungen so nicht entstünden; das *nicht* ausgegebene Geld schließlich ist die Verkörperung der – eigenen – Möglichkeit, gereinigt von allen sachlichen Festlegungen. Diese Freude an den eigenen Möglichkeiten, nicht an ihrer Umsetzung, erleben die Geizigen. Simmel sieht genau darin den vollkommenen „Typ des Geizhalses: die Befriedigung an der voll besessenen Potentialität, die niemals an ihre Aktualisierung denkt" (Simmel 1994, S. 441). Nur scheinbar hat seinerzeit der Media-Markt diese Sinnlichkeit des Geizes ins Konsumspiel eingebracht. Nicht wirklicher Geiz, also Freude am Geldhaben, war gemeint. Nicht Nichtkaufen, sondern Mehrkaufen war das Ziel jener Kampagne. Ihre Inszenierung machte unmissverständlich klar, dass die sogenannte Geilheit des Geizes eigentlich eine andere Ausprägung von Wirtschaftserotik bezeichnete, nämlich die Geilheit des Mehr-Konsums.

7.3 Kommunikation über Geld

Dass man über Geld nicht redet, bedeutet nicht, dass man über Geld nicht kommunizieren sollte. Kommunikation ist weit mehr als lediglich reden – und reden ist nicht gleich reden. Diese These soll im folgenden Abschnitt in drei Schritten entfaltet werden: Zunächst 1) geht es um unterschiedliche Arten expliziten Benennens von Summen und Preisen, dann 2) wird vorgeschlagen, Schweigen und Verschweigen als Kommunikation aufzufassen, schließlich 3) werden Formen impliziter Kommunikation über Geld dargestellt.

1) Reden ist nicht gleich reden, schon gar nicht im Hinblick auf Geld. So gibt es eine Vielzahl von technischen Hinweisen für Verkaufende, wie Preise so auszusprechen sind, dass sie möglichst wenig abschreckend klingen. Der Preis einer Pau-

7.3 Kommunikation über Geld

schalreise, die 3.425 € kosten soll, wird vom geübten Berater nicht als Dreitausendvierhundertfünfundzwanzig ausgesprochen, sondern als Dreivierfünfundzwanzig. Die „schreckenden" Hunderter und Tausender werden weggelassen – aber natürlich wird's dadurch nicht billiger. Das ist ein *Trick* – denn ein Trick funktioniert nur, solange man nicht weiß, wie er funktioniert. Wenn mir ein Verkäufer begegnet, der in der verkürzten, harmlosen Weise über Preise redet, bin ich sofort alarmiert – denn ich weiß, ich soll abgelenkt werden.

Eine *Methode* funktioniert dagegen auch, wenn man weiß, wie sie konstruiert ist. Deshalb ist es nicht trivial, darauf hinzuweisen, dass man statt zu reden auch schreiben kann – denn schon dieser Wechsel der Modalität macht einen Unterschied für die Beziehung: Sie löst die Preisforderung von der Person, weil das abstraktere Medium Schrift dazwischengeschaltet wird. Welche Schrifttypen wiederum welche Qualitätssignale aussenden, wie Preise überhaupt wahrgenommen werden und wie diese Wahrnehmung beeinflusst werden kann, dazu gibt die betriebswirtschaftliche Literatur zum Preismanagement viele Hinweise (die hier genannten, allgemein bekannten Beispiele finden sich auch bei Simon und Fassnacht 2009).

2) Jedes Sprechen über etwas bedeutet gleichzeitig, über etwas Anderes, das auch gesagt werden könnte, nicht zu sprechen. Kommunikation bedeutet Auswahl und insofern ist das Nicht-Sprechen konstitutiv für Kommunikation (vgl. Luhmann 1984, S. 191 ff.). Von diesem grundlegenden Auswahlgeschehen zu unterscheiden sind zum einen das *Schweigen* und das *Verschweigen*. Schweigen bedeutet: Es wird überhaupt nicht gesprochen, obwohl eine sprechaffine, gesellige oder konventionelle soziale Situation besteht und zu sprechen allgemeinen Erwartungen entspricht. *Verschweigen* meint dagegen, dass sehr wohl gesprochen und auch zum Thema gesprochen wird, aber wichtige Aspekte, von denen vermutet werden kann, dass sie für den Gesprächspartner bedeutsam oder auch nur interessant sind, werden absichtlich nicht genannt.

Ersichtlich ist das *Schweigen* eine starke kommunikative Handlung – denn wenn es erkannt wird, hat es stark normativen Charakter. Fällt die Rede also auf Geld oder Geldthemen, und jemand schweigt dazu, wird das als Ausdruck von Missbilligung verstanden werden – sofern es verstanden wird. Es ist natürlich auch denkbar, dass jemand gar nicht schweigt, sondern einfach nicht zu Wort kommt, oder dass das absichtliche Schweigen im Trubel des Geschehens gar nicht bemerkt wird. In beiden Fällen wäre es dann nicht gelungen, mit einer Kommunikationsabsicht zu den Kommunikationsteilnehmern durchzudringen. Nur das Schweigen, das als solches erkannt wird, ist in diesem Beispiel Kommunikation durch Nicht-Reden. Wenn man also über Geld schweigt, kann man durchaus genau dadurch über Geld kommunizieren.

Häufiger wird dagegen das Verschweigen bestimmter Aspekte des Finanziellen vorkommen. Studien haben zum Beispiel gezeigt: „In Familien ist das Thema Geld kein absolutes Tabuthema. Mindestens zwei Drittel der Eltern geben an, häufig oder zumindest manchmal über Geld zu sprechen (...). Wenn in Familien über Geld gesprochen wird, geht es allerdings hauptsächlich um Ausgaben und finanzielle Probleme. ‚Konstruktive' Gespräche über das Haushaltsbudget, Anlage- und Versicherungsmöglichkeiten oder bestehende Schulden und deren Bewältigung kommen demgegenüber selten vor. ‚Nur die wenigsten (Kinder) wissen, was ihre Eltern genau verdienen oder wie deren Vermögen aufgebaut und angelegt ist' " (Hradil 2009, S. 36).

Dieses Verschweigen einzelner Aspekte des Themas Geld ist in wirtschaftlichen Beziehungen ebenfalls gängig, denn es gehört zur werblichen Seite der Wirtschaftskommunikation, für den Beziehungspartner Vorteilhaftes häufig und deutlich mitzuteilen, während Nachteiliges nach Möglichkeit herunterzuspielen oder ganz zu verschweigen ist. Da solches Verschweigen im Hinblick auf Geld und Preise in wirtschaftlichen Zusammenhängen gesetzlich sehr erschwert wird, bekommt das Sprichwort „Über Geld redet man nicht,..." eine nahezu gegenteilige Bedeutung, wenn man es ergänzt: „...über Geld schreibt man kleingedruckt".

3) Über Geld *implizit* zu kommunizieren bedeutet, weder Zahlen noch Geldeinheiten zu benennen, aber Symbole oder Anzeichen einer finanzielle Lage auszusenden: Erkennbar teure Uhren, Anzüge oder Schuhe von Beratern sind ebenso gängig wie Begrenzungen der Dienstwagenklasse, um Kunden nicht den Eindruck eines zu hohen Honorars zu vermitteln. Im internen Bereich gilt entsprechend die Regel, sich hierarchiegemäß zu kleiden, keinesfalls ein prestigeträchtigeres Fahrzeug als der eigene Vorgesetzte zu fahren – und wenn dies doch der Fall sein sollte, es zumindest nicht auf dem Firmenparkplatz zu parken. Nicht allein der Besitz, schon die Kenntnis oder (vermeintliche) Unkenntnis bestimmter Konsumformen enthält Informationen über die finanzielle Lage. Wenn man einerseits „gar nicht so genau weiß, was es so bei McDonalds zu essen gibt", andererseits aber Domori Schokolade empfiehlt, wird damit auch über Geld kommuniziert, ohne dass Preise genannt werden müssen. Natürlich lassen sich so gezielt Fehlinformationen über die eigenen Ansprüche und Möglichkeiten streuen: gefahrloser als es echte Lügen über Gelddinge wären.

Deutlich wird an diesen Beispielen aber auch, dass es in wirtschaftlichen und in geselligen Beziehungen nahezu unvermeidlich ist, über Geld zu kommunizieren, weil sehr viele Dinge des Alltags mit bestimmten Preisvorstellungen und Wertanmutungen gekoppelt sind – aber man muss ja nicht darüber *reden*.

7.4 Geld und Moral

Über Geld redet man nicht – dieser Ausspruch kann nicht nur als gesellige Norm oder wirtschaftliche Klugheitsregel aufgefasst werden, sondern auch als ein moralischer Hinweis, der sich dann auf die Fragwürdigkeit des Geldes an sich bezieht. So wie – ebenfalls sprichwörtlich – beim Geld die Freundschaft aufhört und Geld den Charakter ruiniert, so scheint vom gesamten Geldwesen und eben auch vom Reden über Geld eine Gefahr für die moralische Integrität auszugehen.

Dass von Geld und Gold eine nicht unerhebliche Gefahr für das Wertgefüge von Personen und Gesellschaften ausgeht, ist bereits den Schriftstellern des Alten Testamentes bekannt. Dort wird die Zielrichtung der Gefahr in der Abwendung von Gott gesehen und beispielsweise in der Geschichte vom Goldenen Kalb tradiert. Auch die Denkfigur, nach der das Äußere eine Manifestation des Inneren ist, ist damals schon angelegt, etwa wenn bei Hesekiel 11,19 steht: „Und ich (Gott) will ihnen ein anderes Herz geben und einen neuen Geist in sie geben und will das steinerne Herz wegnehmen aus ihrem Leben und ihnen ein fleischernes Herz geben", oder, wie Luther den Gedanken formuliert: Wo dein Herz hängt, das ist dein Gott.

Das steinerne, kalte Herz ist die Folge der Fixierung auf das kalte Geld – so interpretiert schließlich die Romantik den Zusammenhang, meint dabei aber das Geld, das aus sich heraus Eigenleben entwickelt und die Menschen in seinen Bann zieht, nicht aber das Geld als bloßes Tauschmittel:

> Hauff läßt (in seinem spätromantischen Kunstmärchen ‚Das kalte Herz') seinen Leser nicht im unklaren darüber, daß der Reichtum des Michel wie der aller Wucherer, Kreditgeber, Makler und Spielbodenkönige des Schwarzwaldes seinen Ursprung in der unentgeltlichen, d. h. durch Wertübertragung angeeigneten Arbeit anderer hat. Und das ist die keineswegs nur biedermeierliche Moral der Erzählung, die im Erwerb der Einsicht in die wahre Quelle solcher Wertschöpfung noch eine (…) Hoffnung aufleuchten sieht, das Marmorherz gegen ein warmes Herz zurückzutauschen, wie es dem schuldig gewordenen Peter Munk mit Hilfe des Glasmännleins (dem Schutzgeist der Handwerker) am Ende gelingt: Er war fortan ‚zufrieden mit dem, was er hatte, trieb sein Handwerk unverdrossen, und so kam es, daß er durch eigene Kraft (…) wohlhabend wurde und angesehen und beliebt im ganzen Wald'. (Frank 1989, S. 38 f.)

Das „kalte Herz", das durch das Geld erzeugt wird, ist ein Standard-Motiv romantischen Denkens (vgl. ausführlich Frank 1989), das sich in die große belletristische Literatur von Gustave Flauberts Madame Bovary oder Thomas Manns Buddenbrooks bis zu Günter Grass Der Butt ebenso weiterträgt wie in kritischen Abhandlungen, etwa von Wolfgang Schmidbauer (2011) oder Karl-Heinz Brodbeck (2009) – und natürlich ebenso auch selbst wieder kritisiert wird: „Auf 1.200 Seiten dichtgedruckten Textes gibt Brodbeck keine weitere Orientierung als die: die Diffamierung des Geldgeistes als kulturellen Abweg und Abstieg, wobei aber nicht klar wird, was an dessen Stelle treten könnte" (Dietz 2011, S. 307).

Die Beurteilung der moralischen Wirkung des Geldes auf Beziehungen hängt vom Startpunkt der Betrachtung ab: Ob am Anfang die Beobachtung steht, dass Menschen manches nicht (mehr) tun, wenn sie kein Geld dafür bekommen, noch zugespitzter: vieles nur wegen des Geldes tun – oder ob dieser gleiche Sachverhalt so gefasst wird, dass Menschen Dinge und Leistungen durch Geld bekommen, die sie nicht bekämen, wären sie nur auf freiwillige Zuwendung, die Wirkung der Reize ihres äußeren und inneren Charakters oder die Macht der Tradition angewiesen. In der Romantik wird dieser Rückgang der Macht der Tradition als geldinduziertes, moralisches Problem thematisiert. Es betrifft *sowohl* den *Käufer*, der meint, mit Geld alles, zum Beispiel auch Herzen oder Schatten, kaufen zu können, *wie auch* für den *Verkäufer*, dessen ganzes Gefühlsleben zugunsten des Geldes verloren geht.

Doch die Romantik, insbesondere die romantische Literatur, war idealistisch, nicht pragmatisch, sie war erbaulich, aber nicht wirklich so gemeint. Das wussten die romantischen Schriftsteller *selbst* sehr gut: „Romantisieren ist nichts als eine qualitative Potenzierung. Das niedere Selbst wird mit einem besseren Selbst in dieser Operation identifiziert" (Novalis 1968, S. 545). Berthold Brecht steuert in der Dreigroschenoper etwa hundert Jahre später noch die Erklärung bei, warum die romantischen Vorstellungen im Hinblick auf das Geld und die Geldwirtschaft sich vorläufig nicht realisieren lassen: „Die Verhältnisse, sie sind nicht so!" Doch wie sind sie denn, die Verhältnisse?

Es lässt sich zunächst festhalten: Jene „quasi religiöse Überbewertung von Geld" (Piorkowsky 2009, S. 40), die manche Kritiker fürchten, gibt es nicht nur bei denjenigen, die angeblich „hemmungslose Einkommensmaximierung an der Steuerpflicht vorbei und damit gekauftes Ansehen" suchen, sondern wohl ebenso bei denen, die in einer Verselbstständigung des Geldes die Ursache nahezu allen Übels moderner Gesellschaften erkennen wollen. Denn niemand, der sich an der Geldwirtschaft beteiligt, ist nur eins: Zahlender oder Zahlungsempfänger. Wer Geld hat, hat es bekommen, wer es bekommt, für den hat es nur Wert, weil er es ausgeben kann und damit weitergibt. Im wirtschaftlichen Leben gibt es nicht zwei absolute Parteien, die, die Geld nehmen und die, die Geld geben – sondern nur am Geben und Nehmen mehr oder weniger Beteiligte. Und die weniger daran Beteiligten werden dies wahrscheinlich als eher belastend empfinden.

Und doch ist beim Blick auf die Verhältnisse ein zunächst nicht ganz offensichtlicher, aber möglicherweise gravierender Unterschied in den Positionen feststellbar, der sich in zwei Schritten entfaltet. Zunächst sind zwei Typen geldvermittelter wirtschaftlicher Beziehungen zu unterscheiden: Beziehung innerhalb eines Beschäftigungsverhältnisses und Beziehungen als und zu Kunden. Innerhalb dieser beiden Beziehungstypen wiederum gibt es die Position des Zahlenden oder seines Stellvertreters, also des Arbeitgebers bzw. Vorgesetzten und die des Zahlungsempfangenden. Angestellte sind als solche somit von zwei Seiten auf Zahlungen angewiesen: Sie müssen Kunden zu Zahlungen motivieren und sie müssen die Bedingungen erfüllen, die sie mit ihrem Beschäftigungsvertrag eingegangen sind, um ihre eigene Vergütung zu bekommen. Kunden dagegen zahlen als solche nur und bekommen dafür Güter. Arbeitgeber schließlich zahlen und empfangen Zahlungen. Aus den anfänglichen zwei mal zwei wirtschaftlichen Beziehungstypen leiten sich also drei idealtypische Rollen ab: der nur zahlende Kunde; der Zahlungen nur empfangende Organisationsmitarbeiter; und drittens der sowohl Zahlende als auch Zahlungen empfangende Selbstständige mit Angestellten. Es wäre interessant, empirisch zu überprüfen, ob und gegebenenfalls wie die jeweiligen Positionen in der Wirtschaft sich auf die Beziehungen zwischen Personen und Geld bzw. zwischen Personen und anderen Personen auswirken.

7.5 Geld, das zu lächeln versteht

Neue Sprichworte entstehen eigentlich nicht mehr, denn sie repräsentieren das Orientierungswissen einer *vorschriftlichen* Kultur. Aber Sprichworte geraten auch nicht so leicht in Vergessenheit, obwohl in gewandelten Zeiten Zweifel an ihrer Gültigkeit berechtigt sein mögen. Der Grund für solches Beharren liegt darin, dass die Sprichworte zwar in einigen, vielleicht in vielen Bereichen kontraproduktiv zur Wirklichkeitserschließung geworden sind, sich aber in anderen Kontexten weiterhin bewähren. Während sie früher als allgemeine Orientierung dienten, liefern sie heute eher Fragestellungen, mit deren Hilfe Situationen eingeschätzt werden können. Eine angemessene Aktualisierung des hier untersuchten Sprichwortes könnte demzufolge lauten: „Überlege in sozialen Situation, wann und wie über Geld gesprochen werden kann und welche Folgen das haben wird". Dieser Gedanke soll abschließend etwas weiter ausgeführt werden.

Ein wichtiger Aspekt solcher sozialen Situationen ist ihre kulturelle Einbettung. „Über Geld spricht man nicht", dieser Hinweis ist weder überkulturell akzeptiert, noch wird er dort, wo er akzeptiert ist, gesamtkulturell befolgt. In Thailand beispielsweise hat das Sprechen über Geld eine hohe Selbstverständlichkeit und das Verweigern der Auskunft über die eigenen Vermögensverhältnisse Fremden gegenüber stößt auf Unverständnis. Dort herrscht die hiesige Norm nicht und das Schweigen über Geld wäre in Thailand deviant. Akzeptanz bedeutet jedoch nicht, dass nicht auch innerhalb einer Kultur alternative Formen des Umgangs mit Geld und Kommunikation erprobt oder gepflegt werden könnten.

Da die Reichweite des Geldes selbst begrenzt ist, hat es sozusagen ein Territorium der Wirksamkeit, und ist in anderen Bereichen nicht mächtig – weshalb „für gewisse Naturen nur das einen Wert hat, was für Geld nicht zu haben ist" (Simmel 1989, S. 58). Doch auch auf der anderen Seite der Grenze, innerhalb der Wirkungsmacht des Geldes, lassen sich durchaus Intentionen finden, die nicht bloß „Bezahlen" ausdrücken, sondern zusätzlich ein besonderes Wissen um Bedingungen und Verhältnisse transportieren, das in der zwischenmenschlichen Kommunikation durch ein Lächeln zum Ausdruck gebracht werden würde.

Ein erstes Beispiel ist das *Trinkgeld*, also die Möglichkeit, gerade und ausdrücklich Persönliches zu honorieren, aber auf Grund der bekannten Konvention dabei nicht zu beleidigen. Weil Trinkgeld Konvention ist, kann über die Höhe Wertschätzung für eine Leistung frei zum Ausdruck gebracht werden. Dass diese Funktion heute im Vordergrund steht, zeigt sich daran, dass mittlerweile auch Eigentümern von Lokalen Trinkgeld gegeben wird.

Ein zweites Beispiel ist das Einrichten des Preises oder des Beitrags zu einem Budget in Abhängigkeit von den *einsetzbaren* Mitteln: Mehr oder weniger oder gar nicht, je nach den Möglichkeiten. Diese Art des Umgangs mit Geld beruht meist auf freiwilligen Übereinkünften – wenn sie vorgeschrieben wird, kann sie leicht zu Missbilligung bei denen führen, die mehr zahlen sollen, zum Beispiel bei ausländischen Touristen, die indische Sehenswürdigkeiten besuchen wollen und regelmäßig einen ganz erheblich erhöhten Eintrittspreis zu zahlen haben.

Ein drittes Beispiel ist schließlich der riesige Bereich der Spenden-, Stiftungs- und Mäzenatentätigkeit von Privatpersonen, die unterschiedlichste Anliegen mit ihrem Geld befördern. Zwar mag einem lächelnden potentiellen Geber eben dieses Lächeln vorübergehend im Gesicht gefrieren, wenn er sich mit Literatur zum professionellen Fundraising auseinandersetzt – doch lösen sich seine Züge wahrscheinlich wieder, wenn er sich besinnt, dass es sich ja letztlich um einen guten Zweck handelt, dem so Mittel zugeführt werden.

Ob schließlich in diesen drei und weiteren denkbaren Kontexten des lächelnden Umgangs mit Geld auch über das Geld *gesprochen* werden sollte – dazu gibt es entgegengesetzte Auffassungen. Vom „Tue Gutes und rede darüber" bis zur Einstellung, dass die linke Hand nicht wissen soll, was die rechte gibt.

Empirische Studien zur Bedeutung von Geld in Liebesbeziehungen zumindest kommen zu dem Schluss: „Geld kann offensichtlich nicht als separates Medium gesehen werden, sondern ist eng mit der Gesamtkonstruktion und -bewertung der Beziehung verbunden" (Wimbauer et al. 2002, S. 282). Und dies trifft vermutlich mittlerweile auch auf die (kommunikative) Bedeutung von Geld in wirtschaftlichen Beziehungen insgesamt zu.

Literatur

Brodbeck, K.-H. (2009). *Die Herrschaft des Geldes – Geschichte und Systematik.* Darmstadt: Wissenschaftliche Buchgesellschaft.
Dietz, R. (2011). *Geld und Schuld. Eine ökonomische Theorie der Gesellschaft.* Marburg: Metropolis.
Frank, M. (1989). *Kaltes Herz. Unendliche Fahrt. Neue Mythologie: Motivuntersuchungen zur Pathogenese der Moderne.* Frankfurt a. M.: Suhrkamp.
Hradil, S. (2009). Wie gehen die Deutschen mit Geld um? *Aus Politik und Zeitgeschichte 26/2009*, S. 33–39.
Luhmann, N. (1984). *Soziale Systeme. Grundriß einer allgemeinen Theorie.* Frankfurt a. M.: Suhrkamp.
Luhmann, N. (1988). *Die Wirtschaft der Gesellschaft.* Frankfurt a. M.: Suhrkamp.
Novalis. (1968). In P. Kluckhohn von & R. Samuel (Hrsg.), *Schriften* (Bd. II). Darmstadt: Wissenschaftliche Buchgesellschaft.
Piorkowsky, M.-B. (2009). Lernen, mit Geld umzugehen. *Aus Politik und Zeitgeschichte, 26/2009*, 40–46. http://www.bpb.de/apuz/31924/lernen-mit-geld-umzugehen?p=all. Zugegriffen: 13. August 2012.
Schmidbauer, W. (2011). *Das kalte Herz. Von der Macht des Geldes und dem Verlust der Gefühle.* Hamburg: Murmann.
Simmel, G. (1989). Zur Psychologie des Geldes. In H.-J. Dahme (Hrsg.), *Georg Simmel Aufsätze 1887–1890 u. a.* (S. 49–65). Frankfurt a. M.: Suhrkamp.
Simmel, G. (1994). In D. P. Frisby von & K. C. Köhnke (Hrsg.), *Philosophie des Geldes* (3. Aufl.). Frankfurt a. M.: Suhrkamp.
Simon, H., & Fassnacht, M. (2009). *Preismanagement* (3. Aufl.). Wiesbaden: Gabler.
Steinhilber, A. (2004). *Die Dritte Seite der Medaille. Zu Georg Simmels Philosophie des Geldes und ihrem Beitrag zu einem Verständnis von Wirtschaft.* Heidelberg: Carl Auer.
Wimbauer, C., Schneider, W., et al. (2002). Prekäre Balancen – Liebe und Geld in Paarbeziehungen. *Leviathan – Sonderheft, 21/2002*, 263–285. http://www.vsjournals.de/pdf/levi_jahresinhalt02.pdf, Zugegriffen: 13. August 2012.

Beziehungswetter – über die wirtschaftliche Bedeutung von Stimmungen und Atmosphären

8

> **Zusammenfassung**
>
> In welcher Stimmung der Kunde bei der Abschlusspräsentation des Projektes ist, in welcher Atmosphäre Vertragsverhandlungen oder Mitarbeitergespräche stattfinden, welches Klima in der Chefetage oder im ganzen Betrieb herrscht – solchen Umständen wird für den Erfolg oder Misserfolg von Wirtschaftskommunikation intuitiv große Bedeutung zugesprochen. Nicht zuletzt die im Deutschen häufige Verwendung von Wörtern wie zustimmen, einstimmen, verstimmen oder beistimmen unterstreichen: Stimmung ist ein Grundbegriff der Wirtschaftskommunikation. Professionelles Beziehungsmanagement erfordert deshalb auch das Erkennen, Gestalten und Beurteilen eigener und fremder Stimmungen.
>
> Klaus Boltres-Streeck

8.1 Stimmungen, Emotionen, Persönlichkeitszüge

Stimmungen sind begrifflich zunächst schwer zu fassen. Ein Beispiel soll deshalb helfen, erste Abgrenzungen zu plausibilisieren: Peter Berger ist Marketingleiter eines mittelständischen Lampenherstellers. Freitagmorgens kommt er leise pfeifend ins Büro – er ist offensichtlich guter Dinge, wüsste aber nicht recht zu sagen, weshalb. Berger stellt seine Tasche ab, schaltet den Computer ein und schaut auf sein Tagesprogramm: Ein neuer Termin um 17.00 Uhr ist dazu gekommen! Seine Miene verdüstert sich, er greift zum Telefon und ruft den Kollegen an, der den Termin zu verantworten hat. Dieser entschuldigt sich, erläutert aber, dass er wichtige Dinge mit Berger und einigen Kunden besprechen müsse, dies aber nicht rechtzeitig bedacht habe. Berger ärgert sich kurz – aber etwas zu vergessen kann eben passieren. Nachtragen wird er es dem Kollegen ohnehin nicht, das ist nicht seine

Art. Ein Kaffee wird ihm jetzt gut tun. Er macht sich auf den Weg zum Automaten – und beginnt, wieder leise zu pfeifen.

Peter Berger hat sich seine gute Stimmung nicht verderben lassen, obwohl ihn eine negative Emotion (Ärger) getroffen hat. Zwar haben auch Stimmungen mit Gefühlen zu tun, aber anders als die schnell durch bestimmte Ereignisse ausgelösten emotionalen Reaktionen wie Ärger oder Freude. Lehrbuchmäßig wird in der Psychologie daher von Stimmung gesprochen als ein „länger andauernder und schwacher emotionaler Zustand, bei dem ein Objektbezug oder Auslöser nicht notwendig repräsentiert ist" (Müsseler 2008, S. 329). So wird die Stimmung von den schnell sich wandelnden Emotionen, aber auch von den langfristig stabilen Persönlichkeitszügen, den sogenannten Traits, unterschieden. Peter Berger ist zum Beispiel nicht nachtragend – ein Persönlichkeitszug, der stimmungs- und emotionsunabhängig auf ihn zutrifft.

Diese klare Unterscheidung zwischen Emotionen, Stimmungen und Traits, die in der Psychologie üblich ist, wird durch den Blick in die philosophische Literatur zu Stimmungen etwas kompliziert. Dort werden die Stimmungen selbst nicht nur nach Art (z. B. Heiterkeit oder Traurigkeit) und Intensität, sondern auch als dauernde oder wechselnde unterschieden: als Aktual- und Grundstimmungen (vgl. Wetz 2004, S. 220 ff.). Grundstimmungen sind demzufolge die für einen Menschen typischen Bezüge zur Welt, also aus Sicht der Psychologie Traits. Die Aktualstimmungen, um die es in diesem Beitrag hauptsächlich gehen soll, die Gefühlszustände von mittlerer zeitlicher Ausprägung, können auf Stunden oder einen Tag beschränkt sein, wie es dann der Fall ist, wenn Stimmung mit Laune gleichgesetzt wird. Aktualstimmungen können sich aber nach anderer Auffassung auch über Wochen und Monate erhalten, die gedrückte nach einem Trauerfall ebenso wie die gehobene Stimmung, die zum Beispiel mit der Verliebtheit einher gehen kann.

8.2 Stimmungen erkennen

Vielleicht die größte Problematik im Zusammenhang mit Stimmungen ist es, diese bei sich und bei anderen überhaupt als solche zu erkennen. Denn es scheint charakteristisch für Stimmungen – im Unterschied zu Emotionen – dass sie Gefühlslagen in einer Situation präsent halten, die gar nicht zu dieser Situation „gehören". Wir erinnern uns: Am Freitag kam Herr Berger guter Stimmung ins Büro – an manchen Tage ist er aber bereits beim Betreten des Gebäudes genervt: vom Verkehr, von schlecht anspringenden Auto, von der Schlange an der Tankstelle und von den leeren Akkus sowohl des Rasierapparates als auch des Handys. Wenn er dann im ersten Meeting äußerst ungehalten auf das Fehlen von Unterlagen reagiert, mögen

8.2 Stimmungen erkennen

sich seine Mitarbeiter fragen: „Was ist denn heute mit dem los?" – während der neue Kundenvertreter denken mag: „Was ist das denn für einer?". Für die Mitarbeiter von Herrn Berger ist dessen genervte Stimmung als solche durch den Kontrast zu dessen üblicher Grundgestimmtheit zu erkennen – für den neuen Teilnehmer der Runde allerdings nicht. Der ist deshalb geneigt, die Genervtheit als einen Persönlichkeitszug von Herrn Berger zu interpretieren.

Sieht man von aufdringlichen Stimmungen wie etwa der karnevalistischen Heiterkeit ab, sind Stimmungen als solche nur dann leicht zu erkennen, wenn die Möglichkeit eines Vergleichs mit sonstigen Verhaltensweisen einer Person gegeben ist. Aber bekanntlich ist gerade der erste Eindruck von einer Person nachhaltig für die folgende Beziehung und nur schwer revidierbar. Neurowissenschaftliche Forschungen konnten zeigen: Der „erste Eindruck ist insofern stabil, als rund zwei Drittel derjenigen, die die Personen auf Anhieb sympathisch und vertrauenswürdig finden, dies auch noch nach einem Jahr tun" (Roth 2011, S. 194). Doch natürlich „stimmt dieses schnelle Sympathie-Antipathie-Urteil nicht mit den objektiven Qualitäten überein" (ebenda), die diese Personen etwa als zukünftige Mitarbeiter oder qualifizierte Berater mitbringen sollen. Und schließlich: „Das Verhängnisvolle an diesem ersten Eindruck ist, dass wir gegenüber jemandem, der sich später als nicht besonders verlässlich und qualifiziert herausstellt, erheblich mehr Nachsicht zeigen" (ebenda). Demnach liegt die Empfehlung auf der Hand, gerade beim ersten Zusammentreffen mit bislang fremden Personen besonders auf die eigenen Stimmungen zu achten.

Zwar lassen sich eigene Stimmungen ebenfalls im Kontrast zur Grundgestimmtheit erkennen – die dazu erforderliche Achtsamkeit lässt sich allerdings just unter dem Einfluss von Aktualstimmungen schwerer aufbringen: Stimmungen vermögen eine Person mitzureißen. Deshalb passiert es nicht selten, dass zunächst andere einen auf die eigene Stimmungslage hinweisen: „Hast Du heute schlecht Laune?" oder „Dir scheint es ja bestens zu gehen!". Wenn ein solcher Hinweis auf die eigene Stimmung erfolgt, ist es meistens (fast) schon zu spät – die gute wie die schlechte Stimmung ist als nicht situationsadäquat aufgefallen.

Doch sich seinen guten und auch seinen schlechten Stimmungen zu überlassen ist nicht ohne Reiz. Es vermittelt ein im Extremfall fast rauschhaftes Erleben eigener Unabhängigkeit von äußeren Umständen und sozialen Einschränkungen, die von anderen jedoch nicht selten als tyrannisches Übelwollen oder unangemessene Heiterkeitsekstase wahrgenommen wird. Gerade in diesen übermütigen Launen verschwimmt die Grenze zwischen gut und böse – wer erinnert sich nicht daran, dass eine Freundschaft durch eine sprachlich besonders gelungene Bemerkung auf Kosten der anderen Person für immer zerbrochen ist?

Neben der schon mehrfach angesprochenen Achtsamkeit für Unterschiede zum Normalverhalten ist dem Philosophen Hermann Schmitz zufolge auch die Achtsamkeit für den eigenen Leib zum Erkennen von Stimmungen hilfreich. Leib meint dabei nicht Körper: „Leiblich ist, was jemand in der Gegend (nicht immer in den Grenzen) seines Körpers von sich selbst, als zu sich selbst gehörig spüren kann, ohne sich der fünf Sinne, namentlich des Sehens und Tastens, und des aus deren Erfahrung gewonnen perzeptiven Körperschemas (der habituellen Vorstellung vom eigenen Körper) zu bedienen" (Schmitz 2009, S. 35, Klammereinfügungen im Original). Das klingt einerseits esoterisch, ist aber andererseits eine alltägliche Erfahrung, wenn man sich z. B. beengt oder niedergedrückt empfindet, aus sich herausgehend, raumfüllend oder winzig – ohne dass sich die Körpergröße merklich verändert. Über den Körper hinaus zu empfinden geschieht zudem täglich beim Autofahren oder beim Benutzen von Messer und Gabel. Es lässt sich naturwissenschaftlich durch den Aufbau von Selbstrepräsentationen im Gehirn erklären, die nicht mit dem Körperbild übereinstimmen. Dass entsprechende Repräsentationen auch von Stimmungen existieren, und sich diese Repräsentationen teilweise aufdrängen, teilweise aber auch achtsam zu erspüren sind, hat zumindest Alltagsplausibilität.

Stimmungen teilen sich also im eigenen Erleben, im Verhalten und durch die Reaktionen anderer mit. Alle drei Indikatoren erfordern Achtsamkeit – möglicherweise gelingt es dann, eigene unangemessene Stimmungslagen bereits an den Blicken und nicht erst an den Worten eines Gegenübers zu erkennen.

Darüber hinaus führen Stimmungen auch zu messbaren physiologischen Veränderungen, an deren detaillierter Beschreibung seit einiger Zeit gearbeitet wird. Es besteht kein Zweifel, dass Stimmungen insofern eine Realität zukommt, als sie mit bestimmten Erregungsmustern des Nervensystems korrelieren (vgl. Spies 1995, S. 105 ff.). Entsprechende naturwissenschaftliche Ergebnisse beruhen allerdings auf gerätegestützten Untersuchungssituationen, die im Beziehungsalltag selbstverständlich nicht anwendbar sind. Dort ist man auf intuitives Vorgehen angewiesen.

Erkannt ist jedoch die Bedeutung von Stimmungen als Erkenntnisinstrument – trotz der stets möglichen Irrtümer: „Gerade die unscharfen Wissensformen ‚in der Dämmerung von Stimmung, Ahnung und Mutmaßung' (…) spielen aber in der (neurowissenschaftlich basierten) empirischen Erforschung kommunikativer Prozesse eine wichtige Rolle und sind wichtige Anregungen für das kognitive System, das zur Deutung und Interpretation stimuliert wird. Das System wird wiederum angetrieben durch unser Sicherungsverhalten, das sich um die Generierung von plausiblen Weltmodellen bemüht (…)" (Vogeley und Bente 2011, S. 122, mit Zitaten von Wolfram Hogrebe).

Die Sensibilität für Stimmungen hat ihren Grund dieser Einschätzung zufolge im Sicherungsverhalten: Man nimmt gelegentliche Fehleinschätzungen in Kauf, um dafür eher für Gefahren sensibilisiert zu sein, die von anderen Personen möglicherweise drohen und anhand von Stimmungen anderer vorerkennbar sind. Dieses unscharfe Sicherungsverhalten vermag wiederum zu erklären, warum vom Gehirn nicht nur tatsächliche Stimmungen tatsächlich anwesender Personen berücksichtigt werden, sondern Stimmungserinnerungen mit Personen und Orten verbunden werden. Wenn also die Rede von einer schlechten Stimmung unter den Kollegen ist, wird damit eine unscharfe Stimmungserinnerung verallgemeinert und oft auch auf den entsprechenden Ort – schlechte Stimmung im Büro – übertragen. An dieser Stelle kristallisiert die Unterscheidung, aber auch der Zusammenhang von Stimmung und Atmosphäre.

8.3 Stimmungen und Atmosphären

Stimmungen werden sowohl Personen wie auch Umwelten zugesprochen: Nicht nur Herr Berger kann schlechter Stimmung sein, auch in der Kneipe kann Hochstimmung herrschen oder über einem Tal eine Abendstimmung liegen. Solche Umweltgegebenheiten werden sowohl als Stimmungen als auch als Atmosphären bezeichnet, während der Atmosphärenbegriff nie auf das innere Gefühlserleben von Personen anwendbar ist. Es ist erstaunlich, dass dennoch auch in begrifflich sehr differenzierten Schriften Stimmung und Atmosphäre als Synonyme verwendet werden, wenn es sich um „Außenstimmungen" handelt.

Dabei liegt der Unterschied offen zu Tage: Während Stimmungen eine Eigenschaft von Personen oder Gegenständen sind, werden diese von Atmosphären umgeben. Im Englischen werden so mood und climate unterschieden, wobei mood innere Zustände, climate dagegen etwas Objektives, Menschen Umgebendes meint, das sogar „einen physikalischen Einfluss auf sie haben kann" (Gumbrecht 2011, S. 11).

Atmosphären können auf Stimmungen wirken, sie bestätigen und vertiefen, sie aber auch umschlagen lassen. So kann beispielsweise die angenehme, ruhige Atmosphäre eines Beratungsraumes die aggressive Stimmung eines streitenden Ehepaares dämpfen, aber auch ein ernsthafter Betrachter von der Atmosphäre eines albernen Festes melancholisch gestimmt werden – wie das oft an Silvester zu beobachten ist (vgl. Schmitz 2009, S. 82 f.). Atmosphären haben demnach eine nahezu mediale Beziehung zu Stimmungen, so dass die Unterscheidung zwischen den beiden leicht verwischt, wie es bei dem Verhältnis zwischen Medium und Botschaft häufig geschieht.

Spricht man vom Einfluss der Atmosphäre, meint man, „dass Menschen ihre empfundenen Stimmungen zusätzlich noch auf bestimmte Reize oder Geschehnisse in ihrer Umwelt zurückführen (…). Fühlt man sich während einer Unterhaltung wohl, und führt dies auch tatsächlich auf Merkmale des Gesprächspartners und des Gesprächs zurück, so spricht man von einer ‚guten Gesprächsatmosphäre' (...)" (Strack und Höfling 2007, S. 103 f.).

In neusten Veröffentlichungen zum Thema „Mood of Information" (McStay 2011) wird diese Wechselwirkung auch im Hinblick auf die „Stimmung im Netz" gesehen und in informationstechnologischer Diktion gefasst. Die im Internet herrschende Stimmung zu einer Marke oder einem Unternehmen, so McStay (2011, S. 87 ff.), wird als Koproduktion der am Kommunikationsprozess Beteiligten aufgefasst, wobei es sich um ein Feedback-Verhältnis handelt. Feedback-Verhältnisse unterscheiden sich von gewöhnlichen Kausalbeziehungen durch die strukturell ermöglichte, gegenseitige Beeinflussung der Beteiligten. Im Netz wie in sonstiger direkter Kommunikation beeinflusst das Spiel von Mitteilungen und Reaktionen die Gesamtstimmung – während in der Logik klassischer Werbungskommunikation die Stimmung der Verbraucher durch gezielte Mitteilungen kausal verändert werden soll, ohne mit ihnen in Beziehung zu treten oder sich selbst von ihnen beeinflussen zu lassen.

Der Feedbackmechanismus erklärt auch für nicht-digitalisierte Verhältnisse, wie das Äußere der Atmosphäre auf das Innere der Stimmung einzuwirken vermag – und umgekehrt. Ein Weg, Stimmungen zu beeinflussen ist es demnach, Atmosphären zu gestalten. Damit lassen sich unscharfe räumliche und persönliche Erinnerungen aktivieren und gegebenenfalls auch negative Erinnerungen zurückdrängen – wenn zum Beispiel im Rahmen eines Change-Prozesses eine Büroetage neu eingerichtet wird, können mit dem „Tapetenwechsel" auch die Erinnerungen an die vormals schlechte Arbeitsatmosphäre zurückgedrängt werden. Dass solche Mittel nicht allein und ohne Veränderung auch der persönlichen Haltungen der Beteiligten nachhaltig wirken, liegt natürlich auf der Hand. Dennoch kann der Atmosphäre von Innenräumen zweifellos Wirkkraft zugeschrieben werden.

8.4 Atmosphären von Innenräumen

Innenräume haben zwei Hauptfunktionen: Zum einen bieten sie Schutz vor äußeren Einflüssen, zum anderen dienen sie „zur Bereitstellung einer als angenehm empfundenen Umgebung" (Schmidt 2008, S. 1). Räume werden in ihrer Grundform von Architekten geplant. Diese bestimmen im Auftrag von Bauherrn unter Berücksichtigung möglicher Nutzungen und städtebaulicher Vorgaben Lage, Größe, Höhe und Zugänglichkeit. Innenarchitekten beschäftigen sich – wenn sie denn beschäftigt werden – mit der Gestaltung der vorgefundenen Räume im Hinblick auf Licht, Farbe und Möblierung. Wichtig für die Atmosphäre eines Raums sind zudem Temperatur, Feuchte, Luftdruck und -geschwindigkeit (z. B. Zugluft) sowie elektrische Ladung und Luftqualität – Aspekte, mit denen sich professionell die Raumklimatechnik befasst. Ebenfalls bedeutsam für die Raumatmosphäre sind akustische Bedingungen, einmal als Raumakustik, zum anderen als Lärmniveau bzw. Beschallung. Schließlich spielt der Raumgeruch eine nicht unerhebliche Rolle für die wahrgenommene Atmosphäre – auffällig beim Betreten von Räumen, unterschwellig auch bei längerem Aufenthalt.

Jeder einzelne Innenraum ist eine kleine Welt in der Welt – und entsprechend vielfältig sind die Einflussfaktoren auf die Atmosphäre. Dass also die kausalen Verhältnisse der Wirkung von Atmosphären nicht vollständig nachweisbar sind – wie Henckmann (2007) das als Bedingung für eine ernsthafte Beschäftigung fordert – verwundert angesichts der Komplexität des Phänomens nicht: es sind nämlich nicht nur eine Vielzahl an Wirkungselementen für sich zu untersuchen, sondern auch noch deren Wechselwirkungen untereinander und mit den sie wahrnehmenden Personen: Verstünde man Atmosphären in einem naturwissenschaftlichen Sinn, hätte man die Welt verstanden.

Trotz dieser Überkomplexität lassen sich Einflüsse einzelner Elemente zeigen, und es lässt sich vermuten, dass bestimmten Aspekten der Atmosphäre eine ausgeprägtere Bedeutung zukommt als anderen. Zu diesen wirkmächtigeren Aspekten gehören neben Farben und Licht insbesondere Musik und Geruch.

8.4.1 Musik und Stimmung

Der Zusammenhang zwischen Musik und Stimmung lässt sich theoretisch damit begründen, dass „Musik ganz offensichtlich einen sehr direkten und automatischen Zugriff auf bestimmte Gedächtnisinhalte bewirkt, die sehr häufig emotional bedeutsame Ereignisse betreffen" (Spitzer 2002, S. 387). Der Psychiater Manfred Spitzer sieht hier den in praktischer Hinsicht stärksten, gleichzeitig aber wissenschaftlich uninteressantesten Zusammenhang zwischen Musik und Emotionen, weil, so Spitzer, die jeweiligen Zusammenhänge zufällig und für jeden, je nach Erlebnisvergangenheit, anders sei (vgl. ebenda). Dem ließe sich entgegenhalten, dass es durchaus stereotype Assoziationen gibt, die zwar in den Detaillierungen der hervorgerufenen Bilder von Person zu Person unterschiedlich sind, aber doch überwiegend eine bestimmte Stimmung hervorrufen. Diese Vermutung plausibilisieren die Ergebnisse wissenschaftlicher Untersuchungen zur Wirkung von Musikuntermalung in Einkaufsstätten. Es konnte gezeigt werden, dass „klassische Musik den Kauf von teurerem Wein anregt" sowie „beim Spielen deutscher Musik mehr deutscher Wein gekauft, während bei französischer Musik französischer Wein stärker nachgefragt wurde" (Bruhn et al. 2009, S. 763).

Auch im öffentlichen Raum wird Musik zur Beeinflussung von Atmosphären und Stimmungen eingesetzt. Auf der Internet-Seite der Deutschen Welle wird berichtet: „Durch die Berieselung mit klassischer Musik will man die Junkies aus den Bahnhöfen vertreiben. Vivaldis ‚Vier Jahreszeiten' scheinen auf diese eine erschreckende Wirkung zu haben. Hamburg verzeichnete damit riesige Erfolge. Die Menschen fühlen sich sicherer, seit Mozarts Kleine Nachtmusik durch den Bahnhof klingt. Bettler, Drogenabhängige und Obdachlose soll die Klassik vergraulen" (Deutsche Welle 2012).[1] Dieses Atmosphärenmanagement durch Klassische Musik wird in vielen europäischen Großstädten verwirklicht, seit 2000 auch in Hamburg, später zogen München und Berlin nach. Das Konzept scheint also erfolgreich – doch nur in Teilen wegen der Musik selbst.

Aus München wurde nämlich aus Anlass der Neueinführung der Klassik-Beschallung an Bahnhöfen berichtet: „Etwas extravagantere Wünsche äußert Harry. Als Obdachlosen zieht es den 77-jährigen immer wieder in die U-Bahnhöfe. Der ehemalige Klavierbauer und Dirigent, der seit 1981 auf der Straße lebt, hört bei den immer wieder gleichen Melodien lieber weg. Mehr von Bach oder auch mal einen Männerchor, das wäre was, sagt Harry" (Süddeutsche Zeitung 2012). Klassische Musik verscheucht also eher Menschen, die damit bislang wenig Berührung hatten und die sich zudem lange an sogenannten Durchgangsorten wie z. B. Bahnhöfen aufhalten wollen oder müssen. Dagegen ist sie für mehr oder weniger bürgerliche, beiläufige Konsumenten mit dem Gefühl von Sicherheit assoziiert – wie auch immer sich die entsprechenden Bilder im Kopf ausmalen. Wenn dagegen ein Zuhörer Kenner Klassischer Musik ist, wird er nicht von der Klassik selbst, sondern von der Gefälligkeit der ausgewählten Musikstücke vertrieben – und zwar weitgehend unabhängig davon, ob er obdachlos ist oder nicht.

Auch beim Management eigener Stimmungen ist Musik ein mögliches Mittel, ein besonders unumstrittenes zumal. Bereits 1927 wurden im Rahmen einer empirischen Studie sagenhafte 20.000 Berichte ausgewertet, die Probanden über die Wirkungen ihres Musikkonsums angefertigt hatten. „Die Ergebnisse deuten darauf hin, dass Musik in den meisten Fällen die Stimmung verändert – und zwar positiv. Und in der Regel konnte dabei die gleiche Musik bei unterschiedlichen Personen an unterschiedlichen Orten und zu unterschiedlichen Tageszeiten die gleiche Wirkung erzielen" (Schramm 2005, S. 106). In seiner ausführlichen Studie zu „Mood Management durch Musik" kommt Holger Schramm dann zu dem Schluss, dass Musik einen wesentlichen Beitrag zur Manipulation von Stimmungen leistet – sie

---

[1] Dass in einer Veröffentlichung einer deutschen öffentlich-rechtlichen Anstalt umstandslos unterschieden wird zwischen einerseits „Menschen", die sich sicherer fühlen und andererseits offenbar Nicht-Menschen, nämlich Obdachlosen, Bettlern und Drogensüchtigen, die „vergrault" werden, ist beschämend.

aber sehr differenziert und abhängig von den jeweiligen Persönlichkeitsmerkmalen erfolgt. Im Kern besagen seine Ergebnisse, dass Musik zwar nicht auf jeden gleich wirkt, aber die gleiche Musik unabhängig von Tages- und Raumverhältnissen bei den gleichen Personen auch die gleiche Stimmung auszulösen vermag (vgl. Schramm 2005, S. 270 ff.). Peter Berger wählt also immer ähnliche Musik, um sich zu entspannen oder um sich zu stimulieren. Wenn er allein in seinem Büro arbeitet, sieht man ihn auch gelegentlich mit Kopfhörern, eine Beschallung des Büros käme aber nicht in Frage, weil – anders als in einem Supermarkt oder einem Massagesalon – die Anforderungsprofile der im Büro zu erledigenden Aufgaben und die anwesenden Personen zu vielfältig sind, um sie mit nur einer musikalischen Atmosphäre treffen zu können.

8.4.2 Stimmungen und Olfaktorik

Wenn für die Gestaltung von Atmosphären auf das „Paradigma des Bühnenbildners" (Böhme 2007, S. 40) verwiesen wird, bleibt ein wesentliches Wirkelement ausgespart: der Geruch. Während uns akustische Reize durch Wellen und Schwingungen physikalisch beeinflussen, ist der Geruch ein chemisches Phänomen, von dem zumindest von Chemikern behauptet wird: „Gerüche rufen eher und stärkere Stimmungen hervor als andere Reize" (Borelli et al. 2004, S. 31). Zwar riechen auch Theater, aber es handelt sich dabei doch zumeist um Eigengerüche. Gestaltete Geruchsatmosphären gibt es seit Beginn des Jahrtausends zwar auch in Form sogenannter Duftkinos (auf Basis der Beduftungsmaschine „Sniffman" und ihren Nachfolgern). Aber Gebrauch gemacht wird davon fast ausschließlich für Werbezwecke.

Untersucht man die Bedeutung von olfaktorischen Reizen für Atmosphäre und Stimmung genauer, ist es sinnvoll, zwischen Düften und Gerüchen zu unterscheiden. Denn der Ausdruck Duft beinhaltet von vornherein eine – zumindest angestrebte – positive Bewertung: Ein Parfüm soll duften, und auch wenn es nicht jedem gefällt, verströmt es doch einen Duft und keinen Geruch. In diesem Sinn gibt es im Rahmen des Marketing mittlerweile zahlreiche Überlegungen zu Möglichkeiten und Grenzen einer Raum- und damit „Erlebnisbeduftung" (vgl. z. B. Rempel 2006). Das erregte viel Aufsehen, hatte aber letztlich nur wenig praktische Konsequenzen. Theoretisch besonders erfolgreich war die Wortschöpfung „Air-Design", die es als solche übrigens bis in das Werk von Peter Sloterdijk geschafft hat – während allerdings das zugrunde liegende Marketingbuch (Stöhr 1998) längst in Vergessenheit geraten ist.

Natürlich spielt das Design von olfaktorischen Reizen eine herausragende Rolle im Marketing – allerdings weit überwiegend im Zusammenhang mit konkreten Produkten. Lediglich im Modeeinzelhandel finden sich wirklich ausgereifte Duftdesign-Konzepte, bei denen dann der Geruch der Boutiquen auch gleich als Parfüm zum Kauf bereit steht: „Models als Verkäuferinnen, durchtrainierte Türsteher mit freiem Oberkörper, düstere Läden, die nach Moschus riechen – die meist jungen Kunden fühlen sich wie in einem exklusiven Club", so charakterisiert das Magazin Focus die Geschäfte der US-Modemarke Abercrombie & Fitch, Könner im Bereich Duftdesign (Focus 2012).

Auf einen anderen Gedankenweg gelangt man, wenn man nicht Düfte, sondern Gerüche als Ausgangspunkt der Überlegung nimmt. Geruch ist ein wertneutraler Ausdruck und richtet die Wahrnehmung eher auf die Eigenheiten von Gegenständen, Orten und Personen. Tatsächlich haftet manchen Büros und Wohnungen, Geschäften oder auch Gegenden ein ganz charakteristischer Eigengeruch an, der nicht als Duft bezeichnet werden kann, aber auch nicht unangenehm (oder angenehm) sein muss: Er ist einfach da und gehört zu dem entsprechenden Erfahrungskontext. Diese Eigengerüche von Orten und Menschen sind wesentliche Bestandteile ihrer Atmosphäre – andererseits jedoch wenig geliebt. Denn zum einen sind Gerüche – im Unterschied zu Düften – Anzeichen von Armut, nicht von Wohlstand (vgl. dazu ausführlich Bischoff 2007, S. 31–68). Zum anderen sind Düfte anders als Gerüche kontrollierbar, mit der Folge, dass Geruch hinzunehmen oder zu überdecken ist, während Duft gesteuert werden kann. Etwas theatralisch könnte man formulieren, dass die Ablehnung der Gerüche und die Bevorzugung der Düfte die Ablehnung des Gewordenen gegenüber dem Gemachten reflektiert. Konkret erklärt das, warum für chinesische Haushalte eine Dunstabzugshaube das Wohlstandssymbol schlechthin darstellt – die neue Mittelschicht befreit sich aus dem Dunstkreis der elterlichen Küche (vgl. DIE ZEIT 2007).

Übrigens: Auch die Sekretärin von Peter Berger merkt schon unmittelbar nach dem Öffnen der Etagentür, ob Herr Berger schon da ist oder noch nicht. Sie riecht ihn, und sie bemerkt, dass sie ihn riecht. Aber reden würde sie nicht darüber.

8.5 Welche Stimmungen sind anzustreben?

Viele populäre, aber auch einige hoch reflektierte wissenschaftliche Arbeiten gehen davon aus, dass Menschen dazu neigen, schlechte Stimmungen zu vermeiden und gute Stimmungen für sich zu erzeugen. „Denn die positiven Stimmungslagen sind von nahezu allen Personen fast immer erwünscht und werden daher meist unterstützt und verstärkt" (Schramm 2005, S. 234). Auch wenn man daran zweifeln

8.5 Welche Stimmungen sind anzustreben?

kann, dass tatsächlich alle Menschen keine Freude an ihrer Übellaunigkeit haben – ist eine Neigung zu guten Stimmungen tatsächlich umstandslos positiv zu bewerten und zu unterstützen?

Eine zunächst vielleicht verblüffende Erkenntnis liefert dazu die allgemeine Psychologie: „Fröhliche Stimmung schafft generell eine zu optimistische Einschätzung der durch eigenes Handeln möglichen Kontrolle (‚Kontrollillusion') in mehrdeutigen Situationen, wohingegen eine traurige Stimmung nicht – was man vielleicht erwarten würde – zur Unterschätzung der eigenen Einflussmöglichkeiten führt, sondern die Einschätzungen werden einfach realistischer" (Müsseler 2008, S. 322).

Zu unterscheiden ist nämlich die Stimmungswirkung im Hinblick auf Leistungserbringung und im Hinblick auf Urteile. Bereits 1901 haben empirische Untersuchungen einen Zusammenhang zwischen Muskelleistung und Gefühlen gezeigt: „Leistungsminderung bei Unlust, Leistungsmehrung bei Lustgefühlen" (Borelli et al. 2004, S. 5; vgl. sehr differenziert Spies 1995). Wenn es um einen selbst geht, können Stimmungen, zumal gute Stimmungen, motivieren, es mag Freude machen, seinen Stimmungen zu folgen oder sich in solche zu versetzen. Wenn es aber um das Wohl und Weh anderer geht, um Urteil und Gerechtigkeit, verzerren Stimmungen und zwar insbesondere positive Stimmungen.

Vielleicht gibt es hier einen Zusammenhang zu dem Befund, dass in den dezidiert unideologischen, meist an Claude Shannon orientierten Kommunikationsmodellen des 20. Jahrhunderts, die Kommunikation als eine Art der Datenübertragung betrachten, die Stimmungen der Beteiligten oder die Atmosphäre von Orten kaum eine Rolle spielen. Stimmungen und Atmosphären werden hier, wenn überhaupt, am ehesten als noise, als mögliche Störungen der Übertragung, in den Blick genommen.

Also ist Vorsicht geboten vor den guten Stimmungen? Soll sich das Beziehungsmanagement etwa als Spaßbremse gerieren? Ein ungewöhnlicher Anspruch in einer Positivität so hoch schätzenden Zeit. Doch die Erkenntnis, dass Positivität, gute Laune und Fröhlichkeit nicht für alle (fröhlich) Beteiligten von Vorteil sind, ist so neu und so einzigartig nicht (vgl. Ehrenreich 2010). Anzustreben ist dagegen wohl eher ein reflektierter Umgang mit eigenen und mit fremden Stimmungen.

Für seine Mitarbeiter ist das fröhliche Pfeifen unseres Peter Berger zweifellos ein Signal für seine gute Stimmung und seine gute Stimmung wiederum signalisiert ihnen, dass heute ein guter Tag für zum Beispiel die Bitte um eine Gehaltserhöhung ist. Andererseits sollte Herr Berger sich in Acht nehmen, allzu weitreichende Entscheidungen in bester Laune zu treffen, denn die gute Laune lässt die Vorsicht schwinden. Aus Sicht eines langfristig angelegten Beziehungsmanagements ist demzufolge gerade nicht zu empfehlen, auf gute Laune aus zu sein, sondern neutrale Stimmungen zu suchen.

Emotionen verbinden Person und Sache im Augenblick. Stimmungen dagegen verbinden gegenwärtige Sachlagen mit (oftmals) vergangenen Emotionen. Darin liegt das Risiko der falschen, weil sachfremden Entscheidung, aber auch die Chance der Emanzipation von der Gegenwart. Emanzipation setzt allerdings Reflexion voraus. Diese Fähigkeit zur Reflexion wird unterschiedlich eingeschätzt. Gerade eher linke Theoretiker zeigen Skepsis: „Als Bürger... dürfen wir nachgerade zufrieden sein, dass die Erzeugung von Atmosphären (noch) gar nicht so gut funktioniert..." (Henckmann 2007, S. 81). Vielleicht ist aber die zuversichtlichere Einschätzung realitätsnäher: „Mit Atmosphären umgehen zu lernen macht den einzelnen Menschen gerade zum kritischen Teilnehmer und Mitwirkenden dieser Welt, die wir als Moderne verstehen." (Böhme 2007, S. 42).

Literatur

Bischoff, W., (2007). Nicht-visuelle Dimensionen des Städtischen: olfaktorische Wahrnehmung in Frankfurt am Main, dargestellt an zwei Einzelstudien zum Frankfurter Westend und Ostend. Oldenburg: BIS-Verlag der Carl-von-Ossietzky-Universität.

Böhme, G. (2007). Atmosphären wahrnehmen, Atmosphären gestalten, mit Atmosphären leben: Ein neues Konzept ästhetischer Bildung. In R. Goetz & S. Graupner (Hrsg.), *Atmosphäre(n). Interdisziplinäre Annäherungen an einen unscharfen Begriff* (S. 31–44). München: Kopaed-Verlag.

Borelli, S., Seekamp, G. & Vogelsamg, V. (2004). Beitrag zur Psychologie des Geruchs. Forschungsarbeit 1958 bis 1960. Bad Ragaz: Gonzen.

Bruhn, M., Esch, F.-R., & Langner, T. (Hrsg.). (2009). *Handbuch Kommunikation*. Wiesbaden: Gabler.

Deutsche Welle. http://www.dw-world.de/dw/article/0..274764.00.html. Zugegriffen: 19. März 2012.

DIE ZEIT. http://www.zeit.de/2007/08/Mittelschicht-China. Zugegriffen: 19. März 2012.

Ehrenreich, B. (2010). *Smile or Die. Wie die Ideologie des Positiven Denkens die Welt verdummt*. München: Kunstmann.

Focus. http://www.focus.de/finanzen/news/unternehmen/tid-20921/abercrombie-und-fitch-teuer-dunkel-hip_aid_587281.html. Zugegriffen: 19. März 2012.

Gumbrecht, H. U. (2011). *Stimmungen lesen: Über eine verdeckte Wirklichkeit der Literatur*. München: Hanser.

Henckmann, W. (2007). Atmosphäre, Stimmung, Gefühl. In R. Goetz & S. Graupner (Hrsg.), *Atmosphäre(n). Interdisziplinäre Annäherungen an einen unscharfen Begriff* (S. 45–84). München: Kopaed-Verlag.

McStay, A. (2011). *The mood of information. A critique of online behavioural advertising*. New York: Continuum.

Müsseler, J. (Hrsg.). (2008). *Allgemeine Psychologie* (Zweite, neu bearbeitete Auflage). Heidelberg: Spektrum.

Rempel, J. E. (2006). *Olfaktorische Reize in der Markenkommunikation*. Wiesbaden: Gabler.

Roth, G. (2011). *Bildung braucht Persönlichkeit. Wie Lernen gelingt*. Stuttgart: Klett-Cotta.

Literatur

Schmidt, M. (2008). Aufgaben der Raumklimatechnik. In K. Fitzner (Hrsg.), *Raumklimatechnik. Bd. 2: Raumluft- und Raumkühltechnik* (16. Aufl., S. 1–18). Heidelberg: Springer.
Schmitz, H. (2009). *Kurze Einführung in die Neue Phänomenologie.* Freiburg: Alber.
Schramm, H. (2005). *Mood Management durch Musik. Die alltägliche Nutzung von Musik zur Regulierung von Stimmungen.* Köln: Halem.
Spies, K. (1995). *Negative Stimmung und kognitive Verarbeitungsqualität.* Münster: Waxmann.
Spitzer, M. (2002). *Musik im Kopf: Hören, Musizieren und Erleben im neuronalen Netzwerk.* Stuttgart: Schattauer.
Strack, F., & Höfling, A. (2007). Von Atmosphären, Stimmungen & Gefühlen. In R. Goetz & S. Graupner (Hrsg.), *Atmosphäre(n). Interdisziplinäre Annäherungen an einen unscharfen Begriff* (S. 103–110). München: Kopaed-Verlag.
Stöhr, A. (1998). *Air-Design als Erfolgsfaktor im Handel.* Wiesbaden: Gabler.
Süddeutsche Zeitung. http://www.sueddeutsche.de/muenchen/musik-im-u-bahnhof-ein-klassischer-zug-1.741352. Zugegriffen: 19. März 2012.
Vogeley, K., & Bente, G. (2011). Neuronale Mechanismen sozialer Kognition. In R. Goetz & S. Graupner (Hrsg.), *Atmosphäre(n). Interdisziplinäre Annäherungen an einen unscharfen Begriff* (S. 111–137). München: Kopaed-Verlag.
Wetz, F. J. (2004). *Die Magie der Musik. Warum uns Töne trösten.* Stuttgart: Klett-Cotta.

9 Gefühlsanarchisten und Emotionssimulanten – auf den Spuren der Freundlichkeit in Dienstleistungsbeziehungen

> **Zusammenfassung**
>
> Die Freundlichkeit der Dienstleister ist ein ambivalentes Phänomen. Sie macht das Kaufen, Verkaufen und Beraten angenehmer, erfordert aber auch ein beträchtliches Maß an Emotionskontrolle, über das nicht jeder Mitarbeiter ohne weiteres verfügt. Der Beitrag beschäftigt sich mit der Entwicklung des Konzeptes der Emotionskontrolle, diskutiert Vor- und Nachteile und zeigt Möglichkeiten zur Regulierung der eigenen Emotionen auf.

Klaus Boltres-Streeck

In Deutschland sind sogenannte Kreiswehrersatzämter zuständig für die Auswahl des militärischen Nachwuchses, des Wehrersatzes – daher der etwas seltsame Name der Behörde. Bislang hatte man es dort in weit überwiegendem Maße mit 18 jährigen jungen Männern zu tun, die zur Musterung einbestellt und bei nicht freiwilligem Erscheinen dazu vorgeführt wurden. Der Ton war rau – zumindest der Ton der in diesen Ämtern Tätigen. Die zu Musternden dagegen verhielten sich eher scheu. Nun aber, so ist zu lesen, haben sich die Umgangsformen geändert: Bitte und Danke haben Einzug gehalten, am Soldatenberuf Interessierte werden begrüßt, beraten und ermuntert, aus der Musterungsbehörde ist ein Rekrutierungsdienstleister geworden. Was ist passiert?

„Wir sind jetzt im Wettbewerb mit anderen Arbeitgebern", wird ein Amtsleiter zitiert (Die Welt 2011). Die Abschaffung der Wehrpflicht in Deutschland hat dazu geführt, dass sich die Machtverhältnisse in den Ämtern verkehrt haben. Die potentiellen Soldaten kommen nun freiwillig und können aus eigenem Entschluss auch wieder gehen – sie müssen also, wenn man an ihnen interessiert ist, überzeugt werden. Kurz gesagt: Es haben sich plötzlich Marktverhältnisse eingestellt, und zwar solche eines Käufermarktes. Und damit hat sich ebenso plötzlich die Ansprache von rau auf freundlich verändert.

Die schlagartige Veränderung des Gesprächsklimas in den Kreiswehrersatzämtern, wenn sie denn tatsächlich so drastisch ausgefallen ist, wie die Presse es darstellt, kann nur an der veränderten Marktsituation liegen und ist dann ein guter Beleg für die These, dass Käufermärkte einen freundlichen Umgangston, vielleicht sogar emotionales Entgegenkommen seitens der Anbieter stimulieren. Komplementär dazu scheinen Nachfrager eher freundlich zu agieren, wenn sie mit einem Verkäufermarkt konfrontiert sind. Konkurrenz belebt demzufolge nicht nur das Geschäft, sondern auch das Bestreben, zu gefallen. Wettbewerb bedeutet: Vom Urteil anderer abhängig zu sein. An den Kreiswehrersatzämtern sieht man, dass es ein gravierender Unterschied ist, ob das Vorgesetzte sind, die sozusagen „bedingungslos" in den Kategorien der Organisation denken und urteilen können – oder Außenstehende, die zunächst einmal gewonnen werden müssen.

Es ist vielfach analysiert worden, dass es im europäischen und amerikanischen Diskurs über Managementtechniken etwa um 1980 herum einen Bruch gab. Etwa um diese Zeit wurde die prioritäre ökonomische Bedeutung des dritten Sektors, also insbesondere der Dienstleistungen und des Handels, gegenüber der Industrieproduktion, unübersehbar. Parallel dazu sind die Käufermärkte vom Ausnahme- zum Normalfall geworden. Und genau in dieser Zeit wird sowohl in den Managementlehrbüchern wie auch im psychologischen und soziologischen Diskurs das Interesse an sogenannten soft skills, insbesondere Kommunikationsfähigkeiten, aber auch Techniken der Emotionskontrolle, dominant.

1979 veröffentlichte die amerikanische Psychologin Arlie Hochschild einen ersten Aufsatz über Emotionsarbeit, 1983 erscheint dann ihre bis heute wirksame Studie „The managed Heart" (dt. 1990, 2006: Das gekaufte Herz. Zur Kommerzialisierung der Gefühle), Anselm Strauss schreibt 1980 über Gefühlsarbeit. 1990 veröffentlichen Peter Salovey und John Mayer einen Aufsatz mit dem Titel „Emotional Intelligence" und 1995 schließlich erscheint der internationale Bestseller des Wissenschaftsjournalisten Daniel Goleman mit gleichem Titel, dessen letztes Kapitel im Deutschen die Überschrift „Schulung der Gefühle" trägt (1997, S. 328 ff.). Die französischen Soziologen Boltanski und Chiapello (2003) haben den Wandel vom Industrie- zum „Gefühlskapitalismus" (Eva Illouz) im Zuge ihrer Studie „Der neue Geist des Kapitalismus" ebenfalls anhand von Managementlehrbüchern nachvollzogen.

Schon anhand der Titel und Provenienzen dieser frühen Literatur lässt sich erahnen, dass die mit der Veränderung des wirtschaftlichen Umfeldes einhergehenden neuen Anforderungen an (Dienstleistungs-)Arbeit kontrovers und in unterschiedlichen Fachdisziplinen diskutiert werden. Die folgenden Abschnitte stellen Argumente und Positionen der (9.1) ökonomischen, der (9.2) psychologischen, der (9.3) kulturhistorisch und schließlich der vornehmlich (9.4) kritisch-soziologischen Facette dieses Diskurses vor und laden so ein, sich ein eigenes Urteil zu bilden.

9.1 Die ökonomische Facette: Kundenorientierung

Im wirtschaftswissenschaftlichen Basiskonsens wird Kundenorientierung aufgefasst als „die Ausrichtung aller marktrelevanten Maßnahmen eines Unternehmens an den Bedürfnissen und Problemen der Kunden" (Gabler Wirtschaftslexikon 2012). Im Normalfall wird man dabei zunächst an Kunden außerhalb der Organisation denken, es finden sich natürlich auch, z. B. im Anschluss an das Kaizen-Konzept (Imai 1996) Modelle interner Kundenorientierung. Insbesondere im Dienstleistungsbereich aber sind die „marktrelevanten Maßnahmen" in hohem Maße vom Verhalten im direkten Umgang mit externen Kunden bestimmt. Dieses Verhalten wird als Teil der Leistung gesehen und mitgekauft (Hochschilds wegweisende Studie trägt auf Deutsch den Titel das gekaufte – nicht: das verkaufte – Herz, obwohl letzteres dem amerikanischen Original näher käme).

Nun ist es nicht überraschend, sondern schon im 19. Jahrhundert gängiges Zivilisationswissen, dass man sich in Konkurrenzsituationen potentiellen und aktuellen Kunden gegenüber freundlich und zuvorkommend verhalten sollte, und dass Kunden eben dieses Verhalten von Angestellten erwarten, sei es in Kaufhäusern oder in Hotels, frühen organisierten Dienstleistungsunternehmen. Liest man entsprechende Schilderungen zum Beispiel in Emile Zolas 1884 erschienen Roman „Das Paradies der Damen" (zuletzt: Zola 2012), fällt aber auch auf, dass dieses Verhalten früher selbstverständlich einer Aufführung glich, einem Theaterspiel – und zwar sowohl für die Angestellten als auch für die Kunden. Das hat sich dem Anspruch nach geändert: Heute „wird häufig nicht nur ein bestimmtes dem Kunden zugewandtes und eigene Bedürfnisse hintanstellendes Verhalten verlangt, sondern zusätzlich die entsprechende innere Einstellung, um möglichst überzeugend zu wirken" (Rastetter 2008, S. 10).

Diese Anforderung, nicht nur so zu tun als ob, sondern tatsächlich kundenorientiert zu fühlen, bezeichnet Rastetter im engeren Sinne als Emotionsarbeit. In einem weiteren Sinn könnte so aber auch jede Arbeit bezeichnet werden, bei der die entgegengebrachten Emotionen als Teil der Leistung aufgefasst werden. In aller Regel handelt es sich dabei um positive Emotionen wie Freundlichkeit, oder, etwa bei Beerdigungsunternehmern, zumindest um mitfühlende, adäquate Emotionalität.

Die Gründe für die Veränderung der Erwartungen an Dienstleistungspersonal von der offensichtlich gespielten zur tatsächlich empfundenen Emotion sind vielfältig, drei mögliche Gesichtspunkte sind

a. die Veränderung des Theaterspiels selbst vom deklamierenden zum sogenannten flachen Spiel ohne übertriebene, theatralische Gestik und Mimik. Dieses flache Spiel ist heute durchgängig zu sehen und lässt das früher übliche Übertreiben mittlerweile als lächerlich oder aufgesetzt erscheinen (vgl. Fischer-Lichte 2004);

b. die Demokratisierung von Dienstleistungsverhältnissen, die keine Klassen-, sondern nur noch Rollenunterschiede markieren und deshalb eine tatsächliche Begegnung der beteiligten Personen auch alltagsweltlich plausibler erscheinen lassen, zumal viele beruflich Dienstleistende privat Kunden sind und umgekehrt (vgl. Schröder 2010);

c. schließlich die allgemeine Höherbewertung nichtmaterieller Aspekte des Wirtschaftlichen und insbesondere der Emotionen als wesentlichem Wachstumsmotor einer materiell eher gesättigten Gesellschaft (vgl. natürlich Schulze 1992; Reckwitz 2006).

Vielleicht ist es nicht ganz selbstverständlich, dass diese positive oder gespiegelte Emotionalität nicht die Professionalität der Dienstleistungserbringung schmälern soll. Vom freundlichen Physiotherapeuten wird dennoch erwartet, die entsprechenden Handgriffe perfekt anzuwenden, der Bestattungsdienstleister darf nicht selbst in Tränen ausbrechen und darüber die nötigen Arrangements für die Beerdigung vergessen, und die freundliche Brotverkäuferin sollte nicht vor lauter Empathie ins gerade verkaufte Brötchen beißen. Vom Dienstleister wird also gefordert, nicht nur eine „Instanz überlegenen Wissens" (Krajewski 2010, S. 148), sondern auch eine Instanz überlegener Emotionalität zu sein – zumindest während der Dienstleistungssituation – und diese überlegene Emotionalität ist als *zusätzliche* Leistung zur Dienstleistung im engeren Sinn zu erbringen: Freundlichkeit als Ersatz für mangelnde technische Kompetenz wird weder von Kunden noch von Organisationen honoriert, wenn auch gelegentlich toleriert.

Aus ökonomischer Sicht stößt das Konzept „Dienstleistung = Technische Fertigkeit plus positive Emotionalität" sowohl von Seiten des Managements und der Unternehmensführung als auch von Seiten der Gemanagten weitgehend auf Zustimmung. Es besteht kaum Zweifel an der Überzeugung, dass tatsächlich, „herzlich" freundliche Dienstleister zufriedenere Kunden haben und mit der Zufriedenheit dann die Kundenbindung steigt, die ihrerseits wiederum Grundlage für ein beständiges, durch geringere Kundenakquisitionskosten belastetes Geschäft steht. Die Qualität der Dienstleistung wird insgesamt als besser eingeschätzt, die Zahl der Empfehlungen steigt und nicht zuletzt haben auch viele Dienstleister selbst ein Interesse an einem harmonischen Arbeitsalltag, zudem freundliches Verhalten dem Empfinden nach auch zur eigenen Zufriedenheit beiträgt (vgl. dazu mit vielen Facetten Homburg 2008).

Allerdings gibt es auch einige Zweifel aus ökonomischer Sicht am Konzept der emotionalen Kundenorientierung. Diese beziehen sich nicht, wie man vielleicht meinen könnte, auf Kontakte mit solchen Kunden, die dem Unternehmen schaden, z. B. säumige Zahler. Selbst hier wird eine positive Emotionalität empfohlen (vgl. Rastetter 2008, S. 45 ff.). Problematisch wird die Forderung nach positiver Emotionalität, wenn sie mit anderen positiven Forderungen konfligiert, z. B. wenn ebenfalls ein schnelles Agieren von Kunden, aber auch vom Management erwünscht ist. Freundlichkeit braucht meistens Zeit und gelegentlich schätzen es Kunden, wenn ihre Dienstleister anderen Kunden gegenüber etwas weniger emotional agieren. Ein weiterer kritischer Punkt kann eine mögliche Korrumpierbarkeit des Personals werden. Gerade in dieser Hinsicht wird deutlich, dass die positive Emotionalität ihre Grenze dort findet, wo Loyalitätskonflikte entstehen (könnten). An dieser Stelle taucht ein erster Hinweis auf eine gewisse „Unwirklichkeit" des Konzepts der Emotionsarbeit auf: Lassen sich – persönliche – Emotionen tatsächlich von ihren sozialen Bedeutungen trennen?

9.2 Die psychologische Facette: Gefühlskontrolle

Menschliches Zusammenleben ist ohne Gefühlskontrolle nicht möglich. Das sagt aber noch nichts darüber aus, welche Emotionen wann und von wem geschätzt werden und welche nicht. Schließlich kann nicht gefordert werden, dass weniger geschätzte Emotionen wie Wut oder Ärger ganz „abgeschafft" werden sollten. Praktisch stellt sich dann allerdings die Frage, bis zu welchem Grad und in welchen Situationen sie unterdrückt, und wann sie zum Zuge kommen können.

Anfang August 2010 wurde ein Flugbegleiter aus Amerika für kurze Zeit zum Helden und zur Symbolfigur eines oftmals als gerecht empfundenen Widerstandes gegen die Zumutungen der Emotionsarbeit: Steve Slater, ein damals 39-jähriger Flugbegleiter, verlor, nachdem ihn ein Fluggast im startbereiten Flugzeug auf dem Flughafen von New York massiv beschimpft hatte, die Contenance:

> Er stürmte zum Mikrofon am Ende des Jets und empfahl der Frau, die ihn ‚Motherfucker' genannt hatte, Gleiches. Sodann verabschiedete er sich artig bei ‚jenen unter Ihnen, die Würde und Respekt bewiesen haben in den letzten 20 Jahren. Es war eine tolle Zeit…aber mir reicht's'. Sodann stemmte er eine Tür des Jets auf, griff sich eine Dose Bier, verabschiedete sich über die Notrutsche vom Flug JetBlue 1052, lief über das Rollfeld zu seinem Wagen und fuhr nach Hause. Zeugen sagen, er habe zufrieden gelächelt. Slater lächelte noch, als die Polizei ihn in Handfesseln aus seinem Haus in Queens holte. Die Anklage lautet auf groben Unfug und Personengefährdung. Er lächelte wieder, als er am Abend gegen eine Kaution von 2.500 $ entlassen wurde und,

in die TV-Scheinwerfer blinzelnd, erklärte: ‚Es scheint, manche Leute fühlten sich angesprochen, und das tut wohl.' (welt-online 2012)

So oder so ähnlich stand die Geschichte in der Presse – und man kann davon ausgehen, dass sie zumindest leicht verklärt dargestellt wurde, um den „Heldenstatus" des kleinen Mannes, der sich nicht mehr alles bieten lässt, noch stärker herauszuarbeiten.

Als erstes mag die Frage naheliegen, warum dergleichen eigentlich nicht öfter passiert. Zugegeben, die geschilderte Situation, die Steve zum Ausrasten gebracht hat, ist ungewöhnlich dramatisch – aber nicht zuletzt durch seine Erklärung macht er deutlich, dass hier ein Fass übergelaufen ist, was sich nach und nach gefüllt hat. Die ordinäre Frau war der Auslöser, aber nicht die Ursache seines Rollenbruchs. Offenbar ist es ihm nicht gelungen, seine Emotionalität über die Jahre so zu steuern, dass er belastende Situationen restlos in positive Energie umgewandelt hat. Zwar war er als Flugbeleiter in einem bekanntermaßen besonders emotionsintensiven Beruf, aber er ist fraglos auch in einem psychologisch gesteuerten Auswahlverfahren als emotionalstrukturell besonders geeignet ausgewählt und darüber hinaus auch differenziert in „Emotionsarbeit" trainiert worden.

Emotionskontrolle, wie sie z. B. von Flugbegleitern gefordert wird, ist nur bis zu einem gewissen Grad naturwüchsig. In komplexen Trainings wird diese Fähigkeit darüber hinaus eingeübt, um u. a. „unscharfe oder gar nicht artikulierte Bedürfnisse von Kunden zu erfassen", eine ergebnisbezogene Gesprächsführung zu lernen, „die auch ein Mittel zur Führung des Kunden sein kann", sich in Kunden einzufühlen, „ohne sich zu sehr affektiv anstecken zu lassen" und die „Bewältigung stressender Situationen, speziell zum Umgang mit abweichendem Kundenverhalten" zu bestehen (alle Zitate Nerdinger 2011, S. 175 f.).

Dabei lässt sich zwischen Oberflächenhandeln und Tiefenhandeln unterscheiden: „Beim Oberflächenhandeln wird nur der Gefühlsausdruck den Normen angepasst, nicht das empfundene Gefühl: Ich verhalte mich freundlich, auch wenn ich den anderen unsympathisch finde. Beim Tiefenhandeln ist die Richtung umgekehrt: Ich versuche, ein bestimmtes Gefühl hervorzurufen, und verhalte mich dementsprechend" (Rastetter 2008, S. 17).

Mit welchen Mitteln lassen sich nun diese Fertigkeiten erzielen? Anzutreffende Trainingsmodule sind gedankliche Umdeutung, zu der die keinesfalls unstrittige Prämisse herangezogen wird, dass „Emotionen als Folge gedanklicher Bewertungen von Situationen" (Nerdinger 2011, S. 177) zu verstehen sind; körperorientierte Tiefenentspannungsübungen und schließlich eine Variante der für die Schauspielausbildung entwickelten „Als-Ob"-Methode des russischen Theaterreformers Konstantin Stanislawski (1863–1938): „Zur Übung der Stanislawski-Technik müssen die Teilnehmer Fotografien zum Training mitbringen, die sie mit positiven Erlebnissen verbinden (z. B. Urlaubsfotos). In den entsprechenden Übungseinheiten werden sie dazu angeleitet, die Situation auf den Fotos wieder ins Gedächtnis zu rufen und dabei auftretende Gefühlsregungen zu reflektieren. Das dient dem Aufbau des und dem bewussten Zugriff auf das Emotionsgedächtnis" (Nerdinger 2011, S. 177).

Insbesondere mit dieser Technik wird ein emotionales Tiefenhandeln ermöglicht, indem die erinnerten Emotionen auf die aktuelle Situation übertragen werden. So hätte sich der Flugbegleiter Steve Slater vorstellen können, dass die randalierende Passagierin seine sich unangemessen verhaltende Tochter sei, die er liebevoll auf den richtigen Weg bringt. Dabei könnte sich das Bild der Tochter mit dem der Passagierin überlagen, um eine emotional realistische Situation zu imaginieren. Nerdinger erläutert dazu, dass zur Bewältigung emotionaler Herausforderungen im Dienstleistungsbereich gerade diese so eingeübten Fähigkeiten zur Modifikation des Tiefenhandelns unabdingbar seien: „Wie eine Vielzahl von Untersuchungen belegt, löst Oberflächenhandeln emotionale Dissonanz aus und führt zu emotionaler Erschöpfung. Demgegenüber können durch Tiefenhandeln die Symptome von Stress und Burnout vermieden werden" (Nerdinger 2011, S. 176).

Doch es ist auch festzuhalten, dass Schauspieler, die sich z. B. der Stanislawski-Techniken bedienen, gerade nicht miteinander kommunizieren, sondern Gesten und Texte zu einem bestimmten Zweck – der gelungenen Aufführung im Sinne der erarbeiteten Inszenierung – reproduzieren. Möglicherweise erfahren sie so auch Dinge voneinander – allerdings nur solche, die über die Rolle hinaus gehen. Die Rolle selbst ist Performanz, nicht Kommunikation. Hatten wir am Ende des vorangegangenen Abschnittes in Frage gestellt, ob sich Emotionen ohne weiteres von ihren sozialen Aspekten trennen lassen, kann jetzt daran angeschlossen werden, dass Emotionsarbeit deshalb so unwirklich erscheint, weil nur an den eigenen Emotionen, aber nicht an der eigentlichen Beziehung gearbeitet wird, deren Ausdruck Emotionen eigentlich sein sollten. Wenn der Philosoph Bernhard Waldenfels (2008, S. 94) feststellt: „Wir erfinden, was wir antworten, aber wir erfinden nicht, worauf wir antworten" irrt er offenbar im Hinblick auf die Ansprüche avancierter psychologischer Trainingsanforderungen an Dienstleister aller Art – vom Therapeuten bis zur „Bedienung am Fast-Food-Counter" (Nerdinger 2011, S. 175).

9.3 Die kulturhistorische Facette: Sanftheit als Ideal

Das Ideal der Sanftheit zieht sich durch die europäische Kulturgeschichte. Dabei wurde die Gefühlskontrolle als eine subjektive Fähigkeit verstanden, die zu beherrschen keinesfalls selbstverständlich und deshalb sozial aufwertend war. Zwar hat einerseits Norbert Elias mit viel Resonanz den Prozess der Zivilisation als einen allgemeinen Prozess zunehmender Affektkontrolle beschrieben. Doch andererseits blieb das Ideal des Gentleman, des sanften Mannes, lange Zeit die Markierung einer Besonderheit. Der Verzicht auf negative Emotionen und auf aggressives Handeln war außeralltäglich – auch und gerade weil er z. B. für die christliche Religion als konstitutiv angesehen werden kann, um sie in ihrer Gründungszeit vom damaligen Judentum, aus dem sie hervorgegangen ist, abzugrenzen:

Die folgenden Jesus-Worte zeigen diese Ausprägung des sich entwickelnden Christentums – und auch seine Bezüge zu älteren buddhistischen Traditionen (vgl. Brück et al. 2000):

> Ihr habt gehört, dass gesagt ist: Auge um Auge, Zahn um Zahn. Ich aber sage euch, dass ihr nicht widerstreben sollt dem Übel, sondern: wenn dich jemand auf deine rechte Backe schlägt, dem biete auch die andere dar. (Mt. 5, S. 38, rev. Lutherübersetzung)

> Ihr habt gehört, dass gesagt ist: Du sollst deinen Nächsten lieben und deinen Feind hassen. Ich aber sage euch: Liebt eure Feinde und bittet für die, die euch verfolgen. (Mt. 5, S. 43 f.)

> Und wenn ihr nur zu euren Brüdern freundlich seid, was tut ihr Besonderes? Tun nicht dasselbe auch die Heiden? (Mt. 5, S. 47)

In diesen wenigen Stellen aus der Bergpredigt findet man bereits das Programm (wenn auch nicht die Techniken) der Emotionsarbeit: Auf der Handlungsebene ist auf Aggression nicht aggressiv zu reagieren, auf der Gefühlsebene Liebe für die Feinde zu empfinden. Beides wird explizit interpretiert als ein Mittel der Besonderung, verbunden mit dem Anspruch, sich von den „gewöhnlichen Heiden" abzuheben.

Dass solches Verhalten tatsächlich zu guter Reputation führt, also anzustreben, aber keinesfalls selbstverständlich ist, unterstreicht z. B. der Römer Marc Aurel (2003, S. 23 f.), mit der Art, in der er – ca. 160 n.C. – einen seiner Lehrer beschreibt: „Niemals sah man diesen Mann in zorniger Aufwallung oder sonst einer Leidenschaft hingegeben, aber trotz dieser Leidenschaftslosigkeit entfaltete er herzgewinnende Liebenswürdigkeit; er legte Wert auf einen guten Ruf, doch ohne viel Aufhebens".

Dass dergleichen Verhalten durchaus strategisch einzusetzen ist, ist dann spätestens in der italienischen Renaissance bekannt. Dort gilt das Ideal des Hofmannes, der zu gefallen trachtet. „Jedoch will ich, dass sich unser Hofmann (…) bei jeder Gelegenheit fest an den Rat halte, eher ein bisschen behutsam als frech zu sein (…). Denn von Natur aus sind wir alle mehr als billig nach Lob begierig; unserem Ohr ist seine Melodie angenehmer als der süßeste Sang oder Klang, obwohl der Wohllaut des Lobs so wie die Stimme der Sirenen zur Ursache unseres Untergangs wird, wenn wir nicht die Ohren vor der trügerischen Harmonie verstopfen." (Castiglione 1996, S. 52).

Und schon Ende des 13. Jahrhunderts unterschied der Philosoph Johannes Duns Scotus solche Gefühle, die spontan entstehen und solche, die von Menschen willentlich hervorgerufen werden können und ggf. sollen. Interessanterweise unterstellte er, dass Menschen nur für ihre willentlich hervorgerufenen Emotionen verantwortlich seien, weil sie diese eben auch *nicht* hervorrufen könnten, im Unterschied zu den spontanen, für die man nichts könne (vgl. Perler 2011). Folgt man dieser Argumentation, wäre Emotionsarbeit als ein Zugewinn an Verantwortlichkeit zu interpretieren.

Diese frühen Ausprägungen der Emotionsarbeit bleiben allerdings noch weitgehend frei von wirtschaftlichen Aspekten. Dieser Zusammenhang wird erst mit dem Kapitalismus der Neuzeit und dann nochmals ausgeprägt mit der Psychologisierung der Arbeitswelt in den 20er Jahren des 20. Jahrhunderts bedeutsam.

Doch mit der Neuzeit beginnt auch die Kritik an der Emotionsmanipulation. Zunächst an den religiösen Emotionsregimen, prominent durch Hegel. In dem „Anspruch, ‚Empfindungen gebieten zu wollen', sieht er eine Quelle des ‚Selbstbetrugs', mit pathologischen Ausmaßen", die fatal endet, unabhängig davon, ob es gelingt, diese Empfindungen zu erzeugen: „Wer sich in einer Welt aus künstlichen Empfindungen einrichtet, endet wie der, der an ihrer Herstellung verzweifelt, ‚in Wahnsinn und Verrücktheit' " (Gelhard 2011, S. 28 f.). Die Nähe zur Kritik am emotionalen Kapitalismus wird nicht zu übersehen sein.

9.4 Die kritisch-soziologische Facette: Emotionaler Kapitalismus

> Der emotionale Kapitalismus ist eine Kultur, in der sich emotionale und ökonomische Diskurse und Praktiken gegenseitig formen, um so jene Bewegung hervorzubringen, die Affekte einerseits zu einem wesentlichen Bestandteil ökonomischen Verhaltens macht, andererseits aber auch das emotionale Leben – vor allem in der Mittelschicht – der Logik ökonomischer Beziehungen und Austauschprozesse unterwirft. (Illouz 2006, S. 13)

Im Markt wird es demzufolge belohnt, bestimmte Emotionen zu einer bestimmten Zeit zu haben oder nicht zu haben und hervorrufen oder vermeiden zu können. Mit dieser Betrachtung von Emotionen einher gehen unterschiedliche kritische Einwände.

Eher linker Tradition entstammende Positionen sehen im „Emotionalen Kapitalismus" einen Nachfolger klassischer kapitalistischer Entfremdung: „When work becomes the side of libidinal and narcissistic investment, spinning a web of abjections and dependencies that exploits rather than represses desire – we become attached and bound to our own unhappiness" (Smith 2009, S. 19).

Polemischer wird nicht nur vom Emotionalen, sondern sogar vom Prozac-Kapitalismus gesprochen. „Prozac-Kapitalismus" (nach einem Markennamen des Antidepressions-Wirkstoffs Flouxetin) meint ein ökonomisches Umfeld, in dem negative Emotionen verpönt und mit allen Mitteln zu unterdrücken sind (vgl. Berardi 2009). In diesem Zusammenhang wird darauf hingewiesen, dass im Englischen Depression sowohl einen Zustand der Seele als auch einen solchen der Ökonomie bezeichnet. Kein bloßes Homonym, sondern der Hinweis auf „the interweaving and interacting of psychological flows and economic processes" (Berardi 2009, S. 207). Berardi empfiehlt, Depression nicht bloß als Krankheitsbild, sondern ebenso als Wissenstyp anzuerkennen: „Suffering, imperfection, senility, decomposition: this is the truth that you can see from a depressiv point of view" (Berardi 2009, S. 215).

Andere kritische Positionen, die sich in der Tradition Foucaults verorten lassen, legen den Akzent auf die geforderte Selbstkontrolle: „So können (1999) im Großen und Ganzen in dem Übergang von der Kontrolle zur Selbstkontrolle und in der Veräußerlichung der ehemals von Organisationen getragenen Kontrollkosten auf die Beschäftigten und die Kunden die charakteristischen Züge der Managemententwicklung der letzten dreißig Jahre gesehen werden" (Boltanski und Chiapello 2003, S. 122).

Doch welche Wirkung Emotionsarbeit tatsächlich auf die Betroffenen hat, ist nicht eindeutig geklärt. Man kann sowohl im Sinne Hochschilds argumentieren, dass „emotionale Regulierung am Arbeitsplatz für die Organisation gut, für die Beschäftigten aber schlecht sei" (Rastetter 2008, S. 30), aber auch im Gegenteil, „dass sich der von der Arbeit entfremdete Mensch am besten distanzieren kann und deshalb gesünder bleibt" (Rastetter 2008, S. 33 f.). Bei vielen Dienstleistenden führe die innere Identifikation mit der Rolle als Dienstleister (ich bin Steward) „zu einer ‚tiefen Authentizität', der eine oberflächliche Inauthentizität durch faking nichts anhaben" könne – so Rastetter (2008, S. 34 f.).

Darüber hinaus wird die Autonomie des Dienstleisters hervorgehoben, und zwar historisch und aktuell: „Ein Diener (…) befindet sich stets in einem Möglichkeitsraum. Dieser spannt sich zwischen vorgeschriebenen Aktionen und autonomen Handlungsaktionen auf, die der Bediente in ungewöhnlichen Situationen abzuwägen und je nach Lage zu entscheiden hat", erläutert Stefan Krajewski in seiner Studie über die Bedeutung des Dieners im Herrschaftsverhältnis (Krajewski 2010, S. 130). Entsprechend wird auch auf den persönlichen Handlungsspielraum der Dienstleister hingewiesen. Studien konnten zeigen, dass selbst „in hochstandardisierten Dienstleistungssettings" – wie etwa Call-Centern – „die Beschäftigten ihren

9.4 Die kritisch-soziologische Facette: Emotionaler Kapitalismus

persönlichen Stil im Umgang mit Kunden durchaus einbrachten" (Rastetter 2008, S. 27).

Wenig überrascht davon, dass die Emotionalisierung der Waren sich auch auf die Dienstleistungen ausdehnt, zeigt sich der Kulturwissenschaftler Andreas Reckwitz: „Moderne Arbeitsformen stehen durchgängig in einem Abhängigkeitsverhältnis von Formen des Konsums, welche nach bestimmten Warentypen verlangen". Auch Dienstleistungen werden „nach Maßgabe ihres Genuß- und Stilisierungswertes" beurteilt (beide Zitate: Reckwitz 2006, S. 502). Sie werden erbracht in einer „marktförmigen Konstellation des Wählens und Gewähltwerdens, damit in einer generalisierten Konsumption" (Reckwitz 2006, S. 589). Als Dienstleister muss man „zum Gegenstand sozialer Nachfrage" (Reckwitz 2006, S. 592) werden, um zu überleben. Damit wird die reine Opferrolle der zur Emotionsarbeit verpflichteten Dienstleister, wie sie Hochschild nahelegte, deutlich in Frage gestellt. Vielmehr erscheint die Emotionsarbeit als Befähigung zu bestimmten Berufstätigkeiten, als Möglichkeit und Tool, das von den entsprechend begabten oder geschulten Personen bewusst eingesetzt wird (vgl. Rastetter 2008, S. 24).

Menschen, von denen bestimmte Emotionalitäten in bestimmten beruflichen Situationen erwartet werden, leiden zwar darunter, wenn sie diesen Anforderungen nicht, nicht hinreichend oder nicht lange genug nachkommen können. Vermutlich wird es als besonders unangenehm empfunden, wenn man tatsächlich oder vermeintlich über sehr gute kognitive oder technische Fertigkeiten verfügt, die wegen der defizitären emotionalen Ausprägung nicht zum Zuge kommen können. Dagegen wird von Menschen, die die emotionalen Anforderungen sehr gut zu bewältigen in der Lage sind, die Verpflichtung zum Lächeln als positive Herausforderung erlebt, die mit vielen Erfolgserlebnissen verbunden sein kann. Diese Erfolgserlebnisse können u. a. auf Sinn-, Macht-, Wirksamkeitserleben beruhen.

Zu bewältigen bleibt die Anforderung, als Dienstleister einerseits die geforderten Emotionen nicht nur vorzuspielen, sondern tatsächlich zu haben bzw. mit entsprechenden Psychotechniken zu erzeugen – andererseits aber auch Klarheit darüber zu behalten, dass es sich nicht um ihre eigenen tatsächlichen Emotionen handelt – denn sie müssen diese Emotionen so an- und abschalten lernen, dass sie der ökonomischen Situativität angepasst bleiben. So sollen Stewards nicht den Menschen, die sie sich zuvor als Gäste in ihrem Wohnzimmer imaginiert haben, im Flughafen nachlaufen und tatsächlich zu sich nach Hause einladen – selbst wenn das in Einzelfällen passiert, ist das natürlich für täglich 500 „bearbeitete" Fliegende völlig absurd.

Diese Anforderung an emotionskontrolliertes Verhalten geht jedoch einher mit einer deutlichen Entkonventionalisierung des gesellschaftlichen Umgangs. Vormals verbindliche Regeln für den Umgang miteinander sind weitgehend außer

Kraft gesetzt. Zwar werden sie von einigen befolgt, Missachtungen bleiben jedoch ungeahndet. Es ließe sich daher argumentieren, dass die Verfreundlichung der Ökonomie einige der vormalig verbindlichen, hierarchisch strukturierten Umgangsformen ersetzt und für neue soziale Orientierung gesorgt hat.

Denn auch für Kunden ist ein professioneller Umgang mit professionellen Emotionen zunächst einmal nicht unproblematisch. Auch von ihnen wird – wenn auch in weit geringerem Maß und mit im Versagensfall weit weniger gravierenden Konsequenzen – wirtschaftsemotionales Verhalten gefordert. Das bedeutet einerseits ein gewisses Maß an Freundlichkeit gegenüber an sich völlig Fremden, andererseits aber auch den sofortigen Kontaktabbruch nach Ende des ökonomischen Kontaktes trotz außergewöhnlicher Freundlichkeit des Personals.

Insgesamt erscheint die Emotionsarbeit der Dienstleister mithin als ein aus gewandelten sozialen Umständen erwachsenes, ökonomisch größtenteils sinnvolles, aber psychologisch ambivalentes Phänomen. „Die vorgeblich natürliche, wachstumsförderliche Emotionalität der Begeisterung, der Kooperation, der funktionierenden Kreativität wird forciert, aber jede Form ‚nicht-intelligenter' Emotionalität – anti-soziale Destruktivität, Misstrauen, Unlust, Aggressivität – ist wiederum in Schach zu halten" (Reckwitz 2006, S. 515).

Mit dieser sozialen Einschränkung wird, gerade weil die Beschäftigten mit sich selbst und ihren Emotionen kämpfen, die Kunden sich wohl fühlen und die Unternehmen davon profitieren und all das jeweils den Akteuren zur Aufgabe gegeben wird, ein öffentlicher, ein politischer Diskurs über genau diese Anforderungen unterbunden. Die Positivität des Positiven darf nicht in Frage gestellt werden – und wenn doch, wird das Anlass für ein weiteres Training in positivem Denken: „Die neuen Zwänge drängen sich nicht auf, sondern bieten sich an, sie erpressen nicht Geständnisse, sondern erbringen Serviceleistungen" (Gelhard 2011, S. 36).

Vielleicht erklärt sich so die große Popularität von Gefühlanarchisten wie Steve Slater, dem ausgebrochenen Flugbegleiter, oder echten Adeligen wie Grace van Cutsem, jener vierjährigen Brautjungfrau des Prinzen von Wales bei dessen fast perfekt inszenierter Hochzeit mit Kate Middleton. Grace wurde zum Star der Hochzeit, weil sie mit dauerhaft missmutigem Gesicht die Zeremonie begleitete, wegschaute oder sich die Ohren zuhielt und damit zur ikonographischen Antithese dieses emotionalen Medienereignisses wurde.

Literatur

Aurel, M. (2003). *Selbstbetrachtungen*. Frankfurt a. M.: Insel.
Berardi, F. (2009). *The soul at work. From alienation to autonomy*. Los Angeles: Semiotext.
Boltanski, L., & Chiapello, È. (2003). *Der neue Geist des Kapitalismus*. Konstanz: UVK.
Brück, M. v., Lai, W. & Küng, H. (2000). *Buddhismus und Christentum. Geschichte, Konfrontation, Dialog*. München: C.H. Beck.

Literatur

Castiglione, B. (1996). *Der Hofmann. Lebensart in der Renaissance*. Berlin: Wagenbach.

Die Welt. (2011). *Ein ganz neuer Ton. Die Kreiswehrersatzämter müssen bei der Musterung plötzlich nett werden*, 20.06.2011, 1. http://m.welt.de/article.do?id=%252Fprint%252Fdie_welt%252Fpolitik%252Farticle13438876%252FEin-ganz-neuer-Ton. Zugegriffen 14. August 2012.

Fischer-Lichte, E. (2004). *Ästhetik des Performativen*. Frankfurt a. M.: Suhrkamp.

Gabler Wirtschaftslexikon. http://wirtschaftslexikon.gabler.de/Archiv/5599/kundenorientierung-v5. Zugegriffen: 20. März 2012.

Gelhard, A. (2011). *Kritik der Kompetenz*. Zürich: Diaphanes.

Hochschild, A. R. (2006). *Das gekaufte Herz. Die Kommerzialisierung der Gefühle* (Erweiterte Neuauflage). Frankfurt a. M.: Campus.

Homburg, C. (Hrsg.). (2008). *Kundenzufriedenheit* (5. Aufl.). Wiesbaden: Gabler.

Illouz, E. (2006). *Gefühle in Zeiten des Kapitalismus*. Frankfurt a. M.: Suhrkamp.

Imai, M. (1996). *Der Schlüssel zum Erfolg der Japaner im Wettbewerb* (7. Aufl.). Berlin: Ullstein.

Krajewski, M. (2010). *Der Diener. Mediengeschichte einer Figur zwischen König und Klient*. Frankfurt a. M.: Fischer.

Nerdinger, F. W. (2011). *Psychologie der Dienstleistung*. Göttingen: Hogrefe.

Perler, D. (2011). *Transformationen der Gefühle. Philosophische Emotionstheorien 1270–1670*. Frankfurt a. M.: Fischer.

Rastetter, D. (2008). *Zum Lächeln verpflichtet. Emotionsarbeit im Dienstleistungsbereich*. Frankfurt a. M.: Campus.

Reckwitz, A. (2006). *Das hybride Subjekt. Eine Theorie der Subjektkulturen von der bürgerlichen Moderne zur Postmoderne*. Weilerswist: Velbrück.

Salovey, P., & Mayer, J. D. (1990). Emotional intelligence. *Imagination, Cognition, and Personality 9*, 185–211.

Schröder, M. (2010). *Vom Dienen zum Dienstleisten. Der Übergang vom Rang- zum Rollenprimat in der Beziehung zwischen Dienenden und zu Bedienenden*. Manuskript: Dissertation Universität Bielefeld.

Schulze, G. (1992). *Die Erlebnisgesellschaft: Kultursoziologie der Gegenwart*. Frankfurt a. M.: Campus.

Smith, J. (2009). Soul on strike. In F. Berardi (Hrsg.), *The soul at work. From alienation to autonomy* ((S. 9-19). Los Angeles: Semiotext.

Strauss, A., Fagerhaugh, S., Suczek, B. & Wiener, C. (1980). Gefühlsarbeit. *Kölner Zeitschrift für Soziologie und Sozialpsychologie 32*, 629–651.

Waldenfels, B. (2008). *Grenzen der Normalisierung. Studien zur Phänomenologie des Fremden* (Zweite, erweiterte Auflage). Frankfurt a. M.: Suhrkamp.

welt-online (2012). http://www.welt.de/vermischtes/article8949659/Flugbegleiter-flippt-aus-und-wird-zum-Volksheld.html. Zugegriffen: 20. März 2012.

Zola, E. (2012). *Das Paradies der Damen*. Frankfurt a. M.: Fischer.

Menschliche Schönheit – Beziehungskatalysator und geldwerter Vorteil

10

> **Zusammenfassung**
>
> Pauschalisiert lässt sich sagen: Menschen bevorzugen Beziehungen zu schönen Menschen und Dingen und meiden Hässliches soweit es geht. Menschliche Schönheit lässt sich dabei durchaus konkret bestimmen, sie ist objektivierbar und unterliegt der Knappheit. Dieser Umstand lässt sich evolutionstheoretisch erklären und im organisationsbasierten Beziehungsmanagement praktisch verwerten. Schöne Menschen haben es zwar leichter – aber wer Pech hatte und hässlich ist, muss deshalb nicht verzweifeln. Auch für Hässliche gibt es Beziehungsstrategien.
>
> Klaus Boltres-Streeck

Wer mehr leistet, soll auch mehr verdienen. Diese Forderung wird sicherlich viele Befürworter finden. Debatten mag auslösen, wie mit Menschen umzugehen ist, die weniger leistungsfähig sind, oder auch, wie Leistung genau zu messen und zu bewerten ist. Dass aber Leistung in einer Leistungsgesellschaft auch honoriert werden soll und muss, kann als Konsens vorausgesetzt werden. Leistungsfähigkeit beruht u. a. auf Ausdauer, Körperkraft, Intelligenz und anderen Faktoren, die zu einem nicht unerheblichen Teil in genetischen Dispositionen gründen. Das trifft auch auf körperliche Schönheit zu. Doch dass Menschen im wirtschaftlichen Kontext im Hinblick auf ihre Schönheit bevorzugt werden, weil diese bessere Leistungen erwarten lässt, erscheint uns weniger selbstverständlich als wenn sie wegen ihrer Intelligenz ausgewählt werden.

Es ist wahrscheinlich kein Gesetz in Planung, das die Diskriminierung dummer Menschen im Wirtschaftsprozess zu verhindern versucht, z. B. in dem verboten wird, bei Bewerbungen Schulzeugnisse zu verlangen, um so auch schlechten Schülern gute Chancen im Arbeitsmarkt zu sichern. Ein solcher Vorschlag klingt absurd. Mitarbeiter unabhängig von ihrem Aussehen auszuwählen, wird dagegen als sinnvoll und moralisch geboten angesehen und nur in wenigen Bereichen wird eine Aussehensdiskriminierung toleriert, z. B. bei Fotomodellen oder Schauspielern. Außer bei solchen explizit darstellenden Tätigkeiten unterstellt man, dass Aussehen keinen Einfluss auf die Leistungsfähigkeit hat und deshalb nicht als Auswahlkriterium herangezogen werden sollte bzw. darf.

Sicher gibt es Abstufungen: Möglicherweise ist es plausibel, bei Verkaufspersonal in Ladengeschäften besser aussehende Bewerber gegenüber weniger attraktiven Mitbewerbern zu bevorzugen – aber doch oft auch nur, wenn sie ansonsten gleich qualifiziert sind. Wollte man jedoch vorschlagen, sogar Lehrer auch nach Aussehen einzustellen oder bei einem Berufungsverfahren für eine Professorenstelle argumentieren, man habe sich bei zwei ansonsten gleich qualifizierten Bewerbern für den entschieden, der besser aussah, wäre das ein Skandal – obwohl anerkannte und einflussreiche Wirtschaftswissenschaftler darzulegen vermögen, dass gut aussehende Menschen erfolgreicher sind.

Erfolgreich meint hier nicht nur, dass sie oftmals selbst bessere Karrieren machen, sondern auch, dass sie insgesamt betrachtet mehr Erfolg bei der Bewältigung ihrer Aufgaben haben, und z. B. als Lehrer oder Professoren von den Studierenden besser bewertet werden als ihre weniger gut aussehenden Kollegen (vgl. Hamermesh 2011). Im Zusammenhang dieses Buches stellen sich daraus abgeleitet die Fragen, wie menschliche Schönheit gefasst werden kann, welche Auswirkungen sie auf wirtschaftliche Beziehungen hat und wie entsprechende positive Effekte guten Aussehens genutzt werden können, ohne dass es ungerechtfertigt zu Bevorzugung oder Benachteiligung kommt.

Bei der Klärung dieser Fragen hilfreich zu sein, versprechen unterschiedliche Ansätze, namentlich (10.1) der zwar aus der Mode gekommene, aber immer noch erstaunlich aufschlussreiche Versuch, Schönheit zu objektivieren; (10.2) die romantische Suche nach einer subjektivierten und sogar inneren Schönheit; (10.3) das mit den vorangegangenen verglichen bescheidene, aber dafür zeitgemäße Konzept, Schönheit per Befragung zu ermitteln und schließlich (10.4) das evolutionstheoretisch basierte „Versprechen der Schönheit", wie es Menninghaus (2007) rekonstruiert hat.

10.1 Objektive Schönheit

Dass Schönheit keine Objektqualität, sondern Auffassungssache sein könnte, ist ein Gedanke der beginnenden Moderne, der Erklärungen auf Basis von Gegebenheiten und Traditionen nicht mehr ausreichten und die diese zugunsten von konstruierten, kontingenten und subjektivierten Vorstellungen verabschiedete. Am Übergang zur modernen Sichtweise, aber doch vollständig dem klassisch-objektiven Duktus

10.1 Objektive Schönheit

verhaftet, steht das Theoriewerk des britischen Malers William Hogarth „Analyse der Schönheit" (2007, Original 1753). Klassisch ist sein Werk, weil er daran glaubt, dass sich die Schönheit von Menschen, aber auch von Naturdingen und Kunstwerken, durch einen eindeutigen Kanon von Regeln erklären lässt – und entsprechend derjenige irrt, der etwas, was diesen Regeln entspricht, nicht als schön klassifiziert. Am Übergang befindet er sich, weil sein Text quintessentiellen Anspruch erhebt und die Lehren der Vergangenheit vollendet zusammenzufassen versucht – ohne sich allerdings den Gedanken zu erlauben, dass damit auch eine ästhetische Denktradition zu Ende gehen könnte.

Bereits modern schließlich ist Hogarths Anspruch, diese Lehren der Schönheit populär zu machen – er geht sogar so weit, im nicht-fachkundigen Publikum bessere Beobachter der Schönheit zu vermuten als unter den Kennern:

> „Der Grund, warum die Augen der Gentlemen, die bereits enge Bekanntschaft mit Gemälden geschlossen haben, für unseren Zweck weniger geeignet sind als die anderer, ist der, daß ihre Gedanken ausschließlich und fortwährend damit beschäftigt sind, die verschiedenen Manieren, in denen die Bilder gemalt wurden, die Geschichte, Namen und Merkmale der Meister zusammen mit vielen anderen kleinen Umständen, die zum mechanischen Teil der Kunst gehören, zu betrachten und zu behalten. Sie haben wenig oder keine Zeit auf die Vervollkommnung ihrer eigenen Vorstellungen verwendet, die sie von den Gegenständen selbst in der Natur hätten haben sollen" (Hogarth 2007, S. 36).

Dieses Zitat macht übrigens neben dem Modern-Demokratischen auch das Übergangshafte von Hogarths Perspektive auf Schönheit greifbar: Ja, beim Erleben von Schönheit kommt es auf die Vorstellung an – aber die Vorstellung, die man sich macht, kann richtig oder falsch sein.

Was sind aber nun die konkreten Gesichtspunkte, unter denen Hogarth Schönheit analysiert? Sein Ansatz ist komplex, und seine eigenen Worte sind bezeichnend:

> „Ich werde meinen Lesern die besondere Stärke jedes Prinzips in solchen Werken der Natur und Kunst zeigen, die das Auge am meisten zu vergnügen und zu unterhalten scheinen, und jene Grazie und Schönheit hervorbringen, die der Gegenstand dieser Untersuchung ist. Die Prinzipien, die ich meine, sind: Zweckmäßigkeit, Vielfalt, Gleichförmigkeit, Einfachheit, Verwicklung und Größe – sie alle wirken bei der Hervorbringung von Schönheit zusammen, in dem sie sich wechselseitig berichtigen und gelegentlich einschränken" (Hogarth 2007, S. 44 f.).

Auf den folgenden fast 200 Seiten erläutert Hogarth sodann, wie diese sechs Prinzipien miteinander zu verknüpfen sind, damit Schönheit entsteht. Ein Beispiel:

> „Alles, was geeignet und großen Zwecken zu entsprechen scheint, befriedigt immer den Geist und gefällt daher. Die Gleichförmigkeit ist von dieser Art. Wir finden sie

in einem gewissen Maß notwendig, um der Vorstellungen von Ruhe und Bewegung ohne die (!) Möglichkeit des Fallens Ausdruck zu verleihen. Aber wenn dieses Ziel ebensogut durch Unregelmäßigkeit erreicht werden kann, dann erfreut sich das Auge mehr an Vielfalt (…) Also gefällt Regelmäßigkeit, Gleichförmigkeit oder Symmetrie nur dann, wenn sie dazu dient, die Vorstellung der Zweckmäßigkeit hervorzurufen" (Hogarth 2007, S. 54 f.).

Schönheit ergibt sich Hogarth zufolge stets aus einer austarierten, situativ angemessenen und von einem geistigen Konzept durchdrungenen Kombination sechs unterschiedlicher, teilweise gegenläufiger Grundparameter – von denen vier, nämlich Größe, Vielfalt, Zweckmäßigkeit und Regelmäßigkeit allein in dem vorstehenden Zitat bedacht werden. Eine knackige Definition scheint Hogarth damit zu vermeiden, wie nebenbei liefert er jedoch eine Reihe funktionaler Merkmale von Schönheit, die durchaus definitorischen Charakter tragen: Schönheit befriedigt den Geist, gefällt dem und erfreut das Auge – sie ist also Hogarths Auffassung nach hedonistisch, sozial und visuell. Es mag komplex und handwerklich voraussetzungsvoll sein, Schönheit zu erzeugen, sie mag auch in der intellektuellen Analyse nicht jedem zugänglich sein – man erkennt sie aber an ihrer Wirkung.

Diese ästhetische Wirkung kann auch von schönen Menschen behauptet werden. Der Philosoph Matthias Hunger konstruiert seine Ästhetik des Menschen entsprechend – er geht jedoch noch zwei Schritte weiter, indem er zeigt, wie Schönheit Effekt innerer Eigenschaften des Betrachteten, aber auch des Betrachters sein kann.

10.2 Die Ästhetik des Menschen

Hunger geht den klassischen, philosophisch-begrifflichen Weg der Erörterung und erarbeitet zunächst eine Definition dessen, womit er sich beschäftigen will, nämlich dem ästhetischen Wert von Menschen. Dieser ästhetische Wert setzt sich aus unterschiedlichen Aspekten zusammen und manifestiert sich im Urteil als Schönheit oder Hässlichkeit. Hunger vertritt hierzu eben jene hedonistische Auffassung, die auch für Hogarth selbstverständlich ist und der zufolge

> „der ästhetische Wert eines Menschen im Vergnügen besteht, das er auf die spezielle ästhetische Weise in anderen Menschen hervorruft. Offensichtlich gibt es in dieser Hinsicht dann ästhetisch wertvollere und ästhetisch weniger wertvollere Menschen. Da jedoch der ästhetische Wert eines Menschen nur einer der Werte ist, die er in Bezug auf uns hat – darunter auch die Menschenwürde – ist diese Ungleichheit moralisch nicht problematisch, solange nicht die Vorherrschaft ästhetischer Werte vor allen anderen Arten von Werten behauptet wird" (Hunger 2010, S. 24).

Von der „speziellen ästhetischen Weise" des Vergnügens ist hier die Rede, und sofort stellt sich die Frage, was damit gemeint ist. Hunger orientiert sich hier an der

10.2 Die Ästhetik des Menschen

entsprechenden Formulierung von Immanuel Kant. Der spricht vom interesselosen Wohlgefallen bzw. Vergnügen, wobei interesselos für ihn bedeutet, dass eine Person oder ein Gegenstand „in seiner bloßen Anwesenheit als positiv oder negativ erlebt wird, in dieser Hinsicht also Selbstzweck ist und nicht irgendein Mittel" (Hunger 2010, S. 38). Dieser Gedanke, der wesentlich mit Kants 1790 veröffentlichten Ästhetik verknüpft ist, ermöglicht das Empfinden von Schönheit zwar nicht unabhängig vom betrachteten Objekt, aber unabhängig von bestimmten Regeln oder Anforderungen, die dieses Objekt zu erfüllen hätte.

Mit dieser definitorischen Erläuterung und ihrer moralischen Einordnung kommen wir dem Problem wieder auf die Spur, das diesen gesamten Text eingeleitet hatte. Eine der Ausgangsfragen lautete: Warum wird Schönheit so wenig selbstverständlich als Indikator von Leistung anerkannt? In den auf Kant basierenden Erläuterungen von Matthias Hunger spiegelt sich offenbar ein intuitiver Vorbehalt gegen das Verlassen der ästhetischen Dimension, wenn es um Schönheit geht: Die ästhetische Dimension soll interesselos sein und bleiben und nicht zum Gegenstand von Leistungsbeurteilungen werden. Das zeigt sich auch an den Vorbehalten, die nicht wenige gegen die Durchführung von Schönheitswettbewerben hegen – während sie an den Ergebnissen dann durchaus Interesse haben können.

Neben dem eventuellen Wunsch, Schönheit selbst nicht zu verwirtschaftlichen, „liegen mögliche moralische Probleme nicht im Erleben selbst, sondern zunächst in einer daraus resultierenden (…) Beurteilung des Anderen und im dann wiederum hieraus folgenden Verhalten". Das hauptsächliche moralische Problem scheint dabei „Ungerechtigkeit in Urteil und Verhalten gegenüber verschieden attraktiv (erlebten) Menschen" zu sein (Hunger 2010, S. 107).

Mit anderen Worten: Nicht die Schönheit als solche steht als Kriterium in Frage, sondern die Bevorzugung körperlich schöner Menschen im Hinblick auf Sachverhalte, die mit dieser Schönheit in keinem direkten Zusammenhang zu stehen scheinen. Dass ein gut aussehender Mann bei der Auswahl als Werbefigur für ein Parfüm einem weniger gut aussehenden Mitbewerber gegenüber vorgezogen wird, wird zu keiner moralischen Empörung führen, gefürchtet wird die gleiche Bevorzugung jedoch, wenn es um einen vermeintlich ästhetisch invarianten Buchhalterjob geht.

Diese Furcht vor einer solchen Bevorzugung hat wissenschaftlich untermauerte, reale Bezüge: „Psychologische Studien zeigen die Existenz eines ‚Stereotyps der Schönheit' an, nach dem Menschen mit höherer physischer Attraktivität von Betrachtern positivere innere Qualitäten zugeschrieben werden als solchen mit niedriger physischer Attraktivität, ohne das sonstige Anhaltspunkte für die Existenz dieser inneren Qualitäten vorlägen – wer gut aussieht, muss auch gut sein" (Hunger 2010, S. 108). Das unterstellte Gerechtigkeitsproblem liegt im Rückschluss von ästhetischen auf nicht-ästhetische, also moralische oder intellektuelle Eigenschaften.

Doch lassen sich solche Eigenschaften möglicherweise ebenfalls ästhetisch fassen – Schönheit und Hässlichkeit also zumindest teilweise vom Visuellen entkoppelt denken?

Einen Anhaltspunkt dafür liefert die Alltagssprache, die von schönen oder hässlichen *Handlungen* spricht und dabei in der Regel nicht die Qualität der Bewegungsausführung beurteilt. Sagt man, jemand habe sich hässlich verhalten, dann meint man in der Regel die charakterliche Ausprägung dieses Verhaltens. „Ein ästhetisches Erleben" – also ein interesseloses Vergnügen oder Wohlgefallen – am „Handeln und Verhalten Anderer scheint nun tatsächlich manchmal vorzukommen. In solchen Fällen wird das, was der Betrachter als moralisch positiv bewertet, auch als ästhetisch positiv erlebt, und umgekehrt das als moralisch negativ Bewertete auch ästhetisch negativ erlebt" (Hunger 2010, S. 141).

Darüber hinaus lassen sich auch noch andere Ausprägungen rein ästhetischen Erlebens innerer Eigenschaften nennen, zum Beispiel „die Übereinstimmung einer erlebten inneren Eigenschaft mit eigenen Eigenschaften (also Ähnlichkeit mit dem Anderen, die Sympathie begründet) oder mit der Auffassung von der Situation – die erlebte innere Eigenschaft wird als passend empfunden" (Hunger 2010, S. 148 f.). Innere Schönheit zeigt sich demzufolge im ästhetischen Erleben von „Zusammenstimmen, Ordnung und Geschlossenheit" (Hunger 2010, S. 149) des Charakters einer Person, wobei dieses Erleben ein Vergnügen an sich darstellt, ohne zunächst irgendwie nützlich sein zu müssen.

Dieser Begriff der inneren Schönheit überträgt also Kategorien der Anschauung, die für körperliche Schönheit bedeutsam sind – hier: Proportion, Symmetrie, Passung – auf eine fiktive innere Person. Aus der Symmetrie der Gesichtshälften wird dann die Symmetrie von Situation und Verhalten, aus der Stimmigkeit der Proportion der Glieder eine Stimmigkeit von Status und Auftreten. Die visuell basierten Metaphern dienen der Beobachtung des Verhaltens und führen zu einer ebenfalls metaphorischen Bedeutung des „schönen Charakters".

Auch bei dieser Konstruktion liegt der Kern der Schönheit, wenn man so sagen darf, im Objekt. Zwar lassen sich unterschiedliche Wahrnehmungsformen oder Priorisierungen denken, aber letztlich ist das Objekt, nicht der Betrachter schön – oder eben nicht. In seinen weiteren Erörterungen deutet Hunger jedoch auch noch eine ganz anders ausgerichtete Sichtweise des Schönen an. Schönheit, so ließe sich annehmen, entsteht aus der *liebenden* Betrachtung.

Wiederum liefert die Alltagserfahrung erste Anhaltspunkte für diese Interpretation: Das Erleben von Schönheit ist nämlich nicht zeitlos. Ein Mensch, dessen vermeintliche Schönheit uns zunächst den Atem raubt, ist nach einiger Zeit des gemeinsamen Miteinanders zu einer wenig beachteten Randfigur geworden. An einem anderen Mensch, dessen Aussehen zunächst bedeutungslos war, entdecken wir nach und nach Einzelheiten, die uns schön erscheinen, und möglicherweise wird schließlich der gesamte Mensch zu einer Schönheit. In der Regel sind wir uns insbesondere im letzten Fall durchaus bewusst, dass wir diese Empfindung nicht angemessen kommunizieren können und dass sie in hohem Maße mit unserem persönlichen Erleben und der gemeinsamen Geschichte mit diesem Menschen verknüpft ist – die Empfindung ist deshalb aber nicht idiosynkratisch im Sinne einer abwegigen Vorliebe.

Das Wechseln des Schönheitserlebens in Abhängigkeit vom Verhältnis zur betrachteten Person, gelegentlich auch zum betrachteten Objekt, lässt sich in der Regel nicht allein aus den Objekteigenschaften, aber auch nicht aus den persönlichen Vorlieben des Betrachtenden erklären – denn der würde die exakt gleichen Merkmalsausprägungen bei anderen Personen nicht in der gleichen Art goutieren. Diese Beobachtungen plausibilisieren die Vermutung, dass Schönheit aus der Emotionalität der Betrachtung entsteht, jedoch nicht im Sinne der Schönheit, die im Auge, also in der ästhetischen Vorliebe, des Betrachters allein liegt. Vielmehr ergibt sich das Schönheitsempfinden beim Betrachter aus der Interaktion mit dem Gegenüber – und verliert sich entsprechend möglicherweise auch wieder. Es ist nicht abwegig, derartiges Schönheitsempfinden als Liebe zu bezeichnen (vgl. Hunger 2010, S. 320 ff.).

10.3 Schönheit per Befragung

Der amerikanische Ökonom Daniel Hamermesh (2011) hat jüngst ein Buch vorgelegt, in dem er die Ergebnisse seiner langjährigen Forschungen zum Thema Schönheit zusammenfassend darstellt. Es trägt den Titel Beauty Pays. Seine Annäherung an die Frage nach der Schönheit verläuft in für Ökonomen typischer Weise. Diese haben die Neigung, Seins-Fragen in Fragen nach Arten und Weisen von Messvorgängen umzuformen. Entsprechend konzentriert sich Hamermesh (2011, auf dieses Buch bezieht sich der gesamte folgende Abschnitt, sofern keine abweichenden Angaben gemacht werden) im Einklang mit vielen ökonomischen Studien vereinfachend lediglich auf die Schönheit von Gesichtern: „To discuss the economic effects of beauty, I want to narrow the focus as much as possible on faces (…) Or, as the psychoanalyst Oliver Sacks put it, ‚it is faces, first and last, that is judged ‚beautiful' in an aesthetic sense' " (Hamermesh 2011, S. 12).

Diese Einschränkung biete eine Anzahl messtechnischer Vorteile, u. a., dass Studien zur Bewertung von Schönheit als Studien zur Bewertung von Bildern von Gesichtern durchgeführt werden können. Bilder von Gesichtern bewegen sich nicht und altern nicht, so dass unterschiedliche Personen zu unterschiedlichen

Zeitpunkten zu genau dem gleichen Bild Stellung nehmen können. Diese Stellungnahme erfolgt in der Regel durch eine Skalenbewertung, die häufigste dabei verwendete Skala – so Hamermesh – geht von 1 bis 5, wobei 5 für außergewöhnlich gut aussehend, 4 für überdurchschnittlich gut aussehend, 3 für durchschnittlich, 2 für unterdurchschnittlich gut aussehend und 1 für hässlich steht.

Als ein erstes Ergebnis dieser Methode kann festgehalten werden, dass in allen so durchgeführten Studien die durchschnittliche Schönheit (Skalenstufe 3) mit Werten oberhalb 50 % die Beurteilungen dominiert, die Extremwerte (Skalenstufen 1 und 5) dagegen die seltensten Ergebnisse sind und fast immer (sofern nicht besondere Gruppen zur Beurteilung ausgewählt werden) mehr Bilder oberhalb (Skalenstufe 4 und 5) als unterhalb (Skalenstufe 1 und 2) des Durchschnitts eingeordnet werden. Vereinfacht, aber von der Tendenz her zutreffend kann also gesagt werden, dass es nach den Kriterien dieser Methode am wahrscheinlichsten ist, als durchschnittlich gut aussehend betrachtet zu werden, und dass es wahrscheinlicher ist, zu den gut Aussehenden als zu den schlecht Aussehenden zu zählen.

Ein weiteres Ergebnis besteht darin, dass trotz hoher Standardisierung die Beurteilungen schwanken und subjektive Züge tragen: „People will always disagree to some extent" (Hamermesh 2011, S. 21), aber „complete disagreement about looks is an extraordinarily rare event" (Hamermesh 2011, S. 26). Das bedeutet: Zum einen gibt es zwar Schwankungen bei der Beurteilung der Schönheit von Personen, aber die Beurteilung zeigt eine statistische Tendenz: „Someone who is considered above average in looks by one observer will be viewed the same way by most other observers" (Hamermesh 2011, S. 27). Zum anderen: Fast immer befinden sich die auftretenden Schwankungen im Bereich der Skalenstufen von 2 bis 4, während im Hinblick auf die Extremwerte besonderer Schönheit oder besonderer Hässlichkeit zumindest im Grundsatz Einigkeit unter den (zumeist amerikanischen) Beurteilenden besteht: Dass das Foto vom jemands Gesicht von den einen für besonders schön, von anderen aber für besonders hässlich gehalten wird, passiere fast nie.

Schönheit erweist sich nicht nur dieser Konstruktion, sondern auch diesen Ergebnissen zufolge als eine ästhetische Kategorie, die nicht unbedingt – einer langen philosophischen Tradition folgend – als binär (entweder schön oder nicht schön) betrachtet werden sollte, sondern in Abstufungen auftritt. Entsprechend fragt der Philosoph Matthias Hunger: „Warum – abgesehen vom philosophischen Ordnungswahn – sollten nicht einige ästhetische Urteile allgemein für alle Menschen gültig sein, andere hingegen nur für einen Urteilenden (und auch alle möglichen Abstufungen dazwischen existieren)?" (Hunger 2010, S. 9).

Diese Einsicht führt direkt zu zwei sehr unterschiedlichen praktischen Optimierungsmöglichkeiten der Wirkung der eigenen Schönheit. Einerseits besteht die Option, der eigenen Schönheit durch Kleidung, Kosmetik oder auch Operationen nachzuhelfen – ein Vorgehen allerdings, dem zumindest Hamermesh (2011, S. 54 u. ö.) nur geringe Effektivität bescheinigt: Studien zufolge verändert sich die Beurteilung der Schönheit von Personen durch Kleidung, Kosmetik u. ä. nur unmaßgeblich, und auch plastische Chirurgie hilft nur bei marginalen, nicht bei grundsätzlichen, etwa die Symmetrie betreffenden Problemen. Im Hinblick auf Schönheit stellt Hamermesh demzufolge fest: „Barring disfiguring accidents, we are basically struck with what nature and perhaps early nurture have given us" (Hamermesh 2011, S. 35).

Ist also die sachlich verändernde Optimierung der Schönheitswirkung wenig erfolgversprechend, kann andererseits eine soziale Strategie bessere Resultate erzielen: Wenn zutrifft, dass die Beurteilung der Schönheit – wenn auch in Maßen – vom ästhetischen Urteil der Betrachter abhängt, dann ist es wahrscheinlich sinnvoller, nicht das eigene Aussehen verändern zu wollen, sondern die passenden Beobachter zu suchen, denen man schön ist. Zu nichts anderem fordern die Andrew Sisters auf, wenn sie versprechen: „Bei mir biste schön" – und nichts anderes meint im Grunde das Zielgruppendenken des Marketing.

Dass diese Vorgehensweise z. B. bei der persönlichen Partnersuche Sinn macht, mag einleuchtend sein. Aber warum sollte man auch in beruflichen Zusammenhängen das Beste aus seiner Schönheit machen? Ein guter Grund dafür wäre der Umstand, dass als schlecht aussehend eingestufte Menschen im statistischen Durchschnitt auch weniger Geld verdienen – so zumindest die Einschätzung von Hamermesh, nachdem er sehr sorgfältig mögliche sonstige intervenierende Variablen wie Bildung, Alter, Selbstbewusstsein und andere diskutiert hat: „In other countries, the impact of looks may be smaller or larger than in the United States – it's hard to say. But that worse-looking workers earn less than their good-looking fellows appears to be a characteristic of industrialized countries generally" (Hamermesh 2011, S. 65).

Mehr Geld bei besserem Aussehen – wahrscheinlich trifft das auf unterschiedliche Berufstätigkeiten in unterschiedlichem Maße zu. Verblüffenderweise aber lässt sich dieser Zusammenhang auch dort zeigen, wo man ihn nicht ohne weiteres vermuten würde. So zitiert Hamermesh eine Studie, bei der das Aussehen von professionellen Football-Spielern mit deren Einkommen als Sportler (und nicht etwa aus zusätzlichen Werbetätigkeiten) korreliert wurde. Der Unterschied im Durchschnittsgehalt zwischen weniger gut aussehenden und überdurchschnittlich gut aussehenden Spielern betrug immerhin 12 %. „This seems to be a pretty large effect for an occupation where you would think that only one thing – pure athletic prowess – would determine earnings" (Hamermesh 2011, S. 83).

Nicht nur das Aussehen Angestellter wirkt sich auf deren Einkommen aus, sondern auch das Aussehen von leitenden Managern und Unternehmern führt im statistischen Vergleich zu besseren Ergebnissen für das Unternehmen. Diese Sicht unterstützt eine niederländische Studie, die das Aussehen von Werbeagentur-Geschäftsführern mit den Profiten der Agenturen in Beziehung setzte. Besser aussehende Geschäftsführer konnten dieser Studie zufolge auch bessere Profite verbuchen. Allerdings erwies es sich hier als sehr viel schwieriger, die Beziehung zwischen dem Agieren des Geschäftsführers und der Ertragslage des Unternehmens überhaupt zu modellieren und entsprechend intervenierende Variablen auszuschalten. Diese Schwierigkeit verstärkt sich noch, wenn statt kleiner Dienstleistungsunternehmen große Konzerne in den Blick genommen werden. Dennoch liegen auch hier Ergebnisse vor, die einen Zusammenhang zwischen dem Aussehen der Vorstände und dem Erfolg des Unternehmens plausibel nahelegen (vgl. Hamermesh 2011, S. 89 ff.).

Nach diesen vielfältigen Beispielen verwundert es vielleicht nicht mehr, dass sich auch die Situation bei Professoren nicht mehr ganz so eindeutig darstellt, wie sie zu Beginn des Textes erschien. Selbstverständlich beruht die Qualifikation von Personen für Berufe auf einer Vielzahl unterschiedlicher Fertigkeiten. Das trifft auf alle in den Beispielen besprochenen Fälle zu – aber das Aussehen hat dennoch fast immer einen Einfluss auf die Bezahlung. Bei Lehrenden an Hochschulen sind ebenfalls inhaltliche Qualifikationen unabdingbar. Dennoch wirkt sich ihr Aussehen auch auf ihr Gehalt aus, zumindest wenn dieses auch von den studentischen Evaluationsergebnissen abhängt, wie das in den USA stets der Fall ist. Hamermesh zitiert amerikanische und deutsche Studien, mit dem Ergebnis, dass Lehrende, die als besser aussehend bewertet werden, auch in hinsichtlich der Qualität ihrer Lehre bessere Noten bekommen: ein schwacher, aber ein feststellbarer Zusammenhang (Hamermesh 2011, S. 80 ff.).

Diese Ergebnisse laden zu mindestens zwei unterschiedlichen Interpretationen ein. Zum einen könnte man denken, dass die Studierenden, aber auch die Manager der Football-Vereine oder andere Personalverantwortliche einfach irrational urteilen und aus eigenem Unverstand heraus dem guten Aussehen einen Bonus einräumen. Zum anderen könnte es aber auch sein, dass gut aussehende Professoren tatsächlich besser unterrichten in dem Sinn, dass Studierende den Veranstaltungen der Gutaussehenden konzentrierter folgen und ihren Ausführungen bereitwilliger Glauben schenken und sie sich mit größerem Engagement zu eigen machen. Aber warum sollte das so sein? Einen Erklärungsansatz liefert die darwinsche Evolutionstheorie.

10.4 Das Versprechen der Schönheit

Der Kulturwissenschaftler Winfried Menninghaus hat versucht, den evolutionären Sinn von Schönheit zu rekonstruieren, wobei er sich einerseits auf Darwin und eine Vielzahl aktueller empirischer Studien zum Thema Schönheit, andererseits auf die Texte der griechischen Antike und römischen Staatskultur stützt. Die Evolutionstheorie erlaubt es, Schönheit in ein Grundmuster von Wettbewerb und Wahl einzuspannen – jedoch auf zwei sehr unterschiedliche Arten und Weisen.

Schon die erste Möglichkeit, Schönheit als Evolutionsvorteil im Darwinschen Sinn aufzufassen, vermag zu überraschen – wenn auch möglicherweise erst auf den zweiten Blick: Unterschiedliche Einzeltheorien postulieren nämlich, dass Schönheit ein Indiz für bessere Überlebens- und Reproduktionsfähigkeit darstellt bzw. dass als schön wahrgenommen wird, was auf solche Potenz schließen lässt.

Vermutlich wenig überraschend ist daran zunächst der Aspekt der Nützlichkeit auch des Schönen, der sich aus der Anbindung an die Darwinsche Fitnesstheorie herleitet. Allerdings funktionieren diese Theorien nahezu ausschließlich vor dem Hintergrund einer weiblichen Wahl und männlicher Schönheit – dem „mit Abstand verbreitetsten Paarungsmuster sexueller Lebewesen", von dem zu vermuten ist, dass es „auch in der Urgeschichte des Menschen eine Rolle gespielt hat" (Menninghaus 2007, S. 22). Schönheit erscheint so, verbunden mit dem Gedanken des Survival of the Fittest, als ein Aspekt männlicher Wesen, anhand dessen weibliche Wesen deren Attraktivität beurteilen.

Um diesen Zusammenhang genauer zu erklären, stehen eine Vielzahl teilweise konkurrierender Theorien zur Verfügung. Die einflussreichsten unter ihnen sind, so Menninghaus (2007, S. 139 ff.):

a. Die *Handicap-Theorie*; deren Ikone zeigt den männlichen, radschlagenden Pfau, dessen ansonsten völlig funktionsloses Federrad ein belastendes Schönheitselement bildet. An der Ausprägung dieses nutzlosen Extras, so die Handicap-Theoretiker, ermessen weibliche Tiere den über das basale, zum bloßen Überleben notwendige Maß hinaus zur Verfügung stehenden Ressourcenreichtum der konkurrierenden Männchen. Hieran lassen sich dann zwanglos übertragende Reflexionen im Hinblick auf den Sinn von sehr teuren Uhren oder bestimmten Autos („Penis-Cars") anschließen. Nur scheinbar im Widerspruch dazu steht die Beobachtung, dass auch in den Augen von Menschen Pfauenfedern gelegentlich als schön betrachtet werden, meistens jedoch nicht an Männern. Denn anders als bei Pfauen unterlag die menschliche Entwicklung nicht nur einer biologischen, sondern auch einer kulturellen Evolution, Pfauenfedern werden heutzutage und im amerikanisch-europäischen Kulturkreis an Männern wenig geschätzt, das gilt bzw. galt jedoch nicht für viele indigene Kulturen Amerikas und auch nicht für die Kultur der hiesigen frühen Neuzeit. Die kulturelle Evolution erlaubt lediglich den Bedeutungswechsel einzelner Handicap-Symbole, ihre grundsätzliche Funktion lässt sich durch diese Veränderung nicht wegerklären.

b. *Immunologische Theorien* unterstellen, dass Schönheit erhöhte Gesundheit signalisiert, insbesondere im Hinblick auf mögliche Erkrankungen oder Parasitenbefall. Hinsichtlich des Menschen könnte sich die These eines Zusammenhangs zwischen Aussehen und Gesundheit auf die Indikatoren Hautreinheit und Gesichtssymmetrie stützen. Denn tatsächlich wird Symmetrie einerseits häufig als Grundmerkmal von Schönheit betrachtet (vgl. z. B. Stewart und Filk 2008), andererseits zeigen Studien: „Verstärkte Grade von Asymmetrie im Gesicht und anderen Körperteilen sind statistisch mit verstärkter Anfälligkeit für Entwicklungsstörungen und sogar für etliche, zum Teil schwere Erkrankungen korreliert" (Menninghaus 2007, S. 155). Demgegenüber zeigt schon die Besonnungsmode, dass durchaus ungesunde Aktivitäten als schönheitsfördernd angesehen werden können.

c. Die *Jugendlichkeitsthese* schließlich besagt, dass die Wahrnehmung von Schönheit als Indikator des Reproduktionspotentials dient und daher Schönheit mit Jugend assoziiert ist. Für diese These spricht, dass in empirischen Untersuchungen die Beurteilung von Schönheit negativ mit dem Lebensalter der Personen korreliert: Je älter die Menschen, desto weniger schön wird ihr Gesicht beurteilt, selbst wenn die ausdrückliche Anweisung erfolgt, das Alter bei der Beurteilung auszublenden (vgl. Hamermesh 2011, S. 30 u. ö.). Allerdings ist die Korrelation zwischen Alter und Reproduktionspotenz nur für Frauen gültig – und hier liegt der Zeitpunkt optimaler Möglichkeiten bei etwa 15 Jahren. Männer dagegen haben bei der Reproduktion versorgende Funktionen, die sie besser in höherem Alter auszuüben im Stande sind – was auch an deren späterer Geschlechtsreife abzulesen ist.

Mit den drei genannten Theoriekomplexen lassen sich also durchaus Anschlüsse an Darwins Theorie der Fitness erreichen. Allerdings sind diese doch nur für Teilaspekte aufschlussreich oder tragen nicht unerhebliche Ungereimtheiten in sich, was mit den kurzen einschränkenden Argumenten zum Ende der jeweiligen Absätze zumindest angedeutet werden sollte. Die diesbezügliche Vermutung von Menninghaus, dass hier das Survival of the Fittest zur Universaltheorie zurechtgezimmert wird, erscheint durchaus plausibel. Denn Darwin selbst hat Schönheit im Kontext einer zweiten, eigenständigen Theorie behandelt, die in der üblichen deutschen Übersetzung (des Zoologen Julius Victor Carus aus den 1870er Jahren) den wenig aussagekräftigen Namen „Geschlechtliche Zuchtwahl" (wohl als Pendant zur „Na-

10.4 Das Versprechen der Schönheit

türlichen Zuchtwahl" des Survival of the Fittest) trägt, von Darwin (1981) selbst aber bereits im Titel des zugehörigen Werkes als „Selection in Relation to Sex" bezeichnet wurde. Folgt man dem dort von Darwin entwickelten und später von anderen Wissenschaftlern weiter ausgearbeiteten Gedanken, kommt man zu der These: „Sexuelle Wesen sind nicht schöner, weil sie über natürliche Selektionsvorteile verfügen, sondern sie haben natürliche Selektionsvorteile, weil sie sexualmodisch bevorzugt werden" (Menninghaus 2007, S. 189).

Sexueller Erfolg kann demzufolge mit Darwin nicht nur als Mittel zum Überleben, sondern auch als Zweck in sich verstanden werden. Entsprechend wird Schönheit dann nicht als Zeichen für besondere sonstige Qualitäten aufgefasst, sondern selbst als Mittel, um diesen (Selbst-)Zweck, sexuellen Erfolg, zu erreichen. Das klingt einerseits selbstverständlich – nicht mit diesen Worten, aber inhaltlich genauso hätte es auch mein Friseur formuliert –, andererseits aber vermutlich genau deshalb unerhört im Kontext des wissenschaftlichen Sozialsystems.

Möglicherweise ist die vergleichsweise geringe Beachtung von Darwins Theorie sexueller Selektion im Vergleich mit der euphorischen Aufnahme des Survival of the Fittest auch ein Beispiel dafür, dass Wissenschaft sich in ihren Theoriepräferenzen latent an ihren inneren Wertstrukturen orientiert. Wieder sei an die Berufungskommission erinnert, die den schöneren Kandidaten vorschlägt. Doch auf Basis dieser, auf Darwin selbst zurückgehenden Neurelationierung von Zweck und Mittel im Hinblick auf sexuelles Verhalten lässt sich eine komplette evolutionäre Ästhetik entwickeln (vgl. Menninghaus 2011). Sie rückt aber auch den sozusagen anti-protestantischen Gedanken ins Bewusstsein, dass Freude nicht etwa nur als etwas verstanden werden muss, was man hat, um anderes Nützliches zu tun, sondern dass Freude, Lust und Sexualität Zwecke eigenen Rechtes sind. In dieser, an Darwins zweitem Hauptwerk orientierten Sicht auf Schönheit erklärt sich auch der Titel des hier im Zentrum stehenden Buches von Menninghaus (2007): Schönheit ist, Menninghaus zufolge, kein Zeichen von Leistungsfähigkeit und Fitness, wie es die Handicap-, Immun- und Fertilitätstheorien nahelegen, sondern „nur das *Versprechen* von Glück, keinesfalls aber zugleich dessen Einlösung" (Menninghaus 2007, S. 10, Hervorhebung durch den Autor).

Diese Fassung der Schönheit als Glücksversprechen passt jedenfalls nicht schlecht zu den Beobachtungen von Hamermesh und anderen, dass als schön angesehene Menschen in vielen Berufen erfolgreicher sind als solche, die diese Schönheit nicht zu bieten haben. Schöne Menschen verdienen mehr, weil sie Glück versprechen – ohne dieses Versprechen – zumindest in wirtschaftlichen Zusammenhängen – selbst einlösen zu müssen. Das ist klar bei schönen Schauspielern und Models, das ist aber ebenso plausibel bei Beratern oder Dienstleistern. Ihr Erfolg beruht auf dem Versprechen, das Menschen aus ihnen herauslesen und der Freude, die so erreicht wird. Das führt offenbar auch nicht zu einem Nachlassen der Bemühungen durch die Schönen. Zumindest für Pfaue gilt: „Je mehr sexuellen Erfolg sie haben, desto mehr Energie verwenden sie darauf, noch mehr Erfolg zu suchen" (Menninghaus 2007, S. 189). Für den hier diskutierten Zusammenhang wirtschaftlicher Beziehung mag das genügen – denn man darf davon ausgehen, dass diese Beziehungen im Stadium des Versprechens bleiben dürfen und sollen. Wenn aus dem beglückenden Kontakt zum schönen Kundenberater ein sexuelles Verhältnis wird, ist der wirtschaftliche Rahmen nach allgemeinem Verständnis verlassen worden. Hier werden dann auch andere Erwartungen an die Erfüllungsfähigkeit des Versprechens der Schönheit gerichtet (vgl. instruktiv Wellershoff 1986, insbesondere „Der schöne Mann"). Im Bereich der Wirtschaft aber ist das Schwebende des Versprechens der perfekte Katalysator der Beziehung.

Literatur

Darwin, C. (1981). *The descent of man, and selection in relation to sex*. Princeton: Princeton University Press.
Hamermesh, D. S. (2011). *Beauty pays. Why attractive people are more successful*. Princeton: Princeton University Press.
Hogarth, W. (2007). *Analyse der Schönheit*. Dresden: Fundus.
Hunger, M. (2010). *Die Ästhetik des Menschen. Ästhetisches Erleben, Attraktivität, Schönheit und Liebe*. Münster: Westfälische Wilhelms-Universität.
Menninghaus, W. (2007). *Das Versprechen der Schönheit*. Frankfurt a. M.: Suhrkamp.
Menninghaus, W. (2011). *Wozu Kunst? Ästhetik nach Darwin*. Frankfurt a. M.: Suhrkamp.
Stewart, I., & Filk, T. (2008). *Die Macht der Symmetrie. Warum Schönheit Wahrheit ist*. Heidelberg: Spektrum.
Wellershoff, D. (1986). *Der Körper und die Träume*. Köln: Kiepenheuer & Witsch.

PR-Berater und ihre Klienten: Von Desillusionierungsfallen und der Kunst, ein Stachelschwein zu küssen

11

Zusammenfassung

Beratungsberufe haben für Berufseinsteiger meist eine große Faszination, da das Ausleben von Kompetenz mit Machtphantasien und Potenzerleben assoziiert ist. Die Beratungsrealität in Agenturen und der Alltag von Agentur-Kunden-Beziehungen lehren aber, dass auf den Kommunikationsmanager spezifische Desillusionierungsfallen und Rollenkonflikte warten, auf die es sich vorzubereiten gilt, damit der Beratungsberuf seine Faszination behält und nicht zur Frustrationsquelle gerät. Für diese spezifischen Herausforderungen will der Beitrag sensibilisieren. Dazu wird im Rückgriff u. a. auf die Rollentheorie und die Erkenntnisse von Berufsfeldstudien und reflektierte Beratungserfahrungen in der Literatur versucht, Konfliktpotenziale zu identifizieren, zu systematisieren und möglichen Lösungsansätzen gegenüberzustellen.

Susanne Femers

Eine Tätigkeit im Kommunikationsmanagement einer Organisation oder in der PR-Beratung eines Dienstleistungsunternehmens, sprich einer PR-Agentur, ist für viele Menschen, die Kommunikation zu ihrem Beruf machen wollen, ein hoch attraktives Berufsfeld, das aber in der Realität nicht unbedingt alles das erfüllt, was sich Berufseinsteiger von einer solchen Position erhoffen. Was die berufliche Desillusionierung in den Public Relations bedingt, ist nicht erschöpfend im mangelnden Können Einzelner zu suchen, sondern vielmehr in berufsfeldspezifischen, systematischen Desillusionierungsfallen zu finden, die im Folgenden im Rückgriff auf Berufsfeldstudien und theoretische Arbeiten zu Beratung und Dienstleistung aufgedeckt werden sollen. Notwendig für die Identifikation der angesprochenen Probleme ist zunächst einmal die begriffliche Fassung von Beratung und Dienstleistung allgemein und in der Folge die Spezifizierung von PR-spezifischen Beratungs- und Dienstleistungsprozessen. Nachfolgend werden dann die für die Desillusionierung typischen Fallen und Konfliktfelder aufgezeigt. Abschließend sollen Auswege aus den korrespondierenden Dilemmata in der Schlussbetrachtung skizziert werden.

11.1 Beratung und Dienstleistung

Beratungsprozesse sind dem Anspruch nach Kommunikationsprozesse, die zum Ziel haben, definierte Probleme zu lösen. Die Kommunikation kann dabei medial vermittelt sein wie etwa in der Online-Beratung, oder sich wie in der Face-to-Face-Situation in der direkten Interaktion abspielen. Für die professionelle Beratung ist in der Ausgangssituation eine *Bereitschaft zur Problemidentifikation und -bearbeitung* als prinzipieller Erfolgsfaktor zu werten. Wer nicht beraten werden will oder kein Problem sieht, wird keine Modifikation von Verhalten oder Verhältnissen vornehmen. Beratung in Form einer „Zwangsvollstreckung" erscheint wenig Aussicht auf Erfolg zu haben, obgleich viele Formen von Beratung in unserer Gesellschaft nicht unbedingt die Freiwilligkeit der Prozessteilhabe voraussetzen (so z. B. in der Erziehungsberatung). Für die professionelle Organisationsberatung kann ein grundsätzlicher Wille vorausgesetzt werden, Expertenwissen eines Beraters für organisationsspezifische Problemlagen zu nutzen.

Beratung kann außerdem als eine Interaktionsform beschrieben werden, die dem *Wissenstransfer* dient (Ernst und Kieser 2002, S. 56 f.). Ob das angebotene Wissen zur Problemlösung innerorganisational anschlussfähig ist und tatsächlich genutzt wird, entscheidet die beratene Organisation, nicht der Berater selbst. Da das Selbstverständnis des Beraters aber von der Inanspruchnahme der Beratungsempfehlung abhängt, kann man davon ausgehen, dass Beratung ein stark persuasiv geprägter Kommunikationsvorgang ist. *Beratungsgüter stellen keine konfektionierten Massenprodukte dar*, sondern erweisen sich als hochspezifisch und prozessbedingt. Die Charakteristika des Beratungsgutes werden im Beratungsprozess gemeinsam interaktiv hergestellt. Erst das konkrete Miteinander von Berater und Klient bestimmt die Güte des Beratungsproduktes. Die Beziehung zwischen Berater und Klient erweist sich also als zentral für das, was Beratung ist. In vielen Fällen kann davon ausgegangen werden, dass Beratung sich nicht im einfachen Ausfüllen von Wissenslücken erschöpft, sondern im gemeinsamen und verantwortlichen Erarbeiten von Optionen für die Lösung eines Organisationsproblems. *Das Beratungsprodukt stellt danach ein Entscheidungsportfolio dar mit entwickelten Alternativen zur Problemlösung*, die sich in der strategischen Ausrichtung und ihrer Erfolgswahrscheinlichkeit unterscheiden (vgl. hierzu auch Fuhrberg 2010, S. 33 ff.).

Aus Klientensicht ist Beratung also ein Entscheidungsangebot unter Unsicherheit. Das *Vertrauen in die Problemlösungskompetenz* des Beraters dürfte demzufol-

11.1 Beratung und Dienstleistung

ge eine wesentliche Voraussetzung für die Annahme des vom Berater priorisierten Vorgehens zur Problemlösung sein. Als *Vertrauensgut* lässt sich *Beratung* auch deshalb charakterisieren, da den Klienten aufgrund der fehlenden Kompetenzen, die ja gerade die Inanspruchnahme von Beratung rechtfertigen bzw. notwendig machen, eine Beurteilung der Qualität der Leistung schwer fallen oder sogar unmöglich sein dürfte (Femers 2002a, S. 27). Das, was Beratung ist, ihren Erfolg und die Macht des Beraters zur Problemlösung ausmacht, liegt also wahrscheinlich in dieser allgemeinen Fassung von Beratung in der Berater-Klienten-Interaktion verborgen. Beratung erweist sich insofern als mystifiziert und die entsprechenden Interaktionsprozesse sind nicht ganz durchschaubar. Daran hat auch die Beratungsforschung in den Public Relations (im Überblick Röttger und Zielmann 2009) bis heute nicht viel geändert: „Eine theoretische Konzipierung von PR-Beratung, die systematisch Charakteristika von PR-Beratung und PR-Beratungswissen beschreibt, ist lediglich in Ansätzen vorhanden." (Fuhrberg 2010, S. 17).

Auch wenn die Beratungsforschung bis heute in ihren theoretischen und empirischen Arbeiten noch keine allgemeingültige und zufrieden stellende Beschreibung von Beratungsprozessen vorgestellt hat, kann man insbesondere in der Betriebswirtschaftslehre und in Ausdifferenzierung davon in der Forschung zur Organisationsberatung feststellen, dass enorme Anstrengungen unternommen wurden, das Management der beschriebenen Kommunikationsprozesse zu optimieren. *Beratungsleistungen* erweisen sich *betriebswirtschaftlich betrachtet* als *Dienstleistungen*, und haben mit zunehmender Inanspruchnahme als bedeutendes wirtschaftliches Gut umfassende Bemühungen zum Qualitätsmanagement nach sich gezogen. In der Festlegung dessen, was Dienstleistung ist, lassen sich unschwer die spezifischen Charakteristika erkennen, die weiter oben auch als typisch für die Beratung herausgearbeitet wurden:

„Dienstleistungen sind selbständige, marktfähige Leistungen, die mit der Bereitstellung von Leistungsfähigkeiten verbunden sind." (Bruhn 2011, S. 24, Hervorhebung durch den Autor) und teilen mit der Beratung die folgenden Eigenschaften:

1. Die *Potentialorientierung* betrifft die Kenntnisse und Fähigkeiten, die der Berater in Ergänzung der Kompetenzen des Klienten auf dem Markt als *immaterielle Leistung* anbietet (auch wenn das nicht ausschließt, dass in Ausübung der Beratungstätigkeit auch Sachleistungen erbracht werden).
2. Typisch für die Beratung ist neben der Immateriabilität auch die *Intangibilität* der Dienstleistung (Bruhn 2011, S. 21), denn die Qualität der Beratung ist vor der Inanspruchnahme (und oft auch danach) nicht unbedingt sinnlich wahrnehmbar.

3. Im Rahmen des Leistungserstellungsprozesses wird schließlich in der Dienstleistung wie in der Beratung das Ziel angestrebt, an Menschen oder Objekten des Klienten bzw. seiner Organisation „*nutzenstiftende Wirkungen*" (Bruhn 2011, S. 24) zu erreichen. *Beratung ist ganz allgemein gesprochen – so der Beratungsforscher Block (1997) – der Versuch, eine Situation zu verändern oder zu verbessern.* Beratung ist also Dienstleistung.

11.2 PR-Beratung und PR-Dienstleistung

Zur Bestimmung dessen, was Public Relations „als diffuses Tätigkeitsfeld mit schwer überprüfbarer Effizienz und Effektivität" (Fuhrberg 2010, S. 20) ausmacht, und was unter den berufspraktisch relevanten Beratungsprozessen zu verstehen ist, lässt sich die Selbstdarstellung der Deutschen Public Relations Gesellschaft e. V. (DPRG) heranziehen, die seit gut zehn Jahren das PR-Berufsbild wie folgt skizziert:

Das Berufsbild der DPRG e. V.

„Öffentlichkeitsarbeit/Public Relations ist Management von Kommunikation. Öffentlichkeitsarbeit/Public Relations vermittelt Standpunkte und ermöglicht Orientierung, um den politischen, den wirtschaftlichen und den sozialen Handlungsraum von Personen oder Organisationen im Prozess öffentlicher Meinungsbildung zu schaffen und zu sichern. Öffentlichkeitsarbeit/Public Relations plant und steuert dazu Kommunikationsprozesse für Personen und Organisationen mit deren Bezugsgruppen in der Öffentlichkeit. (…). Öffentlichkeitsarbeit/Public Relations ist Auftragskommunikation. In der pluralistischen Gesellschaft akzeptiert sie Interessengegensätze. Sie vertritt die Interessen ihrer Auftraggeber im Dialog informativ und wahrheitsgemäß, offen und kompetent. Sie soll Öffentlichkeit herstellen, die Urteilsfähigkeit von Dialoggruppen schärfen, Vertrauen aufbauen und stärken und faire Konfliktkommunikation sichern. (…) Öffentlichkeitsarbeit/Public Relations ist eine Führungsfunktion; als solche ist sie wirksam, wenn sie eng in den Entscheidungsprozeß von Organisationen eingebunden ist."
(http://www.dprg.de/statische/itemshowone.php4?id=39. Zugegriffen: 19. Apr. 2011.)

Mit diesem Selbstverständnis ist der älteste Berufsverband der Öffentlichkeitsarbeiter in Deutschland anschlussfähig an die Theoriebildung in der PR-Wissenschaft[1], auch wenn bezüglich der Begriffsbestimmung von PR eine erhebliche *Definitionsproblematik* zu verzeichnen ist, die hier nicht weiter vertieft werden kann (vgl. Fröhlich 2008a, S. 95 ff.; Szyszka et al. 2009, S. 47 f.). Das Berufsfeld Public Relations ist eines, das in den letzten Jahrzehnten einen großen Nachfrageboom erlebt hat, der nach Auffassung von Experten auch für die Zukunft anhalten wird (Fröhlich 2008b, S. 432). In diesem Feld ist zwischen PR-Schaffenden in organisationsinternen Dienstleistungsabteilungen von Profit- oder Non-Profit-Organisationen und PR-Agenturen bzw. PR-Beratern im externen Dienstleistungsmarkt zu unterscheiden (Fröhlich 2008b, S. 432). Der Berufszugang gilt als offen, die Bezeichnungen der derzeit ca. 40.000 PR-Tätigen in Deutschland sind durchaus heterogen (vgl. z. B. PR-Praktiker, Unternehmensberater (für Kommunikation), Öffentlichkeitsarbeiter oder Pressesprecher, Fröhlich 2008b, S. 433, 434).

Wie beschreiben Kommunikationsberater selbst ihre Tätigkeit? In Imagebroschüren oder auf den Webseiten von einschlägigen Dienstleistungsunternehmen finden sich Prozessbeschreibungen mit Korrespondenz zu dem Credo der beruflichen Standesvertretung. Ein Kunde, der sich einen Dienstleister bzw. Berater sucht, trifft z. B. auf folgende Formen der Selbstbeschreibung:

Beispiele für Selbstbeschreibungen von PR-Beratern

Beispiel 1

„Willkommen bei markengold PR. Ihr Partner für strategische Medienarbeit und Online Relations. Wir nutzen Themenpotentiale und sprechen kreativ die Medien an und steuern so Ihren Dialog mit der Öffentlichkeit."
(http://www.markengold.de. Zugegriffen: 05. März 2012).

Beispiel 2

„Auf dem Schreibtisch stapelt sich das Papier, die Zigarette qualmt im Aschenbecher, per Email kommt gerade die Anfrage nach Fotomaterial von einer großen Zeitschrift, mit den Kollegen müssen Einzelheiten zu einem Messetermin besprochen werden und jetzt klingelt auch noch das Telefon: Ein ganz normaler Tag für Tamara Emken, von Beruf PR-Beraterin bei Borgmeier Media Communication."
(http://www.karrierefuehrer.de/berufsbilder/borgmeier.html. Zugegriffen: 05. März 2012.)

---

[1] So definierten Grunig und Hunt bereits 1984 PR wie folgt: „Public Relations is the management of communication between an organization and its publics." (Grunig und Hunt 1984, S. 6).

> **Beispiel 3**
>
> „Genauso wenig wie Bäcker nur Brötchen backen, versenden PR-Agenturen nicht nur Pressemitteilungen. Und genauso lecker und abwechslungsreich wie Plätzchen, Torten und Schwarzbrot sind, so vielfältig sind auch die Leistungen einer PR-Agentur. Wenn Sie (…) einen Partner suchen, der mit Ihnen nicht nur kleine Brötchen backen will, sind Sie bei uns genau richtig."
> (http://www.prdienst.de/individual-pr.shtml. Zugegriffen: 05. März 2012.)

Diese Beispiele stehen für viele andere, die zeigen, dass PR-Berater ihre Aufgaben in der *strategischen Planung* sehen und sich als *Beziehungsmakler* verstehen (Beispiel 1). Ihr Selbstbild ist das des *lebendigen Dienstleisters mit hohem Leistungsdruck und vielfältigen Aufgaben im Kontaktmanagement* (Beispiel 2 und 3). Das, was sie tun, ist für Außenstehende oft schwer zu verstehen. Für den nicht-professionellen Kunden, der nicht über das Insiderwissen der Kommunikationsstrategen verfügt, erfolgt daher schon einmal der Rückgriff auf *Alltagsanalogien* (Beispiel 3). Problematisch für das zu erzeugende Fremdbild sind solche Übersetzungsversuche allerdings, wenn Hilfe bei Handwerksmetaphern gesucht wird wie im „Bäckerbeispiel". Das Selbstverständnis vieler PR-Schaffenden ist davon abweichend nämlich das eines managementtauglichen Gegenübers als Berater oder *Consultant auf „Augenhöhe"* mit dem Management der zu beratenden Organisation, das zeigt sich im „Mission-Statement" des Marktführers Ketchum:

> **Beispiel 4**
>
> „Ketchum Pleon entwickelt und realisiert Kommunikationsstrategien und -programme, national und international. Mit innovativen Kommunikationslösungen und profunder Kenntnis von Prozessen und Themen tragen die Leistungen der Kommunikationsberatung messbar zum Erfolg von Unternehmen, Institutionen und Organisationen bei. Die Klienten setzen auf Reputation Management und Wertsteigerung durch Kommunikation. Sie vertrauen auf die Expertise und Professionalität von Ketchum Pleon – von der strategischen Planung der Kommunikation bis hin zur operativen Umsetzung. (…)
>
> Ketchum Pleon wird mehrheitlich von Partnern geführt, die über Jahrzehnte Wissen und Projekterfahrung erworben haben. Die Partner sind unternehmerisch denkende Berater und erfolgreiche Manager. Das heißt: Für Führungskräfte der internationalen Wirtschaft von Institutionen und Organisationen sind sie Partner auf Augenhöhe – als strategische Kommunikationsberater, professionelle Coachs und gefragte Experten für Organisations- und Unternehmensentwicklung."

11.2 PR-Beratung und PR-Dienstleistung

(http://www.ketchum.de/de/ketchumpleon/mission. Zugegriffen: 05. März 2012.)

Wer als Kunde oder Berufseinsteiger wissen will, was Kommunikationsberater tun, kann selbstverständlich auch bei der Literatur Hilfe suchen. Neben theoretischen „Schwergewichten" im Dunstkreis z. B. der Systemtheorie mit durchaus eigenwilligem und gewöhnungsbedürftigem Vokabular, das nicht jeder Kunde „stemmen" kann, finden sich Popularisierungsvarianten der Beschreibung von Kommunikationsberatung, die z. B. Einblick in verborgene Prozesse gewähren bzw. Geheimwissen offerieren: So bietet z. B. Weinberg (2003) „Das Gesetz der Himbeer-Marmelade – 103 Geheimnisse der Beratung", Kindl-Beilfuß (2010) offeriert eine Art intime Enthüllung „Fragen können wie Küsse schmecken: Systemische Fragetechniken für Anfänger und Fortgeschrittene." Für Berater empfiehlt sich u. U. auch „Der Nasenfaktor: Wie Berater sich unverwechselbar positionieren" von Liebmann (2007). Und Kunden können „Die PR-Nanny: So bekommen Sie Ihre Öffentlichkeitsarbeit in den Griff" von Vogel (2008) konsultieren, wenn sie alleine nicht mehr weiter wissen. Was soll man von solchen Beratungsbibeln halten? Schwer zu sagen. Nahe liegend ist, dass auf der Suche nach dem Wesen der Beratung vor allem auf Seriosität Wert gelegt wird. Dies war auch ein Anliegen, das der frühen PR-Beratung überhaupt erst ihren Namen gab.

Nach Kunczik (2010, S. 21) geht nämlich der Begriff *„counsel on public relations"*, also PR-Berater, verwendet seit dem Jahr *1920*, auf Bernays (1965, S. 288) zurück, der sich durch eine *Entlehnung aus der Rechtsberatung* eine semantische Aufwertung von PR-Tätigkeiten versprach: „We borrowed the term counsel from the law, hoping its professional implications would carry over to the new field." An diese Hoffnung muss sich die Disziplin wohl fast ein Jahrhundert später noch immer klammern, lassen doch inflationäre Verwendung und viele Verunglimpfungen der Berufsbezeichnung Berater darauf schließen, dass der positive Imagetransfer noch nicht ganz geglückt ist. Dazu aber im Folgenden mehr in der Betrachtung berufsfeldtypischer Konflikte.

Zunächst einmal soll festgehalten werden, was wesentliche Komponenten des Beratungsprozesses sind, die sich aus den Selbstbeschreibungen der Branche ergeben. Die Prozesse zur Leistungserstellung zwischen dem PR-Berater und seinem Klienten sind in der Literatur aus Praktikersicht und auch in der theoretischen Modellbildung vielfach beschrieben und auch im Rahmen von Qualitätssicherungsverfahren (vgl. Fuhrberg 2010, S. 132 ff.) zumindest in „Qualitätsagenturen" so weit möglich normiert. Die Methoden und Arbeitsschritte auf dem Weg der Vorbereitung von Handlungsoptionen für die strategische Kommunikationsplanung finden sich in der Literatur zur *Konzeptionstechnik*, und sollen hier nicht im Detail beschrieben werden (vgl. z. B. Dörrbecker und Fissenewert-Gossmann 2003; Szyszka und Dürig 2008; Hansen und Schmidt 2009; Leipziger 2009).

Vom Briefing über Analyse, Strategieentwicklung, Taktik und Evaluation wird jeweils beschrieben, welche Kommunikationsinhalte in welchen Schrittfolgen die Prozessbeteiligten zur Hervorbringung dieser PR-Dienstleistung bearbeiten sollen, denn die PR-Forschung konzipiert diese Leistung entlang genau dieser Prozesse: „PR-Dienstleistungen sind selbstständige, marktfähige Leistungen zur Lösung von PR-Problemen, die mit der Bereitstellung und/oder dem Einsatz von Leistungsfähigkeiten in den Bereichen Situationsanalyse, Strategie, Taktik, Durchführung und/oder Evaluation verbunden sind." (Fuhrberg 2010, S. 31, s. auch S. 70 ff.). In der Steuerung dieses Prozesses können sich nun Störungen im Beziehungsmanagement ergeben, die als Herausforderungen für das Kommunikationsmanagement identifiziert werden können. Den entsprechenden Prozesskomponenten in den Schritten der Konzeptionserstellung kann man sogar systematische *Desillusionierungsfallen* zuordnen (vgl. Fuhrberg 2010, S. 174), die hier auf einer Metaebene skizziert werden.

11.3 Desillusionierungsfallen in der PR-Beratung

11.3.1 Desillusionierungsfalle 1: Beratung ist kein Management

Nach einer Repräsentativ-Befragung der Berufsgruppe Pressesprecher sehen PR-Schaffende sich vor allem als Mittler zwischen Organisationen und der Öffentlichkeit (86 % Zustimmung bei Mehrfachantworten) sowie als Berater des Vorstands bzw. CEOs (59 %) (Bentele et al. 2005). In einer dritten Welle dieser Repräsentativbefragung des Bundesverbands deutscher Pressesprecher e. V. (BdP e. V.) verstehen sich PR-Leute in Organisationen mehrheitlich als hierarchisch hoch angesiedelt, bezogen auf die Tätigkeiten selbst geben aber drei Viertel der Befragten an, eher umsetzend-operativ zu arbeiten, lediglich 28 % verstehen ihre Tätigkeit als strategisch-planend (Bentele und Seidenglanz 2009, S. 40). Manager hingegen sichern und koordinieren in einer Organisation das gemeinsame Handeln der Organisationsmitglieder, um avisierte Ziele zu erreichen. Dafür sind sie planend, koordinierend, organisierend und kontrollierend tätig. Um diese Managementfunktion zu erfüllen, muss PR entweder in der Führung des Unternehmens integriert sein oder PR-Berater müssen Führungspersonen der Organisation in den genannten Feldern einflussreich begleiten.

Als Resümee aus diesen Überlegungen zu Schwerpunkten in PR-Tätigkeiten aufgrund einer weiteren Berufsfeldstudie lässt sich schließen: „Manager ist, wer Steuerungsfunktionen wahrnimmt." (Röttger 2010, S. 78). Dies jedoch ist nach Block (1997) keine originäre Berateraufgabe. *Berater treten an, um Situationen in Organisationen zu verändern. Die Entscheidung über eine Veränderung übernimmt aber das Management der Organisation.* Diese „Dualität von Ratgeben und Ratnehmen" (Fuhrberg 2010, S. 11) als Kern der PR-Beratung beschreiben Baerns und Raupp (in Fuhrberg 2010, S. 11) wie folgt: „Solange vom PR-Dienstleister, sei es im Hinblick auf eine Strategie oder einzelne Maßnahmen, Handlungsalternativen vorgeschlagen, diese begründet und bewertet werden und die Handlungsentscheidung zu Gunsten einer Alternative beim Kunden verbleibt, (…) handelt es sich um PR-Beratung." *Der Wunsch des Beraters, Einfluss auszuüben ist also strukturell gekoppelt mit einem gleichzeitigen Mangel an Macht und Kontrolle* (Femers 2002b, S. 41). Dies kann individualpsychologisch als zerstörte Illusion einer Managementpotenz und damit permanente Frustration erlebt werden. Auf der Ebene des Berufsbildes zieht Röttger (2010, S. 87) die Schlussfolgerung: „Bislang (…) findet eine Integration der Öffentlichkeitsarbeit in das Management in erster Linie in theoretischen Überlegungen statt, in der Praxis sind in der Bundesrepublik Deutschland nur wenige PR-Experten in das Top-Management einbezogen." (Zum Ergebnis einer uneinheitlichen hierarchischen Verortung von PR siehe auch die Ergebnisse der Berufsfeldstudie von Szyszka et al. 2009, S. 304 f.)

11.3.2 Desillusionierungsfalle 2: PR-Disziplin unter Generalverdacht

PR-Berater haben seit jeher ein schlechtes Image. Verantwortlich dafür sind systematische Verdächtigungen gegenüber dieser Kommunikationsdisziplin: PR-Berater gelten z. B. als *Propagandisten*, da die Abgrenzung von PR und Propaganda einer „semantischen Spielerei" gleichkomme (Kunczik 2010, S. 39) oder als „Meister der Verdrehung" (Der Spiegel 2006 zitiert nach Kunczik 2010, S. 43), da ihnen vorgeworfen wird, *Wahrnehmungen zu manipulieren*. *Informationstätigkeit als Auftragskommunikation* für Organisationen bringt – so Branchenkritiker – auch in den jüngsten Auseinandersetzungen über die Ethik der Public Relations mit sich, dass systematisch gelogen und getäuscht werde in diesem Beruf. Die *Infiltrierung zweckbestimmter Auffassungen* ohne Vorbehalte und ohne Rücksicht auf den objektiven Wahrheitsgehalt bringt Kunczik (2010, S. 42) in der Paraphrasierung Brechts dazu zu behaupten: „Öffentlichkeitsarbeiter sind ein Geschlecht erfinderischer Zwerge, die für alles gemietet werden können." Auch *Schönfärberei* als Euphemismus für

Lüge findet sich oft in kritischen Beschreibungen von PR-Tätigkeiten. PR bzw. Lobbyismus wird in der Extremform sogar als Demokratie gefährdend dargestellt (Kunczik 2010, S. 428, 431) und systemkritisch wird vermerkt, die PR trägt „zur Stabilität bestehender Herrschaftsverhältnisse bei und verhindert Demokratie" (Kunczik 2010, S. 429).

Mit dieser systematischen Verdächtigung geht vielfach auch eine starke Übertreibung der Wirkung von PR einher. Während sich die Evaluationsforschung bemüht, dem tatsächlichen Wirken von PR in einem äußerst komplexen Kommunikationsgeschehen auf die Spur zu kommen, werden Ängste vor PR geschürt, die übertrieben sein dürften. So existieren viele *Mythen der Beratermacht*, die sogar mit „dem strategischen Wert von ein bis zwei Armeekorps der NATO" gleichgesetzt worden ist oder mit der „Wirkung von Atomkraft" verglichen wurde (nach Kunczik 2010, S. 50). Außerdem ist die soziale Angst vor dem psychologisch geschulten Gegenüber eine, die spätestens seit den Arbeiten Sigmund Freuds um die vorletzte Jahrhundertwende weit verbreitet ist. Edward L. Bernays, in der PR-Literatur als erster PR-Berater gehandelt, war ein Neffe Freuds und betrachtete die Arbeit des PR-Beraters als die eines *Sozialtechnologen für die Konsensfindung* („engineering of consent" Bernays 1955). Nach Cutlip (1994, S. 170) ist er als „Psychoanalytiker für Firmen" zu verstehen. Diese Attribuierung dürfte einerseits viele PR-Schaffende in ihrem Potential völlig überschätzen und andererseits auch die Angst vor der Beeinflussungsmacht schüren. Was auf den ersten Blick lächerlich erscheint, könnte dennoch als Wirkungsangst Beziehungen von PR-Beratern und ihren Klienten zumindest unterschwellig negativ beeinträchtigen. Die Wirkungsabsichten und-potentiale im Sinne einer emanzipierenden, Demokratie fördernden Kraft – wie der Berufsverband es verstanden wissen will – wären vor diesem Hintergrund als Illusion zu werten.

11.3.3 Desillusionierungsfalle 3: Schwarze Schafe als Vertrauensmalus

Wie bei jedem anderen Vorurteil auch, beruht die weit verbreitete negative Einstellung gegenüber dem beratenden Gewerbe auf einem „Körnchen Wahrheit". Also irgendetwas muss doch dran sein an den pauschalisierten Vorwürfen! Man kennt jemanden, der schon einmal eine enttäuschende Erfahrung mit dem helfenden Beruf gehabt hat, man hat davon gehört oder in den Medien gelesen. Gerade auch Journalisten sind der PR-Branche gegenüber häufig skeptisch eingestellt – auch wenn Medieninhalte in ihrer Thematik und ihrem Timing vielfach durch Öffentlichkeitsarbeit geprägt sind. Und tatsächlich werden jedes Jahr vom Presserat und

11.3 Desillusionierungsfallen in der PR-Beratung

vom Deutschen Rat für Public Relations, den Selbstkontrollorganen der Branche, *ethisch bedenkliche kommunikative Handlungen* geprüft und im Einzelfall auch für nicht akzeptabel befunden und gerügt (vgl. Avenarius und Bentele 2009).

Eng verbunden mit dem Berufsimage des PR-Beraters sind daher immer wieder gern erzählte Legenden über *schillernde Einzelpersonen und ihre Unredlichkeit* (vgl. z. B. Ahrens und Knödler-Bunte 2003). „Ausgewählte" PR-Berater und ihre Missetaten avancieren hier zu beliebten Akteuren von Fortsetzungsgeschichten in meinungsbildenden Medien. Durch die „Beratungsleistungen" des PR-Beraters Moritz Hunzinger – der Spiegel berichtete – mussten wegen unakzeptabler Vorteilsnahme vor der Bundestagswahl 2002 sogar der damalige Bundesverteidigungsminister Rudolf Scharping und der Bundestagsabgeordnete Cem Özdemir von Bündnis 90/ Die Grünen zurücktreten. Im Sog dieser sich selbst nährenden Krise fand auch der damalige Spitzenkandidat der PDS und Wirtschaftssenator Gregor Gysi nur noch den Exit aus der politischen Verantwortung. Beziehungen sind für PR-Berater Kapital. Das Beziehungsmanagement des PR-Beraters Hunzinger, in der Wochenzeitung Die Zeit als „Kontaktkleber für Geld und Macht" (Bittner 2002) tituliert, macht Respekt und Angst vor der politischen Einflussnahme von Beratern: „Wenn alle so feine Strippen ziehen würden wie Hunzinger, könnte der Reichstag (…) zur Augsburger Puppenkiste geraten." (Bittner 2002).

Solche Fälle schüren selbstverständlich Ängste von potentiellen Kunden – ob aus Politik oder Wirtschaft. Und der Nutzen des Beziehungsmanagements gerät in den Verdacht, für die Nutzennehmer zum Verhängnis werden zu können. Das „Unbehagen an der PR" ist aber eine Facette des Beratungsberufs, mit dem Berater zu leben lernen müssen. Mit jedem neuen Skandal erweist sich redliche Kommunikationsarbeit anderer allerdings auch als Sisyphusarbeit. Ist einmal der Stein ins Rollen gebracht und das Beziehungsmanagement auf der „schiefen" Bahn angelangt, können die Imagepoliteure in der Eigen-PR wieder von vorne anfangen. Das muss jeder Berater wissen und auch aushalten können. Nicht nur das, er muss in der Beziehungsarbeit mit seinen Klienten gegensteuern. Die meisten Beratungsangelegenheiten sind selbstverständlich keinesfalls so brisant wie der geschilderte Fall, der Prominente zu Fall brachte.

Aber ein bisschen scheint es auch manchen PR-Leuten zu gefallen, als schillernder Mephisto zu gelten. Nur ein bisschen Thrill – gegen die Eintönigkeit, Unaufgeregtheit und Mittelmäßigkeit des Tagesgeschäfts? So klingt in der einen oder anderen Selbstdarstellung das Kokettieren mit dem Negativimage als Vorwärtsstrategie an oder zumindest als selbstironischer Distanzierungsversuch: „Sektglashalter, Hummerscherenknacker, Frühstücksdirektoren, Pressefritzen, PR-Trullas und PR-Fuzzies – PR-Profis müssen mit solchen Bezeichnungen leben – oder auch mit missgünstigen Bloggern. Was niemanden davon abhält, diesen Berufsweg einzuschlagen. Denn Öffentlichkeitsarbeit oder zu neudeutsch ‚Public Relations (PR)' ist ein spannendes und vielseitiges Berufs- und Arbeitsfeld." (http://www.pr-akademie-frankfurt.de/news.html. Zugegriffen: 05. März 2012.).

11.3.4 Desillusionierungsfalle 4: Feminisierung und Freundlichkeitsfalle

Viele junge Leute machen heutzutage gerne „was mit Medien". Das heißt, eine Arbeitstätigkeit im Berufsfeld Kommunikation erscheint ihnen attraktiv. Wer sich in Kursen zum abendlichen Weiterbildungsstudium umsieht oder an Hochschulen, die Studiengänge in den Feldern Kommunikationswissenschaft/-management im weitesten Sinne anbieten, wird die Erfahrung machen, dass viele Studierende weiblich sind. Anders als in technischen Studienfächern ist es nicht notwendig, Schnuppertage zu offerieren, um eine große Gruppe weiblicher Studierender zu begeistern. Auch in Kommunikationsabteilungen von Unternehmen oder entsprechenden Dienstleistungsagenturen wimmelt es nur so von Frauen. Das an sich stellt kein Problem dar. Erklärt wird der weibliche Zuspruch damit, dass man ja weiß, dass *Frauen* eben „*kommunikativer*" sind – was immer das auch heißen mag. Problematisch wird der Blick auf die Geschlechter in Kommunikationsberufen erst, wenn man betrachtet, dass sich mit zunehmender Verantwortung und Macht in den Positionen von Organisationen der Frauenanteil erheblich ausdünnt. Ist PR ein Frauenberuf solange man nur über Trainee- und Assistentenstellen spricht? Die *Feminisierung des Berufsfeldes* lässt nach Auffassung der Münchner Berufsfeldforscherin Fröhlich „geschlechtsspezifische Diskriminierungstendenzen der Arbeitswelt" befürchten (Fröhlich et al. 2005, S. 3).

In einer 2003 durchgeführten Erhebung fanden Fröhlich und Kolleginnen heraus, dass 53 % *Frauen* in Deutschland im PR-Beruf tätig sind, wobei Frauen „*Technikerrollen*" ausüben, d. h. ausführende, bzw. Entscheidungen anderer umsetzende Tätigkeiten, *Männer* hingegen „*Managerrollen*" mit Machtausübungs- bzw. Entscheidungsmöglichkeiten innehaben, was auch den schlechteren Verdienst von Frauen erklären könnte (Fröhlich et al. 2005, S. 136). Ein vielleicht sogar international zu beobachtender Trend – in den USA gilt Public Relations bereits als Berufsfeld mit den größten Zuwachsraten an Frauen (Fröhlich 2008b, S. 432). Dass Frauen die besseren Kommunikatoren sind (wenn sie es denn sind), kann sich für diese als „*Karrierekiller*" erweisen. Denn das „bessere" kommunikative Verhalten könnte auch als „Unterwerfungsgeste" interpretiert werden: Unbewusst verhalten sich dann Frauen von Kindesbeinen an so, dass sie aus einer niedrigeren Statusposition heraus Interaktionsprozesse erleichtern – so Fröhlich (2008b, S. 144):

"So erweist sich die These von der kommunikativen weiblichen Begabung als ein strenges Rollenkorsett, das im schmeichelhaften Gewande daherkommt und deshalb auf ganz besonders raffinierte Weise den Blick verstellt auf die üblichen dahinter liegenden Diskriminierungsmechanismen. Diesen Effekt bezeichne ich als ‚Freundlichkeitsfalle'." Nahe liegend ist, dass bei *Zuschnappen der Freundlichkeitsfalle* Frauen besonders starken Frustrationsrisiken im Berufsfeld Kommunikation ausgesetzt sein müssten und die Desillusionierung hier stärker erlebt wird als bei Männern – es sei denn, sie attribuieren den irgendwann auf der Karriereleiter stockenden Erfolg als internal, d. h. resultierend aus ihren im Wettbewerb nicht ausreichenden Kompetenzen. Ob dies tatsächlich empirisch belastbare Thesen sind, muss die Berufsfeldforschung allerdings noch weiter absichern (vgl. auch Szyszka et al. 2009, S. 280 f., 296 f.).

11.3.5 Desillusionierungsfalle 5: Vorprogrammierung von Rollenkonflikten

Bereits die oben ausgeführten Desillusionierungsfallen zeigen auf, dass Rollenkonzepte zentral für das Verständnis von Problemen im Berufsfeld sein können. In der amerikanischen PR-Forschung haben sich in den einschlägigen Studien der letzten 30 Jahre folgende vier PR-Berufsrollenkonzepte etabliert, die auch in der deutschen Berufsfeldforschung immer wieder aufgegriffen werden (nach Röttger 2010, S. 88 ff.): Der *„PR-Experte"* („expert prescriber") als Rolle Nr. 1 konzentriert sich auf die PR-Problemanalyse und die Entwicklung korrespondierender PR-Problemlösungsstrategien. Der *„Kommunikationstechniker"* („communication technican") hingegen verantwortet die Umsetzung und Durchführung von PR-Maßnahmen. Notwendig dafür ist die Übernahme von journalistisch-technischen und handwerklichen Fähigkeiten. Es geht in dieser Berufsrolle um das Texten, Redigieren und Produzieren von PR-Material. Rollenkonzept Nr. 3 entspricht dem *„PR-Animateur bzw. Kommunikationsvermittler"* („communication faciliator"), er fungiert als eine Art „information broker", der für die interne und externe Informationsvermittlung und die Beziehungsgestaltung zwischen Organisation und Öffentlichkeit zuständig ist. Nr. 4, der *„PR-Problemlöser"* („problem-solver-process faciliator") schließlich wird als Teil des Managements betrachtet, er unterstützt das Management bei Problemdefinition und Lösung für die Organisation.

Zur praktischen Relevanz dieser Rollenkonzepte ist aufgrund amerikanischer Studien zu konstatieren, dass sich *zwei dominierende Rollenmuster* abzeichnen, die des *PR-Managers*, der in Management und Entscheidungen verantwortlich eingebunden ist, der plant, steuert und kontrolliert, und der *PR-Techniker*, der eher ausführende, operative PR-Tätigkeiten im Sinne der Ausführung von Entscheidungen übernimmt (Röttger 2010, S. 89). In der Technikerrolle sind vornehmlich Frauen die Rollenträgerinnen. Einzelne Studien weisen daraufhin, dass das auch für die deutsche PR die relevanten Rollenmuster sind (Röttger 2010). Wer aber mit Management-Ambitionen antritt, aber nur Technikeraufgaben übernehmen darf, läuft Gefahr, desillusioniert zu werden.

Anknüpfend an diese Rollenkonzepte lassen sich spezifische Rollenkonflikte herausarbeiten, die in der Literatur in den letzten zehn Jahren beschrieben worden sind (Femers 2002a, b; Fuhrberg 2010, S. 81 ff., 151 ff., 344 ff.). PR-Berater können durch *Rollenüberlastungen im Beziehungsmanagement* überfordert werden, da sie mit vielfältigen, auch widersprüchlichen Rollenerwartungen konfrontiert sind, die je nach Verfasstheit des jeweiligen Klientensystems wechseln dürften. Das verlangt große Flexibilität im Rollenhandeln als eine Herausforderung für Berater. Auch die Rollenerwartungen, die sich durch das System der Agentur bzw. entsprechende Erwartungen von Vorgesetzten ergeben, sind in diese Vielfalt einzubeziehen. Von Kundenseite können Rollendelegationen problematisch werden, wenn Berater zur Legitimation von Entscheidungen des Managements des beratenen Unternehmens instrumentalisiert werden (Femers 2002b, S. 42). Schwierig wird die Rolle des Beraters auch dann, wenn Probleme auf Kundenseite tabuisiert werden, Hidden Agendas die Beratung bestimmen und nur vermeintlich am „wahren" Problem gearbeitet wird. Ein Kunde ist für den Berater außerdem nicht ein Kunde, sondern repräsentiert in der Regel mehrere Personen und damit Perspektiven in einem Unternehmen, die durchaus unterschiedliche und widersprechende Rollendelegationen einbringen können. Ein Berater kann dabei leicht zum Spielball der Machtspiele unternehmensinterner Rollenträger auf Kundenseite werden oder sich an Widerständen gegen die Beratung abarbeiten, aber in der Sache, dem eigentlichen Problem, erfolglos bleiben. Auch dies kann eine Quelle von Ärger und Frustration sein, die desillusionierende Wirkungen hat.

Zwei Basisprinzipien in der Beratungsrolle sind darüber hinaus in der Literatur als typisch für Konflikte zwischen Berater und Klienten beschrieben worden (Femers 2002b, S. 44 f.): Jeder Mensch in einem helfenden Beruf ist dazu da, als Berater Hilfe zur Selbsthilfe zu geben und das heißt in der Konsequenz, sich durch die Beratung in seiner Rolle überflüssig zu machen. Dies als selbstverständlich hinzunehmen, fällt manchmal Beratern schwer, aber auch den Klienten, die es vorziehen, in ihrer Abhängigkeit zu verbleiben. Außerdem kann das Ethos der *„Dienstleistungsbereitschaft" in Beratungsberufen bis zur Selbstaufgabe* für Klientenwünsche überstrapaziert werden – und zwar von beiden Seiten. Damit verbunden ist auch eine schwierige Balanceleistung zwischen Dienstleistung „immer und für alles" und Widerstand gegen Klientenwünsche, den ein Berater mit einem Selbstverständnis als „kritischer Gegensachverstand" durchaus gewinnbringend einsetzen können sollte.

11.3 Desillusionierungsfallen in der PR-Beratung

Besonders frustrierend kann Beratungserfahrung dann werden, wenn sich Berater und Klienten in konkurrierende Rollenerwartungen verstricken, wenn beide sich als Manager verstehen und in ihrer Verantwortung in der Steuerung des Beratungsprozesses eine Art „*Doppelbesetzung*" *der Managementfunktion* vorliegt. Dass dies so sein kann, legen die unter der ersten Desillusionierungsfalle diskutierten Selbstbilder von Beratern nahe. Wenn Berater und Klient Managementansprüche im Prozess haben, kann dies in einem Konkurrenzverhältnis mit korrespondierendem Kompetenzgerangel und Rollenkonfusion enden (Femers 2002b, S. 49 f.).

Nicht zuletzt kann ein konfliktäres Geschehen im Beratungsprozess auch durch *Widerstände und Ängste* bedingt sein, die für Veränderungsprozesse typisch sind. Berater wollen eine Situation verändern. Diese Grundhaltung kann im Klientensystem Angst vor und Widerstand gegen die Veränderung auslösen. Der Berater muss darauf achten, dass der Manager, der sich auf Veränderungsprozesse einlässt, im Beratungsprozess keinen Gesichtsverlust und keine narzisstische Kränkung erleidet. Und der Klient, der über Beratungsempfehlungen entscheidet, muss wissen, dass Berater als Veränderer ohne Entscheidungskompetenz auch Angst vor der mangelnden Durchsetzungskraft ihrer Empfehlungen haben können. Werden Beratungsempfehlungen aufgrund von Klientenwiderständen nicht umgesetzt, kann auch der Berater Angst vor Gesichts- und Kompetenzverlust aufbauen. Mit dieser „Potenzangst" muss wiederum der Klient sensibel umgehen. Zum Erfolg in der Beratung dürfte daher ein ausbalanciertes Vertrauens- und Machtverhältnis zugleich gehören: „Erfolg (…) erweist sich in der Beratungspraxis als mehrdimensionales Konstrukt, das bisher unberücksichtigte Erfolgskriterien wie Anerkennung, gegenseitiges Vertrauen, Behauptung der je eigenen Identität und Machterhalt einschließt und umfasst." (Baerns und Raupp in Fuhrberg 2010, S. 12).

Die hier angesprochenen Rollenprobleme im Verhältnis Berater-Klient sind nur exemplarisch für viele weitere Schwierigkeiten durch Kollisionen von Selbst- und Fremdbild in der Beratung zu sehen. In der Literatur finden sich eine Reihe weiterer typischer Kollusionsmuster (Femers 2002a, b; Fuhrberg 2010). Durch die angesprochenen Konfliktschemata dürfte aber deutlich geworden sein, dass die Interaktion von Berater und Klient ein wenig der Problematik beim Kuss der Stachelschweine ähnelt. Kommen sich beide sehr nah, droht Verletzungsgefahr. Für ein gutes Interaktionsverhältnis dürfte eine vorsichtige Distanz geboten erscheinen, die den Blick für Verletzlichkeiten ermöglicht und Nähe behutsam und überlegt herstellt.

11.3.6 Desillusionierungsfalle 6: Professionell ohne Professionalisierung

Vor gut zehn Jahren konstatierte Röttger (2001, S. 54), dass im Berufsfeld PR als externer Berater oder organisationsinterner Kommunikationsmanager ein hoher Anteil von Laien tätig, und dass das Berufsfeld in Bezug auf die notwendigen Kompetenzen nicht eindeutig definiert sei. Einige Jahre später eröffnete auch Wienand (2005, S. 39 ff.) eine recht düstere Perspektive in ihren Auslassungen zur „Unprofessionalität der Public Relations" und zum „Ende der Professions-Illusionen": PR habe es nicht geschafft, „grundlegende berufliche Strukturen" zu entwickeln und werde nicht mehr zur Profession werden. Gründe dafür sah sie in der defizitären Ausbildungssituation, schwachen Interessenorganisationen und der Unzulänglichkeit wenig ehrgeiziger Berufsfeldforschung. Dagegen vertrat Fröhlich (2008b, S. 436) die Auffassung, dass das formale Bildungsprofil deutscher PR-Praktiker hoch sei und der Berufsstand eine zunehmende Akademisierung erfahre. Außerdem kam eine Berufsfeldstudie des Bundesverbandes deutscher Pressesprecher (BdP e. V.) aus dem Jahre 2009 zu dem Ergebnis, dass Pressesprecher und Kommunikationsmanager in Organisationen formal gut ausgebildet sind, denn 91 % der Befragten wiesen ein abgeschlossenes Studium auf (Bentele und Seidenglanz 2009, S. 40).

Strittig ist das *Thema Professionalisierung* der PR allerdings immer noch (vgl. hierzu auch die Diskussion bei Szyszka et al. 2009, S. 332). Denn das jüngste Resümee der Berufsfeldforscherin Röttger (2010, S. 74) lässt noch zu wünschen übrig: „Als Grundvoraussetzung für eine PR-Professionalisierung kann die Existenz eines von außen eindeutig identifizierbaren, nicht substituierbaren Tätigkeitsspektrum benannt werden, für das zudem ein dringender Bedarf bei den Leistungsabnehmern besteht. (…) Zwar existiert zweifelsfrei ein Bedarf an PR-Dienstleistungen, aber bislang ist es dem PR-Berufsstand nicht gelungen, originäre Tätigkeitsprofile und Problemlösungskompetenzen auszubilden und gegenüber konkurrierenden Berufen und Leistungsabnehmern zu behaupten." (Röttger 2010, S. 74). Auch Fuhrberg (2010, S. 26) teilt aufgrund qualitativer Analysen der PR-Beratungstätigkeit diese Grundeinschätzung. Branchenkenner meinen, dass Werbung und Marketing früher und heute originäre PR-Funktionen übernähmen, und PR zu wenig professionsspezifische Konturen aufweise. Diese generelle Kritik am Beruf des PR-Beraters – egal ob er als externer Berater oder hausinterner PR-Profi auftritt – beeinträchtigt selbstverständlich das Vertrauen in die Kompetenz des Beraters und stellt eine Belastung für die Beziehung zum Auftraggeber und damit ein Desillusionierungsrisiko für den Beratenden dar.

11.4 Schlussbetrachtung: Coaching auf dem Weg zur Reifeprüfung?

Aus der Berufsfeldforschung kann man den Schluss ziehen, dass es dem Berufsstand PR insgesamt an Reife und eindeutiger Kontur fehlt (vgl. Szyszka et al. 2009; Röttger 2010). Denn die Merkmale des derzeitigen Professionalisierungsstatus des PR-Berufsstandes kann man nach Röttger (2010, S. 319 f.) wie folgt zusammenfassen: Es gibt noch keine eindeutige *Definition des Berufs- und Tätigkeitsfeldes PR*. Die *Wissensbasis des Fachwissens der PR-Experten* ist nicht eindeutig beschreibbar und unzureichend erforscht. Eine spezifische *PR-Kompetenz mit exklusivem Charakter* ist nicht erkennbar.

Öffentlichkeitsarbeit als Auftragskommunikation und damit *Vertretung von Partialinteressen* hat außerdem Schwierigkeiten, einen engen Bezug zu gesellschaftlich relevanten, zentralen Werten darzustellen, der sie als dem Gemeinwohl dienlich wahrnehmbar machen würde. Die bislang etablierten Formen der institutionalisierten *Selbstkontrolle des PR-Handelns* sind außerdem unzureichend definiert und konturiert. Es fehlt insgesamt an einer eindeutigen und geteilten Berufsidentität und gepflegten Berufskultur. Von der Pubertät zur Reife der etablierten Berufskultur ist der Weg – so kann man schließen – noch lang.

Beratungspsychologisch betrachtet, kann man für die Berufskultur aus der oben problematisierten Berater-Klienten-Beziehung folgern, dass der noch unreife bzw. entwicklungsfähige Berater selber einen Berater oder Coach braucht, der ihm hilft, in seinem Berufsleben seine Rolle zu reflektieren und an den entsprechenden Konflikten, die sich aus den Desillusionierungsfallen ergeben können, in eine ich-adäquate und gleichsam dienstleistungsadäquate Rolle hinein zu wachsen. Dienstleistungsrollen orientieren sich nämlich nicht an festgelegten Typisierungsschemata. Da diese Rollen keine „fertigen Interaktions-Gebrauchsmuster" darstellen bzw. nicht als „entsubjektivierte Fertigprodukte" (Fischer und Wiswede 2009, S. 525, 519 f.) zu haben sind, ist *Rollenreflexion und Rollenselbstgestaltung* für eine positive Rollenbilanz als wesentliches berufliches *Sozialisationsziel* zu verstehen, auf das Rollenlernen in Form von *Coaching* (vgl. Femers 2002b, S. 51 f.; Fuhrberg 2010, S. 419 f.) vorbereiten kann. Davon wird aber in der Berufspraxis wohl bislang nur in Ausnahmefällen Gebrauch gemacht. Zur Professionalisierung im Beratungsberuf gehört somit zwangsläufig ein Coaching, um zu verhindern, dass aus ambitionierten Dienstleistern frustrierte und desillusionierte „Dienstleider" werden.

In der Beratungsforschung ist schon vor mehr als 20 Jahren konstatiert worden, dass Erfolg keineswegs alleine eine Frage der Fach-Kompetenz ist: „Für einen erfolgreichen Beratungsproze߀ ist eine gelingende Arbeitsbeziehung von ausschlaggebender Bedeutung. (…) Es kommt darauf an, daß die führend-helfende Beziehung, die dem gesamten Beratungsprozeß zugrunde liegt, zufriedenstellend – für beide Seiten – gestaltet wird." (Hofmann 1991 zitiert nach Fuhrberg 2010, S. 33). Als einen ersten Schritt in die Beziehungsgestaltung darf betrachtet werden, dass Berater und Klienten sich über ihre Erwartungen aneinander abstimmen. D. h., Beziehungs- und Rollenerwartungen sind explizit zu formulieren, um dann auf das Konsens- und Dissenspotential hin gemeinsam untersucht zu werden. Ein Beispiel der expliziten Beziehungserwartung zeigt die Selbstoffenbarung eines Dienstleisters in seinem Internetangebot einer wünschenswerten Beziehungsgestaltung:

Explizite Beziehungserwartung

„Kommunikationsberatung ist für mich ein dialogischer Prozess, in dem sich zwei Partner auf Augenhöhe begegnen, um in gemeinsamer, intensiver Arbeit und geteilter Verantwortung ein Stück Zukunft für die eigene Organisation zu denken und auszugestalten. Soll das gelingen, ist es hilfreich, sich über die gegenseitigen Erwartungen im Klaren zu sein. Respekt, Offenheit und Ehrlichkeit spielen daher eine wichtige Rolle im Verhältnis zueinander. Kommunikation bedeutet für mich Wandel. Deshalb sind die Bereitschaft, Neues zu denken und zu lernen, gepaart mit dem Willen zur Veränderung und couragiertem Handeln für den erfolgreichen Beratungsprozess entscheidend. Soweit meine Erwartungen."
(http://www.koch-kommunikation.com/uebermich1.html. Zugegriffen: 05. März 2012.)

Die Einladung zum Erwartungsaustausch auf der Beziehungsebene zwischen Berater und Klient ist keinesfalls selbstverständlich. *Obgleich die Beziehung zentral für den Beratungsprozess und sein Ergebnis als Vertrauensgut ist, wird in der Regel die „Sachebene" der Beratung in der Interaktion favorisiert.* Lassen sich beide Seiten aber darauf ein, auch der Beziehungsgestaltung einen angemessenen Stellenwert in der Interaktion zu geben und eine Art sozialen Vertrag für die Interaktion zu schließen, dürften die Chancen zum „schmerzfreien Kuss der Stachelschweine" steigen.

Literatur

Ahrens, R., & Knödler-Bunte, E. (Hrsg.). (2003). *Die Affäre Hunzinger. Ein PR-Missverständnis*. Berlin: media mind.
Avenarius, H., & Bentele, G. (2009). *Selbstkontrolle in den Public Relations. Reflexionen und Dokumentationen*. Wiesbaden: VS Verlag für Sozialwissenschaften.

Bentele, G., & Seidenglanz, R. (2009). Ein Berufsstand unter der Lupe. *Pressesprecher,* 09/09, 40–43. http:www.communicationmanagement.de/fileadmin/cmgt/PDF_Publikationen_ download/pressesprecher09_Bentele_Seidenglanz.pdf, Zugegriffen 15. August 2012.

Bentele, G., Großkurth, L., & Seidenglanz, R. (2005). *Profession Pressesprecher.* Berlin: Helios Media.

Bernays, E. L. (1955). *The engineering of consent.* Norman: Oklahoma University Press.

Bernays, E. L. (1965). *Biography on an idea: Memoirs of public relations counsel Edward L. Bernays.* New York: Simon and Schuster.

Bittner, J. (2002). Kontaktkleber für Geld und Macht. Brauchen Sie einen Minister? Einen Kardinal? Einen Manager? Fragen Sie Moritz Hunzinger. Die Zeit 31/2002. http://www.zeit.de/2002/31/Kontaktkleber_fuer_Geld_und_Macht. Zugegriffen: 14. Apr. 2011.

Block, P. (1997). *Erfolgreiches Consulting. Das Berater-Handbuch.* Frankfurt a. M.: Campus.

Bruhn, M. (2011). *Qualitätsmanagement für Dienstleistungen. Grundlagen, Konzepte, Methoden.* Berlin: Springer.

Cutlip, S. M. (1994). *The unseen power. Public relations: A history.* Hillsdale: Erlbaum.

Dörrbecker, K., & Fissenewert-Gossmann, R. (2003). *Wie Profis PR-Konzeptionen entwickeln. Das Buch zur Konzeptionstechnik.* Frankfurt a. M.: Frankfurter Allgemeine Buch.

Ernst, B., & Kieser, A. (2002). Versuch, das unglaubliche Wachstum des Beratungsmarktes zu erklären. In R. Schmidt, H.-J. Gergs, & M. Pohlmann (Hrsg.), *Managementsoziologie. Perspektiven, Theorien, Forschungsdesiderate* (S. 56–85). München: Rainer Hampp.

Femers, S. (2002a). Beratungsmarkt und Beratungstheorie. In A. Güttler & J. Klewes (Hrsg.), *Drama Beratung! Consulting versus Consultainment?* (S. 21–34). Frankfurt a. M.: Frankfurter Allgemeine Buch.

Femers, S. (2002b). Berater und Klienten. Die Inszenierung destruktiver Beziehungen. In A. Güttler & J. Klewes (Hrsg.), *Drama Beratung! Consulting versus Consultainment?* (S. 41–54). Frankfurt a. M.: Frankfurter Allgemeine Buch.

Fischer, L., & Wiswede, G. (2009). *Grundlagen der Sozialpsychologie.* München: Oldenbourg.

Fröhlich, R. (2008a). Die Problematik der PR-Definition(en). In G. Bentele, R. Fröhlich, & P. Szyszka (Hrsg.), *Handbuch der Public Relations. Wissenschaftliche Grundlagen und berufliches Handeln* (S. 95–109). Wiesbaden: VS Verlag für Sozialwissenschaften.

Fröhlich, R. (2008b). Public Relations als Beruf: Entwicklung, Ausbildung und Berufsrollen. In G. Bentele, R. Fröhlich, & P. Szyszka (Hrsg.), *Handbuch der Public Relations. Wissenschaftliche Grundlagen und berufliches Handeln* (S. 431–443). Wiesbaden: VS Verlag für Sozialwissenschaften.

Fröhlich, R., Peters, S. B., & Simmelbauer, E.-M. (2005). *Public Relations. Daten und Fakten zur geschlechtsspezifischen Berufsfeldforschung.* München: Oldenbourg.

Fuhrberg, R. (2010). *PR-Beratung. Qualitative Analyse der Zusammenarbeit zwischen PR-Agenturen und Kunden.* Konstanz: UVK Verlagsgesellschaft.

Grunig, J., & Hunt, T. (1984). *Managing public relations.* New Jersey: Holt, Rinehart and Winston.

Hansen, R., & Schmidt, S. (2009). *Konzeptionspraxis. Eine Einführung für PR- und Kommunikationsfachleute.* Frankfurt a. M.: Frankfurter Allgemeine Buch.

Kindl-Beilfuß, C. (2010). *Fragen können wie Küsse schmecken: Systemische Fragetechniken für Anfänger und Fortgeschrittene.* Heidelberg: Carl-Auer-Systeme.

Kunczik, M. (2010). *Public Relations. Konzepte und Theorien.* Köln: Böhlau, UTB.

Leipziger, J. W. (2009). *Konzepte entwickeln: Handfeste Anleitungen für bessere Kommunikation.* Frankfurt a. M.: Frankfurter Allgemeine Buch.

Liebmann, H. (2007). *Der Nasenfaktor: Wie Berater sich unverwechselbar positionieren.* Wiesbaden: Gabler.

Röttger, U. (2001). Sind PR-Kompetenzen marktfähig? *PR-Magazin, 32*(5), 51–59.

Röttger, U. (2010). *Public Relations—Organisation und Profession. Öffentlichkeitsarbeit als Organisationsfunktion. Eine Berufsfeldstudie.* Wiesbaden: VS Verlag für Sozialwissenschaften.

Röttger, U., & Zielmann, S. (2009). *PR-Beratung: Theoretische Konzepte und empirische Befunde.* Wiesbaden: VS Verlag für Sozialwissenschaften.

Szyszka, P., & Dürig, U.-M. (Hrsg.). (2008). *Strategische Kommunikationsplanung.* Konstanz: UVK Verlagsgesellschaft.

Szyszka, P., Schütte, D., & Urbahn, K. (2009). *Public Relations in Deutschland. Eine empirische Studie zum Berufsfeld Öffentlichkeitsarbeit.* Konstanz: UVK Verlagsgesellschaft.

Vogel, V. (2008). *Die „PR-Nanny": So bekommen Sie Ihre Öffentlichkeitsarbeit in den Griff.* Norderstedt: Books on Demand.

Weinberg, G. M. (2003). *Das Gesetz der Himbeer-Marmelade - 103 Geheimnisse der Beratung.* München: Redline Wirtschaft bei Ueberreuter.

Wienand, E. (2005). Zur Unprofessionalität der Public Relations. In T. Köhler & A. Schaffranietz (Hrsg.), *Public Relations und Potentiale im 21. Jahrhundert* (S. 31–43). Wiesbaden: VS Verlag für Sozialwissenschaften.

Die Sparkasse im Gehirn – Neurowissenschaftliche Aspekte der Finanzberatung

12

> **Zusammenfassung**
>
> Das Gehirn ist ein Beziehungsorgan, konstatiert der Psychiater und Neurologe Thomas Fuchs. Was bedeutet diese Feststellung für ein ganz konkretes Anwendungsfeld der Wirtschaftskommunikation, für die Finanzberatung? Wie können hier von Beratern Erkenntnisse der Neurowissenschaften eingesetzt werden – und wie können sich Kunden vor unterschwelliger Einflussnahme schützen? Neben wirtschaftlichen und naturwissenschaftlichen Fakten ist hier auch die Diskussion kommunikationsethischer Grundsätze gefordert.
>
> Klaus Boltres-Streeck

Zum Ende des Jahres 2010 sah sich die gemessen an der Bilanzsumme größte der deutschen Sparkassen, die auch „Haspa" genannte Hamburger Sparkasse, einem unerwarteten Angriff durch die Massenmedien ausgesetzt: „Das ist ekelhaft" titelte nicht etwa ein Boulevardblatt, sondern die renommierte Süddeutsche Zeitung, und fuhr fort, „Hedonist oder Genießer? Die Hamburger Sparkasse teilt Kunden in Psychokategorien ein und nutzt problematische Hirnforschungsmethoden, um teure Produkte zu verkaufen" (süddeutsche.de 2012).

Marketingfachleute und Kenner der Finanzbranche waren verwundert – allerdings nicht über die Haspa, sondern über die Süddeutsche Zeitung. Denn das Einteilen von Kunden in psychologisch begründete Kategorien mit dem Ziel, ihnen möglichst viele und möglichst teure Produkte zu verkaufen, ist eine der Grundideen des Marketing, die jedem Studierenden der Wirtschaftswissenschaften im ersten Semester vermittelt wird. Sicherlich, doch hier geht es, so ließe sich einwenden, nicht um gewöhnliches, sondern um Neuromarketing. Der Zeitungsartikel fährt tatsächlich in diesem Sinn fort: „Neuromarketing nennen Forscher die Methode, mit der sie bei Kunden unterschwellig Gefühle zu Produkten erzeugen. Werden bestimmte Areale im Gehirn gezielt durch Schlüsselwörter und Verhaltensweisen aktiviert, erzeugt das Emotionen wie etwa die Lust zum Kauf" (ebenda).

Wer hätte das gedacht? Nun, bereits 1961 schrieb Ernest Dichter, einer der Väter der qualitativen Marktforschung, Autoverkäufern explizit die Aufgabe zu, „nicht nur das neue Auto, sondern vorher schon eine positive Lebenseinstellung zu verkaufen" (Dichter 1964, S. 183 f.) – und wie sonst, wenn nicht durch gezielt eingesetzte Schlüsselwörter und Verhaltensweisen hätten sie dies wohl tun sollen? Und doch: Bis in die 20-Uhr Nachrichten der ARD am 04.11.2010 schaffte es die Mitteilung, dass die Haspa „jahrelang psychologische Profile ihrer Kunden erstellt" hat, aber „die Praxis gestoppt" sei und „alle gewonnenen Informationen" gelöscht werden sollen (Tagesschau 2010). Und man darf wohl unterstellen, dass der gesamte Vorgang nicht zu einer positiven Imagebildung der Haspa beigetragen hat – obwohl eigentlich kaum zu verstehen ist, was eigentlich los war.

Kurz zur Aufklärung des Geschehens: In der Tagesschau war bereits nicht mehr die Rede von „Neuromarketing", sondern nur noch von psychologischen Profilen. Aber auch die sind ja ein gängiges Instrument der Marktforschung. Zum Handeln gezwungen war die Haspa, weil sie zum Erstellen dieser Profile Kontendaten von Kunden verwendet hat, ohne diese darüber zu informieren. Für Außenstehende erkennbar wurde dies allerdings erst nach der Skandalisierung des gesamten Vorgangs durch den Bezug zum Neuromarketing. Die angewendeten neurowissenschaftlichen Methoden dagegen waren rechtlich völlig unproblematisch, die in den Nachrichten als gestoppt bezeichnete „Praxis" war die unerlaubte Datenanalyse, nicht der neurowissenschaftlich modellierte Abgleich (vgl. dazu, ohne explizite Nennung der Haspa, Häusel 2010, S. 185 ff.).

Gerade aus der vielfachen Verwirrung über die Sachverhalte im Haspa-Neuro-Fall lassen sich eine Reihe von Einsichten und weiterführenden Fragestellungen gewinnen. Es ist zunächst deutlich geworden, das Neuromarketing selbst ein sehr potentes Schlüsselwort ist, das seinerseits heftig Emotionen auszulösen vermag. Dies scheint auch damit zusammenzuhängen, dass in breiten Bevölkerungskreisen nicht ganz klar ist, worum es sich bei Neuromarketing eigentlich handelt. Deshalb wird im Folgenden (12.1) ein kurzer Überblick zu den wichtigsten Methoden, ihren Möglichkeiten und Grenzen sowie den unterschiedlichen Facetten der Neuromarketing-Szene gegeben. Es folgt (12.2) eine knappe Analyse des Verhältnisses von Gehirn, Kommunikation und Entscheidung, um dadurch die spezifische Angst vor dem transparenten Gehirn erklären und gleichzeitig relativieren zu können. Anschließend helfen drei ausführlichere Beispielerzählungen, die Möglichkeiten und Grenzen neurowissenschaftlich basierter Kommunikation aufzeigen. Dazu ist jedoch zunächst (12.3) eine idealtypische Finanzberatungssituation zu konstruieren; auf dieser Bühne geht es um (12.4) Glaubwürdigkeitsgewinnung unter Berücksichtigung subliminaler Signale und deren Kontrolle in Beratungsgesprächen; um das wohl populärste Theorem der Neurowissenschaften, (12.5) das System der Spiegelneurone in ihrer Bedeutung für Finanzentscheidungen und schließlich (12.6) um die Folgen von Enthemmung am Beispiel des Einflusses von zugeführten Substanzen.

12.1 Was weiß das Neuromarketing?

Gehirn und Nervensystem bestehen u. a. aus einer sehr großen Zahl besonderer Zellen, den Neuronen. Die Vorsilbe „Neuro" leitet sich von diesen Neuronen her und meint zumeist „bezogen auf das Gehirn". So ist im gängigen Verständnis Neuromarketing ein Marketing, das sich auf das Wissen um Struktur und Funktionsweise des Gehirns stützt. Schon mit diesem grundsätzlichen Wortverständnis sind eine Reihe von Implikationen verbunden, die näher zu betrachten lohnt.

Zunächst ist herauszustreichen, dass Neuromarketing auch dem eigenen Anspruch nach (vgl. etwa Reimann und Weber 2011, S. 5) keine grundsätzliche neue Wissenschaft ist, sondern lediglich ein mit aus den Neurowissenschaften importierten Methoden angereichertes Marketing. Insbesondere der gesamte Begriffs- und Theorienapparat des Neuromarketing stammt aus dem Fundus der Wirtschaftswissenschaften. So wie dorthin bereits aus Psychologie, Soziologie und Philosophie Methoden oder Denkweisen importiert wurden, ohne dass sich dadurch die Wirtschaftswissenschaften in diese Disziplinen hinein aufgelöst hätten, so ist auch Neuromarketing als ein Methoden-Import konzipiert, ohne dass sich daraus ein grundsätzlich neues Marketing ergäbe.

Das zentrale Methodencluster, aus dem sich das „Neuro" vor dem Marketing rechtfertigt, setzt sich aus sogenannten bildgebenden Verfahren zur Analyse der Gehirntätigkeit zusammen. Diese Bildproduktionstechniken haben zu jenen spektakulären vermeintlichen Fotos oder Filmen des lebenden Gehirns, zum Beispiel beim Anblick eines Softdrinks, geführt, nicht selten aufgerüstet mit rot pulsierenden Punkten zur Markierung von durch diesen Anblick höchst erregter Regionen. In halbwissenschaftlichen Darstellungen liest sich das dann so: „Marken erhalten ihre Kraft dadurch, dass sie kulturell und über sozialen Austausch mit Bedeutung aufgeladen werden und dadurch die sozialen Netzwerke im Kopf der Kunden aktivieren. Beim Anblick von Coca Cola etwa leuchten diese Netzwerke auf, bleiben bei Pepsi aber stumm" (Scheier und Held 2007, S. 108; zur besonderen Beachtung: „Kopf" bleibt trotz Plural für „Kunden" im Singular; was nicht leuchtet bleibt nicht dunkel, sondern „stumm").

Bei der Lektüre solch suggestiver Beschreibungen mag es schwer fallen, sich klar zu machen, dass natürlich im Gehirn gar nichts leuchtet und dass tatsächlich überhaupt gar keine Bilder vom Inneren eines lebenden Gehirns existieren: Bildgebungstechniken messen

> „gar nicht die neuronalen Aktivitäten als solche, sondern nur indirekte Parameter, etwa (…) den erhöhten Blutfluss und Sauerstoffverbrauch in bestimmten Hirnarealen, aus dem man auf neuronale Aktivitäten zurückschließt. Die sind freilich nur sehr globale Maße für die lokal unterschiedlichen Hirnaktivitäten. Sodann handelt es sich nicht um ‚Bilder des Gehirns', sondern nur um Visualisierungen statistischer Berechnungen, also um kompliziert hergestellte wissenschaftliche Konstrukte. Dabei werden zum einen Mittelwerte aus größeren Stichproben von Probanden gebildet, da sich aufgrund der äußerst geringen Aktivitätsunterschiede individuell keine aussagefähigen Ergebnisse gewinnen lassen. Zum anderen werden zur Kontrastierung Subtraktionsrechnungen vorgenommen, d. h. die Grundaktivität des Gehirns wird im Voraus ermittelt und dann ‚abgezogen', damit die lokal erhöhten Aktivierungen hervortreten. Dabei ist freilich keinesfalls geklärt, ob die untersuchten Erlebnisphänomene tatsächlich den am farbigsten aufleuchtenden Strukturen entsprechen" (Fuchs 2008, S. 73).

Diese Ausführungen erklären auch, warum im Hinblick auf Neurowissenschaften häufig von „dem Gehirn" und nur selten von „den Gehirnen" die Rede ist. Denn es ist gegenwärtig so gut wie ausgeschlossen, gesicherte Aussagen über den Zusammenhang von Erlebnissen und Gehirnaktivitäten einzelner Menschen zu machen. Lediglich statistische Verallgemeinerungen sind möglich, also Aussagen über das Gehirn im Allgemeinen, allerdings nicht über die recht unterschiedlichen Gehirne jedes Einzelnen. Interessanterweise scheint sich jedoch die eigentlich einschränkend gemeinte Verwendung des Singulars zu einer irrationalen Form der Überhöhung popularisiert zu haben, so dass „das Gehirn" als Übersubjekt stilisiert erscheint, statt, wie intendiert, als ein (kleinstes?) Gemeinsames vieler ansonsten deutlich unterschiedlicher Subjekte zu figurieren.

Führende Wissenschaftler und Wissenschaftlerinnen, die im Bereich des Neuromarketing und der übergeordneten Disziplin, der Neuroökonomie, tätig sind, äußern sich daher vorerst vorsichtig, aber optimistisch über die Aussagekraft gegenwärtiger Erkenntnisse:

> „Zusammenfassend kann festgestellt werden, dass obwohl die Neuroökonomie ein relativ junges Forschungsgebiet ist und viele zentrale Fragen erst zu beantworten sind, in den letzten Jahren ein erstaunlicher Beitrag von Forschungsarbeiten zum besseren Verständnis von nutzenbasierten Entscheidungen geleistet wurde (…) Forschungsergebnisse und Systematisierungen weisen jedoch darauf hin, dass in den nächsten 5 Jahren ein bedeutender Fortschritt bei der Beantwortung vieler der hier aufgeworfenen Fragen erzielt werden kann (…) Die Neuroökonomie hat zudem das Potential, unser Verständnis darüber zu verbessern, wie Marketingmaßnahmen, z. B. durch Werbung oder Verpackungen, Entscheidungen beeinflussen können" (Plassmann 2011, S. 187 f.).

12.1 Was weiß das Neuromarketing? 171

Diese eher vorsichtige Einschätzung der Leistungsfähigkeit des Neuromarketing durch experimentierende Wissenschaftler relativiert die oft euphorischen – oder auch diabolischen – Versprechen der Berater und Beraterinnen, die Erkenntnisse des Neuromarketing für die unternehmerische Praxis aufbereiten. Dazu einige Beispiele: Ein bekannter amerikanischer Neuromarketing-Berater ist Martin Lindstrom. Er schreibt 2008 in seinem Buch „Buyology", auch noch vorsichtig, aber doch kaum noch skeptisch: Neuromarketing „will never be able to tell us exactly where the ‚buy button' resides in our brains (… but) it will certainly help predicting certain directions and trends that will alter the face, and the fate, of commerce across the world" (Lindstrom 2008, S. 204).

Statt des bloßen Potentials, etwas besser zu verstehen, bekommen wir hier schon das Versprechen, dass sich durch das Neuromarketing sicher die Welt der Wirtschaft ändert – und beim „Kaufknopf" im Gehirn bleibt nur offen, wo er genau sitzt – nicht aber, ob er überhaupt existiert. So steht es in einem Sachbuch – äußert sich ein Berater in einem Interview, wird er gelegentlich auch noch mutiger: „Im Grunde ist es ganz einfach: Es gibt 1.000 Kaufknöpfe im Kundengehirn, die über alle Sinne gezielt anzusprechen sind" sagt Georg Häusel der Zeitung Steirische Wirtschaft (2011) (siehe dort).

Und wenn dann wieder von Medien über Berater geschrieben wird, wird es nochmal einfacher: „Anhand vieler Fallbeispiele zeigt er (Häusel), wie Kaufentscheidungen wirklich fallen und wo die kleinen ‚Kaufknöpfe' im Kundenhirn sitzen" (Business-bestseller 2012).

Es gibt demzufolge zwei unterschiedliche Ausprägungen des Diskurses über Neuromarketing. Einerseits ziehen sorgfältig arbeitende Wissenschaftler anhand von Experimenten mit sehr eingeschränkter Reichweite vorsichtige und relativierende Schlüsse über bestimmte Aspekte des Kaufverhaltens, andererseits verallgemeinern, übersteigern und verbildlichen Berater und Medien diese Ergebnisse, weil die vorsichtigen Formulierungen nicht in die Vermarktungslogik passen. Ein Berater, der eine Methode anbietet, die „vielleicht" etwas zutage fördert, hat ebenso wenig Erfolgschancen wie eine Zeitung, die von allgemeinen Zusammenhängen zwischen Gehirnregionen und Handlungen berichtet. Moralzentren oder Kaufknöpfe im Gehirn sind dagegen massentauglich und verkaufsfördernd. Antonio Damasio, einer der bekanntesten wissenschaftlichen Vertreter der Neurowissenschaften, beklagt diese Vereinfachung der wissenschaftlichen Ergebnisse durch die Medien und stellt in Interviews eindrucksvoll dar, was er und seine Mitarbeiter unternehmen, um die Zeitung daran zu hindern, z. B. von einem Moralzentrum im Gehirn zu schreiben. Doch er muss resigniert zugeben, das auch ihm hier kaum Erfolgreiches gelingt: „It is beyond our control" (scobel 2011).

Neben der Vereinfachungsspirale erschwert ein zweites Phänomen eine genaue Einschätzung der Erkenntnisse des Neuromarketing: Selbstverständlich sind sich auch die Wissenschaftler, die in diesem Gebiet tätig sind, paradigmatisch und theoretisch uneinig – und zwar nicht nur in Einzelheiten, sondern auch in sehr grundsätzlichen Fragen. So vertreten einige renommierte Wissenschaftler, zum Beispiel der wohl bekannteste deutsche Neurowissenschaftler Roth (2003), die These, dass das Gehirn eine autonome Entität sei, die Phänomene wie Bewusstsein, Ich-Empfinden oder äußere Realität eigenständig konstruiert. Demgegenüber sieht eine andere Schule, repräsentiert zum Beispiel von dem Heidelberger Psychiater und Philosophen Fuchs (2008), das Gehirn als Organ eines Leibes und stellt heraus, dass ohne Leiblichkeit kein Gehirn irgendetwas konstruieren könnte. Der Leib, so Fuchs, ermöglicht die Beziehung zur Welt, und das Gehirn sei insofern ein Beziehungsorgan, weil es sich aus diesen Beziehungen formt. Für ihn ist das Gehirn eher eine Resonanz- als eine Steuerungsinstanz. Zwar ist es ein ganz erheblicher Unterschied, ob das Gehirn als autonomes Subjekt oder als Zentrum eines Leibes in einer Umwelt modelliert wird – aber bislang lässt sich empirisch nicht entscheiden, welches der Modelle zu verabschieden ist.

Bis hierher zusammenfassend kann festgestellt werden, dass neurowissenschaftliche Erkenntnisse bislang eher auf der Ebene einzelner Studien und in eingegrenzten Bedeutungskontexten wissenschaftlich fundiert sind. Diese Studien sind jedoch insgesamt so stimulierend, dass ihre Ergebnisse zu unterschiedlichen Spekulationen Anlass geben. Diese sind zwar nicht wissenschaftlich gedeckt, aber aufgrund ihrer Beziehung zu bekanntem Marketingwissen plausibel und durch ihren konstruierten Bezug zu neurowissenschaftlichen Erkenntnissen einerseits faszinierend, andererseits vermeintlich „wahrer" als die gleichlautenden klassischen Wahrheiten. Wusste man auch früher schon, dass Emotionen kaufentscheidend sind (vgl. Dichter 1964), kann man heute durch Bezug auf Hirnmodelle sagen, dass Emotionen der „wirkliche" Kaufgrund sind. Die darin liegende Vorannahme, dass „reduktionistisch" gleich „wirklich" ist, wird dabei selten hinterfragt.

12.2 Die Angst vor der Transparenz

Die vorangegangenen Relativierungen der gegenwärtigen Leistungsfähigkeit des Neuromarketing wirken vielleicht ernüchternd, vielleicht auch beruhigend. Denn einerseits ist es für Verkäufer und Berater verlockend, über Techniken zu verfügen, die im wahrsten Sinne des Wortes einen Blick nicht nur ins Gehirn, sondern sogar in die Gedankenwelt ihres Gegenübers gestatten, andererseits scheint aber mit dieser Möglichkeit etwas ganz Elementares unserer Zivilisation auf dem Spiel zu ste-

12.2 Die Angst vor der Transparenz

hen. Ein damit zusammenhängender Aspekt ist die Hypothese des freien Willens. Besonderes öffentliches Interesse hat hierbei die neurophilosophische Diskussion um die Schuldhaftigkeit von Regelverstößen auf sich gezogen. Wenn, so argumentieren einige Neurowissenschaftler, Menschen, die Verbrechen begehen, von ihren Gehirnen dazu gebracht werden, dies zu tun, wenn speziell die Entscheidung, etwas zu tun oder nicht zu tun gefallen ist, bevor sie bewusst als Entscheidung erlebt wird – kann dann der Mensch für seine Taten bestraft werden? Ist er nicht eher als Patient denn als Verbrecher anzusehen und zu behandeln? Bislang beruht diese Debatte zwar nur auf wenigen, zum Teil überinterpretierten Studien – das nimmt der grundsätzlichen Frage jedoch nichts von ihrer Brisanz.

Analog dazu stellt sich ebenso die Frage nach dem freien Willen der Käufer, wenn es möglich ist, ihre Wünsche, Stimmungen oder sogar Überzeugungen unterhalb der Wahrnehmungsschwelle zu beeinflussen. Die Verunsicherung, die in den 50er Jahren des letzten Jahrhunderts von Büchern wie „Die geheimen Verführer" (Packard 1957) ausgegangen ist, wiederholt sich im neuen Gewand des Neuromarketing durch Aussagen wie die folgende – wiederum von Hans-Georg Häusel: „Test haben gezeigt, dass allein die nicht bewusst wahrnehmbare Einspielung eines lachenden bzw. eines gleichgültigen Gesichtes das Kaufverhalten von Personen positiv bzw. negativ deutlich beeinflusst" (Steirische Wirtschaft 2011). Selbst wenn das in tatsächlichen Beratungssituationen so wäre – auch fast sechzig Jahre nach Packard würden nur wenige Unternehmen ein solches Verfahren anwenden; einerseits, weil sie von einem bewusst überzeugten Kunden mehr profitieren als von einem unterschwellig beeinflussten, aber auch, weil solche Praktiken – wie gesagt, selbst wenn sie funktionierten – zivilisatorisch nicht sanktioniert sind. Auch wenn zuträfe, dass ein Geschäft durch den Einsatz gut trainierter Taschendiebe den Kunden mehr Geld abnehmen könnte als durch den Verkauf von Waren, würden nur wenige Geschäfte ein solches Konzept verfolgen, selbst wenn es straffrei wäre.

Dass solche Aussagen über subliminale Beeinflussung dennoch nach wie vor beunruhigend wirken, liegt wohl eher daran, dass sich Menschen selbst im Unklaren über die Ursachen ihrer Entscheidungen sind und befürchten, dass andere einen Vorteil in geschäftlichen Verhandlungen haben könnten, wenn diese im Unterschied zu ihnen selbst über eine solche Klarheit in Bezug auf ihr Gegenüber verfügten.

Kurz gesagt beruht unsere Zivilisation darauf, dass das Innere der Köpfe uneinsehbar ist. Deshalb ist es eventuell weniger die mögliche Beeinflussung als die vermutete Durchschaubarkeit, die am Neuromarketing ängstigt. Überlässt man sich für einem Augenblick der Vorstellung, dass alle eigenen Gedanken nicht nur einem selbst, sondern auch allen anderen hörbar sind, wird sofort klar, dass dieser Umstand eine gänzlich andere Gesellschaft zur Folge hätte als diejenige, die wir gegenwärtig leben. Insbesondere Kommunikation beruht darauf, auswählen zu können, was man mitteilt und was nicht. Ein Neuromarketing, das nicht implizit verführt, sondern explizit beeinflusst, greift diese basale Intransparenz des Gegenübers an. Dabei ist es nur ein technischer Unterschied, ob die Transparenz aus gezielter Datenanalyse, Einblendung von Gesichtern, Hypnose oder Gabe von Medikamenten resultiert.

12.3 Gehirne in der Finanzberatung

Bislang sind noch große Fragezeichen hinter viele der konkreten, angeblich neurowissenschaftlich fundierten Wirkversprechen bestimmter Interventionen auf einzelne Kunden zu setzen. Dennoch ist ein ganz beträchtlicher neurologischer und psychiatrischer Wissensbestand verfügbar, der zu neuen Modellen alltäglicher Vorgänge zu verhelfen vermag. Als Beispiel kann eine gewöhnliche Finanzberatungssituation dienen. Von außen betrachtet sieht sie vielleicht so aus:

Wir befinden uns in einem Funktionsraum, z. B. im Beratungsbereich einer Bank, einem Besprechungszimmer einer Sparkasse oder im Büro eines Finanzmaklers. Es gibt einen Berater oder eine Beraterin und ein oder zwei zu beratende Personen, Kunden des Institutes oder vielleicht erst Interessenten. Ein Bildschirm und unterschiedliche Broschüren sind zur Hand, aber man befindet sich letztlich in einer relativ neutralen, öffentlichen Umgebung. Getränke und Gebäck werden angeboten, wenn es sich um ernsthafte Beratungen handelt – wenn also für das Institut viel auf dem Spiel steht. Ein Zeitrahmen ist mehr oder weniger explizit vorgegeben, zumindest ist klar, dass man sich nicht beliebig lange unterhält. Natürlich gibt es zahlreiche Varianten des Geschehens oder auch ganz andere Situationen, zum Beispiel Hausbesuche von Finanzberatern – aber im skizzierten Szenario verlaufen wahrscheinlich ein Großteil der normalen Beratungsgespräche mit durchschnittlichen Privatkunden im Finanzsektor.

Während sich die beratende Person in ihrer tagtäglichen Arbeitsumgebung befindet, müssen sich die zu Beratenden erst räumlich orientieren. Nicht selten behindert dabei zusätzlich die Straßenkleidung. Man fühlt sich zunächst irgendwie unpassend – und das ist man ja auch. Das Gehirn des Beratungssuchenden ist mit der Anpassung an die Umstände beschäftigt. „Den Kontakt zur äußeren Welt hält das Gehirn im Wesentlichen auf zweierlei Weise. Erstens durch unseren Sinnesapparat (die Organe, die uns das Sehen, Hören usw. ermöglichen); und zweitens durch den motorischen Apparat (den Bewegungsapparat)" (Solms und Turnbull 2010, S. 34 f.). Durch Sinnesorgane und Bewegungen nehmen wir wahr und wirken – diese doppelte Ausrichtung ist bedeutsam. Denn durch die doppelte Ausprägung

12.3 Gehirne in der Finanzberatung

des Wahrnehmens und Einwirkens sind Gehirne mit einer Hauptaufgabe beschäftigt: die prozessuale Differenz zwischen Innen und Außen aufrecht zu halten. Jeder Mensch sollte in der Lage sein zu unterscheiden zwischen dem, was er denkt oder sich vorstellt, und dem, was er tatsächlich sagt und tut. Das funktioniert zwar nicht immer 100-prozentig, man weiß vielleicht manchmal nicht ganz sicher, ob man etwas nur gedacht oder doch gesagt hat, man führt gelegentlich Selbstgespräche, aber man ist auch in der Lage, die Körperwahrnehmung bis zur Spitze der Gabel auszudehnen. Zumeist aber gelingt es dem gesunden Menschen, zwei Realitäten gleichzeitig zu prozessieren: diejenige des Denkens und Vorstellens und diejenige des tatsächlichen Handelns. Diese beiden Aufgaben werden offenbar im Gehirn[1] in unterschiedlichen Kreisen und unter Nutzung unterschiedlicher Systeme prozessiert. Für die Beratungssituation – wie für jede komplexere Kommunikationssituation – bedeutet dies, dass beide Gegenüber sowohl eine innere als auch eine äußere Situation zu managen haben. Dabei werden diese inneren und äußeren Situationen durch unterschiedliche Konstrukte der Gehirne in Beziehung gebracht, z. B. durch Gefühle.

Manche funktionale Neurobiologen gehen soweit zu vermuten, dass Gefühle Modelle über den Energieverbrauch des Körpers in Form einer Kosten-Nutzen-Analyse darstellen (wobei natürlich immer die Möglichkeit des Irrtums besteht, beispielsweise beim Sonnenbad). Weitgehend unstrittig scheint jedoch die allgemeinere Hypothese, dass Gehirne Wahrnehmungen von Situationen und Sachverhalten nach ihren inneren Modellen über das Wohlergehen des Körpers bewerten. „Daher ist das Bewusstsein im Kern eine Beziehung: ‚Ich empfinde in Bezug auf dies und jenes dieses bestimmte Gefühl.' Diese Beziehung spiegelt die Tatsache wider, dass unsere inneren Bedürfnisse nur durch Dinge befriedigt werden können, die jenseits unserer selbst existieren. Unsere Gefühle (die inneren Quellen des Bewusstseins) sind deshalb immer in Bezug auf die Objekte unserer Bedürfnisse (die äußeren Bewusstseinsquellen) definiert" (Solms und Turnbull 2010, S. 288).

Mindesten drei Umstände erscheinen nun typisch für Finanzberatungssituationen: Zum einen ist die Situation unterschiedlich vertraut für die Beteiligten – der Beratende befindet sich in einer Routinesituation, während der oder die zu Beratende eine Ausnahmesituation zu bewältigen hat; zum zweiten soll die Situation in eine Handlung münden, eine Entscheidung der einen oder anderen Art, in der Regel aber in einen Geschäftsabschluss des Beraters, von dem dieser profitiert; zum

---

[1] Eine grundsätzliche Einführung bzw. Diskussion hirnphysiologischer Grundlagen kann im Rahmen dieses Aufsatzes nicht erfolgen. Sämtliche in diesem Text getroffenen hirnphysiologischen Aussagen stützen sich – sofern nichts anderes angemerkt ist – auf die Einführungen von Solms und Turnbull (2010) und Damasio (2011) sowie Carter (2010); es handelt sich dabei meiner Einschätzung nach um gut abgesicherte, gegenwärtig unstrittige Grundlagen-Sachverhalte.

dritten ist die zeitliche Perspektiven des Ergebnisses, über das verhandelt wird, zumindest häufig unterschiedlich: bei einer Baufinanzierung, einem Ratenkredit oder einer Altersversorgung spielen für den Kunden langfristige Zeithorizonte eine Rolle, während der zeitliche Kontext des Beraters zumeist kurzfristig ist. In dieser Situation ist es die Aufgabe der beratenden Person, zu einem profitablen Abschluss zu gelangen. Dazu stehen ihr unterschiedliche Wege und Mittel zur Verfügung, hier sollen drei davon im Kontext neurowissenschaftlicher Forschungen genauer erläutert werden: Glaubwürdigkeitseinschätzung, Spiegelung und Enthemmung.

12.4 Glaubwürdigkeitseinschätzung

Die Glaubwürdigkeit von Äußerungen eines Menschen wird, sofern sie nicht faktisch nachvollzogen werden kann, intuitiv am Gesichtsausdruck der Person abgelesen. Glatte Lügen von Menschen, die sich nicht darauf verstehen, das Lügen emotional zu verbergen, sind dabei in der Regel leicht zu erkennen. Doch Berater – und von jetzt an soll die männliche Form inklusiv verwendet werden – werden einerseits wahrscheinlich selten vollständig unwahre Beratungsinhalte vortragen, also komplett lügen, und sie sind zudem oftmals darin geübt, ihre Emotionen zu kontrollieren. Andererseits sind sie aber auch keine ausgebildeten Schauspieler und könnten es wahrscheinlich auch emotional nicht leisten, tagtäglich vollständig verstellt aufzutreten. Berater werden deshalb im Normalfall die von Ekman (2004) analysierten, sogenannten Mikroemotionen nicht unterdrücken können. Mikroemotionen, die tatsächlichen Gefühle zu einem vorgetragenen Sachverhalt, zeigen sich an der Mimik eines Sprechers, bevor es diesem gelingt, die angemessene Emotionalität in sein Gesicht zu bringen. Für ca. eine Drittelsekunde blitzen, so Ekman, die wahren Gefühle auf, bevor sie in den Griff zu bekommen sind. Die Mikroemotionen werden unbewusst wahrgenommen und können einem bei Zerstreutheit oder Unaufmerksamkeit auch entgehen. Da die Beratungssituation für den zu Beratenden jedoch fremd und ungewohnt ist, kann davon ausgegangen werden, dass ihm solche Mikroemotionen tendenziell eher auffallen als dass er sie übersieht. Das gleiche gilt selbstverständlich auch umgekehrt: Die Mikroemotionen der zu Beratenden sind wichtige Erkenntnisquellen für den Berater, sie warnen vor oder ermutigen ihn zu bestimmten Argumenten, zeigen, wann z. B. Konditionen als zu hoch oder als erfreulich niedrig erlebt werden.

Die neuronale Architektur hinter dieser Bedeutsamkeit der Mikroemotionen kann vereinfacht so erklärt werden: „Die Rolle der Amygdala und angrenzender Regionen, wie dem Nucleus accumbens und der Insula, liegt in der unmittelbaren Wahrnehmung und Bewertung emotionaler Reize (…) Im präfrontalen Kortex da-

12.5 Spiegelung

gegen sind kognitive Reize lokalisiert, die die subjektive Bedeutung von Umweltreizen modifizieren und damit Einfluss auf den Emotionsprozess nehmen (…)" (Scheibe 2011, S. 67). Diese beiden Systeme wirken zusammen und erlauben es so, einerseits aktuelle Anforderungen – zum Beispiel das Treffen von Entscheidungen – zu repräsentieren, und andererseits die dazugehörigen eigenen Gedanken und „sensorischen Inputs gegeneinander abzuwägen" (ebenda). Aus diesem Zusammenwirken ergibt sich die komplexe Wahrnehmung von Emotionalität und Inhalten der Aussagen anderer, sie ermöglicht aber auch die Einflussnahme auf eigene Emotionen, ohne dass dazu ein äußerer Reiz notwendig wäre (vgl. Scheibe 2011, S. 68).

Bezogen auf die Finanzberatungssituation heißt das für Berater: Um zu vermeiden, dass negative Emotionen zum eigenen Beratungsangebot den zu Beratenden irritieren, sollten diese Angebote so durchdacht werden, dass man als Beratender tatsächlich positive Emotionen dazu empfindet. Bei dieser Strategie kognitiver (!) Umbewertung eigener Emotionen „geht es darum, die Bedeutung emotionaler Reize im Hinblick auf eigene Ziele und Bewältigungsmöglichkeiten zu verändern (…) So kann ein stabiler Börsenkurs im Vergleich zum Vortag für ein Indiz genommen werden, dass der Abwärtskurs nur kurz unterbrochen wurde oder aber die Talsohle erreicht ist und die Wirtschaft wieder aufwärts geht. Dies wirkt sich sicherlich unterschiedlich auf die resultierende Zukunftsangst sowie weitere Finanzentscheidungen aus" (Scheibe 2011, S. 66).

Aber auch der Kunde ist nicht seinen Emotionen ausgeliefert: Auch er kann einerseits die Komponenten der Beratungssituation so uminterpretieren, dass ihn positive und negative Mikroemotionen nicht durchschaubar werden lassen, andererseits kann er auch die Emotionen, die er im Hinblick auf seine Wünsche, Ziele und Bedürfnisse erlebt, so verändern, dass sie zu einer größeren Realitätsnähe kommen. Mancher voreilige oder das eigene Vermögen überschreitende Vertrag könnte so vermieden werden.

Das hier kurz skizzierte Verfahren der kognitiven Uminterpretation von Sachverhalten ist ein aus meiner Sicht typisches Beispiel für die Leistungsfähigkeit neuronaler Forschung bei der Erklärung von Kaufverhalten im weitesten Sinn: Die inhaltlichen Strukturen dieses Uminterpretierens waren nämlich auch schon ohne neurowissenschaftliche Untermauerung bekannt, ja sprichwörtlich: Lass dich nicht von Deinen Emotionen mitreißen, Lügen liest man von den Augen ab etc. Durch die Aufklärung der zugrunde liegenden neuronalen Strukturen wird dieses bereits vorhandene Wissen jedoch weiter validiert.

12.5 Spiegelung

Die wahrscheinlich populärste Entdeckung der Neurowissenschaften sind die Spiegelneurone. Es handelt sich dabei um neuronale Systeme, auf die man zunächst im Rahmen von Fragestellungen zur Imitation von Bewegungen gestoßen ist. Wie schaffen es Menschen, Bewegungssequenzen von anderen durch Abschauen und Nachmachen zu erlernen – wobei das Gehirn offenbar aus visuell Wahrgenommenem Aktivitäten des eigenen Körpers ableiten muss. Diese Transferleistung ist keineswegs selbstverständlich, man merkt das zum Beispiel, wenn Kinder schreiben lernen und ihnen zunächst die Hand geführt wird, weil sie den Bewegungsablauf durch bloßes Anschauen nicht zu erlernen in der Lage sind.

Die grundlegenden Forschungen von Giacomo Rizzolatti und seiner Gruppe (vgl. Rizzolatti und Sinigaglia 2008) zu den Spiegelneuronen zeigten, dass dieses ursprünglich an Affen erforschte Resonanzsystem auch bei Menschen existiert, und darüber hinaus sogar in der Lage ist, weit mehr als das der Affen zu leisten: Das Spiegelneuronensystem des Menschen „codiert transitive und intransitive Akte; es kann sowohl die Art der Handlung als auch die Folge der Bewegungen, aus denen jene sich zusammensetzen, selektieren; schließlich bedarf es keiner Interaktion mit Objekten und aktiviert sich auch, wenn die Handlung nur simuliert wird" (Rizzolatti und Sinigaglia 2008, S. 131).

Dieser vielleicht zunächst etwas trocken wirkende Satz formuliert eine neurofaktische Grundlage für gleich zwei bedeutende Theorien: Zum einen erhärtet er die Vermutung, dass Kommunikation aus Zeigegesten, also aus Bewegung entstanden und Sprache eine Weiterführung solcher Gestiken ist – was sich durch die Nähe von Sprach- und Bewegungssystemen im Gehirn ebenfalls plausibilisiert (vgl. die dazugehörige Theorie von Tomasello 2009). Zum anderen ist damit auch der Zusammenhang zwischen Spiegelneuronen und Emotionen hergestellt, denn es stellt sich ja zunächst die Frage, warum nicht alle möglichen Bewegungen aller möglichen Leute imitiert werden und Menschen sich nicht binnen kurzer Zeit im Imitieren erschöpfen. Gallese (2003) konnte dazu zeigen, dass das Gehirn zwischen bedeutsamen und nicht bedeutsamen Personen unterscheidet, bevor das motorische Spiegelsystem in Kraft tritt und damit zunächst Emotionen und Vorbildcharakter nachempfunden und bewertet werden, bevor also imitierende Aktionen erfolgen. Vor diesem Hintergrund wiederum formulieren auch Rizzolatti und Sinigaglia (2008, S. 191 f.), nun beeindruckt: „Unabhängig von den beteiligten Rindengebieten (…) und der Art der hervorgerufenen Resonanz verkörpert der Mechanismus der Spiegelneurone auf neuronaler Ebene jene Modalität des Verstehens, die vor jeglicher begrifflichen oder sprachlichen Vermittlung unsere Er-

12.5 Spiegelung

fahrung des anderen prägt". Spiegelneurone sind mit anderen Worten die Basis der intuitiven Beziehung.

Die Spiegelneurone bilden ein hoch leistungsfähiges System, mit dem Gehirne auf andere Menschen reagieren, insbesondere in Situationen geteilter Aufmerksamkeit, wie sie Beratungssituationen in der Regel darstellen. Doch bei der Begeisterung über die Möglichkeiten dieses Systems und der damit gefundenen neuronalen Grundlage intuitiven Verstehens gerät manchmal jedoch aus dem Blick, dass Intuition auch irren kann. „Das liegt daran, dass viele Alltagsszenen mehrdeutig sind (…) Bei der unterschiedlichen Interpretation spielen individuelle Vorerfahrungen eine nicht unwesentliche Rolle (…) Leider ist sie auch vor bewussten Täuschungen nicht geschützt. Intuition ist eben nicht alles. Wo sie versagt, kann und muss der Verstand helfen" (Bauer 2008, S. 33).

Welche Bedeutung kommt den Spiegelneuronen nun in Finanzberatungssituationen zu? Für die Antwort scheint es mir grundlegend festzustellen, dass Entscheidungen im Finanzbereich aus Sicht des Kunden seltene Ereignisse sind, die zudem häufig kontraintuitiven Logiken folgen. Das Lernen im Finanzsektor ist für den gelegentlichen Kunden anstrengend, weil er sich mit einer Vielzahl von Zusammenhängen und Abhängigkeiten auseinander zu setzen hat, die teilweise real, teilweise nur wahrscheinlich sind. Zudem gilt es, auf der einen Seite eigene Wünsche und Bedürfnisse zu kennen, sie andererseits aber im Hinblick auf die finanziellen Möglichkeiten zu relativieren. Solche derart komplexen, ungewohnten und anstrengenden Situationen sind einerseits durch Intuition kaum angemessen zu begreifen, andererseits liefern intuitive Zugänge aber auch die Aussicht auf Entlastung.

Spiegelungssituationen in Beratungsgesprächen entstehen aus gemeinsam verbrachter Zeit mit einem gemeinsamen Aufmerksamkeitsraum und häufigen gemeinsamen Tätigkeiten, z. B. gemeinsamem Bewegen durch Räume, gemeinsamem Ausfüllen von Formularen, Eingaben an Bildschirmen usw. Je entlastender der Berater in diesen Situationen für den Kunden agiert, desto wahrscheinlicher wird dieser wohl auch bereit sein, sich intuitiv auf das Hauptangebot der Beratung einzulassen und die darin liegende Entlastung anzunehmen: „Dann ist das mit der Altersvorsorge endgültig geklärt," klingt für manchen wie eine lang erwartete Befreiung. Auf der anderen Seite zeigen Untersuchungen, „dass Angst, Anspannung und Stress die Signalrate der Spiegelneurone massiv reduziert" (Bauer 2008, S. 34).

In diesem Kontext wird nun auch klar, warum die eingangs dieses Textes erwähnten psychologischen Kundenprofile der Hamburger Sparkasse durchaus etwas mit neurowissenschaftlichen Erkenntnissen zu tun haben können. Wenn Kundentypen wie „Abenteurer" oder „Harmonisierer" als Anleitung für Berater eingesetzt werden, damit diese es dem Kunden einfacher nahelegen können, sich spiegelnd zu verhalten, kann man durchaus von einer Anleitung zur Täuschung auf neurowissenschaftlicher Basis sprechen. Dem Kunden wird der Eindruck vermittelt, es mit einem gleichgesinnten Berater zu tun zu haben, während dieser aus einem Verhaltensrepertoire schöpft, das er sich angeeignet hat, um Kunden diesen in der Regel nicht den tatsächlichen Sachverhalt „widerspiegelnden" Eindruck zu vermitteln.

Dagegen ließe sich sicherlich argumentieren, dass es zu den Aufgaben von Beratern gehört, unterschiedliche Kunden so zu beraten, dass diese die Beratung auch annehmen können. Letztlich liegt demzufolge eine besonders hohe ethische Verantwortung bei einem Berater, der auf Spiegelungstechniken zur Entlastung und Beschleunigung des Kundengesprächs setzt: Es ist von ihm zu verlangen, dass er trotz dieser, für Kunden meist undurchschaubaren Abkürzungen dennoch die für den Kunden günstige, vielleicht sogar günstigste Variante anbietet. Solches Verhalten ist nicht ausgeschlossen, aber auch nicht sehr wahrscheinlich, insbesondere dann, wenn Berater provisionsbasiert arbeiten. Deshalb ist Kunden in Finanzberatungssituationen eher davon abzuraten, sich auf Spiegelungserlebnisse einzulassen, also intuitiv zu entscheiden – gerade weil eine solche Entscheidung im ersten Moment so entlastend wirkt.

12.6 Enthemmung

Wenn Häusel (2010, s. o.) und andere populäre Neuro-Marketing-Berater von „Kaufknöpfen" im Gehirn sprechen, meinen sie damit eine bestimmte Form des Übergangs vom Denken und Vorstellen zum Handeln: eine Enthemmung. Denn wie oben schon kurz erwähnt, verfügen Gehirne in der Regel über zwei unterschiedliche Verarbeitungsschleifen, die des Vorstellens und die der motorischen Ausführung von Handlungen. Wir stellen uns vor, nach einem attraktiven Menschen, einer leckeren Frucht oder etwas anderem Ansprechenden zu greifen – tun es aber nicht, weil wir wissen, dass das Greifen nach Passanten meistens zu Ärger führt, die Frucht jemand anderem gehört und vieles Ansprechende auch teuer ist. Vereinfacht gesagt, beruht diese Möglichkeit, sich Handeln vorzustellen ohne es auszuführen auf Hemmungen. „Kaufknöpfe drücken" bedeutet dann, diese Hemmungen aufzulösen, Gehirnen zu erlauben, die vorgestellten Taten auszuführen. Die Gestaltung von Kassenzonen in Supermärkten zum Beispiel ist darauf ausgelegt, solche Hemmungen schnell zu lösen, aber auch Beratungsgespräche zielen darauf, einen Abschluss zu erreichen: aus der Möglichkeit einen Sachverhalt zu machen, indem der Kunde etwas unterschreibt.

Hemmungen haben Schutzfunktionen, sie schützen Menschen vor den Auswirkungen direkt umgesetzter Impulse. Auch ohne kulturtheoretische Begründung ist offensichtlich, dass zivilisiertes Leben in einer Großstadt, in einem Warenhaus oder in der Enge eines Flugzeugs nur möglich ist, weil die Menschen normalerweise in der Lage sind, nicht zu tun, was sie sich in diesen Stresssituationen eigentlich wünschen. Dass Hemmungen auch dazu führen können, in anderen Situationen, in denen spontanes Reagieren vielleicht gut täte, eventuell um einen Genuss gebracht zu werden, wird relativ häufig thematisiert, die überlebenssichernden Funktionen der Hemmungen sind dagegen weniger im Gespräch. Man könnte vermuten, dass das auch an Interessen der Wirtschaft und der von ihr forcierten Kommunikation liegt, denn so wünschenswert das disziplinierte Verhalten an sich ist, so notwendig ist auch das Gegenteil: jeder Kauf ist eine Enthemmung, eine Vorstellung, die durch eine Tat der Verwirklichung näher gebracht werden soll (ausführlich dazu Streeck 2010).

Die Enthemmung kann unterschiedliche Gründe haben, insbesondere auch vernünftige: Man hat ein Angebot geprüft, es mit seinen Bedürfnissen in Beziehung gebracht und entscheidet sich nun, es anzunehmen. Das ist sozusagen der vernunftethische Normalfall des Kaufs, demgegenüber Impulskäufe oder andere Unüberlegtheiten als Degenerationsform erscheinen. Doch lässt sich auch auf diese vernunftgestützte Entscheidung, die natürlich auch das vorgetragene normative Ideal der Finanzbranche sein muss, dennoch subtil Einfluss nehmen? Eine neuere Studie liefert dazu einen Anhaltspunkt: The Sweet Side of Sugar – The Influence of Raised Insulin Levels on Price Fairness and Willingness to Pay (Eberhardt et al. 2010).

Es ist vorauszuschicken, dass es sich bei dieser Studie vermutlich um eine Qualifikationsarbeit handelt, es wurden 14 Personen untersucht und die Ergebnisse mit zwei Kontrollgruppen zu 14 und 9 Personen verglichen. Untersucht wurde, ob eine Gabe von Zucker (90 g in Mineralwasser gelöst) zu einer veränderten Wahrnehmung von Preisen führt. Tatsächlich hat die Gruppe der „gezuckerten" Personen im Vergleich zu den Kontrollgruppen für sie ungünstigere Preise akzeptiert und als fair eingestuft. Ließe sich dieses Ergebnis verallgemeinern, bedeutete dies, dass ein erhöhter Insulinspiegel dazu führt, dass man teurer einkauft oder billiger verkauft und dabei dennoch zufrieden ist. Als Ursache eines solchen Effekts vermutet die Untersuchung im Einklang mit einigen vorangegangenen Studien eine Beeinflussung bestimmter Gehirnsysteme durch die von der Glucose ausgelösten erhöhten Ausschüttung monoaminen Serotonins.

Der skizzierte Zusammenhang entspricht dem Erfahrungswissen, dass satte Menschen zufriedener bzw. leichter zufriedenzustellen sind als hungrige und dass sie unvorsichtiger in Handlungen und Äußerungen werden. Zwar wird Kunden in Beratungsgesprächen gern Gebäck, Kaffee und Limonade angeboten, aber ein Süßigkeiten essender Berater ist selten anzutreffen. Der Gedanke, dass Zucker enthemmend wirkt, weil Menschen durch Süßigkeiten leichter kaufen, ist also durchaus plausibel und doch überrascht und erschreckt eine neurowissenschaftliche Validierung dieses Umstands – weil sie den Charakter der Freiwilligkeit der so getroffenen Entscheidungen in Frage stellt. Weiß man einmal um diesen möglichen Zusammenhang, betrachtet man angebotene Süßigkeiten von Finanzberatern eventuell mit der gleichen Skepsis, wie sie Kindern gegenüber Süßigkeiten anbietenden fremden Männern nahegelegt wird.

Auch dieses letzte Beispiel ist instruktiv im Hinblick auf den gegenwärtigen Stand der neurowissenschaftlichen Untersuchungen und ihrer Auswirkungen auf das Marketing. Insgesamt kann festgestellt werden, dass sich hier ein neuer Zugang zum Verständnis und zur Manipulation von wirtschaftlichem Handeln entwickelt, der besonders deshalb fasziniert, weil er vieles theoretisch und empirisch bereits Bekannte mit naturwissenschaftlich gewonnenen Wirkhypothesen untermauert. Wie stets werden diese Erkenntnisse im privaten Bereich eher den Anbietern als den Nachfragern zu Gute kommen, weil Anbieter sich in ihrem Gebiet eher vertieftes Wissen anzueignen in der Lage sind als die jeweils nur gelegentlich mit Sachverhalten konfrontierten Nachfrager. Letztlich steht es aber auch Kunden frei, sich über ihr eigenes Psychoprofil Gedanken zu machen, Spiegelungen zu suchen oder zu vermeiden oder mit Zucker vorsichtig umzugehen.

Neue wissenschaftliche Entwicklungen werden häufig auch schnell zu Bestandteilen des Angebots professioneller Marketingberater. Diese tendieren dazu, die Möglichkeiten solcher Erkenntnisse zu übertreiben und zu griffig zu veranschaulichen: aus Enthemmungen werden dann Kaufknöpfe, die Teilnehmerzahlen von Studien, auf denen bestimmte Ergebnisse beruhen, werden zumeist nur genannt, wenn sie beeindruckend hoch sind, die Diskussion möglicher anderer Erklärungen für Verhalten unterbleibt nicht selten. Diese Hype-Effekte werden sich allerdings im Lauf der Zeit legen, zumal, wenn die Neurowissenschaften, ebenso wie zuvor z. B. die Tiefenpsychologie, ihre „mystische" Phase hinter sich gelassen hat.

Begrenzt ist die Aussagekraft der neurowissenschaftlichen Ergebnisse bislang durch zwei Hauptumstände: Zum einen fehlt eine zusammenhängende Theorie des neuronalen Systems, inklusive Gehirn und Nervensystem – und die Entwicklung einer solchen ist auch vorerst nicht zu erwarten. Zum anderen ist die technische Durchführung entsprechender Experimente nach wie vor sehr teuer und die vorhandenen Kapazitäten werden zuvorderst zu Zwecken medizinischer Diagnostik belegt. Da neurowissenschaftliche Forschung zudem sehr technikabhängig und in hohem Masse auf Expertenwissen angewiesen bleibt, ist vorerst auch nicht zu erwarten, dass Unternehmen oder Finanzinstitute selbst Neuromarketingforschungen durchführen werden. Daher ist die Transferleistung der Marketing-Berater vorerst unverzichtbar – und deshalb umso verantwortungsvoller zu handhaben.

Literatur

Bauer, J. (2008). *Warum ich fühle, was Du fühlst. Intuitive Kommunikation und das Geheimnis der Spiegelneurone* (11. Aufl.). München: Heyne.
Business-bestseller. http://www.business-bestseller.de/erfolg_ist_kein_zufall/insbruck_2011_2012/23_11_11_hans-georg_haeusel_php. Zugegriffen: 20. März 2012.
Carter, R. (2010). *Das Gehirn*. München: Dorling Kindersley.
Damasio, A. (2011). *Selbst ist der Mensch. Körper, Geist und die Entstehung des menschlichen Bewusstseins*. München: Siedler.
Dichter, E. (1964). *Strategien im Reich der Wünsche*. München: dtv.
Eberhardt, T., Fojcik, T., Hubert, M., Linzmajer, M., & Kenning, P. (2010). The sweet side of sugar – the influence of raised insulin levels on price fairness and willingness to pay. *Advances in Consumer Research, 37*, 788–790.
Ekman, P. (2004). *Gefühle lesen. Wie Sie Emotionen erkennen und richtig interpretieren*. München: Spektrum.
Fuchs, T. (2008). *Das Gehirn – ein Beziehungsorgan. Eine phänomenologisch-ökologische Konzeption*. Stuttgart: Kohlhammer.
Gallese, V. (2003). The manifold nature of interpersonal relations: The quest of a common mechanism. *Phil. Trans. of The Royal Society London B, 358*, 517–528.
Häusel, H.-G. (2010). *Emotional Boosting. Die hohe Kunst der Kaufverführung*. Stuttgart: Haufe.
Lindstrom, M. (2008). *Buyology. How everything we believe about why we buy is wrong*. London: Crown Business.
Packard, V. (1957). *Die geheimen Verführer*. Düsseldorf: Econ.
Plassmann, H. (2011). Neuronale Korrelate von nutzenbasierten Entscheidungen. In M. Reimann & B. Weber (Hrsg.), *Neuroökonomie. Grundlagen – Methoden – Anwendungen* (S. 163–193). Wiesbaden: Gabler.
Reimann, M., & Weber, B. (2011). Neuroökonomie – Eine Bestandsaufnahme. In M. Reimann & B. Weber (Hrsg.), *Neuroökonomie. Grundlagen – Methoden – Anwendungen* (S. 5–8). Wiesbaden: Gabler.
Rizzolatti, G., & Sinigaglia, C. (2008). *Empathie und Spiegelneurone. Die biologische Basis des Mitgefühls*. Frankfurt a. M.: Suhrkamp.
Roth, G. (2003). *Fühlen, Denken, Handeln. Wie das Gehirn unser Verhalten steuert*. Frankfurt a. M.: Suhrkamp.
Scheibe, S. (2011). Emotionsregulation – Strategien, neuronale Grundlagen und Altersveränderungen. In M. Reimann & B. Weber (Hrsg.), *Neuroökonomie. Grundlagen – Methoden – Anwendungen* (S. 59–83). Wiesbaden: Gabler.
Scheier, C., & Held, D. (2007). Die Neurologik erfolgreicher Markenführung. In H.-G. Häusel (Hrsg.), *Neuromarketing. Erkenntnisse der Hirnforschung für Markenführung, Werbung und Verkauf* (S. 87–122). München: Haufe.
scobel. 3sat. 06. Oktober 2011.
Solms, M., & Turnbull, O. (2010). *Das Gehirn und die innere Welt. Neurowissenschaft und Psychoanalyse* (4. Aufl.). Mannheim: Patmos.
Steirische Wirtschaft. 24. Juni 2011, S. 26.
Streeck, K. (2010). *Management der Fantasie. Einführung in die werbende Wirtschaftskommunikation* (2. Aufl.). Baden-Baden: Nomos.

Süddeutsche-online. http://www.sueddeutsche.de/geld/sparkasse-umstrittener-produktverkauf-das-ist-ekelhaft-1.1019273. Zugegriffen: 20. März 2012.
Tagesschau. ARD. 04. November 2010. 20.00–20.15 Uhr.
Tomasello, M. (2009). *Die Ursprünge menschlicher Kommunikation*. Frankfurt a. M.: Suhrkamp.

„wir backen. du König." (Back König) Ein Kunde ist (k)ein König – Die Beziehungspflege im Marketing

13

Zusammenfassung

Das Marketing hat vor etwa drei Jahrzehnten das Management von Kundenbeziehungen in den Fokus der Erfolgsversprechungen für wirtschaftliche Transaktionen gerückt, da der Kommunikationswettbewerb bei vielen Konsumgütern den Produktwettbewerb verdrängt hat. Zwischenzeitlich sind eine Fülle von theoretischen Ansätzen entdeckt und genutzt worden, um das Miteinander zwischen Kunde und Unternehmen zu modellieren. Aus diesen Ansätzen wird exemplarisch die soziale Durchdringungstheorie ausgewählt, um ihren Nutzen für die Beziehungsgestaltung in der Wirtschaftskommunikation aufzuzeigen. Mit welchen Mitteln und Strategien analog dieses theoretischen Ansatzes Kundenmanager heute das Beziehungsgeschehen in Richtung Zufriedenheit navigieren, steht im Mittelpunkt der Reflexion des Beitrags über Könige und geadelte Beziehungen in der Wirtschaftskommunikation.

Susanne Femers

Der Autopionier Henry Ford hat einmal gesagt: „Wenn ich die Menschen gefragt hätte, was sie wollen, hätten sie gesagt: schnellere Pferde." Der Erfolg gab Henry Ford Recht. Und die meisten heutigen Konsumenten ziehen das Auto der Fortbewegung auf dem Pferd im Alltag sicher vor. Das trifft wohl auch auf Könige zu. Auch diese wissen nicht immer, was gut für sie ist. Daher sollte man ihnen nicht jeden Willen lassen. Der Kundenmanager weiß, was sie wollen sollten. Nur besteht für ihn die Herausforderung darin, den Kunden zu ihrem Glück zu verhelfen. Und dabei soll er sie königlich behandeln und ihnen stets zu Diensten sein. „Der Kunde ist König" ist ein geflügeltes Wort – die Marketingpraxis vieler Unternehmen aber straft dieses Lüge.

Kunden sind keine Könige, dafür warten sie zu lange in den Telefonschleifen von Callcentern und verfluchen zu oft das, was Unternehmen gerne Service nennen.

Kundenorientierung findet bei genervten Verbrauchern ihre Grenzen, die auf der Suche nach der Handhabung von Produkten einschlägige Websites enttäuscht verlassen, sich beim Müllsortieren in Beschäftigungstherapie fühlen, sich beim Preis dann doch verarscht vorkommen und bei der Bahn in Wintereis und Sommerhitze trotz anders lautender Aussagen immer vom Wetter reden. „Heute ein König" – das kann der Konsument wohl nur beim Biertrinken von sich sagen. Oder wenn er sich bei Back König, einer Bäckereikette mit Selbstbedienungsmodus in diesem übt, die mit dem Slogan „wir backen. Du könig." wirbt. Nein, Könige behandelt man anders. Das Zepter hat nicht der Kunde, sondern der Customer-Relationship-Manager in der Hand. Und die königlichen Gemächer sind durch die Einführung von Onlinekonten bei der Bank immer kleiner geworden, sie werden von breitschultrigen Wachschutzleuten im Drogeriemarkt um die Ecke bewacht oder sind nur noch virtuell als Kundenclub oder Facebookseite zu haben.

Diese *pessimistische Perspektive* widerspricht dem enormen Engagement des Marketings zur Kundenpflege und dem Glauben an die Macht der Kunden. Diese sind nämlich nach Auffassung von Marketingexperten „keineswegs leicht manipulierbare Marionetten in der Hand allmächtiger ‚captains of consciousness'. (…) Nichts ist unrealistischer als die blutleere Fiktion des neoklassischen Marktmodells, in dem perfekt informierte, rational handelnde Akteure aufeinander treffen und der Preismechanismus Diskrepanzen von Angebot und Nachfrage automatisch in ein Gleichgewicht bringt." so der Wirtschaftshistoriker Berghoff (2007, S. 11). Kunden haben Macht und Kunden handeln nicht rational. Daher bedarf es ausgeklügelter *Sozialtechnologie*, um die herausfordernde Beziehung zu ihnen zu steuern: „Marketing ist eine Sozialtechnik, die der systematischen Beeinflussung menschlichen Verhaltens dient." (Berghoff 2007, S. 13). Auch über die einzelne Transaktion hinaus ist Marketing zum Synonym für die Strukturierung von Beziehungen geworden (Berghoff 2007, S. 57).

Denn seit Mitte der 80er Jahre ist in den USA und später auch in Europa der Kunde mehr und mehr in den Mittelpunkt der Betrachtung der Marketingwissenschaft und -praxis geraten: Art, Verlauf und Intensität der Interaktion zwischen Unternehmen und Kunde sind Gegenstand des damals entstandenen *Relationship Marketing*. Diese ca. drei Jahrzehnte alte beziehungsorientierte Marketingphilosophie beansprucht eine *ganzheitliche Betrachtung der strategischen Gestaltung des Beziehungsmanagements*, die über die häufig rein informationstechnologische Orientierung des Customer Relationship Managements hinausweist (Meffert 1999; Hansen und Bode 2007; Bruhn 2009; Georgi und Hadwich 2010): „Relationship Marketing umfasst sämtliche Maßnahmen der Analyse, Planung, Durchführung und Kontrolle, die der Initiierung, Stabilisierung, Intensivierung und Wiederaufnahme sowie gegebenenfalls der Beendigung von Geschäftsbeziehungen zu den

Anspruchsgruppen – insbesondere zu den Kunden – des Unternehmens mit dem Ziel des gegenseitigen Nutzens." (Bruhn 2009, S. 19).

Ursachen für die starke Orientierung am Kunden waren die Wandlung vom Verkäufer- zum Käufermarkt, die zunehmende Wettbewerbsorientierung von Anbietern immer ähnlicher werdender Waren sowie die zunehmende Heterogenität von Kundenwünschen. Im *Zentrum der strategischen Steuerung von Kundenbeziehungen* steht nach Bruhn (2009, S. 3, 54, 59, 91) die Gestaltung der einzelnen Beziehungsepisoden mit verschiedenen Einzeltransaktionen zwischen Anbieter und Kunde wie auch bei einer Betrachtung auf der Metaebene der gesamte Kundenlebenszeitzyklus mit im Leben sich verändernden Produktbedürfnissen bzw. der Kundenbeziehungszyklus, der die Herausforderungen für das Beziehungsmanagement im Gesamtverlauf einer Kundeninteraktion spezifiziert.

Kundenorientierung bedeutet im besten Fall, eine starke Bindung eines Kunden an ein Unternehmen zu erreichen, was sich sowohl auf der Kosten- als auch der Erlösseite positiv für das Unternehmen auswirkt (Bruhn 2009, S. 4 ff.). Marketing-Standardwerke offerieren heute eine große Fülle von strategischen Ansätzen und ausgeklügelten Instrumentarien zur Beziehungsgestaltung (vgl. z. B. Hansen und Bode 1999, S. 297 ff.). Für die Kommunikation mit dem Kunden sinnvolle Instrumente avancierten zum Fokus auch in der Unternehmenskommunikation (vgl. z. B. Mast 2006, S. 297 ff.). Hier sollen aber weniger die Instrumente analysiert, als vielmehr die Beziehungskonzepte zwischen Unternehmen und Kunde in den Mittelpunkt der Betrachtung gerückt werden. Zur Modellierung dieser Beziehung sind eine Fülle von theoretischen Ansätzen in Volks- und Betriebswirtschaftslehre wie auch Psychologie entstanden (siehe hierzu im Überblick Bruhn 2009, S. 20 ff., 48 f.), von denen insbesondere die neobehavioristischen Ansätze der (Sozial)Psychologie die Verhaltensebene der Beziehungspartner fokussieren. Eines dieser Konzepte soll nachfolgend exemplarisch auf seine Plausibilität im theoretischen und praktischen Kontext untersucht werden.

13.1 Den anderen durchdringen oder das Ideal der sozialen Penetration

Eine der nach Auffassung von Marketingexperten besonders gut geeigneten Theorien zur Erklärung der erfolgreichen Interaktion von Unternehmen und Kunde ist die „theory of social penetration" bzw. Theorie der sozialen Durchdringung von Altman und Taylor (1973), die sich prinzipiell der Entstehung und Dynamik von Beziehungen widmet und von Georgi (2000) für Kundenbeziehungen adaptiert worden ist (vgl. auch Pepels 2004, S. 43 f.; Renker 2005, S. 18 f. sowie Lorenz 2009, S. 30 ff.).

Die Theorie der sozialen Durchdringung geht davon aus, dass eine intensive soziale Beziehung durch einen beiderseitigen Prozess der Selbstöffnung bestimmt wird, bei der freiwillig Transparenz über die eigene Geschichte, Präferenzen, Einstellungen, Werte und Gefühle hergestellt wird. Befriedigend ist dieser Austauschprozess nur dann, wenn beide Seiten sich öffnen und die mit der Selbstoffenbarung verbundene Vulnerabilität riskiert, respektiert bzw. geschützt wird. Neben der Tiefe der Selbstöffnung spielt auch die Häufigkeit der befriedigenden bzw. unbefriedigenden Interaktionen eine Rolle für die fortschreitende Entwicklung der Beziehung.

Die Persönlichkeit der Interaktionsteilnehmer in solchen Austauschprozessen wird in einer *Zwiebelanalogie* gefasst, bei der die äußere Schale das öffentliche Selbst repräsentiert mit leicht wahrnehmbaren Eigenschaften. Unter der Oberfläche bzw. unter der äußeren Haut liegen intimere Bereiche der Persönlichkeit bzw. Persönlichkeitskategorien, d. h. beziehungsrelevante Informationen, die nicht jedem zugänglich sind: Informationen zu früheren und gegenwärtigen Beziehungen im Leben eines Menschen, Glaubenssätze, Erfahrungen, Einstellungen usw. Der besonders schützenswerte Kern der Persönlichkeit besteht schließlich aus zentralen Werten, dem Selbstkonzept und tiefen Gefühlen. Diese Bereiche der Person stehen nur besonders intimen Beziehungspartnern offen. Die letzte Haut schützt quasi das empfindliche Innere der Zwiebel, den Kern der Persönlichkeit (vgl. Altman und Taylor 1973, S. 15 f., 27 ff.).

Die Dynamik und der Wert einer Beziehung werden in der sozialen Durchdringungstheorie von Individuen nach *Kosten-Nutzen-Überlegungen* kalkuliert. Befriedigende Interaktionen haben ein Plus auf der Habenseite, Enttäuschungen etwa durch Vertrauensmissbrauch oder Intransparenz des Beziehungspartners ergeben Minuspunkte auf der sozialen Berechnungsskala. Dieses soziale Abrechnungssystem entstammt der *Austauschtheorie* von Thibaut und Kelley (1959) und kann sehr gut auf das Gerechtigkeitsempfinden bei der Bilanzierung von Kundenbeziehungen übertragen werden (vgl. Raab et al. 2010, S. 234, 241). Nach der Theorie der sozialen Durchdringung bzw. der sozialen Austauschtheorie ist jede Beziehung eine ökonomische: Ist die Beziehungsbilanz ausgeglichen, sind die Interaktionspartner mit dem Geschäft zufrieden. Übersteigen die Kosten den Gewinn, muss dies auf lange Sicht ausgeglichen werden, sonst ist die Beziehung nicht mehr akzeptabel und muss beendet werden, denn die interpersonale Ökonomie stimmt nicht mehr. Es kommt zur sog. „Depenetration". Bevor aber solche Bilanzen gezogen werden, muss sich die Beziehung stufenweise entwickeln und zu einer Reife gelangen, denn soziale Penetration erfolgt langsam und hat ihre eigene *Entwicklungsdynamik*.

Zu Beginn des „Häutungsprozesses", also beim Kennen lernen zweier Interaktionspartner, ist die Penetration schnell, wird dann aber, je mehr man sich dem

Kern nähert, langsamer, um am Ende wieder an Schnelligkeit, aber auch an Effizienz zuzunehmen. Insgesamt *vier Phasen der Annäherung* können unterschieden werden, in denen immer mehr Dimensionen der Interaktion eröffnet bzw. Bereiche der Persönlichkeit gegenseitig exploriert werden (Persönlichkeitsbreite) und immer intimere Elemente (Persönlichkeitstiefe) zum Gegenstand der Exploration und Interaktion werden (Altman und Taylor 1973, S. 29 f., 129 f.; Taylor und Altman 1987):

1. *Orientierungsphase:* Die Interaktionspartner tauschen Unverfängliches aus, üben sich in Small talk nach der Maxime „to play safe", bleiben im Unverbindlichen und orientieren sich an Klischees, normativem Anpassungsverhalten bzw. den Rahmensetzungen der sozialen Erwünschtheit.
2. *Phase explorativer Affektivität:* Hier nähert man sich zentraleren Einstellungen und Grundauffassungen, Konsens wird gesucht, aber auch Dissens gewagt. Die Selbstoffenbarung ist aber nicht absolut, man lässt den anderen noch nicht die ganze Wahrheit erkennen, Gefühlslagen schwingen sich aufeinander ein.
3. *Affektive Phase:* Persönliches und Privates wird zum Gegenstand der Interaktion, die Vulnerabilität steigt, aber auch die Möglichkeit der Selbstbestätigung, des harmonischen Einklangs und der gegenseitigen Unterstützung. Mit der zunehmenden emotionalen Sicherheit in der Beziehung steigt auch die Toleranz für Kritik.
4. *Phase der Stabilität:* Das Niveau der personalen Interaktion ist auf einer hohen Stufe des intimen und vertrauten Austauschs angekommen. Die Interaktionspartner kennen sich, ihre Werte und Anschauungen gut und können gegenseitig die Einstellungen und emotionalen Reaktionen des anderen einschätzen, sie haben Rollenfestigkeit gefunden. Die Interaktion zwischen ihnen läuft unkomplizierter, effektiver und informeller ab.

13.2 Wirtschaftskommunikation als Akt sozialer Penetration

Gestalten sich Beziehungen in der Wirtschaft insbesondere die zwischen Unternehmen und Kunden nach Art der sozialen Durchdringung? Zur Beantwortung dieser Frage bietet es sich an, die Kommunikationsprozesse und -inhalte der Beziehungspartner zu untersuchen. Denn hier offenbart sich im Allgemeinen die soziale Ordnung der Interaktionsteilnehmer: „Mittels Kommunikation wird Identität, Wirklichkeit und eine bestimmte Form der Beziehung zu anderen zugeschrieben, behauptet, aufgeführt, festgestellt und geändert. Kommunikation dient (…) nicht allein der *Über*mittlung (von Informationen), sondern vor allem der *Ver*mittlung sozialer Identität und sozialer Ordnung." (Reichertz 2009, S. 95, Hervorhebungen im Original).

Wenn die Theorie das kommunikative Geschehen in wirtschaftlichen Transaktionen spiegelt, müssten analog der vier unterschiedenen Phasen Botschaften in der Praxis der Wirtschaftskommunikation identifizierbar sein, die parallel zu der sich stetig vertiefenden Durchdringung gestaltet sind. Und anhand der Theorie müsste sich erklären und vorhersagen lassen, ob entsprechende Botschaften der Beziehungsvertiefung förderlich sind oder aber das Risiko der Depenetration in sich bergen. Diese Annahmen sollen anhand von ausgewählten Beispielen aus der kundenbezogenen Kommunikation von Unternehmen auf ihre Plausibilität geprüft werden.

13.2.1 Orientierungsphase: Easy – nicht zu forsch, aber emotional intelligent!

In der werbenden Wirtschaftskommunikation finden sich viele Botschaften, die dem *Austausch von Unverfänglichem* entsprechen und *Konsens* sichern können. Als sozial erwünscht und für den Beziehungsaufbau unproblematisch kann z. B. der Text einer Anzeige von Edeka am 2.6.2011, Christi Himmelfahrt, aufgefasst werden: „Auch die coolsten Väter brauchen am Vatertag ein bisschen Liebe." Wer würde da schon nein sagen? Auch Smart kann man zustimmen, wenn es in der Automobilwerbung heißt: „Wir haben unsere Höhlen nicht verlassen, um Parkplätze zu suchen. Zeit, sich weiter zu entwickeln.". Für die erste Kontaktaufnahme mit dem Kunden bieten sich für die Wirtschaftskommunikation auch kulturell vorgeprägte *Formate der Kontaktanbahnung* an, die als intertextuelle Referenzen genutzt werden. Das illustriert das Beispiel der Investitionsbank Berlin:

Kontaktanzeige für die Orientierung

„Attr. Darlehen sucht Unternehmen für gemeinsame Zukunft, mit Investitionen, Betriebsmitteln + Unternehmenserweiterungen für die nächsten Jahre. Wenn Du Berliner bist oder es werden möchtest, findest Du mich auf http://www.ibb.de/wachsen!
Gesucht, gefunden – Darlehen gibt's bei der Ibb."
(Anzeigentext der Investitionsbank Berlin 2011)

Eine Kontaktanzeige für den Kredit – warum auch nicht? Wer es etwas förmlicher gestalten will, kann auch eine Bewerbung verwenden: Die Deutsche Bahn schickt z. B. per Post eine vierseitige Mappe im Standardformat mit Schnellhefter-Layout an BahnCard-Kunden der 2. Klasse, die der Einsicht im Marketing folgt, dass das Erfolg versprechende Geschäft das mit schon bestehenden Kunden ist:

Bewerbung mit erstklassigen Referenzen!

Sehr geehrte Frau F.,
heute möchte ich mich als ihr exklusives Reiseerlebnis bei Ihnen vorstellen: Aufgrund meiner langjährigen Erfahrung in Sachen Komfort und Service bin ich Ihr idealer Partner, wenn es um erstklassiges Reisen geht. Besonders zeichnen mich eine hohe Servicequalität und Reiseausstattung aus. Genießen Sie mit mir die Privilegien, die jede Bahnfahrt einfach erstklassig machen. Um Sie von meinen Qualitäten zu überzeugen, habe ich Ihnen meine Karte beigelegt – die 1. Klasse Schnupper-BahnCard.
Mit ihr können Sie gleich bei der nächsten Fahrt das 1. Klasse-Gefühl erleben. Denn bis zum 30.04.2011 können Sie beim Kauf einer Fahrkarte der 1. Klasse Ihren gewohnten BahnCard-Rabatt von 50 % einsetzen. Schauen Sie doch mal in meinen Lebenslauf, dort finden Sie all meine Vorzüge auf einen Blick. Über die Möglichkeit, Sie bald persönlich von meinen Leistungen begeistern zu können, würde ich mich sehr freuen.
Mit freundlichen Grüßen
Ihre 1. Klasse
(Auszug aus der Bewerbungsmappe der DB, 9.2.2011)

Bereits in der Kennenlernphase ist *emotionale Intelligenz* (Goleman 1997) beim Beziehungsmanagement gefragt. Darunter versteht man die Fähigkeit, Gefühle bei sich und bei anderen zu erkennen, zu verstehen und zu beeinflussen. Einschüchterungen oder Beschämungen verbieten sich für den Aufbau einer harmonischen Beziehung. Auch mit Geheimnissen sollte man in dieser Phase vorsichtig sein. Nicht jeder, der Wirtschaftskommunikation gestaltet, weiß das. So suchte die Drogeriemarktkette Schlecker im Frühjahr 2011 zusammen mit Mirja du Mont „Deutschlands schmutzigste WG". „Mitmachen und 1.000 € gewinnen" war die Devise und „Wäre doch gelacht, wenn wir die schmutzigste WG nicht sauber bekämen!" Bewerbungen samt Foto mit „hohem Chaosfaktor" waren im Internet gefragt. Ein ungewöhnlicher, wenn nicht ungeschickter Anfang einer Beziehung, von der man fürchten musste, dass diese sich nicht zum Besten entwickeln wird. Das Risiko des Kontaktabbruchs ist in solchen Fällen groß.

13.2.2 Explorative Affektivität: Langsam miteinander in Einklang kommen!

Manche Ansichten sind in der Unternehmenskommunikation klar formuliert und konsensfähig wie vom Typ „Ein BMW ist ein BMW ist ein BMW". Bei neuen Produkten suchen Unternehmen dagegen manchmal Herausforderungen und verlangen Toleranz und Offenheit für Neues. So hat Smart mit „Open your mind" appelliert, Autofahrerphantasien vom Glück in eine beklemmend kleine und fremde Form zu pressen. Das könnte schon *Dissenspotential* haben. Verständlich ist, dass sich auf diese Option Verbraucher *langsam emotional und kognitiv einschwingen* müssen. Wer einmal einen ersten Kontaktversuch mit dem Autohaus gewagt hat und danach noch zögert, die Beziehung zu vertiefen, erhält vom Anbieter argumentative Unterstützung in der explorativen Phase. Genau 14 Tage nach der ersten Kontaktaufnahme bekommt der Interessent von Smart per Post einen aufwendig gestalteten Kalender mit Photos zu typischen Verkehrssituationen in Innenstädten und Inneneinsichten von Konsumenten, die den Smartkauf sinnvoll erscheinen lassen:

„14 Tage ohne Smart."

Guten Tag Herr K.,
　vor 14 Tagen haben wir Ihnen Informationen zum smart fortwo zukommen lassen. Heute möchten wir Ihnen zeigen, wie gut der smart fortwo in Ihren mobilen Alltag passt (…)
　In den letzten 14 Tagen …
　… haben Sie bei Ihren Wochenendkäufen durchschnittlich 5 Einkaufstüten in Ihren Wagen geladen. Außen kompakt, innen viel Raum: Der smart fortwo bietet Platz für 6 Wasserkästen – und ihre Einkaufstüten.
　… haben Sie bei jeder Parkplatzsuche durchschnittlich 7,5 min benötigt. Mit dem smart fortwo ist die Parkplatzsuche keine Zeitfrage: Bei einer Länge von 2,69 m passt er meist in die kleinsten Lücken.
　… haben Sie durchschnittlich 16,8 Stunden in Ihrem Auto verbracht. Einsteigen und wohlfühlen: Nehmen Sie Platz im smart fortwo und freuen Sie sich auf ein unerwartet großzügiges Raumgefühl für Sie und Ihren Beifahrer.
　Entdecken Sie den perfekten Partner für Ihren mobilen Alltag: Der smart fortwo. Wann dürfen wie Sie in der Smart Klasse begrüßen?
　(Auszug Interessenten-Mailing 2010, Filiale Smart Berlin)

13.2 Wirtschaftskommunikation als Akt sozialer Penetration

Lässt man sich auf Kontakte mit anderen ein, will man sich in dieser Beziehung verstanden wissen. *Empathie* ist in dieser Phase eine wichtige Eigenschaft für die erfolgreiche Beziehungsgestaltung. Freunde für's Leben werden oft solche Menschen, bei denen wir nach einem kurzen Kontakt denken, man kennt sich schon eine halbe Ewigkeit. Alles ist so klar zwischen Beiden. (Liebe auf den ersten Blick ist ein Extremfall dieses harmonischen Vertiefungsvorgangs.) Dass ein Autobauer so gut weiß, wie es in einem Leben aussieht, verspricht den Beginn einer wunderbaren Freundschaft – vielleicht für's ganze (Auto)Leben.

Vorsicht ist allerdings angebracht, wenn man in dieser Phase beim Austausch von Banalitäten bleibt, die auf der Sachebene keinerlei Nutzen haben vom Typ „Wenn Du kein iPhone hast, dann hast Du kein iPhone." (iPhone 4, Apple) oder „Geil ist geil." (Saturn). Verbrauchern gefällt das nicht unbedingt. Im Blog Buggisch-Wordpress.com wurde z. B. der Schlachtruf von Saturn kritisiert und Saturn als „No-Go-Area für intelligente Menschen" deklariert (http://buggisch.wordpress.com/2011/01/06/geil-ist-geil-saturn-als-no-go-area am 6.1.2011. Zugegriffen: 20. Juni 2011.). Zwar ist nicht jede Verbraucherkritik für ein Unternehmen relevant – aber auch nicht jedes Beziehungsangebot eines Unternehmen für jeden Konsumenten.

13.2.3 Affektive Phase: Jetzt noch mal mit ganz viel Gefühl!

Hier dringt man mehr und mehr zum *Kern der emotionalen Befindlichkeit* vor. In Sachen Emotionen wird jetzt Klartext geredet und der individuelle Wille des Menschen ist der Weg zu seinem Himmelreich mit den passenden, gefühlsechten Produkten. Das hat beispielsweise die Targo Bank mit ihrem „Besser-geht's-nicht-Kredit" verstanden, der beworben wird mit den Worten: „Ich darf das ... wenn ich das will." Wer zögert da noch bei so viel kompromissloser Selbstbestätigung? Auch Wilkhahn weiß Bescheid und das Kind im Menschen zu nehmen: „78.000 Stunden still sitzen? Sie haben Besseres verdient." (ON® Wilkhahn). Zu dieser Stundenzahl addiert sich nämlich die Sitzzeit im Laufe eines Bürolebens. Für Zappel-Philippe besonders geeignet ist der Bürostuhl ON® mit dreidimensionaler Beweglichkeit des Körpers beim Sitzen, den die Firma anbietet.

Kritische Menschen ohne Spaßfaktor könnten hier denken, dem Konsumenten drohe in dieser Phase zwangsläufig die Infantilisierung. Zugegeben: Die ausgewählten Botschaften der Unternehmenskommunikation klingen nach Eltern-Kind-Interaktion, bei der transaktionsanalytisch gesprochen das rebellische Kind-Ich bedient wird. Und wenn schon. Hauptsache es wirkt. Mal wieder Kindsein zu dürfen, ist für manchen Konsumenten eine hochattraktive Angelegenheit. Und in guten Beziehungen darf man ruhig auch mal kompromisslos und ohne Konsequenzen kindisch sein. Das gehört zum Repertoire der durchaus üblichen Spiele der Erwachsenen (Berne 2002).

Auf alle Fälle will der Kunde, der eine Beziehung eingegangen ist, sich wohl fühlen. Dazu gehört immer ein sozial angemessenes Verhalten und ein ausgeglichenes *Beziehungskonto*. Und Emotionen müssen konsensfähig sein. Vorsicht ist geboten nach dem Kauf, die eingegangene Beziehung wird auf die Probe gestellt. Der Möbelhändler „Who's is perfect?" verspricht diesbezüglich dem Konsumenten ein eher gewagtes Gefühl, wenn er nach dem Kauf von „Best of Italy"-Produkten prophezeit: „Sie werden sich fühlen, als hätten Sie uns ausgeraubt." Auf der sicheren Seite dagegen ist eher die Werbebotschaft für die Beziehungsharmonie des Kunden, der seine Autos immer wieder bei Mazda kauft wie das nachfolgende Beispiel illustriert. Autokäufern wird bekanntlich eine intensive Beziehung zu ihren Autos nachgesagt. Empfehlenswert ist daher ein sehr *einfühlsames Einwirken auf den Kunden*, der sich von einem Auto verabschiedet, um beim Händler ein Folgemodell zu erwerben:

Empathie in der Trennungsphase

Sehr geehrte Frau F.!

Uns wurde ein Brief übermittelt, der uns sehr berührte. Vielleicht geht es Ihnen ja ähnlich. Dann wäre unsere Premierenparty genau das Richtige für Sie und wir würden uns sehr freuen, Sie bei Speis und Trank in einer unserer Filialen begrüßen zu dürfen.

Mein liebes Auto,

das zu schreiben, fällt mir jetzt nicht leicht. Aber jeder Tacho hat sein Limit, und jede Strecke hat ihr Ende, auch unsere. Und ja, es ist wahr: Ich habe mich bereits nach jemand anderem umgesehen, einem neuen Mazda. Klar waren wir immer ein tolles Gespann, Du und ich. Haben uns gegenseitig zu Höchstleistungen angetrieben und so manchen Reifen abgefahren. Erinnerst Du Dich? Wir konnten ganz schön Gas geben und Du hast mich nie im Regen stehen lassen. Aber unsere Ausflüge zu zweit waren immer seltener. Du weißt es auch: Dein Kilometerstand wird nicht jünger. Aber das ist es nicht. Ich will einfach frei sein. Spüren, wie es richtig Zoom-Zoom macht. Sei nicht traurig, Du wirst schnell jemand Neues finden. Wir hatten eine echt tolle Zeit. Wir bleiben Freunde, ja?

Dein Dieter

(Einladung zur Mazda6 Premierenparty am 17.04.2010 von Mazda Meklenborg, Berlin)

13.2.4 Phase der Stabilität: Auf Miteinander und Innensicht setzen!

Die Berliner Stadtreinigung hat in den letzten 10 Jahren in ihren Kampagnen gezeigt, dass sie in der Beziehungsgestaltung bei vertrauten Problemlagen Meister ist. Sie hat die Aufgabe, das, was Menschen (und Hunde) im Berliner Alltag so übrig lassen, als Müll einzusammeln oder als Wertstoff zu sichern. Dazu ist sie auf die Mitwirkung des Berliner Müllmachers – ob Bürger oder Tourist – angewiesen. Sie zeigt, dass sie seine Motivationsschwächen kennt und weiß, wie sie für den Produzenten von Müll gut sorgen kann, so dass er in seinem eigenen Dreck nicht untergeht. Gelungen ist die Ansprache vor allem deshalb, weil die Tonalität der Kommunikation humorvoll und fürsorglich ist („Wir bringen das in Ordnung.") und nie mit dem erhobenen Zeigefinger daherkommt. Der Charme ist das schlagende Argument für das Mitmachen gewesen. „We kehr for you" war der entscheidende Slogan, der in seiner Doppeldeutigkeit verstanden wurde und die Gegenleistung in der Beziehung als akzeptable Forderung erscheinen ließ. Verbraucher sahen sich durch Botschaften wie „Mach's rein" zum Mitstreiter für die saubere Stadt motiviert. Sauberkeit in der Stadt wurde von der BSR zum „Standort- und Wohlfühlfaktor" zugleich positioniert, für die der Bürger Eigenverantwortung praktizieren konnte. Mit intertextuellen Referenzen auf Plakaten wie „Saturday Night Feger", „Drei-Wetter-tough" oder „Fleiß am Stil" (Besen) für die Männer der Berliner Stadtreinigung wurde Sympathie geschaffen und Appelle wie „Come to where the Eimer is" oder „Dosenkavalier" haben die Kunden der BSR dazu gebracht, Sauberkeit zur gemeinsamen Sache zu machen. T-Shirts mit den genannten Werbesprüchen avancierten in der Folge zu begehrten Sammlerstücken. Kalender mit Fotos der smarten Müllmänner wurden auch über das Jahr hinaus genutzt, z. B. als Pinup-Plakate für den Friseursalon um die Ecke.

Ein zweites Beispiel für langjährige Beziehungspflege offeriert die Berliner Sparkasse. Sie schickt ihren finanzkräftigen Kunden regelmäßig Angebote zum Ausbau der Interaktion, bei denen immer wieder einmal der Traum von den eigenen vier Wänden thematisiert wird. Sparkassenkunden, die noch keinen Immobilienkredit in Anspruch genommen haben, sollen dazu motiviert werden, einen Kredit zu wagen. Die Angst vor einer Fehlentscheidung bei der Immobilienfinanzierung ist bekanntlich groß. Mit der „Gutfühl-Garantie" im Jahr 2011 sorgt die Berliner Sparkasse für präventive Psychohygiene gegen die Nachkaufdepression – eine (vielleicht etwas vorschnelle) Maßnahme zur Reduktion potentieller kognitiver Dissonanz nach dem Immobilienkauf. Der Kunde erhält eine Fußmatte im Din-A5-Format mit dem Aufdruck „Ich bereue nichts." Auf der Rückseite der Matte ist zu lesen:

> **Ohne Reue – Sparkasse**
> „Haben Sie nicht auch den Traum vom eigenen Heim? Mit der Berliner Sparkasse kann er wahr werden. Lassen Sie sich von uns beraten und erleben Sie unsere Finanzierung mit Gutfühl-Garantie. Wenn Sie dann in die eigenen vier Wände ziehen, empfehlen Sie uns mit dieser Karte Ihrem Nachmieter weiter. Ihre Berliner Sparkasse."

Die lukrativsten Geschäfte macht man mit bestehenden Kunden. Und wenn die Transaktionen in dieser Beziehung so gewinnbringend verlaufen, dass der Immobilienkreditkunde das Finanzinstitut danach als eine Art Vertriebsaußendienstler weiterempfiehlt, ist das Optimum erreicht, was in der Beziehung von Unternehmen und Kunde überhaupt angestrebt werden kann.

13.2.5 Depenetration – Herausforderung für die Beziehungspflege im Marketing

Die oben angestellten Überlegungen zur „Passung" der Welt der Beziehungsbotschaften in der Interaktion zwischen Unternehmen und Kunde zeigen, dass die Theorie der sozialen Durchdringung als eine sinnvolle „Folie" dienen kann, um Kommunikation in einer Kundeninteraktion zu gestalten. Aber wie gesagt, nicht alle Beziehungen bauen sich sukzessive harmonisch und vertiefend über die vier Phasen der Durchdringung auf. Der Kunde (vor allem der hybride unserer Tage) kann auch z. B. aus Langeweile Abwechslung suchen und einen Beziehungsabbruch einer –vertiefung vorziehen oder einfach unzufrieden eine Beziehung verlassen. Im Kundenbeziehungsmanagement nimmt die Gestaltung von Beziehungen bei unzufriedenen Kunden einen großen Stellenwert ein, das zeigt das vielfältige Engagement von Unternehmen im *Beschwerdemanagement*.

In Kundenzufriedenheitsstudien und Berechnungen zur Wirtschaftlichkeit von Beziehungen werden verschiedene *Kundentypen* differenziert, die sich mit den Phasen der Beziehungsvertiefung respektive Depenetration der Interaktion analog zur Durchdringungstheorie gut theoretisch zweidimensional abbilden lassen (vgl. hierzu das Resümee aus entsprechenden Studien bei Bruhn 2009, S. 4 ff.): Mit zunehmender Dauer der Kundenbeziehung und Stärke der Interaktion werden in frühen Kontaktphasen z. B. „Interessenten" und „Aspiranten" als potentielle Kunden typologisiert, die sich im Laufe der Zeit zum „Klienten", „Sympathisanten" oder gar „Enthusiasten", d. h. zum absolut zufriedenen Kunden entwickeln können. Kunden können aber auch im Zuge der defizitären Beziehungsgestaltung zum „Wackelkandidaten", „Emigranten" oder gar „Terroristen" werden.

13.2 Wirtschaftskommunikation als Akt sozialer Penetration

Ein großes Problem für das Marketing stellen solche Kunden dar, die sich gegenüber dem Unternehmen nicht direkt kritisch über Produkte oder Dienstleistungen äußern und so nicht als potentielle Emigranten erkannt werden können. Im *Zeitalter des Internets* können unzufriedene Kunden ihre Kritik aber auch öffentlichkeitswirksam äußern und in den Dialog mit anderen Beziehungsflüchtlingen treten. Die Gefahr für das Unternehmen liegt darin, nicht nur einzelne Kunden verärgert oder verloren zu haben, sondern eine *Negativspirale aus Unzufriedenheit und Kritik* sich entwickeln zu lassen. Für Unternehmen bedeutet dies, intensive Recherchebemühungen auf sich zu nehmen, um Unzufriedenheitspotentiale zu erkunden und korrespondierende Beziehungsarbeit zu leisten. Das illustriert ein desillusionierter Kunde vom Typ „Wackelkandidat" im Blog:

Der desillusionierte Kunde

„War das nicht schön früher als Apple-User? Als hip und alternativ konnte man sich gerieren, ja sogar als Widerstandskämpfer gegen den bösen Monopolist Microsoft konnte man sich fühlen. Mit jedem Apple-Produkt kaufte man einen Lifestyle, verknüpft mit einem Stück guten Gewissen.

Alternativ ist man mit einem Apple schon lange nicht mehr. Die Macbookanteile im Hörsaal liegen locker bei 30 % (einzig ernstzunehmender Konkurrent waren kurz mal die Netbooks) und die charakteristisch weißen Kopfhörer gehören längst zum Interieur jeder Regionalbahn. Apple ist selbst längst auf dem Weg zum Monopol, bei Tablets, Smartphones und Mp3-Spielern. iPod, iPhone und iPad sind schon Synonym für ihre Gattungen.

Ein gutes Gewissen kauft man schon lange nicht mehr mit ein. Zu groß sind die Belastungen geworden, auf den mangelhaften Greenpeace Report reagierte die Technik Firma aus Cupertino und versucht nun jährlich ihre silber oder weiß strahlenden Macs ‚grüner' zu machen. Dunkler wird es dann bei den Herstellern und Zulieferer für all die iProdukte. Selbstmordserien und Schwermetallvergiftungen gehören fast schon, so scheint es, zur Tagesordnung. (…)"

(Auszug Netzfeuilleton.de 27.11.2011, http://netzfeuilleton.de/2011/04/wenn-du-kein-iphone-hast/. Zugegriffen: 20. Dez. 2011.)

So weit wie in diesem Posting muss es nicht kommen. Die langjährige und gute Beziehung von Kunde und Unternehmen scheint tief greifend gestört. Insbesondere die identitätsstiftende Funktion der Produkte und der Wille, zu einer Gemeinde von Kunden zu gehören, zeigt, dass mit Produktkäufen auch Identifikationspotentiale und Beziehungsangebote gekauft werden. Wird aber der Kunde wiederholt enttäuscht, kann er die Beziehung aufkündigen und mit der Entscheidung zum

Emigranten zu werden, auch andere Kunden der Kundengemeinde mit dem „Trennungsvirus" infizieren.

Hier zeigt sich, dass der Verbraucher, wie der Werber Holger Jung sagt, „eine extrem verwöhnte und argwöhnische Diva" ist (Hülsen und Jung 2010, o. S.) und – schlimmer noch – zum gefährlichen Gegner des Unternehmens werden kann, da er gerade durch die lange Bindung tiefe Einblicke in die entsprechende Produkt- und Unternehmenswelt gewonnen hat. Die *Vernetzung in virtuellen Konsumentenwelten* macht gerade die Phase der Depenetration zu einer *neuen Herausforderung* der Beziehungsgestaltung im Marketing, für das allerdings die Theorie der sozialen Durchdringung keine heuristischen Funktionen bietet. Denn Beziehungen gestalten sich hier oft anonym und die vernetzte Welt der Kunden ist schlecht überschaubar. Ein klarer Nachteil für die Anwendbarkeit des untersuchten Ansatzes.

13.3 Fazit: Zum Wert der Theorie der sozialen Durchdringung

Den Wert einer Theorie wie die der sozialen Durchdringung für das Management von Beziehungen bemisst sich daran, wie gut das Modell Beziehungen definieren kann (definitorische Funktion der Theorie), das Verhalten in Beziehungen erklären und vorhersagen kann (Erklärungs- und Vorhersagefunktion) und wie hoch der heuristische Wert ist, insofern als dass die Theorie Neues am Phänomen Beziehung und ihrer Gestaltung zu entdecken hilft. Diesen „Wertcheck" kann die Wissenschaft anhand der empirischen Überprüfung durchlaufen, wofür sich die Betrachtung von Befunden anbietet, die die theoretischen Aussagen als empirisch belastbar erwiesen haben.

Sowohl die *Entstehung*, die *Beibehaltung* als auch der dynamische *Verlauf* von Kundenbeziehungen können mit der Theorie der sozialen Durchdringung gut erklärt werden. Durch die Differenzierung verschiedener Kategorien und Elemente der Persönlichkeit, die sukzessive in Breite und Tiefe Gegenstand der Interaktion werden, können auch unterschiedliche Formen und Arten von Beziehungen modelliert werden (Bruhn 2009, S. 44), weswegen die Theorie der sozialen Penetration als ein „wesentliches Fundament des Relationship Marketing" anzusehen ist (Bruhn 2009, S. 44).

Mit der zunehmenden Kundenkenntnis in immer intensiveren Kontakten wird der *Anbieter-Nachfrage-Kontakt* empirisch nachweisbar deutlich verbessert. Zunehmendes Vertrauen und intensive Interaktion können das Informationsverhalten des Kunden erhöhen und durch „konstruktive Streitkultur" ist auch eine in der Interaktion gemeinsam zu erstellende Dienstleistung optimierbar (vgl. zusammenfassend die referierten Befunde bei Bruhn 2009, S. 43). *Zukünftiges Verhalten* in der

13.3 Fazit: Zum Wert der Theorie der sozialen Durchdringung

Beziehung kann gut vorhergesagt und der Erfolg bzw. die Effizienz langfristiger Kundenbeziehungen plausibel erklärt werden. Die beiderseitige Zufriedenheit und ihre Entwicklung im Laufe verschiedener Phasen der Beziehung zwischen Kunden und Unternehmen ist ein zentrales Thema in der Forschung zum Relationship Marketing. Hier hat sich die Theorie der sozialen Durchdringung und die Relevanz der Austauschtheorie für die Gestaltung einer beiderseitig zufrieden stellenden Kundenbeziehung vielfach als evident erwiesen (vgl. im Überblick z. B. Raab et al. 2010, S. 341 ff.). *Insgesamt darf die Theorie empirisch als gut bestätigt für das Beziehungsmanagement im Marketing gelten.*

Auch wenn – wie gezeigt – viel von der sozialen Realität, die die Theorie der sozialen Durchdringung modelliert, in der Gestaltung von Beziehungsbotschaften in der Wirtschaftskommunikation nachvollziehbar ist, muss gefragt werden, ob der Vergleich zwischen privaten Beziehungen und solchen zwischen Unternehmen und Kunden nicht grundsätzlich hinkt. Anders gefragt: Welche Handicaps gibt es beim Transfer in die Praxis? Dies soll mit Bezug auf ausgewählte Merkmale des Beziehungsmanagements abschließend erörtert werden.

1. *Initiative und Aktivität:* Die soziale Durchdringungstheorie geht davon aus, dass beide Interaktionspartner die Möglichkeit haben, zum Akteur und Gestalter der gemeinsamen Beziehung zu werden und diese Möglichkeit auch aktiv wahrnehmen. In der Praxis ist jedoch davon auszugehen, dass auf Käufermärkten eher Unternehmen die Initiative zur Beziehungsgestaltung übernehmen und diese stärker determinieren als der Kunde – alleine die verfügbaren Ressourcen sprechen dafür. Es kann davon ausgegangen werden, dass vor allem in frühen Phasen des Beziehungsaufbaus eher passive Kunden auf eher aktive Unternehmen mit konfektionierten Beziehungsangeboten via Bonusprogrammen, Kundenzeitschriften, Kundenclubs oder ähnlichem stoßen. Über angebotene Identifikationspotentiale und emotionale Ansprache können Kundenbeziehungsangebote attraktiv gestaltet werden und zu emotionaler Verbundenheit und Treue führen. Von einer gleichberechtigten Beziehung oder einer individuellen Beziehungsgestaltung dürfte aber im Massenkonsumgütermarkt kaum die Rede sein.
2. *Gegenseitigkeit und Vertrauen:* Als Norm für die Beziehungsgestaltung sieht die soziale Penetrationstheorie vor, dass ein Fortschreiten zum jeweiligen Kern der Persönlichkeiten auf Gegenseitigkeit und einem ausbalancierten Vertrauensverhältnis beruht. Kritisch zu fragen ist aber, ob sich Unternehmen im Kontakt zu Kunden so stark öffnen wie diese selbst es tun, wenn sie Bedürfnisse und Wünsche offenbaren. Zeigt ein Unternehmen den umworbenen Kunden jemals seinen wahren verletzlichen Kern? Eher nein. (Und Kunden würden das vielleicht auch gar nicht goutieren.) Anzunehmen für das Miteinander von Kunde

und Unternehmen ist vielmehr, dass sich diesbezüglich eine Schiefe ergibt, in der Sozialtechniken des Unternehmens als Gestaltungs- und auch Manipulationsmechanismen ein immer gleichberechtigtes, vertrauensvolles Miteinander sozialutopisch erscheinen lassen.

3. *Freiwilligkeit und Rationalität:* Das Beziehungsmodell der sozialen Durchdringungstheorie sieht außerdem vor, dass alles Wissen, das in die Beziehung eingebracht wird, vom Gegenüber jeweils freiwillig offenbart wird. Das Beziehungsmanagement von Unternehmen zeigt aber häufig, dass nicht alle Daten von Kunden freiwillig angeboten werden und gerade das Wissen um verdeckt ermittelte Verbraucherdaten einer vertrauensvollen Beziehung in der Praxis entgegensteht. Die Angst, ungewollt ein „gläserner" Kunde zu sein, ist bei kritischen Verbrauchern weit verbreitet und schafft Misstrauen im Unternehmenskontakt. Die gezielte Ansprache von potentiellen Kunden im Rahmen des Targeting wird ebenfalls häufig kritisiert bzw. im Kommunikationsalltag von Kunden skeptisch betrachtet oder als lästig empfunden. Die von der Theorie geforderte Freiwilligkeit der Kontaktgestaltung ist hier nicht gegeben. Nicht zuletzt ist die Orientierung an der Rationalitätsmaxime im Beziehungsmanagement in Abrede zustellen. Unternehmen wird unterstellt, dass sie in der professionellen Gestaltung von Kundenbeziehungen rational und strategisch sinnvoll handeln. Dies gilt für private Beziehungen nicht unbedingt. Hier darf auch mal Irrationalität herrschen, gerade bei Beziehungen mit stark emotionaler Färbung. Privaten Beziehungen muss diesbezüglich eine größere Elastizität und Flexibilität zugesprochen werden als es das professionelle Beziehungsmanagement im Marketing aufweisen dürfte. Auch bezüglich dieser Dimension kann der Theorie der sozialen Durchdringung also nur eingeschränkt eine Leitbildfunktion für die Gestaltung von Beziehungen zwischen Unternehmen und Kunden zugewiesen werden.

Literatur

Altman, I., & Taylor, D. A. (1973). *Social penetration. The development of interpersonal relationships.* New York: Holt.
Berghoff, H. (2007). Marketing im 20. Jahrhundert. Absatzinstrument – Managementphilosophie – universelle Sozialtechnik. In H. Berghoff (Hrsg.), *Marketing-Geschichte. Die Genese einer modernen Sozialtechnik* (S. 11–58). Frankfurt a. M.: Campus.
Berne, E. (2002). *Spiele der Erwachsenen. Psychologie der menschlichen Beziehungen.* Reinek bei Hamburg: Rororo.
Bruhn, M. (2009). *Relationship Marketing. Das Management von Kundenbeziehungen.* München: Vahlen.
Georgi, D. (2000). *Entwicklung von Kundenbeziehungen.* Wiesbaden: Gabler.

Georgi, D., & Hadwich, K. (Hrsg.). (2010). *Management von Kundenbeziehungen: Perspektiven – Analysen – Strategien – Instrumente*. Wiesbaden: Gabler.
Goleman, D. (1997). *EQ. Emotionale Intelligenz*. München: dtv.
Hansen, U., & Bode, M. (1999). *Marketing & Konsum. Theorie und Praxis von der Industrialisierung bis ins 21. Jahrhundert*. München: Vahlen.
Hansen, U., & Bode, M. (2007). Entwicklungsphasen der deutschen Marketingwissenschaft seit dem zweiten Weltkrieg. In H. Berghoff (Hrsg.), *Marketing-Geschichte. Die Genese einer modernen Sozialtechnik* (S. 179–204). Frankfurt a. M.: Campus.
Hülsen, I., & Jung, H. (2010). Werber Holger Jung. „Der Kunde ist eine verwöhnte Diva". Interview mit Holger Jung von Isabell Hülsen. *Spiegel Online*, 8.07.2010. http://www.spiegel.de/wirtschaft/unternehmen/0,1518,7046.33,00.html. Zugegriffen: 22. Juni 2011.
Lorenz, B. (2009). *Beziehungen zwischen Konsumenten und Marken: Eine empirische Untersuchung von Markenbeziehungen*. Wiesbaden: Gabler Edition Wissenschaft.
Mast, C. (2006). *Unternehmenskommunikation*. Stuttgart: Lucius & Lucius, UTB.
Meffert, H. (1999). Marktorientierte Unternehmensführung im Umbruch. In H. Meffert (Hrsg.), *Marktorientierte Unternehmensführung im Wandel. Retroperspektive und Perspektiven des Marketing* (S. 3–34). Wiesbaden: Gabler.
Pepels, W. (2004). *Marketing: Lehr- und Handbuch*. München: Oldenbourg.
Raab, G., Unger, A., & Unger, F. (2010). *Marktpsychologie. Grundlagen und Anwendung*. Wiesbaden: Gabler.
Reichertz, J. (2009). *Kommunikationsmacht. Was ist Kommunikation und was vermag sie? Und weshalb vermag sie das?* Wiesbaden: VS Verlag.
Renker, C. (2005). *Relationship Marketing: Konzepte – Erfolgsfaktoren – Umsetzung*. Wiesbaden: Gabler.
Taylor, D. A., & Altman, I. (1987). Communication in interpersonal relationships: Social penetration processes. In M. Roloff & G. Miller (Hrsg.), *Interpersonal processes: New directions in communication research* (S. 257–277). Newbury Parl: Sage.
Thibaut, J. W., & Kelley, H. H. (1959). *The social psychology of groups*. New York: Wiley.

Strategische Beziehungen – innerhalb und außerhalb der Wirtschaftskommunikation

14

Zusammenfassung

Kommunikation wird geadelt, wenn sie als strategische Kommunikation deklariert wird – ohne dass auf den ersten Blick klar werden muss, was denn das Strategische daran sein soll. Dieser Beitrag untersucht Herkunft und Ausprägungen des Strategie-Begriffs sowie die besonderen Herausforderungen einer multimedialen, aber friedlichen Konfrontation im wirtschaftlichen Kontext, bei der es um das Gewinnen von Kontakten und nicht um das Zerstören von Gegnern geht.

Klaus Boltres-Streeck

Strategische Kommunikationsplanung wird in vielen wirtschaftswissenschaftlichen Lehrbüchern als ein an Mitteln, Zwecken und Zielen eines Unternehmens ausgerichtetes Rasterschema dargestellt und entsprechend auch in Hochschulen gelehrt. In der Regel vernachlässigen solche Schemata jedoch ein wesentliches orientierendes Element, das sich in vielen konkreten strategischen Entscheidungssituationen zur Orientierung bestens eignet und meistenteils nahezu aufdrängt: die Beziehungskonstellationen.

Die an konkreten Militär-Schlachten orientierten Strategiebetrachtungen dagegen gehen stets zumindest implizit von einer direkten Konfrontation aus, die von den beteiligten Parteien selbst ausgefochten wird, mit dem Ziel, den Gegner wehrlos zu machen und ihm den eigenen Willen aufzuzwingen. Die leitende Metapher – etwa bei Clausewitz (2011) – ist dafür der Ringkampf, der solange zwischen den beiden Kämpfenden ausgefochten wird, bis sie untereinander den Sieger ausgemacht haben. In der modernen Mediengesellschaft ist dieses Konzept jedoch fehlleitend, weil viele herausfordernde strategische Konfrontationen zwar zwischen gegnerischen Parteien ausgefochten werden, über Sieg und Niederlage aber Dritte entscheiden: die Öffentlichkeit; Konsumenten, die die Ware kaufen oder nicht;

Analysten, die die Aussichten von Unternehmen beurteilen; Juristen, die in Prozessen Urteile fällen und viele andere. Diese Dritten urteilen jeweils nach eigenen moralischen und ökonomischen Kalkülen, die weder untereinander noch mit denen der gegnerischen Parteien übereinstimmen, aber entscheidend für die ökonomischen Konsequenzen solcher Auseinandersetzungen wirken.

Im Folgenden wird zunächst (14.1) eine beziehungsorientierte Definition des Strategischen vorgestellt, dann (14.2) die einleitend bereits angedeutete Unterscheidung zwischen friedlichen und kriegerischen Auseinandersetzungen in Bezug auf die Wirtschaftskommunikation entfaltet. Als eine erstaunlicherweise sehr beliebte, aber fehlorientierende Inspiration für strategisches Wirtschaftshandeln erweist sich im dritten Teil (14.3) das auf Konfrontation ausgelegte Schachspiel. Sich an konfrontativen Strategien zu orientieren kann im Bereich der Social Media dramatische Konsequenzen nach sich ziehen, wie (14.4) eine anschließende Fallstudie zeigt. Den Schluss des Beitrags (14.5) bilden dann einige Überlegungen zur Veränderbarkeit strategischer Kommunikationsplanungskultur in Beziehungen und Organisationen.

14.1 Von der Strategie zur strategischen Beziehung

Es ist leicht, für sich in Anspruch zu nehmen, einer Strategie zu folgen – obwohl man einfach nur das tut, was einem so in den Sinn kommt. „Das ist eben meine Strategie, erfolgreich zu sein", mag es dann heißen, und dem lässt sich nur schwer widersprechen. Alles kann als Strategie bezeichnet werden.

„Strategisches Denken verkauft sich besser als nacktes Denken", verrät jedoch der Kommunikationsberater Zimmermann (2011, S. 8) – und führt damit auf einen interessanten anderen Weg zu einer Begriffsklärung: nicht nach „der Strategie", sondern nach der Bedeutung des Adjektivs „strategisch" zu fragen. Denn wenn es „Denken" und „strategisches Denken" gibt, muss es auch möglich sein zu sagen, unter welchen Bedingungen das Prädikat „strategisch" zu Recht oder zu Unrecht hinzugefügt ist – denn nun lässt sich nicht mehr plausibel behaupten, jedes Denken sei strategisch. Das gleiche gilt dann natürlich auch für strategische Kommunikationsplanung im Unterschied zur gewöhnlichen Kommunikationsplanung, für das strategische Beziehungsmanagement im Unterschied zum allgemeinen Beziehungsmanagement usw. Man kann zwar alle möglichen Verhaltensweisen zur „Strategie" erklären, aber nicht behaupten, dass es völlig egal sei, ob etwas mit dem Adjektiv „strategisch" versehen wird oder nicht. Darüber hinaus wird nun ein Tun in den Blick genommen, das strategisch oder eben auch nicht strategisch sein kann, im Unterschied zu einem Gegenstand, auf den das Substantiv „Strategie" zu deuten scheint.

14.1 Von der Strategie zur strategischen Beziehung

Zwar einen Schritt weiter, muss nun aber dennoch weiter gefragt werden, was mit dem jetzt im Mittelpunkt stehenden Adjektiv „strategisch" gemeint ist. Natürlich gibt es auch dazu eine ganze Reihe von Bestimmungsvorschlägen, die zwar einen gemeinsamen Kern darin haben, dass „strategisches" Handeln mit Zielerreichung zu tun hat, aber in ihren weiteren Annahmen doch ganz erheblich schwanken.

Die Festlegung der verwendeten Definitionen innerhalb eines Textes kann selbst ein strategischer Akt sein. Ich habe mich „begriffsstrategisch" entschieden, hier die Bestimmung von Jürgen Habermas zum Ausgangspunkt zu nehmen – weil ich mich an Kommunikationsfachleute wende und das Werk von Habermas nicht nur vieles zur strategischen Frage sagt, sondern auch noch einen anderen Begriff damit in Zusammenhang bringt, der mir zum Verständnis dessen, was als „Strategische Wirtschaftskommunikation" bezeichnet wird, bestens geeignet erscheint. Es handelt sich dabei um den Begriff des dramaturgischen Handelns.

Habermas legt fest, dass von strategischem Handeln gesprochen werden kann, „wenn in das Erfolgskalkül des Handelnden die Erwartung von Entscheidungen mindestens eines weiteren zielgerichtet handelnden Aktors" eingeht (Habermas 1987, S. 127). Dagegen: „Der Begriff des dramaturgischen Handelns bezieht sich primär (…) auf Interaktionsteilnehmer, die füreinander ein Publikum bilden, vor dessen Augen sie sich darstellen" (Habermas 1987, S. 128). Aber: Dramaturgisches Handeln kann „strategische Züge annehmen", wenn „der Aktor die Zuschauer nicht als Publikum, sondern als Gegenspieler behandelt" (Habermas 1987, S. 140).

Diese Zitate legen die Einschätzung nah, dass Habermas im Begriff des strategischen Handelns die Gegnerschaft als Bestimmung vermeiden wollte: auch Berücksichtigung bloßen zielgerichteten Handelns anderer reicht aus, um Handeln strategisch werden zu lassen. Beim dramaturgischen Handeln, das ja beispielsweise auch die Ziele der Zuschauer als solcher berücksichtigen muss, wird es dann aber doch notwendig, die Abgrenzung zum strategischen Handeln durch die Konstruktion einer Gegnerschaft zu realisieren.

Mir scheint, dass hier in der theoretischen Bestimmung eine Problemkonstellation anzutreffen ist, die auch den Alltag der strategischen Kommunikationsplanung bestimmt: Einerseits ist es nicht plausibel, strategische Kommunikation auf dem Begriff der Gegnerschaft aufzubauen, denn Wirtschaftskommunikation ist oft eher gewinnend, umgarnend oder auch nur informierend gestaltet. Andererseits ist das Adjektiv „strategisch" ohne Bezug auf eine Gegnerschaft nahezu nichtssagend: was würde sonst einen Plan von einem strategischen Plan unterscheiden, wenn nicht die besondere Berücksichtigung von jemandem, der diesen Plan verhindern, durchkreuzen oder sonstwie torpedieren möchte?

Nach meiner Einschätzung resultiert dieses Problem aus der Übernahme einer aus kriegerischen Auseinandersetzungen stammenden Metaphorik (Strategie, Feldzug, Kampagne, torpedieren) für eine nicht im klassischen Sinn als direkte Auseinandersetzung sich abspielende wirtschaftliche Konkurrenz. Zwar sind diese vormals kriegerischen Begriffe orientierend, aber sie treffen andererseits den neuen wirtschaftlichen Sachverhalt nur zum Teil. Der folgende Abschnitt wird diese Einschätzung konkretisieren.

14.2 Vom Krieg zum Frieden

Strategisches Handeln hat eine gedanklich-assoziative Nähe zu kriegerischen Auseinandersetzungen. Als junger Mensch hört man zum ersten Mal im Geschichtsunterricht etwas von Strategieplanung, und dort im Zusammenhang mit Krieg, Schlachten und vielleicht auch noch mit Politik – aber sicherlich nicht mit Wirtschaft. Ältere, bekannte Strategiebücher beziehen sich ebenfalls auf den kriegerischen Bereich, zum Beispiel Clausewitz' in den 1820er Jahren entstandenes „Vom Kriege" (2011), die chinesischen Strategeme Chao-Hsiu Chens (vgl. Senger 2011) oder „Das Buch der fünf Ringe" des japanischen Samurai Musashi (2008). Diese und andere Kriegsstrategie-Bücher wiederum werden – zumindest in den Einleitungen – wirtschaftlicher Bücher zum Thema Strategische Planung gern zum Ausgangspunkt genommen (etwa Zimmermann 2011). Und schließlich wird auch immer wieder auf die Herkunft des Wortes hingewiesen, auf das Altgriechische, das als „strategos" einen Heerlenker bezeichnet.

Diese Bezüge könnten der Grund für die Plausibilität der Metapher von der „Wirtschaft als Krieg" sein, wie sie sowohl von affirmativen wie auch von kritischen Autoren genutzt wird (vgl. etwa Kitzmüller und Büchele 2005 bzw. Osterried 2011). Auch von Preiskriegen, Innovationskriegen und sogar von Kommunikationskriegen unter Organisationen der Wirtschaft ist zu hören – aber eben glücklicherweise auch hier lediglich in metaphorischer Bedeutung. Denn Metaphern heben bestimmte Aspekte eines abstrakten Sachverhaltes verbildlichend hervor, während sie andere, ebenfalls zutreffende Aspekte ausblenden (vgl. für diesen Mechanismus Johnson und Lakoff 2011).

Zutreffend an der Metapher des Krieges im Hinblick auf wirtschaftliche Kontexte ist zweifellos das Vorhandensein einer – gelegentlich auch – scharfen Gegnerschaft zwischen Organisationen oder auch einzelnen Personen, die wie im Krieg darauf zielt, diese Gegner „auszuschalten". Aber – und das ist der wesentliche, alle weiteren Unterschiede erklärende Punkt: in wirtschaftlichen Zusammenhängen stehen die Gegner einander nicht wie in einer Schlacht gegenüber. Wirtschaftliche

14.2 Vom Krieg zum Frieden

Gegnerschaft ist Marktgegnerschaft, sie ist indirekt und wird nicht durch ein direktes Aufeinandertreffen kinetischer Energien (Gewalt) entschieden, sondern durch ein Vielzahl von Voten Dritter. Ob zum Beispiel Microsoft oder Apple aus einer solchen wirtschaftlichen Gegnerschaft als Sieger hervorgehen, entscheiden Verbraucher, Aktionäre, Analysten. Die Schlachten, die sich die beiden Kontrahenten liefern, sind Schlachten um die Gunst Dritter – und das unterscheidet sie fundamental von kriegerischen Auseinandersetzungen im tatsächlichen Sinn des Wortes.

Wirtschaftliche Situationen gleichen eher z. B. einer Schönheitskonkurrenz, bei der das Publikum einen Sieger auswählt; oder einer Veranstaltung wie dem Grand Prix, bei der Voten von Zuschauern und die Entscheidung einer Jury zusammen zum Endergebnis führen; oder sogar einer Einladung, die so zu gestalten ist, dass möglichst viele potentielle Gäste ihr folgen.

Das Modell „Schönheitskonkurrenz" entspricht z. B. der Situation, in der Unternehmen gegeneinander antreten, wenn Einkaufende vor einem Regal stehen, wählen und *ein* Produkt kaufen – viele *andere* Produkte dagegen nicht. Nach dem gleichen Prinzip erfolgen auch Einstellungen oder Beförderungen in Unternehmen: ein Dritter stellt einen von zwei Bewerben ein, weil er von diesem Bewerber überzeugt, angetan oder auch nur bestochen worden ist – aber nicht, weil dieser Bewerber seinen Gegner wehrlos gemacht oder niedergeschlagen hätte. Denn dann hätte der Anstellende keine Wahl mehr. Er müsste den einzigen Verbliebenen nehmen. Marktgegnerschaft dagegen setzt immer eine Wahl voraus, die über Sieg und Niederlagen entscheidet.

Das Modell „Grand Prix" kann dazu dienen, die Komplexität von wirtschaftlichen Entscheidungen zu unterstreichen – dass sowohl ein professionelles als auch ein Laienpublikum zu überzeugen ist, z. B. bei Listungsgesprächen für den Lebensmitteleinzelhandel, bei denen entschieden wird, welche Produkte zu welchen Preisen ins Regal kommen und somit überhaupt zum Schönheitswettbewerb zugelassen werden.

Das Modell „Einladung" bezieht sich auf die große Breite der Situationen, in denen sich gar nicht zwei oder mehr Konkurrenten gegenüber stehen, sondern die Freiheit der Dritten so weit geht, dass sie sich auch ganz anderen, möglicherweise gar nicht als Gegnern wahrgenommenen Anbietern zuwenden können. Veranstalter von Gottesdiensten wissen, dass sowohl Brunches als auch Fernsehprogramme als auch kuschelige Federbetten attraktivere Einladungen darstellen können als Kirchenbänke.

Voten Dritter entscheiden über wirtschaftlichen Erfolg in Konkurrenzsituationen. Mit diesem Satz ist erklärt, warum sowohl der Gedanke der Gegnerschaft zur strategischen Orientierung hilfreich ist – und insbesondere im Marketing mit unterschiedlichen Instrumenten der Konkurrenzanalyse wachgehalten wird, als auch das tatsächliche strategische Handeln ein kommunikativ-dramaturgisches ist, bei dem Konsumenten oder andere Entscheider zu gewinnen sind. Diese gewinnende Komponente des strategischen Beziehungsmanagements heben wiederum kommunikationswissenschaftlich geprägte Strategen besonders hervor, wenn sie sich beharrlich auf die Frage konzentrieren, was denn die jeweiligen Zielgruppen überzeugen könnte.

Beide Aspekte – Gegner schwächen und Dritte gewinnen – gehören gleichzeitig zur strategischen Kommunikationsplanung. Damit ist eigentlich klar, dass die typischen konfrontativen Szenarien im Beziehungsmanagement nicht greifen. Im folgenden Abschnitt wird beispielhaft gezeigt, zu wie vielen Missverständnisse eine rein konfrontative Kommunikationsstrategie in wirtschaftlichen Beziehungen führen kann.

14.3 Von Schwarz und Weiß zu zufällig und anders

Zur Erinnerung: Strategisches Handeln liegt Habermas zufolge vor, „wenn in das Erfolgskalkül des Handelnden die Erwartung von Entscheidungen mindestens eines weiteren zielgerichtet handelnden Aktors" eingeht (Habermas 1987, S. 127). Zu dieser Definition passt der Anspruch guter Schachspieler, im Rahmen des Spiels (Kalkül) durch einzelne Züge und Zugfolgen (Handlungen) die vermuteten Vorhaben (Erwartung von Entscheidungen) des Gegenspielers (eines anderen zielgerichteten Aktors) zu verhindern und eigene Absichten durchzusetzen (Erfolg). Schach galt lange als „Königin der Spiele", als das Strategiespiel schlechthin – vielleicht auch, weil es die Kriegssituation scheinbar nachstellt und vermeintlich zu üben erlaubt.

Wie auch von der Kriegs-Strategieliteratur ist zwar am Schachspiel einiges über strategisches Denken zu lernen. Doch wer sich ausschließlich am Schachspiel orientiert, ignoriert auch einige weitere, bislang noch nicht erwähnte strategischen Herausforderungen der friedlicheren wirtschaftlichen Marktgegnerschaft:

a. Zu einer ersten Fehlorientierung führt die Schachregel, dass abwechselnd gezogen wird. Wenn abwechselnd gezogen wird, erst Weiß, dann Schwarz und erst dann wieder Weiß, wird die Welt des Schachbrettes zwischen den Zügen stillgestellt. Wenn jemand am Zug ist, kann er sich entsprechend darauf verlassen, dass die Situation unverändert bleibt, bis er tatsächlich zieht, und dass sein Gegner daraufhin auch nur einen einzigen Zug machen kann, bevor er selbst wieder reagieren kann.

Die tatsächliche Welt jedoch steht niemals still und verändert sich permanent. Zwar können zur Vereinfachung der Beobachtung bestimmte Handlungskom-

14.3 Von Schwarz und Weiß zu zufällig und anders

plexe als Züge interpretiert werden – etwa ein neues Betriebssystem, ein neues Endgerät o. ä. eines Unternehmens – doch bedeutet das nicht, dass ein weiterer derartiger Zug überhaupt erfolgt oder erst erfolgt, wenn die Konkurrenz reagiert hat. Es sollte deshalb nachdenklich machen, wenn sich in der heutigen Zeit ein Politiker mit einem Buch namens „Zug um Zug" (Schmidt und Steinbrück 2011) um die deutsche Kanzlerschaft zu bewerben versucht.

b. Schach lädt dazu ein, sich die Konkurrenz als eine zur Zeit und als nur eine Person vorzustellen, denn Schach wird im Normalfall von zwei Einzelnen gespielt, und es wird eine Partie zur Zeit abgehalten. Zwar gibt es Simultanpartien, bei denen große Meister gleichzeitig gegen viele Einzelspieler antreten, von Brett zu Brett gehen und in der Regel auch die meisten dieser Partien gewinnen. Auch trifft zu, dass bedeutende Spieler Teams um sich haben, die ihnen bei Analyse, Training und Entwicklung neuer Varianten zur Seite stehen. Das Spiel selbst ist jedoch immer eines von Schwarz gegen Weiß.

Diese Konstellation führt zu einer Konzentration auf den Gegner und die Frage, wie zu gewinnen sei, wird zu einer intellektuellen Aufgabe – für viele der besondere Reiz des Schachspiels. Demgegenüber hat man es in realen strategischen Situationen der Wirtschaft zumeist mit Organisationen zu tun. Es muss dann nicht nur eine gute Strategie gefunden werden, sondern diese muss auch allen Mitstreitern so klar sein, dass sie entsprechende Entscheidungen zu treffen in der Lage sind. Ein strategisches Konzept in einer Organisation muss nicht nur sinnvoll, es muss auch kommunizierbar und motivierend für die sein, die es sich *nicht* ausgedacht haben.

c. Zwar gibt es in Schachlehrbüchern Übungen für die Vorgehensweise in bestimmten Situationen: Eröffnung, Mittel- und Endspiel; aber das sind Übungen. Das Spiel selbst beginnt immer in der gleichen Konstellation, mit der gleichen Menge an Figuren in der gleichen Ausgangsposition und mit den gleichen Möglichkeiten.

Damit wird suggeriert, dass eine gleichwertige Ausgangssituation der strategische Normalfall ist – was gleich in zwei Hinsichten unzutreffend ist. Zum einen ist ein Gleichgewicht der Mittel in wirtschaftlichen Situationen nie gegeben, zum anderen ist ein absoluter Anfang ebenfalls ausgeschlossen: Es gibt immer einen Markt, Vorgänger, Nachfolger, Traditionen und Geschichten. Wirtschaftliche Situationen sind immer „mitten im Spiel" und sie sind immer ungleichgewichtig.

d. Man kann im Schach zwar stärkere oder schwächere Gegner haben – aber man spielt immer das gleiche Spiel. Es wäre nicht mehr Schach, wenn man Karten auf den Tisch legte. Das ist jedoch im Vergleich zu realen Situationen eine massive Einschränkung der Innovationsmöglichkeiten – die zudem noch durch ein Ethos gedeckt wird: Man spiele doch hier Schach, und nicht Poker.

„Out of the box" ist demgegenüber eine häufige Anweisung an Kreative, wenn es darum geht, neue Kommunikationskampagnen zu entwickeln. „Out of the box" bedeutet, die üblichen Voraussetzungen, die box im Sinne von Gefängnis, zu überwinden – und nicht nur innerhalb eines vorgegebenen Musters, z. B. einer Kampagnenlogik, ein neues Sujet zu finden. Schach ist ein innovationsfeindliches Spiel, weil es Neuerungen nur innerhalb des etablierten Regelsystems duldet, aber suggeriert, dass die Regeln selbst unantastbar sind und sich auch nicht ändern.

e. Eine besondere Variante dieser Regelkonservativität des Schachspiels ist die Konzentration auf die Sache, wie sie durch die Trennung von Spielern und Spiel produziert wird. Die Schachspieler sind nicht die Spielfiguren, sondern sie bedienen diese. Die Figuren selbst sind tot, Gegenstände, Sachen mit bestimmten, unveränderlichen Eigenschaften, Material.
Diese Grundkonstellation reduziert die Bedeutung einer Vielzahl wichtiger strategischer Mittel wie Ironie, Schauspiel oder Witz. Einerseits weiß man natürlich, dass die Persönlichkeit der Spieler nicht ohne Einfluss auf ihren Spielerfolg ist. Dennoch ist die Menge der Schach-Literatur über das Verhalten der Spieler als Personen im Vergleich zur Literatur über das Verhalten der Spieler als Figurenschieber verschwindend gering. Immerhin gibt es einen gewissen diesbezüglichen Anekdotenschatz: „Wegen der Angewohnheit des Weißrussen Boris Gelfand, im Schoß gedankenverloren mit erbeuteten Figuren zu spielen, ließ (der damalige Schachgroßmeister Nigel) Short seinen Sekundanten beim Schiedsrichter anfragen, ob es erlaubt sei, während der Partie zu onanieren. Perplex verlor Gelfand seine Konzentration und das Match" (Spiegel 2012).

f. Im Schach gibt es keine Zufälle und keine verdeckten Möglichkeiten. Alle Steine sind auf dem Brett und nur dort relevant (sieht man von Sonderfällen wie dem oben geschilderten Ereignis um Boris Gelfand einmal ab). Gerade diese Zufallsfreiheit und Offensichtlichkeit der Verhältnisse sind unter dem Paradigma einer vernunftbestimmten Welt, wie es besonders im 19. Jahrhundert gepflegt wurde, eine „Veredelung" des Schachspiels im Vergleich zu etwa Skat.
Doch die strategischen Anforderungen in Wirtschaft und Politik sind natürlich in hohem Maße, wenn auch nich t ausschließlich, von Zufällen bestimmt, auf die es dann zu reagieren gilt – und es sind selbstverständlich nicht alle Fakten zu jeder Zeit jedem Spieler bekannt. Deshalb ist z. B. das Skatspiel in dieser Hinsicht näher an den wirtschaftlichen Verhältnissen: Die Mitspieler haben verdeckte Karten, die zufällig verteilt werden, so dass auch ein schlechter Spieler gute Karten bekommen und gegen einen sehr guten Spieler gewinnen kann. Dennoch erschließen sich im Lauf des Spiels – zumindest für den geübten Skatspieler – die noch vorhandenen Möglichkeiten und Konstellation. Doch trotz

des besten Wissens darüber dürfen die ungleich verteilten Karten im Verlauf eines Spiels nicht neu gemischt werden.

Das Schachspiel wird nach wie vor als gelungene Versinnbildlichung strategischen Handelns betrachtet. Zusammengefasst gesagt führt die Orientierung am Schachspiel im Hinblick auf ein strategisches Beziehungsmanagement zu gravierenden Fehlorientierungen: In zeitlicher Hinsicht verordnet das Schachspiel gleiche (Zeit-) Ressourcen und abwechselndes Handeln in abgegrenzten Einheiten (Zügen) sowie ein gemeinsames gleichzeitiges Anfangen und Beenden des Spiels. In räumlicher Hinsicht wird ein begrenztes Feld konstruiert, das keiner der Gegner verlassen kann, das für beide Seiten gleichermaßen einsehbar ist und als solches auch keine Handhabungsprobleme aufwirft. In sachlicher Hinsicht werden gleiche Ausgangsstärke, gleiche Möglichkeiten und zufallsfreie Aktivitäten unterstellt. Die größten Defizite im Vergleich zu realen Situationen finden sich jedoch in der sozialen Dimension: Weder muss innerorganisatorisches Kommunizieren, Befolgen und Kontrollieren der Strategie erreicht werden, noch spielt dramaturgisches Handeln der Spieler selbst eine Rolle, geschweige denn die Bedeutung Dritter für die Entscheidung über Gewinn und Verlust. Beim Schach gewinnt der Stärkere oder der Klügere, aber nicht der Attraktivere.

14.4 Von oben herab führt zu nichts

Zweifellos sind die obigen Überlegungen zu Strategien und strategischer Wirtschaftskommunikation nicht völlig neu. Doch es wurden – um im kriegerischen Jargon zu bleiben – hier keine „Pappkameraden" aufgebaut. Die Vermutung, dass von Unternehmen ein heroisches und konfrontatives Strategieverständnis einem kooperativen und indirekten vorgezogen wird, ist nicht durch die Realität überholt. Das soll an einem längeren Fallbeispiel aus jüngerer Zeit illustriert werden, das einen der größten Konzerne der Welt betrifft.

Dazu ist jedoch noch eine kurze methodologische Vorbemerkung nötig: Als Grundlage wähle ich einen längeren Artikel, der am 21. Oktober 2011 auf handelblatt.com erschienen ist, ergänzt um die Leserkommentare, die im Laufe von 24 Stunden nach der Veröffentlichung direkt dazu gepostet wurden. Zwar hatte ich Gelegenheit, mit einem hochrangigen, aber selbstverständlich ungenannt bleiben wollenden Kommunikationsverantwortlichen des betroffenen Unternehmens über diesen Fall zu sprechen – er bestätigte im Wesentlichen die Darstellung im Handelsblatt-Artikel. Aber es bleibt mir natürlich unmöglich, die tatsächlichen Abläufe aus sicheren Quellen zu rekonstruieren. Deshalb betrachte ich sowohl den Handelsblatt-Artikel wie auch die untersuchten Kommentare nicht als Tatsachenberichte, sondern als Literatur. Damit ist die Frage der faktischen Wahrheit der Geschehnisse ausgeblendet und der folgend beschriebene Vorgang wird epistemologisch betrachtet zu einem fiktiven Lehrstück – dass jedoch ein realer Wahrheitskern in den geschilderten Ereignissen liegt, wird niemand bestreiten wollen:

Siemens ringt in China mit Bloggern um sein Image

von Finn Mayer-Kuckuk, handelsblatt.com 21.10.2011, 10:13 Uhr

Der deutsche Haushaltsgerätehersteller Siemens-Bosch kämpft in China gegen einen Imageschaden, nachdem sich tausende von Bloggern auf seinen ungeschickten Umgang mit den Netzmedien eingeschossen haben. „Siemens verhält sich arrogant wie ein chinesisches Staatsunternehmen", sagte der prominente Blogger und Publizist Luo Yonghao dem Handelsblatt. „Das Unternehmen scheint auf das Zeitalter von Twitter und Facebook denkbar schlecht vorbereitet zu sein."

Unterdessen verfolgen mehrere Millionen Menschen einen Schlagabtausch zwischen unzufriedenen Kühlschrank-Kunden und dem Unternehmen – und jeder, der schonmal eine schlechte Erfahrung mit der Hausgeräte-Marke Siemens gemacht hat, macht mit und ereifert sich über deren angeblich schlechte Qualität.

Auslöser waren zwei Hausgeräte der Marke Siemens, die Herr Luo besitzt. Luo ist in ganz China bekannt: Er tritt im Fernsehen auf, hat Bestseller zu Motivationsthemen geschrieben („Mein Kampf") und seit 2004 eine große Online-Leserschaft um sich gesammelt. Seinem Mikroblog, dem chinesischen Gegenstück zu Twitter, folgen knapp über eine Million Leser.

Am 27. September beklagte Luo sich in einem Mikroblog über zwei Produkte von Siemens-Bosch. Die Kühlschranktür schließe nicht und die Waschmaschine wandere beim Schleudern bis zu zehn Zentimeter von ihrem Standplatz weg. „So eine Scheißmarke kaufe ich nie wieder. Japanische Produkte sind viel besser", twitterte er erbost.

„Eigentlich eine Petitesse", gibt Luo heute zu. „Aber der Vorgang steht stellvertretend dafür, wie Siemens mit seinen Kunden umgeht." Denn der Konzern schwieg zunächst mehrere Tage lang zu Luos Klage im Netz.

In der Internet-Gemeinde stieß die Produktklage dagegen auf riesige Resonanz. Die Leser haben den ursprünglichen Kühlschrank-Tweet erst tausend- dann millionenfach weitergeleitet. China hat über 450 Mio. Internetnutzer, die meisten hochaktiv. Die Kühlschranktür wurde viral.

Auch das Handelsblatt hat unterdessen von Siemens-Bosch in Peking keine Auskunft erhalten, warum die Lage im Netz so weit eskalieren konnte. Statt-

14.4 Von oben herab führt zu nichts

dessen hat eine PR-Agentur geantwortet: „Wir nehmen alle Kundenklagen sehr ernst und versuchen immer, mit den Betroffenen Kontakt aufzunehmen und die Probleme zu lösen." Von Internetkompetenz ist wenig die Rede, dafür aber von den Standards der Nationalen Qualitätsbehörde, die die Geräte streng einhalten. Luo habe sich dem Angebot verweigert, dass ein Techniker vorbeikomme und das Produkt nachsehe. Kommunikationsversuche seien ins Leere gegangen.

Der Selbstdarsteller Luo fühlte sich jedoch an diesem Punkt von dem großen Interesse der Leserschaft weiter angespornt. Er wetterte gegen Siemens. „Unternehmen, die ihre Kunden für Idioten halten, werden dafür den Preis zahlen." Dann phantasierte er von Alpträumen, die ihn plagten – von zähnefletschenden, bösen Siemens-Kühlschränken. Die Leser waren begeistert und hinterließen tausende von aufmunternden Kommentaren. Die betroffene Firma schwieg weiter.

Am 15. Oktober um drei Uhr Nachts hatte Luo dann endlich eine Reaktion von Siemens-Bosch erhalten – eine steife und gewundene Erklärung. „Wir bedauern es, wenn eine kleine Zahl unserer Kunden Probleme mit Siemens-Produkten haben." Es gebe aber keine Probleme mit der Qualität. In der Nachricht fehlte das, worauf Luo so lange gedrängt hatte: Eine Entschuldigung von Siemens.

Stattdessen tauchten in Blogs und Foren plötzlich haufenweise stereotype Nachrichten auf, die Siemens in Schutz nahmen und Luo als Querulanten beschimpften. Aus Sicht erfahrener Blogger war der Fall klar: Die PR-Leute haben professionelle Poster angestellt, die im Netz Gegenstimmung erzeugen sollen. Luo jedenfalls war überzeugt davon, dass Siemens jetzt mit harten Bandagen spielt.

Der Promi-Blogger geriet jetzt richtig in Rage und ließ in den folgenden Stunden über 200 Tweets los, die sich gegen Siemens richteten.

In seiner Not hat die Kommunikationsabteilung von Siemens-Bosch China eine Agentur für Öffentlichkeitsarbeit eingeschaltet. Die machte sich an einen persönlichen Freund Luos herangemacht mit der Bitte, mäßigend auf den Blogger einzuwirken. Das diente allerdings nicht dazu, Luo zu besänftigen. Er lehnte auch den Vorschlag von Siemens-Bosch ab, in seinem Kühlschrank einen Piepser zu installieren, der sich bei lange offenstehender Tür meldet.

Zur Freude seiner Leser schlug Luo jetzt erst richtig auf das Großunternehmen ein. „Was Siemens da macht, verträgt sich nicht mit dem, was von einem deutschen Unternehmen mit einer hundertjährigen Tradition zu erwarten wäre: Sie verhalten sich echt kleinlich."

Zur Stunde geht der Web-Krieg zwischen Siemens und Luo noch weiter. Eines scheint sicher: Der Großkonzern wird am Ende der Verlierer sein. Die

Chinesen lieben es, wenn der kleine Mann einmal den Aufstand gegen die vermeintlich Großen und Mächtigen gewinnt – und genau dieses Muster zelebriert Luo jetzt.

Soweit das Handelsblatt. Zunächst muss unterschieden werden zwischen den Ereignissen und der Darstellung der Ereignisse durch die Presse. Das Framing der Geschichte erfolgte durch den Handelsblattredakteur, er hat in diesem Text die Zweikampfmetaphorik vom „ringen" des Großkonzerns mit dem Blogger, vom „Web-Krieg" u. a. mehr eingeführt. Das entspricht der gängigen Vorgehensweise, Nachrichten als archetypische Konfliktmuster aufzubereiten, in diesem Fall also als David-gegen-Goliath-Muster (vgl. Streeck 2010). Dennoch kann aus der geschilderten Vorgehensweise von Siemens geschlossen werden, dass man dort tatsächlich den Eindruck hatte, man „kämpfe" gegen eine Person, die man auf irgendeine Weise besiegen, also ruhigstellen müsse: Zunächst ignoriert man sie, dann wendet man sich direkt an diese Person, schließlich versucht man, sie aus ihrem Umfeld heraus zu beeinflussen.

Das strategische Handeln von Siemens nach „Schachprinzip" ist unübersehbar: Er macht einen Zug, wir machen einen Zug – und wir, Siemens, haben leider Schwarz und müssen deshalb verteidigen; aber das ist ja nicht schwer, weil wir viel mehr Material haben und unser Gegner letztlich ein Niemand ist, der „nur Aufmerksamkeit will" (so mein ungenannter Siemensmanager). Deshalb haben wir auch nicht vor, anders als symbolisch nachzugeben (eigentlich eine subtile Form der Kränkung, wenn man anbietet, zu überprüfen, ob überhaupt etwas an der Sache dran ist, und dann eine Alarmanlage einbaut, die klingelt, falls der kleine Chinese die Tür nicht richtig zugemacht hat). Das Terrain – meint Siemens – ist der Kanal, den der Konzern wählt, Siemens antworten ihm, nur ihm, in China.

Diese Haltung spiegelt sich in einem der ersten Postings zu dem oben zitierten Artikel (die Schreibung wie im Original): „‚Luo habe sich dem Angebot verweigert, dass ein Techniker vorbeikomme und das Produkt nachsehe. Kommunikationsversuche seien ins Leere gegangen.' was will der denn noch, wenn er selbst unfähig ist, die Geräte richtig zu installieren? das sind ja auch super sachliche worte mit denen er argumentiert. Wenn er sich so viel im Netz rumtreibt, hätte er sich ja auch mal mehr gedanken um seinen Buchtitel ‚mein kampf' machen können."

Oder, noch etwas drastischer: „Was da der Junge eingebildete Fatzke in Grosschina zelebriert ich reines Hollywood made in China. Ueber die Schraubenschluessel aus Blei bzw. das Einmalwerkzeug beschwert sich hier keiner, sondern schmeisst es in den Muell. Genosse Piefke spielt den Aufstand in Twitter und stuetzt so sein Ego wie viele andere auch. Ich glaube er sollte sich lieber einen Partner im Reich der

14.4 Von oben herab führt zu nichts

Mitte suchen, da gibt es genug zu meckern, aber vielleicht traut er sich dort nicht so richtig."

Weder Siemens noch die zitierten Poster sind bereit, den Blogger ernst zu nehmen, weil sie vermuten, dass es sich um eine direkte Konfrontation handelt mit jemandem, der „nur Aufmerksamkeit" suche – offenbar ein vielfach als unmoralisch betrachtetes Anliegen. Womit man jedoch nicht rechnet, ist der Umstand, dass der Chinese tatsächlich Aufmerksamkeit bekommt. Wie konnte das geschehen?

Zweifellos muss es einen fruchtbaren Boden gegeben haben, auf den die Beschwerde Luos gefallen ist. Wären alle chinesischen Käufer mit allen Siemensprodukten zufrieden gewesen, hätte sein Anwurf kaum Früchte tragen können, weil es keine entsprechende sachliche Realität gegeben hätte. Zufrieden bedeutet aber hier nicht, dass die Geräte von Siemens irgendwie funktionieren – weshalb der Vergleich mit chinesischen Billigprodukten völlig ins Leere geht. Chinesen kaufen Siemensprodukte, weil sie sich eine besondere Leistung erwarten – und die hat es offenbar nicht hinreichend gegeben. Was man dem China-Imbiss an kulinarischen Fehlgriffen nachsieht, verzeiht man einem Spitzenrestaurant nicht so leicht. So sieht es ein chinesischer(!) Poster auf Handelsblatt.com:

> Hi, I found the link to this news on weibo.com, the same website where Mr.Luo complain about the Siemens refrigerator. Sorry for the inconvenient, I don't understand German, so I read this news with the help of google translator. I want to say that 1) German products have had a good reputation in China for a long time. When there is a bad news about German products, it will attract more attention. That's why this incident goes popular. 2) The main reason why Mr.Luo keep on complaining is that when hundreds or even thousands of micro-bloggers have complain their Siemens refrigerators about the same problem (having trouble closing the refrigerators' doors), the Siemens company still insists that there is no problem with their products (although they announced that they would contact the consumers who have the problem). Some errors may occurs in the designs, that's fine, but not admitting it, that's exasperating. 3) Mr.Luo's book ‚My struggle' (obviously, he had chosen a bad name) have nothing to do with political or historical problems, just tell his own story about how he struggle out of a poor remote village and became success and famous. Please do not have prejudice about this book. 4) Welcome to weibo.com there are more than 100 million user. I know that there is some kind of censorship here. but basically, you can still say what you want to say. few Chinese people speak German, but English is still universally vv acceptable.

Offenbar resultierte diese Kulmination der Ereignisse im Netz aus der gesamten Produkt- und Kommunikationsstrategie und dem gesamten Beziehungsmanagement von Siemens in China. Das Stichwort lautet overpromise – Siemens hat offensichtlich zu viel versprochen, was dem Konzern von vielen nicht verziehen wird.

Es handelt sich also um ein Beziehungsproblem – das Siemens sachlich (durch Nachbesserung) lösen will. Genau damit liefert das Unternehmen dem Blogger jedoch immer neue Munition. Während der seine Strategie konsequent in der Sozialdimension weiterverfolgt (den Sachverhalt zur Petitesse erklärt, aber nach und nach immer mehr soziale Medien wie Twitter, YouTube etc. nutzt), macht er es Siemens immer schwerer, auf der Beziehungsebene zu reagieren, ohne völlig das Gesicht zu verlieren. Der Mann will Aufmerksamkeit – und er verfügt über die technischen Mittel und den Willen, sie zu erreichen. Siemens sieht jedoch nicht, dass diese Aufmerksamkeit die eigentlich „kriegsentscheidende" Dimension bildet.

Siemens zeigt sich zum einen medientechnisch tollpatschig, es gelingt dem Unternehmen aber auch nicht, den Vorwürfen menschlich etwas entgegenzusetzen. Luo ist eine (Identifikations-)Figur mit Gesicht und Ausstrahlung, während Siemens mit seinen Aktionen das von Luo aufgedrückte Image eines „Staatskonzerns" immer weiter verstärkt. Eigentlich ist es Luo bereits gelungen, diesen Fall auf die Vorstandsebene des Unternehmens zu heben – wohl nur ein persönliches Auftreten von Peter Löscher könnte noch die öffentliche Wirkung von Luo relativieren. Aus dem Dialog eines kleinen Chinesen mit einem Konzern in China ist ein weltweites Problem des Konzerns geworden – das Terrain lässt sich im Zeitalter Sozialer Medien nicht mehr regional abgrenzen. Wenn heute in China eine Kühlschranktür nicht zugeht, kann das morgen durchaus ein Problem in München sein.

Natürlich: irgendwann wird das Interesse an diesem Vorgang erlahmen, egal wie Siemens sich verhält. Doch das bedeutet nicht, dass der Imageschaden damit behoben sein wird. Auch hier ist die Schachlogik falsch: Das nächste Spiel beginnt dann nicht mit gleichen Ausgangspositionen, sondern mit einem Nachteil für Siemens.

14.5 Von Herrschaftsstrategien zu Beziehungsstrategien

Siemens ist ein Unternehmen mit mehr als 400.000 Mitarbeitern weltweit, von denen zweifellos Zigtausende ein wirtschaftswissenschaftliches Studium absolviert haben. Die Raster der Marketing-, Kommunikations- und sonstigen strategischen Planung sind dort bekannt – und doch in der geschilderten Situation merkwürdig nutzlos. Es wäre reizvoll zu untersuchen, ob diese Raster der wirtschaftswissenschaftlichen Kommunikationsplanung vielleicht deshalb gelegentlich so unwirklich erscheinen, weil sie an den Logiken des Schachspiels orientiert sind. Sie sind als Raster aufgebaut, zweidimensional, assoziativ brettähnlich. Sie simulieren eine analysier- und berechenbare Welt, berücksichtigen aber Zufälle, Irrationalität, persönlichen Geltungswillen, Arroganz oder Phantasien bestenfalls als Fehler oder Schwächen. Aber wie reagiert man im Zeichen der integrierten Kommunikation

14.5 Von Herrschaftsstrategien zu Beziehungsstrategien

auf einen Kühlschranktür-Alpträume inszenierenden Blogger, der zeitweise Millionen Follower an sich bindet?

Besser munitioniert ist man mit den Methoden der Krisen-PR oder des Issue-Managements, aber auch sie bewahren nicht vor dem zentralen Risiko strategischer Kommunikationsplanung: Sie ist stets hinter den Ereignissen. Denn zum einen muss sie Regeln für eine im Grundsatz unbekannte Zukunft aufstellen, zum zweiten braucht es Zeit, um diese Regeln so zu verkünden und zu instrumentalisieren, dass sie auch befolgt werden können. Die strategischen Kommunikations-Regeln des Siemens-Konzern waren ganz offensichtlich für eine Zukunft gemacht, in der geltungssüchtige chinesische Blogger nicht vorkamen oder zumindest keine Gefahr bildeten.

In seinem Buch „Die Logik des Mißlingens" beschreibt der Psychologe Dietrich Dörner die Schlacht bei Lagarde zu Beginn des Ersten Weltkriegs, in der die glanzvolle deutsche Kavallerie, die den Krieg von 1870/1871 für Deutschland entschieden hat, durch das französische Maschinengewehrfeuer nahezu ausgelöscht wurde. „Die Kavallerie-Attacke gegen Maschinengewehre und schnellfeuernde Artillerie war ganz einfach ein Anachronismus. Nun fragt es sich, wieso man eigentlich die Wirkung von Maschinengewehren und Artillerie auf geschlossen attackierende Kavallerie-Verbände nicht voraussehen konnte? ‚Eigentlich' ist es doch selbstverständlich, was bei einem solchen Unternehmen herauskommen muß! Aber man hat es eben nicht vorausgesehen. Man konnte es offensichtlich nicht." (Dörner 2003, S. 188 f.).

Die Analogie zu den Siemens-Ereignissen ist offensichtlich: Auch Siemens bedient sich einer bewährten, aber anachronistischen Methode, um einen Feind zu besiegen – und liefert damit die Ursache für massive Verluste. Siemens wäre sogar nach einer gewissen Zeit bereit einzuräumen, Fehler gemacht zu haben – und bleibt damit in der Logik des Schach. Aber könnte Siemens auch zugeben, dass sie gar nicht anders konnten, also zu handeln, wie sie gehandelt haben – weil sie nicht in der Lage waren, die Situation zu begreifen?

Dörner (2003, S. 190 ff.) erklärt die Unfähigkeit zum Erkennen einer anscheinend offensichtlichen Situation mit dem Verkennen eines grundsätzlichen Bruchs in der Entwicklung. Die deutschen Truppen zu Pferde haben die Strukturen der Zeit des vorangegangenen Deutsch-französischen Krieges beibehalten und perfektioniert. Sie konnten deshalb auf den Strukturbruch, der durch die Schnellfeuer-Distanzwaffen erfolgt ist, nicht reagieren.

Der Bruch in der strategischen Kommunikationsplanung, den Siemens offenbar nicht zu erkennen in der Lage war, ist der Wechsel von Herrschaftsstrategien zu Beziehungsstrategien. Natürlich sind auch bei Siemens das Internet, Soziale Medien und die Digitale Kommunikation bekannt. Aber offensichtlich nicht als etwas, das bisherige Regeln außer Kraft zu setzen im Stande ist. Strategische Kommunikationsplanung wird weiterhin ein abstrahierendes Glasperlenspiel bleiben – doch es wird sich am neuen Paradigma des Beziehungsmanagements zu orientieren haben: „Es gibt keine losgelöste Betrachtung von Strategie. Sie ist immer eingebettet in das gesellschaftliche Umfeld, in dem strategisch gehandelt wird" (Beckmann 2011, S. 14).

Literatur

Beckmann, R. (2011). *Clausewitz trifft Luhmann. Eine systemtheoretische Interpretation von Clausewitz' Handlungstheorie.* Wiesbaden: VS Verlag.
Clausewitz, C. v. (2011). *Vom Kriege.* Hamburg: Nikol.
Dörner, D. (2003). *Die Logik des Mißlingens. Strategisches Denken in komplexen Situationen.* Reinbek: Rowohlt.
Habermas, J. (1987). *Theorie des kommunikativen Handelns. Bd. 1: Handlungsrationalität und gesellschaftliche Rationalität* (4., durchgesehene Aufl.). Frankfurt a. M.: Suhrkamp.
Handelsblatt. http://www.handelsblatt.com/unternehmen/it-medien/siemens-ringt-in-china-mit-blogger-um-sein-image/5389246. Zugegriffen: 21. März 2012.
Johnson, M., & Lakoff, G. (2011). *Leben in Metaphern: Konstruktion und Gebrauch von Sprachbildern.* Heidelberg: Carl-Auer-Verlag.
Kitzmüller, E., & Büchele, H. (2005). *Das Geld als Zauberstab und die Macht der internationalen Finanzmärkte* (2 Aufl.). Münster: LIT.
Musashi, M. (2008). *Fünf Ringe: Die Kunst des Samurai-Schwertwegs.* Hamburg: Nikol.
Osterried, W. (2011). *Der Wirtschaftskrieg – die globale Wettbewerbsschlacht.* Berlin: epubli.
Schmidt, H., & Steinbrück, P. (2011). *Zug um Zug.* Hamburg: Hoffmann und Campe.
Senger, H. v. (2011). *36 Strategeme. Lebens- und Überlebenslisten aus 3 Jahrtausenden.* Frankfurt a. M.: Fischer.
Spiegel. http://www.spiegel.de/spiegel/print/d-13680629. Zugegriffen: 21. März 2012.
Streeck, K. (2010). Litigation-PR als beauftragte Beeinfussungsdienstleistung. In V. Boehme-Neßler (Hrsg.), *Die Öffentlichkeit als Richter? Litigation-PR als neue Methode der Rechtsfindung* (S. 129–138). Baden-Baden: Nomos.
Zimmermann, R. (2011). *Das Strategiebuch.* Frankfurt a. M.: Campus.

Sozialpsychologie der Affiliation – und der Wert von Freundschaft in der Wirtschaftskommunikation

15

Zusammenfassung

Die wa(h)re Freundschaft hat in Zeiten der Netzeuphorie eine Renaissance erfahren. Der Beitrag beleuchtet die Bedeutung von Freundschaft und greift dafür auf Konzepte der Sozialpsychologie zurück, die sich mit dem gesellschaftlichen „Bindemittel" der Affiliation intensiv auseinandergesetzt hat. Im Anschluss daran wird erörtert, welche Bedeutung Freundschaft in der zeitgenössischen Wirtschaftskommunikation hat und wie sich dies mit den traditionell in der Sozialpsychologie angesiedelten Theorien der menschlichen Affiliation verträgt. Neben theoretischen Anschauungen werden Beispiele aktueller Freundschaftskommunikation in der Wirtschaft analysiert.

Susanne Femers

Der Begriff Freund(schaft) weist etymologisch eine Beziehung sowohl zur Liebe als auch zur Verwandtschaft auf (amicus vom lateinischen amor bzw. frijond im Gotischen für Blutsverwandte). Beides grenzt man im modernen Verständnis von Freundschaft ab. Was Freundschaft ist und wert ist, versuchten schon Denker in der Antike zu ergründen. Im Denken von Platon und Aristoteles wird bereits betont, dass Freundschaft *Zeit und soziale Freiheit* zu ihrer Entstehung braucht und zur Vollkommenheit der *Tugendhaftigkeit* des Menschen bedarf (Fetscher 2010, o. S.). Verschiedene Epochen und Kulturen haben unterschiedliche Begriffe von Freundschaft hervorgebracht (Hobi 2011, S. 12), das Phänomen selbst hat für den Menschen aber immer noch eine große Faszination. Das belegen die vielen Abhandlungen und Aphorismen über und literarischen Vorbilder für die Freundschaft in Literatur, Philosophie und Geschichte sowie ihre Thematisierungen in Musik und Kunst. Stellvertretend für viele andere möge hier nur an Friedrich Schiller erinnert sein, der sich sogar zu einer „Ode an die Freu(n)de" veranlasst sah, die in der späteren Vertonung von Ludwig von Beethovens 4. Satz der berühmten 9.

Sinfonie zu einem Gänsehautgaranten avanciert ist und sich als solcher auch zweihundert Jahre nach seiner Entstehung noch großer Beliebtheit erfreut z. B. auch als Hymne der Europäischen Union.
In Zeiten gesellschaftlicher Umbrüche haben sich geschichtlich bereits Hochzeiten bzw. Hochkonjunkturen von Freundschaften gezeigt. Erschütterten z. B. Aufklärung und Industrialisierung Tradition und Etabliertes, gab der geliebte, geschätzte, getreue Freund besonderen *sozialen Halt* (Fetscher 2010, o. S.). Als wesentliche *Merkmale* des sozialen Phänomens Freundschaft gelten *Freiwilligkeit, Vertrautheit, Langlebigkeit, soziale Unterstützung, gegenseitige Wertschätzung, Privatheit, Intimität, Selbstoffenbarung und unbedingte Loyalität* (Buunk und Dijkstra 2007, S. 336; Meckel 2010, o. S.; Hobi 2011, S. 12). Mit der Freundschaft drückt sich das immerwährende Begehren nach sozialer Akzeptanz aus. Im „kleinen Prinzen" bei Antoine de Saint-Exupéry kann man (so Fetscher (2010, o. S.)) „die tiefe Sehnsucht des Kindes (…) etwas Besonderes für den anderen zu sein, ein Individuum (…) und keine Ware, kein Zweckobjekt, kein Nutzgegenstand" zu sein, nachvollziehen. Diesbezüglich bleiben wir wohl unser ganzes Leben lang ein Kind.

Gegenwärtig erlebt unsere Gesellschaft eine starke Entwicklungs- und Umbruchdynamik, die – so sich denn Geschichte wiederholt – wieder eine *Inflation sozialer Bedürftigkeit* mit sich bringen müsste. Dafür könnte die „friends-Inflation" oder die „Cyberfriend"-Blase (Fetscher 2010; Grossman 2011) virtueller sozialer Gemeinschaften (Autenrieth 2011, S. 17) symptomatisch sein. Digitale Freundschaften werden gesammelt, um uns die Zugehörigkeit zu virtuellen Gemeinschaften zu sichern. Dabei kann es sogar zu „Überbuchungen" kommen, weil der Freundschaftsvermehrung bei Facebook z. B. durch „Firewalls" digitale Grenze gesetzt sind (Meckel 2010, o. S.). Die gegenwärtige Gesellschaft ist darüber hinaus eine kommerzialisierte Welt und die korrespondierenden Kommunikationsprozesse spiegeln deren Befindlichkeit und Kultur. Inwieweit hier wirklich Freundschaft ihren konjunkturellen Niederschlag und ihre kulturelle Blüte erlebt, soll im Folgenden mit Blick auf sozialpsychologische Erklärungsmuster und mittels der Analyse wirtschaftskommunikativer Phänomene insbesondere der Netzwelten untersucht werden. Denn Vorsicht ist angebracht bezüglich der Antwort auf die Frage, ob es sich bei den Kontakten in virtuellen Netzwelten wirklich um „Freundschaften" handelt. Reihenhäuser in Immobilienofferten werden ja auch gerne „Villen" genannt, obgleich auch hier die Vergleichbarkeit nur in engen Grenzen gegeben ist. Die Begriffe finden ihre berechtigte Bedeutung nur im Kontext ihrer Verwendung.

15.1 Affiliation in der Sozialpsychologie

Warum ist gerade die sozialpsychologische Betrachtungsweise hier sinnvoll? Einer der Gründerväter der Sozialpsychologie, Gordon Allport, hat diese Disziplin als die Lehre vom Erleben und Verhalten im sozialen Kontext wie folgt bestimmt: „With few exceptions, social psychologists regard their discipline as an attempt to understand and explain how the thoughts, feelings, and behaviors of individuals are influenced by the actual, imagined or implied presence of other human beings. The term ‚implied presence' refers to the many activities the individual carries out because of his position (role) in a complex social structure and his membership in a cultural group." (Allport 1954, S. 5). Will man das Phänomen Freundschaft psychologisch verorten, liegt also die Betrachtung sozialpsychologischer Ansätze nahe. Schon vor gut 100 Jahren begannen Psychologen sich mit dem menschlichen Wunsch nach sozialer Zugehörigkeit, Anerkennung und Akzeptanz zu beschäftigen. *Das Streben nach sozialem Anschluss wird je nach Theorietradition als Trieb, Bedürfnis bzw. Motiv, Persönlichkeitseigenschaft oder adaptives Phänomen betrachtet* (vgl. Auhagen 2006, S. 203 f.; Buunk und Dijkstra 2007, S. 330 f.; Werth und Mayer 2008, S. 337; Fischer und Wiswede 2009, S. 124 f.).

Zu Beginn des letzten Jahrhunderts postulierte McDougall (1908) den *„Geselligkeitsinstinkt"* als einen von acht Grundinstinkten des Menschen. Seit den 30er Jahren des letzten Jahrhunderts wird auch von *sozialer Affiliation* gesprochen, ein Terminus, der synonym zum Begriff *Anschlussmotiv oder Geselligkeitsstreben* verwendet wird. Soziale Affiliation ist z. B. nach Murray (1938, S. 83) als Bestreben zu verstehen „to form friendship and association. (...) To cooperate and converse sociably with others. To love. To join groups." *Typisch menschlich ist der Wunsch, positive soziale Reaktionen auf das eigene Verhalten zu evozieren.* Dies betonen Atkinson et al. (1954, S. 409): „The affiliation motive (is) a disposition to move toward others to elicit positive affective response from them."

Affiliation meint darüber hinaus, dass der Mensch in allen Lebensbezügen – aber insbesondere in unsicheren und belastenden Situationen – nach intensiven, lang anhaltenden Sozialkontakten sucht (Buunk und Dijkstra 2007, S. 331) und in seinem Verhalten entsprechende sozial erwünschte Züge aufweist, um solche interpersonalen Beziehungen nicht nur zu knüpfen, sondern auch zu vertiefen und zu erhalten. Die *Theorie des Impression Managements* bzw. die Theorie psychologischer Selbstdarstellung (Mummendey 1995) beschreibt vertiefend die entsprechenden Verhaltensweisen und kognitiven Attributionsprozesse. Hat das soziale Werben Erfolg, so kann man dadurch „soziales Kapital" bzw. Reputation ansammeln, eine wichtige Ressource zum Überleben in der sozialen Welt. Die Belohnung sozialer *Beziehungsarbeit im Sinne sozialer Kapitalisierung* ist nicht nur von Sozialpsychologen diskutiert worden, sondern findet sich auch schon im Denken des Soziologen Bourdieu (Meckel 2010, o. S.). So kann (wahre) Freundschaft – im Sinne von Zweck- und Nutzenfreundschaft – also auch zur Ware werden.

Bis in die Gegenwart hinein beschäftigen sich Sozialpsychologen mit der Affiliation und spezifizieren ihre Auffassungen des Konzeptes. Eine der neueren Theorien zum menschlichen Anschlussmotiv stammt von Baumeister und Leary (1995, 2000). Typisch für diese moderne Variante des Affiliationskonzeptes ist es, das Anschlussmotiv als adaptives Phänomen zu verstehen, das es dem Menschen möglich macht, in seiner Welt (sozial) zu überleben (Baumeister und Leary 1995, S. 499). Evolutionsbiologisch betrachtet wird dies beispielsweise bei Sauerland (2006, S. 18 ff.) dezidert belegt, rein ökonomische Überlegungen zur Affiliation als Sicherung des ökonomischen Überlebens finden sich bereits bei Harris (1979).

Die evolutionstheoretische Perspektive auf die Affiliation beinhaltet auch, dass die kulturelle Gestaltung der sozialen Umwelt nach diesem Konzept ihre spezifische Ausprägung gerade durch das soziale Anschlussmotiv findet. Sauerland (2006, S. 5) bemerkt dazu: „Nicht der kulturell-ökonomische Zwang bietet den Nährboden für die Bildung sozialer Beziehungen, sondern die Kultur wurde derart gestaltet, dass Affiliationsbedürfnisse optimal befriedigt werden." Zu fragen ist daher (im späteren Verlauf dieses Beitrages), ob gegenwärtige kulturelle Ausgestaltungen sozialer Affiliation wie z. B. in der Wirtschaftskommunikation dem zu- respektive abträglich sind.

In der Theorie des Anschlussmotivs nach Baumeister und Leary (2000, S. 25) wird das Bedürfnis nach *Affiliation als fundamentales menschliches Bedürfnis* begriffen: „Human beings have a persuasive drive to form and maintain a minimum quantity of lasting, positive and significant interpersonal relations." Kontakte, die mit dem Affiliationsmotiv in Zusammenhang gebracht werden bzw. dieses befriedigen können, zeichnen sich durch positive Konnotation, häufige soziale Interaktionen, Konsistenz und wechselseitiges Zueinanderstehen aus – Attribute, die für die menschliche Freundschaft als typisch gelten können (Auhagen 2006, S. 202). Die *Reichweite des Anschlussmotivs* geht eindeutig über sexuelle und verwandtschaftliche Beziehungen hinaus. Das Minimum zur Befriedigung findet keine genaue Quantifizierung, allerdings wird die Obergrenze für soziale Beziehungen, die den Begriff Freundschaft rechtfertigen, andernorts durchaus definiert. Nach der *Dunbar-Zahl* (Dunbar's number – benannt nach dem Anthropologen Dunbar 1993) liegt die kognitive Grenze der Anzahl von Personen, mit denen jemand soziale Beziehungen pflegen kann, bei 150. (Genauer gesagt ist damit die Anzahl von Menschen gemeint, von denen wir Namen und wesentliche Sozialbeziehungen untereinander kennen können.)

Auch wenn diese Zahl von 150 Kontakten als zu hoch gelten darf, um Freundschaften intensiven Typs mit hoher Kontaktfrequenz angemessen abzubilden, dürfte eines klar sein: Affiliation kostet den Menschen einige Anstrengung. Soziale Nähe und Akzeptanz sind nicht zum Nulltarif zu haben. Neben dem Nutzen sind also auch noch die Kosten des Sozaillebens zu betrachten. Sozialer Kontext bedeutet auch sozialer Wettbewerb, dem sich Menschen durch permanente Vergleichsprozesse aussetzen – auch eine Eigenschaft, die Sozialpsychologen als fundamental betrachten. Die entsprechenden Validierungsprozesse wurden bereits in der *Theorie des sozialen Vergleichs* von Festinger (1954) untersucht.

Ohne auf die Details sozialpsychologischer Theoriebildung und empirischer Untermauerung im Einzelnen einzugehen, was der Rahmen der Darstellung nicht zulässt, müssen folgende *Kosten intensiver Sozialbeziehungen* ins Kalkül gesetzt werden: Interpersonale Beziehungen binden Zeit und kognitive Kapazitäten, verlangen emotionales Involvement, schaffen Leistungsdruck und verursachen soziale Bewertungs- und Zurückweisungsängste – insgesamt also erhebliche Rolleninvestitionen in das Konzept Freundschaft. Vor diesem Hintergrund verwundert es nicht, dass Baumeister und Leary (1995, 2000) in ihre Konzeption des Anschlussmotivs ein „*Sättigungsniveau*" eingebaut haben, das signalisiert, wann die sozialen Kosten der Affiliation deren Nutzen überschreiten und somit das Motiv seine soziale Antriebskraft verliert. Menschen streben also nach einem optimalen Affiliationsniveau (Buunk und Dijkstra 2007, S. 331). Anders gewendet: Bezüglich der Affiliation befindet sich der Mensch in einem klassischen *Appetenz-Aversions-Konflikt*, der die Balanceleistung zwischen Nutzenerhalt durch Sozialbeziehungen und Kostendruck sozialer Investitionen abbildet.

15.2 Freundschaft in der Wirtschaftskommunikation

Da Freundschaft laut sozialpsychologischer Klärungsarbeit ein zentraler Wert ist, noch dazu einer, der wie oben ausgeführt als Stabilisierungsfaktor in dynamischen Gesellschaften Hochkonjunktur haben müsste, ist es nahe liegend, dass dieser Wert auch in der Kommunikation von Unternehmen bzw. Produkten und Marken aufgegriffen wird. Hier stellt sich die Frage, inwieweit nutzt nun die Wirtschaftskommunikation als kultureller Spiegel der Gesellschaft dieses Konzept? Und ist die Art der Nutzung als sinnvoll oder nicht sinnvoll zu betrachten? Einige Antworten darauf sollen Analysen ausgewählter kommunikativer Phänomene bieten.

Um den immensen Wert der Freundschaft weiß die Wirtschaftskommunikation schon lange. Warum sonst hießen erfolgreiche Frauenzeitschriften „petra", „Brigitte" oder „freundin"? Selbst bei der *Namensfindung* für Wäschetrockner und

Staubsauger ist man auf den Freund gekommen. So nennt die Firma Miele einen ihrer Kondenstrockner „Miele T233C BEST Friend" und einen Staubsauger (mit Beutel, 2.200 W ohne HEPA-Filter) „Miele S 5 BEST Friend". Nicht nur für (Haus) Frauen lässt sich Freundschaft in der Werbung nutzen. Für Kinder sind von der Firma HIPP Snackriegel der Marke „FrüchteFreund" im Angebot, und als ein preisgünstiges Alleinfutter wird bei PetShop „Classic Friends Zwergkaninchenfutter" angepriesen. Die Bezeichnung „Trust Optical Mini Mouse Ami 250S" für eine USB Mouse kann als Beispiel für die globalisierte Wirtschaftskommunikation angeführt werden. Um das Konzept Freundschaft werden sogar ganze Kampagnen gestrickt wie im Fall Ferrero.

15.2.1 Renaissance der Freundschaft: „Guten Freunden gibt man ein Küsschen"

Seit 1968 gibt es schon die schokoladigen Küsschen von Ferrero. Mit dem Slogan „Guten Freunden gibt man ein Küsschen" hat die Marke viel Erfolg gehabt. In einer zeitgenössischen Kampagne ist der Slogan zur „Regel Nr. 1" geworden. Im August 2010 präsentierte sich Ferrero mit der crossmedialen Kampagne „Die Regeln der Freundschaft" (Ferrero 2010) in Form von TV-Spots und zahlreichen Online-Aktivitäten. Der Einführungsspot und drei folgende präsentieren jeweils eine Regel der Freundschaft. Die Spots sind auch im Internet als Catch-ups und Video-Adds zu rezipieren. Mit dem Start des neuen Online-Auftritts von Ferrero am 1.8.2010 konzentrierte sich die Kampagne auf das „Buch der Freundschaftsregeln". Dieses Buch wird von virtuellen Schokoladenfreunden zusammen mit Ferrero gestaltet. Besucher der Seite können verschiedene Features nutzen und eigene Freundschaftsregeln in dieses Buch zusammen mit Fotos und anderen Illustrationen als sozialromantische Glaubensbekenntnisse einstellen. Wer will, kann online „Küsschen" verschicken – sich also regelkonform zu seinen Freunden im Netz verhalten. Selbstverständlich gehört zur Kampagne auch ein Facebook-Profil.

Die Einladung an Konsumenten, ihre Regeln der Freundschaft online zu präsentieren, wurde angenommen. Die Seite http://www.ferrero-küßchen.de zeigt im März 2012 (Zugegriffen: 15. März 2012) ganze 2820 Regeln der Freundschaft in Schreibschrift mit den unterschiedlichsten multimedialen Zugaben in Form von Fotos, Zeichnungen und vielem mehr. Von den Regeln der Nutzer führen Links direkt zu den passenden TV-Spots. Die Wahl des Buches als Medium für diese Sammlung sozialer Einsichten und Verhaltensregeln zur Freundschaft ist sicher nicht zufällig, erinnert das Ganze doch an eine moderne multimediale Variante des guten alten Poesiealbums als Sozialisationshelfer der Kindheit und Jugend ehema-

15.2 Freundschaft in der Wirtschaftskommunikation

liger Bibliophiler, die dies bereits seit dem 19. Jahrhundert gepflegt haben. Hier teilt man dank Ferrero nicht nur mit den Freunden die Lieblingspralinen, sondern auch soziale Anschauungen in der Online-Gemeinschaft. Und somit kann das „Buch der Freundschaft" von Ferrero im Sinne von Walser (2011, S. 155) als „Denkmal der Freundschaft" und „Kursbuch des Lebens" verstanden werden, das soziales Kapital visualisiert und eine gemeinschaftsbildende Funktion hat. Das Album wird als „Instrument der Freundschaft und des Beziehungsmanagements" (Walser 2011, S. 155) genutzt wie jedes private Poesiealbum auch.

Auch diejenigen, die den Weg zum „Buch der Freundschaft" (noch) nicht gefunden haben, sind für Ferrero wichtige Botschafter in Sachen Freundschaft. In einer Repräsentativerhebung zum Thema Freundschaft hat Ferrero (2011) 1.000 Personen zwischen 14 und 65 Jahren befragt. Die entsprechenden Ergebnisse stellte Ferrero u. a. der Presse zur Verfügung, so dass darüber informiert werden kann, was in der sozialen Welt wirklich zählt, z. B. für 96 % aller Befragten, dass „Freunde ehrlich sind und auch mal Klartext reden" (Ferrero 2011). Den Nutzen der Aktion – zumindest für Ferrero – sieht das Unternehmen so: Ferrero, die „Nussspezialität ist nicht nur lecker, sie ist mittlerweile auch zum Symbol für Freundschaft geworden." (Ferrero 2011). Dies deckt sich mit einem geflügelten Wort, das besagt: „There is nothing better than a good friend. Except a good friend with chocolade." Ferrero, so kann man schließen, ist also ein Freund erster Klasse.

Die Kampagne greift gekonnt die sozialen Bedürfnisse nach Zugehörigkeit und Selbstvergewisserung auf und verbindet mit den Einladungen zu den oben genannten Austauschprozessen die Befriedigung des Anschlussmotivs in einer Weise, die den sozialen Nutzen der Teilhabe sozialkostengünstig macht. Im multimedialen Poesiealbum von Ferrero klingen nicht nur strenge Regeln des sozialen Miteinanders an, vielmehr ist hier auch viel Platz für soziale Illusionen – die in einzelnen Regeln auch den Grad von moralischen Überhöhungen des Konzepts Freundschaft erreichen. Der Bedarf dafür ist aber da, sonst würden die entsprechenden Austauschprozesse ja nicht funktionieren. Ferrero lädt damit zu sozialromantischen Träumen ein und grenzt den (g)rauen Alltag ein Stück weit aus, denn „Träumen ist der Sonntag des Denkens" (so Henri-Frédéric Amiel). Online-Plattformen bieten dafür eine ideale Bühne und für diese ist Facebook zum Synonym geworden. Die soziale Bedürftigkeit, die damit korreliert, fasst der Publizist Grossman (2011, S. 19) in folgendem schon pathetisch klingendem Glaubensbekenntnis zusammen: „Facebook will die Wildnis besiedeln, den heulenden Mob zähmen, aus einer vereinsamten, antisozialen Welt der zufälligen Gelegenheiten eine Welt der vielen Glücksmomente machen. Wir werden inmitten eines Netzwerkes aus Menschen leben, wir werden nie wieder allein sein."

15.2.2 Das Phänomen der sozialen Netzwerke

Rund 42 % der Deutschen sind in sozialen Netzwerken im Internet aktiv. Bei den 20–29-Jährigen sind es 65 %, bei den 14–19-Jährigen sogar 81 %. Die aktuelle ARD/ZDF-Online-Studie[1] weist für dieses sozial-kommunikative Engagement seit 2007 kontinuierliche Zuwachsraten aus. Soziale Bindungen können dank dieser Plattformen im Alltag über große Entfernungen ohne großen Aufwand gepflegt werden und das *Affiliationsmotiv findet in der Welt virtueller Begegnungen so für viele eine Befriedigung*, die den realen Kontakt ergänzen und manchmal auch ersetzen kann (Paechter 2006, S. 601 ff.; Huber 2010, S. 29 f., 120 f.; Münker 2010, S. 33). Auch für Ältere gilt, dass die Social Communities – ob Facebook oder stayfriends.de – ein wichtiges Fenster zur Welt werden, um zu kommunizieren – auch generationenübergreifend (Seibel 2011, S. 15).

Mit mehr als 550 Mio. Mitgliedern, die in 75 Sprachen mehr als 700 Mrd. min im Monat miteinander kommunizieren und täglich 700.000 neue Freunde gewinnen (Grossman 2011, S. 17), war Facebook 2011 das erfolgreichste soziale Netzwerk sowohl im Hinblick auf die soziale Bindungskraft als auch mit Blick auf das monetäre Ergebnis. Zur Jahreswende 2012 belief sich die Zahl der aktiven Nutzer bereits auf 845 Mio. und Facebook war auf der Zielgeraden zur Milliarde (http://newsroom.fb.com/content/default.aspx?NewsAreaId=22. Zugegriffen: 23. März 2012). Nach den Worten des Gründers Zuckerberg ist Facebook ein Beziehungskonglomerat wie sich Affiliationstheoretiker ein besseres als empirischen Beleg ihrer Theorien nicht wünschen könnten: „Wir versuchen die Welt abzubilden, so wie sie ist. (…) Da draußen gibt es Vertrauen. Ich glaube, dass wir als menschliche Wesen die Welt über Menschen erkunden, über unsere Beziehungen. Was wir also herstellen, ist im Kern eine Weltlandkarte der vertrauensvollen Beziehungen (…), die man in der Umgangssprache in der Regel Freundschaft nennt." (Zuckerberg zitiert nach Grossman 2011, S. 18).

Facebook kennt nur eine Beziehungsform und die heißt eben Freundschaft. Das macht das Sozialleben auf Facebook angenehm einfach und befreit von der Last, zwischen Menschen differenzieren zu müssen. Man kann zwar durch Listen zwischen den Freunden Unterschiede machen, d. h. Freunde unterschiedlicher Intensität bestimmen, man muss es aber nicht tun. Die Entscheidung zu differenzieren, ist nicht zwingend. In der realen Welt erweist sich die mangelnde Differenzierung als schwieriger aufgrund der Mühen der Beziehungspflege. Facebook wäre nicht erfolgreich, wenn es nur um eine Handvoll qualitativ hochwertiger idealer, vollkom-

---

[1] Vgl. http://www.ard-zdf-onlinestudie.de/index.php?id=246&L=0&type=1. Zugegriffen: 15. März 2012.

15.2 Freundschaft in der Wirtschaftskommunikation

mener sozialer Beziehungen ginge, den Sozialpartnerschaften, die wir gerne echte oder beste Freundschaften nennen. Es geht um die möglichst große Zahl von sozialen Vernetzungen in möglichst kurzer Zeit – zumindest kann dies als Anfangsphänomen bei sozialen Plattformen wie auch bei XING so beobachtet werden. Danach stellen sich Konsolidierungsphänomene ein. Mit der Maximierungsmaxime geht ein weiterer Vorteil einher, den Grossman (2011, S. 20) formuliert: „Wo sich Freundschaften mit solch belohnender Geschwindigkeit multiplizieren, bleibt die emotionale Beteiligung angenehm flach."

Aus der Sicht der sozialen Bilanzierung der Affiliationstheoretiker betrachtet, erklärt dies gerade einen Teil des Erfolges, den Facebook hat. Im übrigen wächst mit dem „sozialen Kapital" schnell geschlossener digitaler Freundschaften die *Reputation in der digitalen Handelswelt*, die Meckel (2010, o. S.) wie folgt charakterisiert: „Wer utilitaristisch dabei denkt und darin eine ökonomische Beziehung aus Angebot und Nachfrage sieht, ist kein Schelm, sondern schlau und hat die Prinzipien digitaler Freundschaften durchschaut. ‚Gefällst Du mir, gefall ich dir.' Es sind virtuelle Tauschprozesse, die hier stattfinden (…)." Das klingt keineswegs sozialillusionär. Richtig, nicht zu vergessen: Freundschaften haben auch Schattenseiten der Enttäuschung und sozialen Verblendung. Im schlimmsten Fall kann man sie sogar verlieren. Das lehrt uns das Leben und auch die Wirtschaftskommunikation, wie das folgende Beispiel von Burger King zeigt.

15.2.3 Werteverfall oder „pubertärer Schulterschluss": Burger Kings „Whopper Sacrifice und die wa(h)re Freundschaft"

Das Unternehmen Burger King[2] hat in einer Facebook-Initiative im Jahr 2010 Mensch gegen Burger antreten lassen. Mit einem Resultat, das jeglicher Sozialromantik entbehrt, denn ein Whopper wiegt für viele eine Freundschaft auf. Wer bereit war, 10 seiner Facebook-Freunde zu löschen, erhielt von Burger King in den USA einen Gutschein für einen solchen Burger im Wert von 3,69 US-$. Für diese PR-Aktion stellte das Unternehmen 25.000 Whopper als Geschenk in Aussicht, was der Streichung von 250.000 Facebook-Kontakten entspricht. Hier bot sich die Möglichkeit für User, sich lästiger oder ungeliebter Kontakte zu entledigen und auch noch mit einem Burger für diese soziale Säuberungsaktion belohnt zu werden. Man musste nur die entsprechende Burger-King-Applikation auf dem

---

[2] (Quelle: http://www.facebook.com/group.php?gid=44194022969. Zugegriffen: 19. Nov. 2010.)

eigenen Facebook-Profil einbinden. Normalerweise werden User nicht informiert, wenn jemand sie aus einer Freunde-Liste entfernt. Anders der soziale Thrill bei der Aktion „Whopper Sacrifice" (englisch „sacrifice"= opfern!): Gut sichtbar wird dem betroffenen ausgedienten Freund im Facebook-Feed erklärt, dass er für einen Burger geopfert wurde. Im zur Nachricht korrespondierenden Bildausschnitt kann man dann sehen, wie das eigene Bild flammenumrahmt langsam verbrennt.[3]

Wie sah es aus mit dem Erfolg dieser Initiative? Nach kurzer Zeit zwang das Unternehmen Facebook das Unternehmen Burger King, die Kampagne zu beenden, denn schnell wurden bereits 233.906 Freunde gelöscht. Das Eingreifen von Facebook quittierte Burger King[4] mit dem Slogan: „Facebook has shut down Whopper Sacrifice after your love for the Whopper sandwich was proved to be stronger than 233.906 friendships". Offensichtlich kann ein Burger mehr wert sein als ein Facebook-Freund. Kommunikativ glich die Aktion einem Paukenschlag: Zeitungen, Fernsehsender, Blogs und Radiostationen berichteten darüber und zur Krönung kam es dann in Cannes, denn die Kampagne bekam einen goldenen Löwen. Das Echo in einschlägigen Konsumentenblogs der digitalen Welt war geteilt. Aus der Perspektive der Affiliationstheorie ist „Whopper Sacrifice" aber nur auf den ersten Blick irritierend. Sicher liegt die Frage nahe, ob diese Aktion für Burger King wirklich einen Nutzen hat. Aufsehen ist bekanntlich ja noch kein Ansehen. Auf den zweiten Blick aber wird deutlich, dass diese Initiative das (auch) Wahre an der Freundschaft zeigt und nicht ausblendet. Es werden soziale Realitäten gespiegelt. Wem das Spiegelbild nicht gefällt, muss eben die Augen geschlossen halten – oder zu Ferrero klicken und seinen Freunden sofort ein Küsschen schicken.

Burger King klärt uns mit diesem Spiel der virtuellen Freundschaftsverbrennung über ein paar Grundregeln des Sozialdarwinismus auf. Freundschaft hat immer auch mit Wettbewerb zu tun. Bester Freund kann also nicht jeder sein, manchmal stehen wir im Ranking ganz unten und sind durchaus verzichtbar. Freunde kann man verlieren, wenn man nicht genug in sie investiert. Freunde sind kostbar oder kosten uns einfach zu viel, dann sind sie keine mehr. Im Fall der abgefackelten „Freunde" ist einfach Sättigung eingetreten wie die Affiliationstheoretiker Baumeister und Leary (1995, 2000) es verstehen. Die sozialen Konten wiesen Negativ-Beträge auf. Also musste gehandelt werden. Es werden die gelöscht, die es nicht wert sind, oder die zu anstrengend sind, die zu viel fordern. Eigentlich ein normaler sozialer Vorgang: Urlaubsbekanntschaften fransen aus, Freunde aus der Schule sind eigentlich keine solchen mehr. Bei „Whopper Sacrifice" ist eben nur brutal,

---

[3] (Quelle: http://www.youtube.com/watch?v=XXd0UoxK-Ik. Zugegriffen: 19. Nov. 2010.)

[4] (Quelle: http://www.detailverliebt.de/virales-marketing-bei-burger-king-whopper-sacrifice. Zugegriffen: 19. Nov. 2010.)

15.2 Freundschaft in der Wirtschaftskommunikation

dass gleich das Foto brennt! Und dass Freundschaft sich in diesem Facebook-Erlebnis bei Burger King von ihrer Wa(h)ren-Seite zeigt. Das ist nicht jedem genehm. Authentisch ist es schon.

Nach Auffassung von Grossman (2011, S. 19) zeigt sich der *Marxsche Fetischcharakter der Ware* bei Facebook bereits ungeschminkt, wenn die binäre Grundentscheidung für Waren, die per Anzeige Einzug in die soziale Facebook-Welt halten, für „I like this" ausfällt. Geradezu unüberbietbar schamlos ist dagegen das Bekenntnis zur Ware, wenn für den Whopper in der Burger King-Aktion Freunde ins Nirwana des Datenfriedhofes versenkt werden. Vielleicht ist das aber auch die falsche Lesart. Eine alternative Interpretation läge darin, in der Initiative eine Art „pubertären Schulterschluss" von Marketingverantwortlichen bei Burger King mit Heranwachsenden zu sehen. Dann wäre Whopper-Sacrifice quasi das „Arschgeweih" der sozialen Netzwerk-Aktivisten, das den „Alten" mal wieder Anlass zur Empörung gibt und Jugendliche einen Reiz finden lässt, der die „Alten" recht zuverlässig „zum Kochen" bringt. Burger King lädt folglich ein zum *konfektionierten Tabu-Bruch*, bei der pubertäre Autonomiewünsche befriedigt werden können und die kollateralen Aufregungsschäden der Elterngeneration wohl bemessen und nicht wirklich ernsthaft sind. Beide Lesarten haben aber gemeinsam, dass sich hier auch die doppelte Identität zeigt, die in Facebook als zwei Seelen in einer Brust ruhen: das profitbringende bzw. kommerzialisierte und das soziale Selbst, die zwei Gesichter von Facebook. In dieser Gespaltenheit liegt aber auch ein Teil der Identifikationskraft für die Freunde, die sich hier versammeln und Menschliches, allzu Menschliches tun.

Mit der Aktion „Whopper-Sacrifice" hat es auch bezogen auf die Maximierungsmaxime einen Regelbruch gegeben: Gilt es ansonsten bei Facebook Freunde bis zur menschlich schier unerträglichen Anzahl aufzusummieren, was nach der Affiliationstheorie einer bedenklichen Übersättigung gleichkommt, bietet „Whopper-Sacrifice" quasi die wohltuende Entleerung des überfütterten Systems. Und diese brauchen wir. Denn in der realen Welt entledigen wir uns auch der lästigen Kontakte aus dem vorletzten Urlaub, der Verwandtschaft, die man sich nicht ausgesucht hat, und der Kollegen von „was-weiß-ich-wie-lang-her". Dieser Prozess gleicht einer Entgiftung, die es in der normalen Facebookwelt jenseits des Tabubrechers Burger-King nicht gibt, so sieht es jedenfalls Grossman (2011, S. 20), wenn er generell über das Netzwerk behauptet: „Und so setzt Facebook die natürlichen Kräfte außer Kraft, bei denen man etwa alte Freunde aus den Augen verliert, indem es ihnen gestattet, sich endlos zu kumulieren, und dabei das soziale Äquivalent eines Leberschadens verursacht.".

Am Ende zeigt sich doch in diesem Fall, dass das Konzept Freundschaft auch in Zeiten gelebter, besonders intensiver sozialer Bedürftigkeit nicht allein moralisch überhöht und illusionär verwendet werden sollte, läge dem doch ein Täuschungsmanöver zugrunde. Und dies widerspräche doch dem Ethos, nur wahrhaftig zu kommunizieren. Nur die Wahrheit, nichts als die Wahrheit zu sagen. Der User bzw. Konsument muss ernst genommen werden. Und die Wahrheit ist bekanntlich – folgt man dem Credo von Ingeborg Bachmann – die Wahrheit ist dem Menschen zumutbar. Vielleicht verrät sogar die Verwendung des Freundschaftsbegriffs bei Burger King mehr über die Befindlichkeit der sozialen Welt, in der wir leben, und über ihre kulturelle Ausgestaltung als in dem Poesiealbum von Ferrero offenbart wird.

15.3 Schlussbetrachtung und Ausblick – und doch brauchen wir einen Teddy!

Der Philosoph Odo Marquard fragt in seinem Essay „Zukunft braucht Herkunft", wie wir in einer schnelllebigen Zeit mit ungeheurer Wandlungsdynamik und zunehmender Fremdheit überleben können. Er findet die Antwort im Teddybären, denn „Kinder kompensieren ihr Vertrautheitsdefizit durch Dauerpräsenz des Vertrauten." Sie schleppen ihren Teddybären fest unter dem Arm geklemmt – auch wenn er schon einäugig ist und schon die eine oder andere Narbe aufzuweisen hat – auf ihrem Eroberungszug durch die fremde Welt, die zu entdecken sie verurteilt sind. Für Marquard gilt allgemein: „Je mehr die Zukunft modern für uns das Neue – das Fremde – wird, desto mehr Vergangenheit müssen wir – teddybärengleich – in die Zukunft mitnehmen und dafür immer mehr Altes auskundschaften und pflegen." (Marquard 2003, S. 240). Was bedeutet das für die Freundschaft bzw. für Beziehungen in „fremden" Medienkontexten? Wir müssen uns auf die Kernkonzepte besinnen, die gute Beziehungen ausmachen. Nur mit diesen sind auch die Schattenseiten der sozialen Welt auszuhalten. Wir brauchen die Hoffnung auf soziale Wärme und Zugehörigkeit. Das ist ein Grundbedürfnis. Und Freundschaft ist gleichsam der Teddybär, mit dem wir durch diese Welt laufen.

Freunde haben zu wollen ist – wie gesagt – ein Grundbedürfnis. Und Bedürfnisse verlieren nicht ihre motivierende Kraft, wenn sie unbefriedigt bleiben. Ihre handlungsleitende Kraft wird nur umso stärker. Wir sind also auf Grund unserer fundamentalen sozialen Bedürftigkeit alle dazu verdammt, ein Leben lang nach dem Teddybären unter dem Arm zu suchen. Soziale Netzwerke wie Facebook bieten uns normaler Weise diesbezüglich etwas kuschliges soziales Wohlbefinden. Dennoch werden sich am Ende die Facebooks dieser und der kommenden virtuellen Welt nicht nur den sozialen Illusionen und moralischen Überhöhungen menschlicher Beziehungen zuwenden müssen, sondern auch den sozialen Realitäten, also den

15.3 Schlussbetrachtung und Ausblick – und doch brauchen wir einen Teddy!

Schattenseiten der menschlichen Seele Heimat bieten müssen, um ihr Identifikationspotential voll auszuschöpfen. So betrachtet ist die Aktion „Whopper-Sacrifice" nur der Anfang. Der soziale Mob unseres kollektiven Selbst will vielleicht mehr davon – gerade in Zeiten der Unbeständigkeit und des Wandels.

Welchen Stellenwert soziale Netzwerke in Bezug auf die Befriedigung des menschlichen Anschlussmotivs in Zukunft einnehmen werden, ist schwer zu sagen. Im Moment haben sie Hochkonjunktur und mit virtuellen „Freundschaften" wird experimentiert. Ein Abflachen dieses Hypes ist denkbar – zumal sich erste Vertrauensverluste des neuen Freundschaftsclubs Facebook abzeichnen, die durch Kontrollverluste der individuellen Datensouveränität und die zunehmende Kommerzialisierung der Plattform bedingt sind. Auch Gegenwind ist spürbar. So macht Bacardi seit Frühjahr 2011 mobil für die Freundschaft im „realen" Leben. Die Kampagne „Bacardi Together" will „echte menschliche Verbindungen im Leben" stärken (Bacardi 2011). Gemeinschaft ist neben Genuss und Lebensfreude der zentrale Markenwert des 1862 begründeten Unternehmens. 150 Jahre später verknüpft die aktuelle Kampagne On-und Offline-Welt im Sinne der Förderung von gemeinsamen Aktivitäten, zu denen man sich im realen Leben auf Facebook verabreden kann. Mit Headlines wie „Deine Offline-Freunde vermissen Dich" oder „Ausgehen ist das neue Einloggen" will man Menschen von der virtuellen zurück in die reale Welt holen. Und was kommt dann? Für zukünftige Generationen könnte Facebook der Teddybär werden, der heute in Form des Freundschaftsbuches von Ferrero unsere sozialen Sehnsüchte nährt und den Wunsch nach Sicherheit repräsentiert. Wie fremd auch immer die neue Welt wird, am Ende wird sie einen Teddybären für uns bereithalten.

Literatur

Allport, G. W. (1954). *The nature of prejudice*. Boston-Cambridge: Bacon Press.
Atkinson, J. W., Heyns, R. W., & Veroff, J. (1954). The effect of experimental arousel of the affiliation motive in thematic apperception. *Journal of Abnormal and Social Psychology, 49*, 405–410.
Auhagen, A. E. (2006). Freundschaft. In H. W. Bierhoff & D. Frey (Hrsg.), *Handbuch der Sozialpsychologie und Kommunikationspsychologie* (S. 201–207). Göttingen: Hogrefe.
Autenrieth, U. P. (2011). Gemeinschaft. In K. Neumann-Braun & U. P. Autenrieth (Hrsg.), *Freundschaft und Gemeinschaft im Social Web. Bildbezogenes Handeln und Peergroup-Kommunikation auf Facebook & Co* (S. 14–17). Baden-Baden: Nomos, Edition Reinhard Fischer.
Bacardi. (2011). *Neue Kampagne – „BACARDI TOGETHER" bringt Menschen zusammen*. Presseinformation, März 2011.

Baumeister, R. F., & Leary, M. R. (1995). The need to belong: Desire for interpersonal attachments as a fundamental human motivation. *Psychological Bulletin, 117,* 497–529.

Baumeister, R. F., & Leary, M. R. (2000). The need to belong: Desire for interpersonal attachments as a fundamental human motivation. In E. T. Higgens & A. W. Kruglanski (Hrsg.), *Motivational science. Social and personality perspectives* (S. 24–49). New York: Psychological Press.

Buunk, A. P., & Dijkstra, P. (2007). Affiliation, zwischenmenschliche Anziehung und enge Beziehungen. In K. Jonas, W. Stroebe, & M. Hewstone (Hrsg.), *Sozialpsychologie* (S. 329–358). Heidelberg: Springer.

Dunbar, R. I. (1993). Coevolution of neocortical size, group size and language in humans. *Behavioral and Brain Sciences, 16*(4), 681–735.

Ferrero. (2010). *Ferrero Küsschen präsentiert: Die Regeln der Freundschaft.* Pressemitteilung, 27.08.2010.

Ferrero. (2011). *Die Regeln der Freundschaft – Jüngere setzen auf Gemeinsamkeit, Ältere legen Wert auf Loyalität.* Pressemitteilung, 18.02.2011.

Festinger, L. (1954). A theory of social comparison processes. *Human Relations, 7,* 117–140.

Fetscher, C. (2010). Im Zeitalter von Facebook und Co. Was ist Freundschaft? *Der Tagesspiegel,* 19.12.2010.

Fischer, L., & Wiswede, G. (2009). *Grundlagen der Sozialpsychologie.* München: Oldenbourg.

Grossman, L. (2011). Vom Wert der Freundschaft. *Der Tagesspiegel,* 7.1.2011, 17–21. (Originalartikel: Person of the year. Mark Zuckerberg. *Time Magazine,* 15.10.2010).

Harris, M. (1979). *Cultural materialism: The struggle for a science of culture.* New York: Random House.

Hobi, N. (2011). Freundschaft. In K. Neumann-Braun & U. P. Autenrieth (Hrsg.), *Freundschaft und Gemeinschaft im Social Web. Bildbezogenes Handeln und Peergroup-Kommunikation auf Facebook & Co* (S. 12–13). Baden-Baden: Nomos, Edition Reinhard Fischer.

Huber, M. (2010). *Kommunikation im Web 2.0.* Konstanz: UVK Verlagsgesellschaft.

Marquard, O. (2003). Zukunft braucht Herkunft. Philosophische Betrachtungen über Modernität und Menschlichkeit. In O. Marquard (Hrsg.), *Zukunft braucht Herkunft. Philosophische Essays* (S. 234–246). Stuttgart: Phillip Reclam junior.

McDougall, W. (1908). *An introduction to social psychology.* London: Methuen.

Meckel, M. (2010). Virtuelle Nähe: „Gefällst du mir, gefall ich Dir". *Der Tagesspiegel,* 14.11.2010. http://www.tagesspiegel.de/medien/gefaellst-du-mir-gefall-ich-dir/2316502.html. Zugegriffen: 14. Nov. 2010.

Mummendey, H. D. (1995). *Psychologie der Selbstdarstellung.* Göttingen: Hogrefe.

Münker, S. (2010). Die Sozialen Medien des Web 2.0. In D. Michelis & T. Schildauer (Hrsg.), *Social Media Handbuch. Theorien, Methoden, Modelle* (S. 31–41). Baden-Baden: Nomos, Edition Reinhard Fischer.

Murray, H. A. (1938). *Explorations in personality.* New York: Oxford University Press.

Paechter, M. (2006). Soziale Beziehungen im Internet. In H. W. Bierhoff & D. Frey (Hrsg.), *Handbuch der Sozialpsychologie und Kommunikationspsychologie* (S. 610–616). Göttingen: Hogrefe.

Sauerland, M. (2006). *Interpersonale Balance. Experimentelle Untersuchungen zu den regulativen Mechanismen sozialer Anschlussmotivation.* Inaugural-Dissertation zur Erlangung der Doktorwürde der Philosophischen Fakultät II der Universität Regensburg. Regensburg: Universität Regensburg.

Seibel, S. (2011). Facebook-Status: Opa. *Süddeutsche Zeitung,* 2.3.2011, 15.

Walser, R. (2011). „Freundlich räumst Du mir in deinem Album ein Plätzchen ein, möchte ich auch in deinem Herzen niemals vergessen sein." Poesiealben und Freundschaft. In K. Neumann-Braun & U. P. Autenrieth (Hrsg.), *Freundschaft und Gemeinschaft im Social Web. Bildbezogenes Handeln und Peergroup-Kommunikation auf Facebook & Co* (S. 155–157). Baden-Baden: Nomos, Edition Reinhard Fischer.

Werth, L., & Mayer, J. (2008). *Sozialpsychologie.* Berlin: Springer.

Markenbild-Beziehungen – ein Ausflug in die entferntere Nachbarschaft   16

Zusammenfassung

Marken sind kulturell aufgeladene Zeichen, die Beziehungen zwischen Menschen und Dingen zu konstellieren in der Lage sind. Aber wie geschieht das? In jüngster Zeit sind im Rahmen der Kulturwissenschaften zwei Theorien entwickelt worden, die hier Auskunft zu geben versprechen – sofern sie auf wirtschaftliche Kontexte umgemünzt werden. Dieser Beitrag bezieht deshalb die provokante Theorie der Bildbeziehung vom Horst Bredekamp und die ebenfalls viel diskutierte Fetisch-Theorie von Hartmut Böhme auf Fragen der Markentechnik.

Klaus Boltres-Streeck

Von Leonardo da Vinci wird berichtet, er habe an ein verhülltes Bild einen Zettel angebracht, der warnte: „Nicht enthüllen, wenn dir die Freiheit lieb ist, denn mein Antlitz ist der Kerker der Liebe". Der renommierte Kunsthistoriker und Kulturwissenschaftler Horst Bredekamp, der diese Warnung „zu den tiefgründigsten Aussagen, die jemals über die Bildern innewohnende Kraft geäußert wurden" rechnet, erläutert die Alternative, vor die ein Leser dieses Zettels damit gestellt wird: „Läßt dieser das Werk verhüllt, bewahrt er seine Freiheit auf Kosten eines Erlebnisses, aber wenn er sich diesem aussetzt, verliert er die alleinige Verfügung über sich selbst" (alle Zitate: Bredekamp 2010, S. 17). Und er schließt an: „In diesem Effekt liegt der Grund des Faszinosums Bild. Einmal geschaffen, wird es unabhängig, um zum Objekt der verehrenden Bewunderung, aber auch der Furcht als stärkster aller Empfindungen zu werden" (Bredekamp 2010, S. 20).

Diese von Leonardo da Vinci geprägte Warnung in Bezug auf ein bestimmtes Bild dehnt Bredekamp mit seiner Erläuterung auf Bilder im Allgemeinen aus und erklärt sie zur Grundlage des „Faszinosums Bild": Bilder sind unabhängig; sie selbst verfügen über Macht; das Wissen um Bilder stellt vor die Alternative: Erlebnis oder

Freiheit. Dabei sind für Bredekamp solche wirkmächtigen Bilder keineswegs nur Gemälde alter Meister, wie man es vielleicht bei einem Kunsthistoriker vermuten könnte. „In seiner fundamentalen, ersten Definition umfaßt der Bildbegriff jedwede Form der Gestaltung" (Bredekamp 2010, S. 34) – und damit selbstverständlich auch Marken und Markenbilder, die wohl komplexesten gestalteten Gebilde im Feld der Wirtschaftskommunikation.

Sollte dies alles zutreffen, dann liegt darin für Markenbild-Manager Anlass zu mancherlei ambivalenten Gefühlen. Es muss ihr Ziel sein, beispielsweise durch geschicktes Design und kluge markenpolitische Entscheidungen solche Markenbilder entstehen zu lassen, die wirken – und so die Freiheit der Betrachter, seien es Konsumenten oder Mitarbeiter einer markierten Organisation, einzuschränken. Denn Beziehungen zu Marken werden strukturierend gedacht, sie sollen faszinieren und binden, Außenstehende zu Käufen animieren und Preise rechtfertigen, Organisationsmitglieder verbinden und mit gemeinsamen Werten ausstatten. Schon Markenbilder allein – so die These der Kulturwissenschaft – sind zu solchen Leistungen in der Lage. Es lohnt sich also, in Markenbilder zu investieren. Soweit der positive Teil.

Weniger erfreulich jedoch wird der zweite Teil der genannten These aufgenommen werden. Entsprechend übertragen ist ihr nämlich ebenfalls zu entnehmen, dass diese potentiell leistungsstarken Markenbilder zwar geschaffen werden können, dann aber mindestens zu einer gewissen Unabhängigkeit gelangen. Als eigenständige Entitäten entziehen sie sich der – vermutlich – gewünschten instrumentellen Gefügigkeit und gelangen stattdessen zu einer machtvollen Eigenständigkeit, die sie von ihren Schöpfern und den sie beherbergenden Organisationen emanzipiert. Markenbilder. Nicht Menschen, oder wenigstens Organisationen wird hier eine solche Eigenständigkeit zugebilligt, sondern Artefakten.

Einerseits mag man den Kopf schütteln und einen Rückfall in vor-aufklärerische Zeiten des Aberglaubens und der Magie vermuten, denn in heutiger wirtschaftswissenschaftlicher Theorie und Praxis lässt sich doch wohl kaum ernsthaft behaupten, dass Symbolsysteme eigene, unverfügbare Wirkmacht entfalten könnten; sie werden eher wie technische Systeme gesehen, die zwar an manchen Stellen undurchschaubar sind, aber doch letztlich ihren Programmierern zu gehorchen haben – zumindest solange diese ihr Handwerk verstehen. Andererseits ist aber auch in der Betriebswirtschaftslehre seit langem und immer noch wie selbstverständlich von Markenpersönlichkeiten und Markenidentität die Rede. Alles nicht so – oder nur „so metaphorisch" gemeint? Gibt es tatsächlich – zumindest bei einem so elaborierten Markenbild wie etwa dem der Marke „Harley-Davidson" – eine eigenständige daraus resultierende Wirkmacht? Wenn ja, wie muss man sich diese Macht vorstellen, und wie kann sie von Managern und von Anhängern der Marke gleichermaßen gezähmt und genossen werden?

Mit den folgenden Überlegungen wird versucht, die im Rahmen der Wirtschaftswissenschaften wenig geläufigen Denkweisen der Kunst- und Kulturwissenschaft im Hinblick auf erklärende Nützlichkeit zu erkunden. Manches erweist sich dabei als ungewohnt, lässt sich aber doch plausibel auf die Gedankenwelt „zu Hause" in der Wirtschaftskommunikation beziehen. Ein gedanklicher Ausflug, wie sich zeigen wird aber keiner in die Fremde, sondern nur in die entferntere Nachbarschaft. Der Wanderweg: Zunächst zu Fuß durch die weite Landschaft der Bildakttheorie (16.1), bis zum dunklen Wald des Fetischismus, an dessen Rand wir kurz verweilen (16.2), dann schnell auf dem Motorrad (man ahnt: eine Harley-Davidson) zurück zur sicheren Wirtschaftskommunikation touren, um dort zu überlegen, (16.3) was die Reise für uns bedeutet und (16.4) wie wir nun, weitgereist, weitermachen.

16.1 Marken-Bildakte

Unter einem „Bildakt" versteht Bredekamp – in partieller Analogie zum eingeführten Begriff des Sprechaktes, „eine Wirkung auf das Empfinden, Denken oder Handeln", „die aus der Kraft des Bildes und der Wechselwirkung mit dem betrachtenden, berührenden oder auch hörenden Gegenüber entsteht" (Bredekamp 2010, S. 52). Auf Marken bezogen hieße das, dass mit einem „Markenbildakt" eine Wirkung auf Empfinden, Denken und Handeln gemeint ist, die aus der Kraft des Markenbildes und aus der Wechselwirkung mit dem die Marke rezipierenden Gegenüber entsteht. Bredekamps Buch konzentriert sich hierbei auf den ersten Teil dieser Bestimmung, auf die Wirkung des Bildes.

An den Anfang seiner vertieften Analyse stellt Bredekamp „sprechende Bilder", Bilder also, die mit Texten versehen sind, die das Bild selbst als Autor dieser Texte nahelegen. Beispiele sind eine etwa um 650 v. Chr. entstandene Trinkschale, auf der zu lesen ist: „Ich bin das Trinkgefäß des Tharios", oder, komplexer, ein ca. 1226 n. Chr. geschaffenes Taufbecken mit der (hier modernisiert wiedergegeben) Aufschrift: „Wilbernus widmet dir, Petrus, diese Gabe, um so des höchsten Gutes durch dich teilhaftig zu werden. Gerardus schuf mich" (vgl. Bredekamp 2010, S. 61 bzw. 79 f.).

Diese Beispiele, von Bredekamp als Evidenzen sprechender Bilder und der damit unterstellten Eigenwirkmacht derselben angeführt, könnten auch in einer Geschichte der Markenzeichen auftauchen. Beide Beispiele handeln von markierten Gegenständen, das zweite bereits in einer ausgesprochen eloquenten und vielschichtigen Form. Denn neben dem Namen des Herstellers, Gerardus, werden eine soziale Gabenbeziehung (Wilbernus widmet Petrus etwas) und der davon erhoffte Nutzen (des höchsten Gutes teilhaftig zu werden) thematisiert – und das alles vom Taufbecken, also dem markierten Gegenstand selbst. Die Nähe zu aktuellen Markenclaims liegt auf der Hand, wiewohl diese heute nur noch selten zu solcher Komplexität gelangen. Immerhin: „Colgate – Wir forschen, damit Ihr Lächeln ein Leben lang hält" kommt dem noch recht nah.

„Die in Ich-Form sprechenden Werke" – und die entsprechenden Markenclaims – zeigen in herausragender Weise „eine verdrängte Sphäre der Beziehung des Menschen zur gestalteten Welt" (Bredekamp 2010, S. 99). Diese Beziehung konkretisiert sich Bredekamp zufolge in drei unterschiedlichen Typen von Bildakten, den intrinsischen, den schematischen und den substitutiven Bildakten (Bredekamp wählt seiner Intention folgend allerdings eine andere Reihenfolge). Diese drei Bildakttypen werden im Folgenden vorgestellt und im Hinblick auf ihr Potential zur Erklärung von Markenwirkungen untersucht.

a. Intrinsische Bildakte: Das Markenbild unterscheidet sich vom Markenzeichen. Während das Markenzeichen eine zu jedem Zeitpunkt gültig fixierte Ausprägung einer Kombination von Bild- und Wortelementen meint, die material existiert, ist das Markenbild ein Konstrukt, das als Summe von Vorstellungen zu denken ist. Diese Summe setzt sich zum einen aus den Spuren der strategischen (Werbung, PR etc.) und der nicht-gesteuerten Markenkommunikation (Gerüchte, Klatsch) im Bewusstsein einzelner Personen, zum anderen aus der virtuellen Summe dieser Spuren in unterschiedlichen Bewusstseinen zusammen. Jeder Einzelne erlebt also in jedem Moment immer nur einen Teil eines komplexen Markenbildes, nie das Ganze – und doch wird unterstellt, dass das gesamte Markenbild wirkt und auch beeinflusst werden kann. Wie kann das sein?

Bredekamp spricht in seinem Zusammenhang von einem Intrinsischen Bildakt und erläutert diesen am Beispiel des Entstehungskontextes eines der bekanntesten Gedichte von Rainer Maria Rilke. Rilke analysierte eine im Louvre befindliche, griechische Statue, einen Männerkörper, an dem Kopf, Arme, Unterleib und Beine fehlten, und beginnt sein Gedicht (Rilke 1993, S. 503):

> Wir kannten nicht sein unerhörtes Haupt,
>   darin die Augäpfel reiften. Aber
>   sein Torso glüht noch wie ein Kandelaber,
>   in dem sein Schauen, nur zurückgeschraubt,
>   sich hält und glänzt...

Die Ähnlichkeit zur Situation des Markenbildes liegt auf der Hand: Der Betrachter, Rilke, sieht nur einen Teil der Figur – doch ihre vermutete Stimmigkeit erschließt

16.1 Marken-Bildakte

ihm die fehlenden Teile, aus der Struktur und Ausprägung des vorhandenen Körperrestes erschließt er das Gesicht. Diese Möglichkeit unterstellt Stimmigkeit der Teile – es ist ein ganzheitliches Schließen vom Detail auf die Gesamtheit, bei dem implizit vorausgesetzt wird, dass das Detail auch tatsächlich dem Gesamtkonzept entsprechend gearbeitet ist.

Übertragen auf die Fragestellung der Markenbilder lässt sich folgern: Auch wenn das gesamte Bild niemandem präsent sein kann, wird doch aus den Einzelteilen, den Anzeigen oder Produkten, auf ein Ganzes geschlossen, das dann als gelungen oder zerrissen wahrgenommen wird. Mit jeder Scherbe einer Coca-Cola-Flasche ist deshalb auch die Gestalt der kompletten Flasche und sogar ein komplettes Markenbild gegenwärtig – geformt aus wenig Sichtbarem und viel augenblicklich Unsichtbarem, so wie in jeder Muskelausprägung des Torsos, den Rilke wahrnimmt, die gesamte Figur präsent ist:

> ... Sonst könnte nicht der Bug
> der Brust dich blenden, und im leisen Drehen
> der Lenden könnte nicht ein Lächeln gehen
> zu jener Mitte, die die Zeugung trug.

So fährt Rilke fort, und Bredekamp erläutert: „In diesen Motiven, dies ist Rilkes leitende Idee, ist das Schauen des verlorenen Kopfes verkörpert, und damit ist der Torso, obwohl nur Fragment, eine vollgültige Gestalt" (Bredekamp 2010, S. 248).

Wäre die Perfektion der Gesamtformung nicht gegeben – das sieht natürlich auch Rilke – würde sich diese Ganzheitlichkeit nicht entfalten und es käme nicht zu der verblüffenden Wirkung, die sich aus der Betrachtung des Torsos ergibt. Deshalb beendet er sein Gedicht so:

> Sonst stünde dieser Stein entstellt und kurz
> unter der Schulter durchsichtigem Sturz
> und flimmerte nicht wie Raubtierfelle;
> und bräche nicht aus allen seinen Rändern
> aus wie ein Stern: denn da ist keine Stelle,
> die dich nicht sieht.

Soweit, so gut. Doch dann folgt, zumindest beim ersten Lesen überraschend, als allerletzter Satz: „Du mußt dein Leben ändern."

Genau dieser Sprung von der Wahrnehmung zum inneren Appell markiert das Gelungene der Skulptur – und das Gelingen von Markenbildern. Es ist nicht allein die innere Schlüssigkeit, sondern die aus der Betrachtung, aus dem Gefühl des Gemeint-Seins sich plötzlich und scheinbar unvermittelt einstellende Konsequenz für den Betrachter: Du musst Dein Leben ändern. Dieses „Gebot der Wandlung"

(Bredekamp 2010, S. 248) ist genau das Gebot, das jede gelungene Markenkommunikation auferlegen will: Du musst so sein, so werden wie diese Marken, kaufe ihre Produkte, lebe das Leben der Markenwelt.

Was Rilke zu seinem Gedicht verarbeitet hat, ist im Wesentlichen das Element der gelungenen Gestalt. „Ein weiteres Element der aktiven Form des Kunstwerks liegt darin, daß sie als Erinnerungsbild durch die verschiedensten Medien zu dringen versteht" (Bredekamp 2010, S. 283). Dieses andere Element, die Durchdringungskraft der Form durch unterschiedliche Medien, ist zwar anders, aber dennoch mit der Gestaltwahrnehmung untrennbar verbunden: Das Markenbild ist erkennbar, unabhängig davon, ob es sich als Film, Druck, Verpackung – ja sogar als Geschmack oder Geruch darstellt. In der Kommunikationspolitik ist genau das mit Integrierter Kommunikation gemeint: das Ineinander der unterschiedlichen Markenrealitäten in formaler, zeitlicher und inhaltlicher Hinsicht – und das mögliche Misslingen der Bemühungen. Ein Aspekt, den Bredekamp allerdings nicht thematisiert. Er geht jeweils von gelungenen und zumeist überzeitlich bewunderten Kunstwerken aus, um seine Theorie des Bildaktes zu entwickeln. Doch natürlich kommen beim künstlerischen Bemühen ebenso, vielleicht meistens, misslungene Bilder heraus, wie es misslungene Markenbilder in der Wirtschaft gibt.

b. Schematische Bildakte: Unter einem Schema versteht Bredekamp nicht ein wiederkehrendes Muster, ein einmal eingeführtes Verfahren oder etwas anders repetitiv Gefasstes, sondern die ursprüngliche Bedeutung dieses Ausdrucks, nämlich die bildliche Fassung eines Körpers, die als „körperliche Basis des Erkennens und Verhaltens" dient, z. B. als Körperschema der Person (vgl. Bredekamp 2010, S. 103 f., Zitat S. 104). Die Tradition lebender Bilder fortsetzend sind herausragende Beispiele solcher schematisch orientierten Bildakte die Künstler Gilbert und George. „Sich selbst als Living Sculptures definierend, haben sie die Frage nach der Lebendigkeit des Werks durch deren permanente Bestätigung obsolet gemacht (…) Die Künstler präsentieren sich selbst als Bild, und hierin sind sie Realsymbole des schematischen Bildaktes" (Bredekamp 2010, S. 119 f.).

Wieder ist die Übertragung auf Marken naheliegend: Das Markenbild in seiner Ganzheitlichkeit ist nicht allein aus der medialen und dinglichen Erscheinung der Marke, aus ihrer Werbung und ihren Produkten zusammengesetzt, sondern auch aus ihren Botschaftern, aus den Menschen, die Marken verkörpern sollen – seien es allein für eine Marke stehende Kunstfiguren der 60er und 70er Jahre wie Tilly oder Klementine, seien es die wechselnden Botschafter des Wiesenhof Bruzzlers (Dieter Bohlen, Oliver Kahn u. a.), seien es ganze Markensortimente verkörpernde Formel-1-Rennfahrer. Die lebenden Bilder der Marke können solche „Vor"-bilder

16.1 Marken-Bildakte

sein – es sind aber stets auch die alltäglich sichtbaren „typischen" Verwender dieser Marke. Nicht nur Dieter Bohlen und Oliver Kahn, auch der reale Griller in der Nachbarschaft prägt das Bruzzler-Markenbild.

Soweit es sich um Vorbilder, also um Testimonials oder Celebrities handelt, haben die Markenverantwortlichen recht großen Einfluss auf deren Verhalten als Markenskulpturen – auch wenn stets die Angst der Blamage oder Entzauberung eines Prominenten im Raum steht, der in hohem Maße mit einer Marke identifiziert wird. Auf die tatsächlichen Verwender aber, auf die, die die Marken tragen, ist nur wenig Einfluss möglich. So ist jedes Markenbild auch davon geprägt, wen es anzieht und wen es abstößt.

Während also der zunächst besprochene intrinsische Bildakt auf die Motivation zielt – „Du mußt Dein Leben ändern" – präsentiert der hier erläuterte schematische Bildakt Vorbilder zur Imitation. Zum „wolle dies", das aus dem griechischen Torso ebenso spricht wie aus dem Colgate- oder Coca-Cola-Markenbild, sofern es motivational wirkt, fügen die schematischen Bildakte dem Markenbild die Verkörperung hinzu, wie dieses „dies" denn tatsächlich aussieht.

Bredekamp erläutert diese beiden Funktionen des Bildaktes an unterschiedlichen Werken und legt so nahe, dass sie einander eher ausschließen – denn einerseits lädt der intrinsische Bildakt zur Imagination ein, der schematische Bildakt dagegen zeigt etwas und nötigt so zur Imitation. Bredekamp spricht allerdings zumeist von Einzelwerken, er vermeidet jedoch die Ebene des Künstlerischen, die der Markenebenen im heutigen Sinn am nächsten kommt, nämlich die Ebene des „Gesamtwerks" eines Künstlers oder auch einer Schule. Solche Werkcorpora stehen dem Markenbildakten näher, können mehrere Funktionen umfassen. Das erklärt sich aus ihrer holographischen Gestalt: Das Markenbild wie das „Gesamtwerk" sind Bilder aus vielen Bildern. Ein solches vielbildriges, holographisches Bild kann leichter mehrere Funktionen umfassen als ein „einfaches" Bild (vgl. ausführlich Streeck 2008, S. 18 ff.) – neben der intrinsischen und der schematischen wohl auch die dritte, die des substitutiven Bildaktes.

c. Substitutiver Bildakt: Zum „wolle dies" des intrinsischen und dem „so sieht es aus" des schematischen Bildaktes fügt der substitutive Bildakt das „dies wird sein" hinzu. Bredekamp referiert zur Erläuterung dieses Zusammenhangs die Bildtheorie des politischen Philosophen Thomas Hobbes: Hobbes „hat den Anblick dunkler Wolken gewählt, um seine Version des Bildaktes zu entwickeln. Da bei ihrer Betrachtung der nachfolgende Regen mitgedacht und antizipiert wird, sind mit ihm ganze Abfolgen verbunden, welche individuelle Gedächtnisbilder (…) in allgemein relevante Handlungszeichen (…) verwandeln." (Bredekamp 2010, S. 195).

Analog wird der Anblick der Markenbildfacetten mit dem Versprechen oder der Gefahr einer bestimmten eingegrenzten Zukunft verbunden, und zwar keiner allein individuellen, sondern einer, die aus der Kenntnis der Schicksale der Markengestalt und der Markenbotschafter sich ableitet. Die eigene Zukunft mit der Marke Jaguar wird als eine andere erwartet als diejenige mit der Marke Isuzu – und das wissen auch alle, die mich (als Markenbotschafter) und diese Markenbilder (als intrinsische Bildakte) kennen! Der substitutive Bildakt – so soll er zumindest hier verstanden werden – ergibt sich demzufolge aus der antizipierten Zukunft der Marken, er fügt dem Markenbild den Horizont hinzu.

„Wolle dies", „so sieht es aus", „das wird folgen", so lautet der Markendreiklang, wenn er nach der Theorie des Bildaktes rekonstruiert wird. Wert, Darstellung und Versprechen, zusammengehalten durch die schlüssige Gestalt, im Einzelkunstwerk eines Tizian oder Rembrandt, in der Gesamtwerken als „Künstlermarken", ebenso schließlich in den Markenbild-Holographien von Coca-Cola oder Colgate. Mit Qualitätsunterschieden, dem Risiko des Scheiterns und der Notwendigkeit zur Entwicklung.

16.2 Die Normalität des Fetischismus

Der Kunsthistoriker Horst Bredekamp erläutert als Summe seiner jahrzehntelangen Arbeit eine Theorie des Bildaktes, die sich auch als instruktiv für eine Theorie des Markenbildaktes erweist. Begriffe und Strukturen lassen sich aus der Sphäre der Hochkultur in die Welt der Warenmarkierung übertragen, sie helfen, Wirkmechanismen zu begreifen und bieten gegebenenfalls sogar Anleitungen für Markenmanager. Offen geblieben ist bislang jedoch zum einen die Frage nach den *Folgen* der Wirkungen der Bilder. Was passiert eigentlich mit den Betrachtern dergestalt wirkmächtiger Objekte, wie es zumindest gut gemachte Bilder zu sein vermögen? Wann suchen und wann vermeiden sie die Beziehung zu Marken und Bilder, oder, um an den Beginn dieses Textes anzuschließen: Warum ignorieren wir Leonardos Warnung und warum befolgen wir sie?

Zum zweiten ließe sich argumentieren, dass die strukturelle Angleichung der wirtschaftlichen Absatzhilfen an die Wirkformen europäischer Hochkultur auf ästhetischen Verfall und negative Verwirtschaftlichung verweist. Ist dann nicht, so die zweite (moralische) Frage, die Bindung an das Gute, Schöne und Wahre durch die Konkurrenz der bloß schönen Ware gefährdet? Oder kürzer: Darf man das, was Hochkultur wirksam macht, reinen Gewissens auf Marken übertragen – selbst wenn es für die Markentechnik nützlich ist?

16.2 Die Normalität des Fetischismus

Bei der Beantwortung dieser beiden Fragen nach dem psychisch und dem sozial Wünschenswerten des auf Marken übertragenen Bildaktes hilft eine weitere, ebenfalls aus dem Bereich der Kulturwissenschaft erwachsene Theorie: Hartmut Böhmes Fetischismus-Theorie der Moderne (Böhme 2006).

Man mag hier zunächst zurückzucken, denn Fetischismus ist ein unbehaglicher Terminus. Er gilt gemeinhin als eine Degenerationsform des vernünftigen Weltverhältnisses in Form einer freiwilligen oder neurotischen Selbsttäuschung:

> „Als ein bedeutendes und kraftgeladenes Objekt wird das Fetisch-Ding für den Fetischisten zu einem Agens, an das dieser fortan durch Verehrungs-, Furcht- oder Wunschmotive gebunden ist (…) Diese Obligation durch eine pseudo-objektive Macht verhindert die Einsicht, dass es der Fetischist selbst ist, der den Fetisch und die Beziehung zu ihm kreiert. Das Verhältnis zum Fetisch ist mithin zwanghaft (…) es funktioniert und ist doch verblendet; es ist ein bewußt gehandhabter Mechanismus, der in seiner inneren Struktur unbewußt bleibt"- so Böhme zufolge die gängige, aufgeklärte Sicht auf den Fetischismus (Böhme 2006, S. 17).

Solche Verhältnisse nannte und nennt man bis heute – mit einfachen Worten – auch Aberglaube oder Götzendienst, von Fetischismus wird erst seit Mitte des 18. Jahrhunderts gesprochen – und seit dem mit einer Unternote des Irrationalen, das es doch besser wissen müsste, des Verfallenen und sogar des Perversen. Diese eher aggressiv-abwertende statt leise lächelnde Bewertung resultiert aus der Abgrenzungs- und Absolutierungsbewegung der rationalen Wissenschaft, die ebenfalls ab dem 18. Jahrhundert damit beginnt, anderes Wissen und andere als naturwissenschaftlich belegbare Kausalitäten massiv zu diskreditieren (vgl. Böhme 2006, S. 17 f.). Dies gelang so weit, dass bis heute weitgehend gilt: „Fetischisten sind immer die anderen". Hartmut Böhme fügt jedoch an: „So war es immer. Aber so ist es nicht" (Böhme 2006, S. 16). Warum? Böhme sagt: „Die Vernunft und das Ich selbst sind Fetische, und sie verfahren fetischistisch: indem auf die Dinge als deren Substanz projiziert wird, was jenen, aber nicht diesen zukommt" (Böhme 2006, S. 21).

Demzufolge scheint nichts „falscher zu sein als die These von der Entzauberung der Welt. Die Fetisch-, Idol und Kulturformen heute – in Politik, im Sport, im Film, im Konsum, in der Mode etc. – belehren im Gegenteil darüber, dass die Entzauberung im Namen der Rationalität zu einem schwer kontrollierbaren, deswegen umso wirksameren Schub von Energien der Wiederverzauberung geführt hat" (Böhme 2006, S. 23). Warum ist das nun wieder so? „In unheimlicher Weise sind wir Subjekte und unsere Kultur auf eine dauernde Verzauberung angewiesen, um sich vor Dissoziation, Anomie und Zugehörigkeitsverlust zu schützen" vermutet wiederum der Kulturwissenschaftler (Böhme 2006, S. 25).

Eine verblüffende These – wenn man an klassische Argumentationen denkt, die das Leitbild der Bewusstheit und Rationalität als gesellschaftliches und persönliches Ideal auszurufen scheinen. Aber diese Rationalität wird nicht ohne Grund mit dem Beiwort kalt belegt. Und das Ideal der Bewusstheit ist auch aus psychoanalytischer Sicht mit der steten Bedrohung der Vereinsamung gekoppelt (vgl. Münch et al. 2009). Selbst Karl Marx, oft als Kronzeuge des Antifetischismus herangezogen, demonstriert in seinem Werk, „inspiriert durch eine intime Kenntnis der Fetischismus-Debatte in der Religionswissenschaft, dass ohne den Fetischismus keine politische Ökonomie zu konstruieren ist" (Böhme 2006, S. 26). Das belege nicht zuletzt die offensichtliche Tatsache, „dass gerade auf Seiten der kommunistischen Gegenmacht sich der Fetischismus, die Idolatrie, die Verkultung des Scheins umso ungebremster fortsetzen, nachdem sie zuvor in die Gegenseite, den Kapitalismus, hineingehext wurden" (Böhme 2006, S. 310).

Anders als Bredekamp geht Böhme in seiner Theorie in der Diskussion des Warenfetischismus ausdrücklich auf den wirtschaftlichen Kontext ein. Die Übertragung seiner Überlegungen auf den Kontext von Kommunikationsbeziehungen einerseits und auf die Modellierung von Bredenkamps Bildakttheorie andererseits gelingt – keine Überraschung – wiederum über den Gedanken des Markenbildaktes. So unterscheidet Böhme, in einer Mischterminologie von Benjamin (Aura) und Luhmann (Codierung) eigentlich zwischen Marke und Produkt, wenn er feststellt: „Während der Erwerbsakt einer Sache (= Produkt, KBS) vom Code Zahlen/Nicht-Zahlen reguliert ist, wird die Dynamik des Erwerbs von der Aura der Ware (= Marke, KBS) angetrieben, die in den Differenzen Lust/Unlust, Partizipation/Nicht-Partizipation, Glück/Nicht-Glück, Schönheit/Nicht-Schönheit, Sinn/Nicht-Sinn, man möchte fast sagen: Sein/Nicht-Sein prozessiert" (Böhme 2006, S. 287). Was macht das aber für einen Unterschied hinsichtlich des fetischistischen Wirkcharakters? Böhme gießt den Unterschied in eine eigene, seiner Theorie folgende Denkfigur, in dem er zwischen Fetischen erster und zweiter Ordnung differenziert.

Fetische bloß zweiter Ordnung sind Produkte, auch wertvolle Produkte, die aber dem natürlichen Verfall preisgegeben sind. „Dinge, die wir kaufen, werden sofort verbraucht. Wenn sie wertvoll sind, wie ein Auto, erleben wir regelhaft, wie unsere Freude, Begeisterung, Erwartung, unser Stolz mit dem vergehenden Glanz der Ware verblassen und der Wert dahinschmilzt" (Böhme 2006, S. 303). Während die Dinge vergehen, bleiben die Marken erhalten. Sie nutzen sich wenn, dann in ganz anderer Form ab als die Dinge, die sie markieren. Marken können daher Fetische erster Ordnung sein, „solche Dinge, zu denen strukturell gehört, dass sie nicht hergegeben, getauscht oder veräußert werden können, ohne dass dabei das Ich oder ein Kollektiv selbst verloren zu gehen droht" (Böhme 2006, S. 304). Demgegenüber sind die Autos selbst, die Dinge, dann Fetische zweiter Ordnung, wenn sie zwar mit dem Markenzeichen als Fetisch erster Ordnung belegt sind, aber als Dinge dem regelhaften Verfall preisgegeben sind und deshalb die Aufwertung von

16.2 Die Normalität des Fetischismus

Person und Kollektiv nur eine Zeit lang zu leisten vermögen: „Ist das Auto gealtert, gibt es keinerlei Statusgewinn und Identitätshalt mehr her. Ein neues muss her; so erhält sich die Warenzirkulation. Die fetischisierten Waren müssen einen Abglanz des Fetischismus erster Ordnung enthalten, weil nur so die Waren das Versprechen zu erfüllen vermögen, ‚Personen-Dinge' zu sein" (Böhme 2006, S. 305).

Ersetzt man das Wort „Personen-Dinge" durch die Konkretion „Markenpersönlichkeit" wird klar, wie die fetischistische Beziehung zwischen Waren-Dingen und ihrem Gegenüber durch die Marke erzeugt und strukturiert wird. Während Bredekamps Ausführungen die Struktur und Wahrnehmungsqualität des Markenbildes erläutern konnte, zeigt Böhmes Fetischismustheorie auf, wie das Verhältnis zum wahrgenommen Markenbild eine Beziehungsqualität zu erzeugen vermag, die letztlich Markenpersönlichkeiten bildet. Wenn die Väter der Kritischen Theorie dagegen den Warenfetisch festmachen im „Schein eines Gebrauchswert-Versprechens, welches durch seine theatralische Form inszeniert wird" (Böhme 2006, S. 333), verfehlen sie die tatsächliche fetischistische Bindungskraft ebenso wie wenn ein Bildakt als illusorisch denunziert würde, weil er von Farbe, Leinwand und Spannholz ablenkt. Tatsächlich würde niemand widersprechen, dass daraus ein Gemälde eigentlich besteht, und doch wird auch niemand es darin aufgehen lassen wollen. Entsprechend sieht der „aufgeklärte Kunde" heute „beide Seiten: Er ist desillusioniert und illusioniert zugleich von den Waren, er hat die Illusion schon enthüllt, und dennoch verleugnet er die Desillusionierung: Das ist die typische Kompromiss-Struktur des Warenfetischismus" (Böhme 2006, S. 334). Entsprechend, so schließt Böhme, „ist ein Gutteil des Marketings mit nichts anderem beschäftigt, (als) Waren zu Fetischen zu machen und sie als solche agieren zu lassen" (Böhme 2006, S. 335) – und zwar, so kann man anfügen, durch Markierung von Produkten.

Das Beispiel der Marke Harley-Davidson soll nun konkretisieren, wie die beiden Ansätze von Bredekamp und Böhme ineinander greifen und zwei Seiten von Markenbeziehungen zu erläutern vermögen. Mit Bredekamp identifizieren wir die Kraft eines Markenbildes „Harley-Davidson", das sich aus einer Vielzahl von Einzelbildern holographisch aufbaut und dadurch ein Wertebild (intrinsischer Bildakt) verkörpert und motivational ausrichtet: Die Harley-Welt der Freiheit, die Dich aufruft, Dein Leben zu ändern. Der schematische Bildakt findet sich in dem darin vorgegebenen, imitierbaren Bild der inszenierten Harley-Fahrer und Fahrerinnen, die einen bestimmten, unterscheidbaren Gestalttyp verkörpern: bestimmte Kleidung, bestimmte Haltung, bestimme Frisuren. Im substitutiven Bildakt des Harley-Hologramms schließlich zeigt sich, wie das neue Leben sein wird, als impliziter Horizont, der in diesem Fall mit dem Motorrad auch die Freiheit aufscheinen lässt. Diesen Markenbildakten kommt eine unabhängige Realität und Macht zu – die jedoch nur auf manchen wirkt und manchen andern kalt lässt. Auf wen sie wirkt, der hört das „Du" der Marke: Du musst Dein Leben ändern. Das gehörte Du wiederum löst die fetischistische Beziehung aus und lädt die Marke mit weiterer Energie auf, wenn man so will: mit Beziehungsenergie. Diese Energie richtet sich einmal auf den anfassbaren Gegenstand, das aktuelle Motorrad als Fetisch zweiter Ordnung. Dieser Gegenstand unterscheidet sich als Fetisch von anderen „bloßen" Gegenständen dadurch, dass ihm eine Wirkkraft zugerechnet wird, die über das bloße Maschinesein hinausgeht und die damit eine „pflegende" Beziehung unterstützt: Die geliebten Maschinen werden älter als die bloß funktionierenden. Solche Pflege kann das Maschinenleben verlängern – aber doch nicht verewigen. Selbst wenn es das konkrete Motorrad ins „Paradies der Dinge" (Hartmut Böhme), ins Museum schafft, ist es doch tot. Die Marke Harley-Davidson dagegen vermag als Fetisch erster Ordnung auch dann weiter zu leben, wenn die alte durch eine neue Maschine ersetzt oder der Fahrer bereits auf dem Sterbebett liegt und fern aller konkreten Motorradfahrten seinem Leben nachträumt.

16.3 Evolution des Markenbildes

Und so weiter bis in alle Ewigkeit, mag man teilironisch anfügen wollen: Der Verfall der Produkte und der Bestand der Marke. Doch das ist nur eine Seite des Vorgangs. Denn bekanntlich sind Markenbilder zwar beständig, aber doch auch veränderlich. Sie unterliegen einem evolutionären Wandel, sie müssen sich ändern wie die Generationen der Produktverwender sich ändern, dabei sowohl attraktiv als auch erkennbar bleiben.

Fällt die Rede auf evolutionäre Veränderung, liegt der Gedanke an das Überleben des Fittesten am nächsten, und damit „natürlich" auch eine Vorstellung technischer Innovation von Produkten. Daran ist etwas, und eigentlich schafft es keine Marke, lebendig am Markt zu agieren und sich doch technischen Innovationen zu verschließen, selbst wenn diese teilweise mit dem etablierten Markenbild kollidieren: Es gibt mittlerweile auch digitale Leica-Kameras, obwohl Leica die mechanische Kamera-Marke schlechthin war. Diese Anpassung war unabdingbar, um zu überleben. Doch gibt es mittlerweile zahlreiche, ja man kann sagen, fast ausschließlich digitale Kameras. Dieser technische Veränderungsschritt wird das Überleben der Marke Leica ermöglichen, aber nicht sichern. Was wird darüber hinaus nötig sein? Die andere Seite der Evolution:

> Für Darwin war die Evolution keinesfalls auf das survival of the fittest der mit Muskeln und Intelligenz ausgestatteten Mitglieder der verschiedenen Spezies allein zurückzuführen, sondern ebenso auf das Spiel der sexual selection. Diese aber bezieht sich auf die Anziehungskraft besonderer Gestaltformen. In einem Paarungsverhalten, das

16.3 Evolution des Markenbildes

sich nach Kriterien der Anziehungskraft von lebenden Bildern richtet, sind Darwin zufolge die langfristigen Veränderungen der Evolution begründet. (Bredekamp 2010, S. 311)

Funktionieren ist wichtig, aber es reicht nicht. Bredekamp unterstreicht die Bedeutung der Attraktivität für die Evolution: Wer gewinnen will, muss sexy sein. Diese Erkenntnis zieht er nicht etwa aus einer Analyse aktueller Werbung, sondern aus der differenzierten Betrachtung der europäischen Kunstgeschichte – und ist sich der „Besonderheit" dieser Sicht durchaus bewusst: „Das Unbehagen an dieser Art natürlicher Bildtheorie hat dazu geführt, daß sie ausgeblendet oder dem survival oft the fittest einverleibt wurde (...) Mit der bildlichen Aktivierung der Evolution hat er (der zuvor zitierte Autor Roland A. Fischer, KBS) jenen Zug der Abundanz und der Formverschwendung hervorgehoben, der sich nicht auf die Kaufmannsmentalität des Angepaßtseins und der fitness beschränken läßt" (Bredekamp 2010, S. 315).

Übertragen auf unseren Zusammenhang der Markenbildakte lässt sich daraus mindestens zweierlei ableiten: Zum einen wird hier klar erkennbar, warum aus evolutionärer Sicht Markenbilder überhaupt zur Aufwertung von Produkten beitragen – sie versehen sie nämlich mit einem erweiterten Bildrepertoire und machen sie damit attraktiver. Zum andern erscheinen sowohl die Kunstgeschichte als auch die Natur als empfehlenswerte externe Lehrmeister für die vielleicht oftmals allzu puritanischen Wirtschaftsfachleute.

Was genau lässt sich aber nun von der Natur lernen, wenn es um die attraktivitätserhaltenden Maßnahmen für Marken geht? Zunächst: Veränderung als Ausgleich von Gewohnheit und Überraschung: „Die Vögel, so Darwin, lieben die Abweichung, aber in kleinen Dosen und nicht in ‚einem vollkommen neuen Stil des Kolorits'. In dieser Bindung der Veränderung an kleine Schritte" liegt das Geheimnis der möglichen Attraktivitätserhaltung trotz des konservativen Zugs der einmal gelernten Markenbilder (Zitat: Bredekamp 2010, S. 313). Die Dynamik der bleibenden Attraktivität ist eine solche der leichten Veränderungen, eingespannt in Gewöhnung, Überraschung und Differenz.

Natürlich ist das auch im Hinblick auf Marken keine ganz neue Erkenntnis: Veränderungen der Marken sollen langsam, stückweise und unter Erhaltung der Selbstähnlichkeit erfolgen, um Konsumenten nicht zu verwirren. Das ist gängiges Wissen der Markentechnik – und verfehlt für sich genommen doch um Haaresbreite das auf Darwin zurückgehende Konzept der sexuellen Attraktion, denn obwohl man nachträglich einen übergeordneten Zweck konstruieren kann, ist jede einzelne Abweichung der natürlichen Ästhetik zunächst selbstgültig und genau deshalb kreativ: „Über die Kategorie der Schönheit als Variabilität ist der natürliche Transmutationsprozeß aus der Notwendigkeit entlassen, Zwecken und Ziele zugeordnet zu werden" (Bredekamp 2010, S. 314). Was die natürliche Evolution also eigentlich vormacht und was aus der darauf fußenden begrifflichen Theorie Bredekamps tatsächlich für die Wirtschaftskommunikation hinsichtlich der Markenbilddynamik zu lernen sein mag, ist nicht allein die Allmählichkeit, sondern darüber hinaus die vordergründige Nutzlosigkeit, das die Schönheit der Marke und damit ihren attraktiven Bild- und Fetischcharakter erhält.

16.4 Was nun?

Abschließend, wieder zuhause angekommen, stellt sich die Frage, was ein solcher Ausflug in die entferntere Nachbarschaft eigentlich nützt. Es ließe sich durchaus argumentieren, dass fast alles, was auf den letzten Seiten über Marke, Bilder und Fetische zu lesen war, auch in der einschlägigen Marketing-Fachliteratur zu finden oder zumindest aus ihr abzuleiten sei. Woanders, könnte man also sagen, ist es auch nicht besser, nur anders (in diesem Fall: formuliert). Dem lässt sich zustimmen, ohne daraus schließen zu müssen, dass man künftig zuhause bleiben sollte. Denn das Andere, das es woanders gibt, bietet Bestätigung und Abwechslung gleichzeitig. Auch woanders essen die Menschen Fett, Protein und Kohlenhydrate, aber es ist doch ein Unterschied, ob es sich um Seefisch, Kokosmilch und Reis oder um Roulade, Kartoffeln und Erbsen handelt.

Wirtschaftskommunikation ist eine junge Studienrichtung ohne eigene Traditionen. In gewisser Weise steht ihr die Betriebswirtschaftslehre ebenso fern oder nah wie die Kulturwissenschaften, entsprechend ist die Möglichkeit einer betriebswirtschaftlich geprägten Wirtschaftskommunikation ebenso plausibel wie die einer kulturwissenschaftlich fundierten – nicht zu reden von sämtlichen Mischformen. Fest steht: Wenn Wirtschaftskommunikation tatsächlich als eigenständiges Fach auftreten will, muss es mehr bieten als nur die Facette einer etablierten Disziplin. Dieses Mehr kann in einer besonderen Informiertheit über vermeintlich Fremdes und einer dazu gehörigen Übertragungskompetenz liegen.

Mit dieser Kompetenz lässt sich dann zum Beispiel eine Antwort auf die noch offene Frage nach der Vergleichbarkeit der Bedeutung von Hochkultur und Markenbildern formulieren. Nun lässt sich sagen: Marken und Hochkultur unterscheiden sich in ihrer daseinserschließenden Kraft – aber Menschen haben auch unterschiedliche Bedürfnisse an Inhalte ihrer Daseinserschließung. Die Kraft der Marke Harley-Davidson ist der Kraft der Gemälde Tizians vergleichbar, aber es ist eine andere Kraft. Aus dieser Ähnlichkeit ergibt sich eine Verantwortung der Markenmanager – die aber ohnehin dazu neigen, ihre Wirksamkeitspotenz eher zu über- als zu unterschätzen. Und es ergibt sich eine gewisse Verantwortung der Markennutzer für ihr Seelenheil – wenn sie es denn in der Hand haben, im Angesicht der autonomen Markenbilder, die nicht verhüllt vor ihrer Kraft warnen.

Literatur

Böhme, H. (2006). *Fetischismus und Kultur. Eine andere Theorie der Moderne.* Reinbek: Rowohlt.
Bredekamp, H. (2010). *Theorie des Bildaktes.* Frankfurt a. M.: Suhrkamp.
Münch, K., Munz, D., & Springer, A. (Hrsg.). (2009). *Die Fähigkeit, allein zu sein. Zwischen psychoanalytischem Ideal und gesellschaftlicher Realität.* Gießen: Psychosozial-Verlag.
Rilke, R. M. (1993). *Die Gedichte. Nach den Gesamtausgabe von Ernst Zinn.* Frankfurt a. M.: Insel.
Streeck, K. (2008). *Kirchtürme, High Heels und Werbeagenturen. Kultur als Ressource der Wirtschaftskommunikation.* München: Reinhard Fischer.

Realität und Virtualität in und von Beziehungen – was wirklich ist, ist wirklich schwer zu sagen

17

Zusammenfassung

Nach Goffman (Goffmann 1959) ist die ganze Welt ein Theater und auch die Akteure der Wirtschaftskommunikation lassen sich auf den Bühnen der Wirtschaftswelt gut verorten. Welche Aussagen die Rollentheorie und das Vierebenenmodell der Kommunikation für die Modellierung von Beziehungen machen und mit welchen Vorstellungen von sozialer Realität dies einhergeht, wird für unterschiedliche mediale Kontexte entwickelt und erörtert. Dabei werden insbesondere die rollentheoretischen Aussagen zum Impression Management und zu sozialer Identitätsbildung gewürdigt. Der Beitrag wertet die genannten Modelle in verschiedenen kommunikativen Kontexten: a) der Face-to-Face-Kommunikation, b) der computer- bzw. medienvermittelten Kommunikation und c) der Interaktion mit Medienfiguren bzw. -produkten, denen man in der „tatsächlichen" Welt nicht begegnet. Fazit ist, dass Realität in sozialen Beziehungen – egal auf welcher medialen Bühne – mehr verhandelt als faktisch verankert werden kann.

Susanne Femers

Soziale Realität, die Menschen in Beziehungen erleben, gibt es nicht an sich. Es existiert nicht einfach „die" Realität, die eindeutig von allen an einer Interaktion Beteiligten geteilt wird. Wir erleben *Realität* gemeinsam in Ausschnitten, über deren Existenz *kommunikativ verhandelt* wird. Die Welt ist in dieser Hinsicht als *Bühne sozialer Realität* erlebbar und konstitutiv für unser aufeinander bezogenes Handeln. Diese grundsätzlichen Annahmen werden nachfolgend auf der Basis der klassischen Rollentheorie und des Impression Managements ausgeführt. Für das Verständnis der Realität in der Kommunikation zweier Interaktionspartner ist es außerdem hilfreich, sich zu vergegenwärtigen, welche Ebenen der Betrachtung kommunikativen Geschehens jeweils eine Rolle spielen, wenn zwei Kommunikationspartner Einvernehmen darüber herstellen, welche Realität sie sozial gerade miteinander teilen. Daher wird die Quadratur der Nachricht – auch bekannt als das Vierebenen-Modell der Kommunikation – in die Betrachtung einbezogen.

Mit sozialer Realität verhält es sich noch komplizierter, wenn diese medial vermittelt ist bzw. wenn Medien Teil der Realität von Kommunikationsteilnehmern werden. So pflegen Menschen beispielsweise in *parasozialen Interaktionen*, d. h. nur illusionären Beziehungen wie die zu einem Star im Fernsehen, Verhältnisse zu Personen, denen sie in der Realität niemals begegnen. Diese Beziehungen haben für diese aber einen realen sozialen Wert. Sie bieten Identifikationsmöglichkeiten und können handlungsleitend sein. Außerdem werden in der *medien- bzw. computervermittelten Kommunikation* Beziehungen unter Ausschaltung von sozialer Präsenz gestaltet und verlieren viele Realitätsaspekte, die die *Face-to-Face-Kommunikation* im Alltag ansonsten auszeichnet. Doch nicht nur die Reduktion von Realität spielt in der medienvermittelten Kommunikation eine Rolle, sondern auch die Gestaltung virtueller „Wirklichkeit". Welche Realitätsvorstellungen damit einhergehen, welche Auswirkungen dies auf Beziehungen hat und welche Implikationen damit für die Wirtschaftskommunikation verbunden sind, soll im Folgenden näher erläutert werden.

17.1 Die Welt als Bühne – Möglichkeiten der Wirklichkeit im Sozialen

Die ganze Welt ist eine Bühne und „Wir alle spielen Theater." Dieser Satz des amerikanischen Soziologen Erving Goffman[1] ist der Titel seiner Arbeit über die Selbstdarstellung von Menschen im Alltag, die im Original bereits 1959 unter dem Titel „The Presentation of Self in Every Day Life" erschienen ist. Goffman hat in diesem Werk analysiert, wie Menschen in der Interaktion mit anderen versuchen, Informationen übereinander zu bekommen. Insbesondere interessierte ihn, welche Rollen Menschen in Beziehungen zueinander spielen und welche Techniken sie einsetzen, um ein gewünschtes Bild ihrer Selbst in der Vorstellung der anderen zu produzieren. Die entsprechenden *Inszenierungs- und Fassadentechniken* sollen später noch weiter interessieren. Hier soll zunächst dargelegt werden, in wieweit das *Bild der Theaterbühne* eine hilfreiche Vorstellung ist, um zu begreifen, was Wirklichkeit in der sozialen Interaktion von Menschen ausmacht bzw. nicht ausmacht.

---

[1] Nach William Shakespeare „Die ganze Welt ist Bühne, und alle Frauen und Männer bloße Spieler. Sie treten auf und gehen wieder ab, sein Leben lang spielt einer manche Rollen (…)." (Shakespeare 1983, S. 370 in „Wie es Euch gefällt", II. Akt, Szene 7, Original von 1599/1600).

17.1 Die Welt als Bühne – Möglichkeiten der Wirklichkeit im Sozialen

Die Bühne als Ort der sozialen Inszenierung ist für Goffman (1983) *ein Ort der Virtualität und Realität zugleich.* Es ist ein Raum, in dem Wirklichkeit im Spiel erlebt wird, und zugleich ein Ort der Täuschung. Diese doppelte Bedeutung erklärt er so: „Auf der Bühne werden Dinge vorgetäuscht. Im Leben hingegen werden höchstwahrscheinlich Dinge dargestellt, die echt, dabei aber nur unzureichend geprobt sind. Und was wohl noch entscheidender ist: Auf der Bühne stellt sich ein Schauspieler in der Verkleidung eines Charakters vor anderen Charakteren dar, die wiederum von Schauspielern gespielt werden; das Publikum ist der dritte Partner innerhalb der Interaktion – ein wichtiger Partner, und dennoch einer, der nicht da wäre, wenn die Vorstellung Wirklichkeit wäre. Im wirklichen Leben sind die drei Partner auf zwei reduziert; die Rolle, die ein Einzelner spielt, ist auf die Rollen abgestimmt, die andere spielen; aber diese anderen bilden zugleich das Publikum." (Goffman 1983, S. 3). *In der klassischen Rollentheorie* nach Katz und Kahn (1978) werden *Rollen als ein Bündel von normativen Erwartungen* beschrieben, die an den Inhaber einer sozialen Rolle gerichtet sind. Diese bestimmen auch die Beurteilung der Verhaltensangemessenheit eines Rollenträgers durch seine soziale Umwelt. Solche Erwartungen an das Verhalten wechseln mit dem Wechsel von Rollen, die ein Rollenträger nebeneinander einnimmt. Denn nicht nur eine, sondern viele verschiedenen soziale Rollen bestimmen unser Verhalten gegenüber unseren sozialen Umwelten (z. B. Vorgesetzte, Kollegen, Kunden und Mitarbeiter).

In der auf der Rollentheorie basierenden *Interaktionstheorie* von Solomon et al. (1985) wird eine „dramaturgische Metapher" bemüht, um das facettenreiche und wechselnde Rollenverhalten von Interaktionspartnern zu erklären: Auf der Bühne, im *„Front-Stage"-Bereich* spielen alle Rollenträger in einer sozialen Situation eine bestimmte Rolle. Dahinter gibt es den *„Back-Stage"-Bereich*, die Situation hinter der Bühne, in der man die Bühnenrolle abstreift und eine andere soziale Rolle einnimmt. Ein Beispiel aus der Welt der Wirtschaftskommunikation verdeutlicht die Berechtigung der Theatermetapher:

Von Backstage zu Frontstage im Büro

Stellt man sich vor, dass eine Marketingassistentin im Laufe der Erarbeitung einer Präsentation mehrfach mit ihrer Vorgesetzten die Erarbeitung einer Kampagne abstimmt, kann man sich diese beiden Personen z. B. am Casual-Friday in Jeans und mit Pferdeschwanz im unaufgeräumten Büro der überlasteten Chefin vorstellen, wie sie mit untergehakten Beinen in informeller Teamatmosphäre über den Notizen gebeugt und vielleicht auch hilflos sind, weil sie Unsicherheiten spüren, ihnen nichts mehr einfällt, sie an sich selber zweifeln oder vielleicht am Ende eines langen Arbeitstages gemeinsam lachen über den Quatsch, den sie sich am Vortag ausgedacht haben. Zwei Tage später sieht diese Situation vielleicht ganz anders aus. Aufgeräumter Raum mit Konferenztisch. Vorstandskühle, nicht nur wegen der Klimaanlage. Es geht um den Etat für die Marketingabteilung im nächsten Jahr, die Kampagne wird präsentiert. Der Chef vom Chef vom Chef und jede Menge Projekt- und Abteilungsleiter sind da. Die beiden Frauen sind kostümiert im Business-Chic und die Frisur sitzt. Strahlendes Lächeln, souveränes Auftreten, Selbstsicherheit und Siegesbewusstsein. Die Bühne ist eine andere geworden, das Publikum hat Erwartungen, die erfüllt werden müssen und die beiden Marketingspezialistinnen spielen eine Rolle, in der sie ein Stück ihrer selbst präsentieren und andere Rollen verdunkeln. Es gibt also verschiedene Wirklichkeiten, in denen sich die Protagonisten bewegen können.

17.2 Impression Management und persuasive Selbstinszenierung

Menschen wie Organisationen stellen sich in der Interaktion mit anderen nicht einfach so da, wie sie sind, sie zeigen nicht die (ganze) Realität ihrer selbst, sondern versuchen Vorteile in der Kommunikation für sich zu gewinnen, in dem sie über die eigene Realität täuschen. (Dieses Verhalten kann intentional und bewusst, aber auch unbeabsichtigt, zufällig oder automatisiert und damit nicht reflektiert ablaufen.) Sie üben sich in *strategischer Selbstinszenierung* – so die Grundaussage der *Impression Management Theorie*, die auf den *symbolischen Interaktionismus* von Mead (1934) und die *Rollentheorie* von Goffman (1983) zurückgeht. Nach Ebert und Piwinger (2007, S. 206) versteht man unter Impression Management „Eindruckssteuerung durch Selbstdarstellung bzw. Steuerung der für die Eindrucksbildung relevanten Informationen". Als erfolgreich gilt dies, wenn die sich selbst darstellende Person oder Organisation eine *reflektierte Selbstkontrolle* hat, sie das von ihr gewünschte Bild in der Öffentlichkeit klar definiert, mit dem Fremdbild kontinuierlich vergleicht und Inszenierungen realisiert, die sich neben dem eigenen Idealbild auch an gesellschaftlich angesehenen Werten orientieren.

Zur gezielten Eindruckssteuerung bedarf es dabei der persuasiven Selbstinszenierung: „Das Impression Management, die Eindruckssteuerung besteht darin, dass Personen (wie auch Organisationen, S. F.) in Interaktionssituationen versuchen, Informationen über die eigene Person zu manipulieren, also Einfluss zu nehmen auf Bedeutungszuschreibungen anderer Interaktionsteilnehmer bezüglich ihrer eigenen Person." (Mummendey 1995, S. 117). Als Inszenierungstechniken des Impression Managements gelten u. a. das Betonen von Offenheit in Beziehungen, Signalisieren von Kompetenz, Hervorheben der eigenen Attraktivität sowie

17.2 Impression Management und persuasive Selbstinszenierung

Betonung von Status und Prestige (Ebert und Piwinger 2007, S. 210 ff.). In der Wirtschaftskommunikation findet man daher Inszenierungen in Imagebroschüren wie etwa von Hotels oder legendären Restaurants, in denen Prominente als frühere Gäste gezeigt werden, die sich dort besonders wohl gefühlt haben. Die Sonne des Ruhms dieser Personen soll auch auf das eigene Haus, Produkt bzw. die eigene Dienstleistung scheinen, eine Inszenierungstechnik, die man im Rahmen des Impression Managements als „*basking in reflected glory*" bezeichnet: „Man bringt sich oder seinen Namen in einen assoziativen Zusammenhang mit Vorstellungen, Gegenständen oder Einstellungen in Verbindung, die bei anderen Menschen positive Gefühle auslösen." (Ebert und Piwinger 2007, S. 210).

Nicht nur *positive Selbstdarstellungstechniken*, bei denen sich ein Darsteller positiv bewertete Merkmale zuschreibt, bilden das Repertoire der strategischen Inszenierung. Auch *negative Selbstdarstellungstechniken* gehören zur Ausstattung der Regisseure einer sozialen Welt des Scheins. Bei diesen Techniken hofft der Selbstdarsteller durch die Zuschreibung von Schwäche oder Hilfsbedürftigkeit zu profitieren (Mummendey 1995, S. 140 f.; Ebert und Piwinger 2007, S. 217). Diese Art professioneller Imagepflege wird zum Beispiel in der Sympathiekampagne des Landes Baden-Württemberg eingesetzt, deren Slogan lautet: „Wir können alles. Außer Hochdeutsch.". Auch in Krisenzeiten wird damit gearbeitet: Nach der Pannenserie des Unternehmens Toyota im Jahr 2010 schaltete das Unternehmen Anzeigen mit der Headline: „Wir riskieren lieber negative Schlagzeilen als Ihre Sicherheit." Wer sein Ansehen für seine Kunden aufs Spiel setzt, rettet sein Ansehen zugleich bei denselben – so die Logik, die hinter dieser Inszenierung steht.

Persuasive Selbstinszenierung funktioniert nur, wenn der *Eindruck der Aufrichtigkeit* stark ist, bestenfalls dann, wenn der Darsteller selber glaubt, was er spielt. Was die Theorie des Impression Managements beschreibt, sind im Kern keine devianten Verhaltensweisen von Hochstaplern, sondern typisch menschliche Bemühungen, sozialen Rollen gerecht zu werden. Man versucht, dem Bündel von Erwartungen zu entsprechen, das die Umwelt mit einer sozialen Rolle assoziiert. Die *Persuasion und Täuschung* geschieht quasi zur Aufrechterhaltung der sozialen Ordnung. Der Schriftsteller Max Frisch hat einmal gesagt: „Jeder Mensch erfindet früher oder später eine Geschichte, die er für sein Leben hält." (zitiert nach Egli von Matt et al. 2008, S. 13). Wir alle tun das – automatisch und ohne wirklich verwerfliche Absichten. Auf diese Realitätsauffassung von Selbstdarstellungen hat man sich sozial verständigt. Diese Inszenierung und den Glauben an die eigene Rolle hat auch Goffman (1983, S. 19) im Blick, nämlich den Darsteller, „der vollständig von seinem eigenen Spiel gefangen genommen wird; er kann ehrlich davon überzeugt sein, dass der Eindruck von Realität, den er inszeniert, ‚wirkliche' Realität sei. Teilt sein Publikum diesen Glauben an sein Spiel – und das scheint der Normalfall zu sein—, so wird (…) nur noch der Soziologe oder der sozial Desillusionierte irgendwelche Zweifel an der ‚Realität' des Dargestellten hegen." In diesem Kontext spielt nach Goffman (1983, S. 65) auch Respekt vor anderen eine entscheidende Rolle: „(…) diejenigen Dinge, um die sich das Publikum aus Respekt vor dem Darsteller nicht kümmert, (sind S.F.) meist solche (…), deren Entdeckung ihn beschämen würde. Wie Riezler es ausgedrückt hat, ist das soziale Leben einer Münze vergleichbar, auf deren Vorderseite sich die Ehrfurcht und auf deren Kehrseite sich die Scham befindet."

17.3 Ebenen der Kommunikation und Aushandlung geteilter Realität

Über die Frage, was Realität ist und ob es so etwas wie Wirklichkeit gibt und wie diese zu verstehen ist, gibt es Bücher, die ganze Bibliothekwände füllen können. Hier soll nicht die philosophische Frage nach der Wirklichkeit an sich erörtert werden, sondern die *Frage, was Wirklichkeit in der sozialen Realität ausmacht* und welchen Stellenwert sie für Beziehungen hat. In seinem Buch „Wie wirklich ist die Wirklichkeit?" hat Watzlawick (1995) sich mit dem Einfluss von Kommunikation auf den Wirklichkeitseindruck von Menschen beschäftigt und damit, was sie für Realität halten. Nach der Lektüre weiß der Leser: Vieles ist wahr, auch das Gegenteil, alles ist möglich und für den anderen in der Kommunikation ist oft das wahr, was wir für falsch halten oder wirklich nicht gedacht oder gar gesagt haben. Menschen kann man in Beziehungen positiv unterstellen, dass sie eine gemeinsame Realität teilen wollen. Aber selbst wenn sie nichts über sich erzählen (und dabei vielleicht eine Fassadentechnik einsetzen), scheint es ihnen in der Interaktion mit anderen durchaus schwer zu fallen, sich über die einfachsten Sachverhalte selbst in der Realität der Dinge zu verständigen. Ein weiteres Beispiel (vgl. Schulz von Thun 1981) soll dies erläutern:

Das „Haar" in der Suppe kann grün sein

Zwei Menschen, er und sie, setzen sich an den Tisch zum Essen. Er zu ihr: „Was ist das Grüne in der Suppe?" Sie entgegnet daraufhin: „Wenn es Dir hier nicht schmeckt, dann kannst Du ja woanders essen!". Die Kapern in der Suppe bilden nicht den Gegenstand dieser Konversation. Wir wissen auch nicht, ob der Mann weiß, was Kapern sind. Seine Frage nach dem Grünen in der Suppe muss nicht, kann aber einem Informationsbedürfnis entsprechen. Ihre Entgegnung lässt darauf schließen, dass sie nicht gewillt war, seine Frage als Informationsbedürfnis zu interpretieren, sondern als Kritik an ihrer Kochkunst. Gegenstand des Gesprächs ist also nicht die *Sachebene* (das Grüne in der Suppe), sondern die *Beziehungsebene* (sie fühlt sich von ihm kritisiert). Es könnte aber auch sein, dass für die Gesprächspartner die *Selbstoffenbarungsebene* die wesentliche ist: Er sagt dann über sich, dass er nicht alles isst, was man ihm so vorsetzt. Sie sagt vielleicht über sich, dass sie sich zu wehren weiß, wenn ihr einer blöd kommt. Auch die *Appellebene* kann den Fokus der Kommunikation bilden. Bei dieser Betrachtung der Unterhaltung könnte er sie mit seiner Frage gebeten haben wollen, ihm nichts vorzusetzen, was er nicht kennt. Sie könnte ihn veranlasst haben wollen, an einem anderen Ort, bei einem anderen Koch zu essen. Was wirklich ist, ist schwer zu sagen.

Nach dem *Vierebenenmodell der Kommunikation* in Weiterführung der Arbeiten des Sprachforschers Bühler (1934) und der Kommunikationsforscher Watzlawick et al. (1969) hat Schulz von Thun (1981) herausgearbeitet, dass Kommunikation immer mehrdimensional ist, auf den vier geschilderten Ebenen beim Sender und Empfänger verortet sein kann und die jeweilige Realität zwischen den Interaktionspartnern anhand ihrer wechselseitigen Reaktionen aufeinander entschlüsselt werden muss. *Kommunikation entspricht eben der Quadratur der Nachricht,* deren Aussage über die Realität schwer zu dechiffrieren ist. Soziale Realität in Beziehungen ist also nicht einfach und eindeutig da, sie erschließt sich in jeweiligen kommunikativen Akten. Indem sich die Beziehungspartner *Feedback* über ihre Wahrnehmungen von Gesagtem geben, können sie ihre Realitätsauffassungen annähern. *Im besten Fall kann also Wirklichkeit in der sozialen Realität über Kommunikation verhandelt werden.* Wir konstruieren Realität in der Interaktion und wir können versuchen, uns über Austauschprozesse über gemeinsame Wahrnehmungen in der Realität zu verständigen. Dabei können einzelne Aspekte der sozialen Realität hervorgehoben, andere für den Moment einer Konversation ausgeblendet werden.

Damit bietet sich wieder das *Bild des Theaters* an, um zu bestimmen, was Realität in menschlichen Beziehungen ausmacht. Die Bühne des Theaters ist die Wirklichkeit. Wir nehmen aber nicht alles in dieser Wirklichkeit wahr, was wahrgenommen werden könnte. Wir nehmen nur Ausschnitte der Realität wahr, die gleichsam aus dem Dunkel der Bühne durch das Scheinwerferlicht einer sozialen Interaktion erhellt werden. Der Scheinwerfer zeigt uns, was gerade Präsenz hat, was als gegenwärtige Realität hervorgehoben wird, wenn man selber auf der Bühne als Interaktionspartner spielt oder als Zuschauer zur Bühne schaut. Das, was im Dunkeln ist, das sieht man nicht. Dennoch ist es da und kann durch den nächsten Satz, der gesprochen wird, die nächste E-Mail, die gelesen wird und die nächste Antwort, die kommuniziert wird, zur gegenwärtigen Realität in einer Beziehung werden.

17.4 Medien und soziale Realität: Erweiterungen und Modifikationen

Als *kommunikative Grundform* beschäftigt sich die Kommunikationswissenschaft mit dem interpersonalen Gespräch bzw. der sogenannten *Face-to-Face-Kommunikation*, die auch ohne Worte mit Mimik und Gestik vermittelt werden kann. Medien modifizieren und erweitern diese Basisformen nach Krotz (2005, S. 15 f.) in dreierlei Hinsicht:

1. Die erste Erweiterungsform ist die *Kommunikation zwischen Menschen mittels Medien* via Telefon, Brief oder Chat beispielsweise. Diese interpersonale medienvermittelte Kommunikation ermöglicht „das Gespräch zwischen zwei Menschen, wenn sie zeitlich, räumlich oder gelegentlich auch sozial getrennt sind." (Krotz 2005, S. 15).
2. Die zweite Erweiterung ist die *Kommunikation mit Medien(produkten)*, bei der vorgefertigte, allgemein adressierte Angebote wie aus dem Fernsehen oder dem Internet rezipiert werden. Die Gespräche zwischen Menschen sind hier anders organisiert: „(…) nämlich dann, wenn die Rolle des Kommunikators und die Rolle des Rezipienten institutionalisiert voneinander getrennt und nicht mehr innerhalb der gleichen Situation potentiell abwechselnd ausgeübt werden." (Krotz 2005, S. 15).
3. Die dritte Form ist die *interaktive Kommunikation mit Medien*: „Sie findet zwischen Mensch und Maschine statt und ist eine Simulation eines wechselseitig geführten Gesprächs zwischen zwei Menschen, deren Verlauf nicht vorgegeben ist." (Krotz 2005, S. 16). Beispiele dieser letztgenannten Kommunikation sind etwa der Austausch mit dem Tamagotchi, GPS-System-Interaktionen zur Navigation oder das Spielen von Computerspielen.

Diese letzte Kommunikationsform ist eine reine Mensch-Maschine-Interaktion, die an dieser Stelle nicht weiter interessieren soll, da soziale Beziehungen, die hier fokussiert werden, in diesen Fällen keine Rolle spielen. Für die ersten beiden Erweiterungs- bzw. Modifikationsformen von Kommunikation durch Medien soll nachfolgend anhand von Beispielen ausgeführt werden, welche Implikationen damit für die Realitätswahrnehmung und -konstitution sowie die Beziehungsgestaltung verbunden sind.

17.4.1 Soziale Realität und interpersonale medienvermittelte Kommunikation

Der Realitätsgehalt zwischenmenschlicher Interaktionen ist vielleicht deshalb aus der Perspektive der Psychologie von so herausragendem Interesse, weil Identität und Identitätsgenese des Menschen, der ja ein soziales Wesen ist, in eine Art Schieflage geraten könnten, wenn seine Wurzeln virtueller und nicht realer Existenz entspringen würden. Soziale Kommunikation speist sich aus Selbstdarstellungen der Akteure auf sozialen Bühnen, deren Identität wiederum entwickelt sich aus sozialer Kommunikation. Was aber passiert, wenn diese Bühnen realitätsarm oder gar virtuell sind? Das enorme Interesse der Sozialforschung an der *Interaktion von Menschen in sozialen Netzwerken* wie Facebook oder an den *Identitätsspielen in virtuellen Welten* wie im Fall Second Life, einer computervermittelten Welt mit Einbindung in den realen Wirtschaftskreislauf, berührt also den Kern menschlicher Identität. Ist die Welt, in der wir kommunizieren und unser Selbst generieren, nicht mehr real, lässt sich aus kulturpessimistischer Sicht Schlimmes ahnen. Andererseits ergeben sich auch enorme Potentiale für die Identitätsbildung und soziale Beziehungen, wenn man die Welt der Realität, d. h. der Face-to-Face-Kommunikation, verlässt.

Abstrahierend von einzelnen Anwendungen (vgl. hierzu im Einzelnen Döring 2003, S. 37 ff.; Beck 2006, S. 57 ff.) wie Chat, Cyberspace & Co soll nachfolgend aufgezeigt werden, welche Auswirkungen für Kommunikation und Beziehungsgestaltung zu konstatieren sind, je nachdem, ob Interaktionen real, Face-to-Face, stattfinden oder computer- bzw. medienvermittelt, d. h. virtuell, stattfinden. Dazu sollen auf einer Metaebene theoretische Überlegungen und Ergebnisse von Studien summarisch anhand durchaus divergierender Konzepte von Sozialwissenschaftlern aufgeführt werden. Dabei ist als selbstverständlich vorauszusetzen, dass die *Trennung in Real-Life (sprich „First-Life") und Virtual Life (d. h. „Second Life")* künstlich ist. Wir sind zu Wanderern zwischen diesen Welten geworden und die Grenzen der Face-to-Face-Welt und der Welt medienvermittelter Kommunikation sind fließend und werden täglich mühelos und für viele kaum noch spürbar überschritten.

Computer(nutzer) sind in der Sozialwissenschaft – so könnte man meinen – von jeher *sozial verdächtig*. Bereits Joseph Weizenbaum lieferte 1977 in „Die Macht der Computer und die Ohnmacht der Intelligenz" Einsichten in das wenig beneidenswerte Leben von „heavy usern", einsamen, sich nur mit der Maschine sicher fühlenden Computerfetischisten. Spätestens jedoch seit 1984, als die amerikanische Soziologin Sherry Turkle (1984a, b) ihre Forschungen zur Computerkultur unter dem Titel „The Second Self. Computers and the Human Spirit" veröffentlichte, begann ein Schreckgespenst zum sozialwissenschaftlichen Sorgenkind zu werden: Es handelte sich um den isolierten Hacker oder Programmier-Crack, der depriviert jenseits der sozialen Gemeinschaft sein Dasein gefangen in der Mensch-Maschine-Interaktion fristete. Im Kern galt die Sorge der sozialwissenschaftlichen Bedenkenträger fortan dem Schicksal dieser Menschen, die durch den intensiven Umgang mit der Maschine ihre Identität als soziales Wesen zu verlieren drohten.

Auch drei Jahrzehnte später ist die *Frage der Veränderungen des Menschen durch den Computer* noch nicht befriedigend beantwortet. Anders ließe es sich nicht erklären, dass dem vom IT-Experten Carr (2010) veröffentlichten Werk „Wer bin ich, wenn ich online bin..." eine so immense Aufmerksamkeit geschenkt wurde. Verfolgt man zeitgenössische Debatten um Menschen und Computer scheint aber die Sorge um die Vereinzelung des Menschen als Folge der Mensch-Maschine-Interaktion von einer neuen Sorge verdrängt zu werden. *Nicht die soziale Isolation ist bedenklich, sondern das soziale Miteinander von Menschen in modernen computervermittelten Netzwelten.* Diese entfalten nämlich in der Virtualität sozialer Gemeinschaften Verhaltensweisen, die von der realen Welt abweichen können. Daher wird der Art und Weise der Kommunikation in medienvermittelten Kommunikationsräumen erhöhte Aufmerksamkeit gezollt.

Insbesondere diese kritische Betrachtung wurde in neueren sozialwissenschaftlichen Ansätzen in der Forschung zur sogenannten *computervermittelter Kommunikation* weiter verfolgt, aber auch differenziert und zum Teil relativiert (vgl. hier und im Folgenden die Zusammenfassung bei Femers 2005, S. 169 ff.). Unter computervermittelter Kommunikation wird im Sinne von Köhler (2003, S. 18 f.) verstanden, dass Menschen in einer Nicht-Face-to-Face-Situation durch die Anwendung eines oder mehrerer computervermittelter Hilfsmittel miteinander in Beziehung treten. Eine erweiterte Perspektive für diesen Begriff eröffnen Kimpeler und Schweiger (2007, S. 15): „Computervermittelte Kommunikation (CvK) umfasst alle Formen der interpersonalen, gruppenbezogenen und öffentlichen Kommunikation, die offline oder online über Computernetze oder digitale Endgeräte erfolgen." Wesentliche Unterschiede der medienvermittelten Kommunikation zur Face-to-Face-Kommunikation wurden in diversen Untersuchungen herausgearbeitet (vgl. z. B. Frindte und Köhler 1999; Boos et al. 2000; Köhler 2003; Döring 2003; Kimpeler et al. 2007; Rügenberg 2007; Eck 2011):

Computervermittelte Kommunikation (CvK) wird als *Kommunikation mit geringer sozialer Präsenz* klassifiziert – mit Folgen für das (Sozial-)verhalten. In der CvK ist vergleichsweise geringerer normativer Einfluss auf das Verhalten der Interaktionspartner wirksam und soziale Erwünschtheit spielt eine untergeordnete Rolle (Köhler 2003, S. 11, 21, 26). Kommunikationsmanager, die kritische Konsumentenmeinungen in Blogs glätten müssen, wissen, was damit und mit dem Begriff kommunikativer Entfesselung in Netzwelten gemeint ist. Bemerkbar macht

17.4 Medien und soziale Realität: Erweiterungen und Modifikationen

sich auch ein Verlust an Souveränität und sozialer Kontrolle, was durch das Fehlen sozialer Hinweisreize als Feedback erklärt wird: „Mechanismen sozialer Kontrolle verlieren einen großen Teil ihrer Wirkung, Werte und Normen ihre Gültigkeit. Das soziale Feedback und damit die Prozesse sozialer Erwünschtheit sind nur noch von geringfügiger Bedeutung. (…) Weiterhin ist ein eher extremes und anomisches Verhalten zu beobachten." (Köhler 2003, S. 21, 28). Außerdem treten *neue Formen sozialer Interaktion* auf den Plan: „Die Bildung neuer Gruppen ist zu beobachten. In Organisationen erfolgt eine hierarchieunabhängige Kommunikation." (Köhler 2003, S. 21). Überdies werden *neue Dominanzstrukturen* sichtbar bzw. wandeln sich bestehende, denn CvK wird ein egalisierender Effekt zugeschrieben. Auch diese Entwicklung bereitet Kommunikationsmanagern in autoritär geprägten Unternehmenskulturen erhebliche Probleme, weil Demokratisierungstendenzen mit der eigenen (Kommunikations-)Kultur schwer zu vereinbaren sind.

Die Kommunikation im Netz ermöglicht nach dem *Virtual personae and multiplying identity-Ansatz* von Turkle (1995) außerdem Gelegenheiten zu Identitätsspielen, bei denen sogar mehrere Online-personae in der Selbstinszenierung erprobt werden. Diese Multiplizierung von Identitäten hat enorme Auswirkungen auf die Beziehungsgestaltung. Da der Kontext der realen Welt ausgeblendet wird, kann es auch zu Vereinsamung und sozialer Isolation kommen: „Die Entkontextualisierung führt zu einer Entsinnlichung und Unverbindlichkeit sozialer Beziehungen. Gleichzeitig kommt es zu einem erschwerten Aufbau sozio-emotionaler Bindungen." (Köhler 2003, S. 21). Mit Blick auf die Kommunikationskultur konstatieren Reid (1995) wie auch Turkle (1995), dass *die virtuellen Räume der CvK als Spielplätze* zu betrachten sind. Während sich in der Kultur der realen Kommunikationswelt über lange Zeit Konventionen, Normen und Erwartungen etabliert haben, steht in der virtuellen Realität eine Kulturanpassung noch aus. Für dort angemessenes Sozialverhalten sind Symbole und Signale erst noch zu generieren (Köhler 2003, S. 37).

Neue Medien haben demnach ihre *Sozialisationsfunktion* noch nicht erfüllt oder eine andere Sozialisation realisiert als Kulturpessimisten sie erwarten würden. Medien werden in diesem Zusammenhang als „*Kulturagenten*" verstanden: „Medien sind Agenturen der Gesellschaft, mit der sich die Gesellschaft als Gesellschaft selbst erhält: Der Mensch wird durch sie als kulturelles und soziales Wesen geformt." (Hickethier 2003, S. 449). Neue Medien und CvK werfen damit grundsätzliche Fragen über das Soziale neu auf: „We suggest that by understanding how people interact with technology that has more or fewer human characteristics, we not only can understand more about how people interact with technology but also understand more about what makes us social." (Kiesler et al. 1996, S. 63 zitiert nach Köhler 2003, S. 145).

Die oben exemplarisch aufgeführten Befunde aus der CvK-Forschung gehen – wie deutlich geworden sein dürfte – nicht ohne Wertungen einher. Daher soll bezogen auf die Frage „Was macht uns sozial?" und „Was ist an unserer Identität und unserer sozialen Realität real?" noch bilanziert werden, wie die Entwicklung moderner medienvermittelter Interaktionsprozesse zu werten ist. In den sog. *technikdeterministischen Ansätzen, dem Restriktionsmodell oder auch Kanalreduktionsmodell* genannt, geht man davon aus, dass Kommunikation unter Kopräsenz der Beteiligten das Ideal zwischenmenschlicher Kommunikation darstellt, weil alle Sinnesorgane beteiligt sind, alle Zeichen verfügbar sind und die soziale Präsenz für Reichhaltigkeit an Informationen, Nähe und Lebendigkeit der Interaktion steht: „Daher wird computervermittelte Kommunikation (…) immer als weniger emotional, weniger menschlich und dadurch sachlicher empfunden." (Eck 2011, S. 89). Diese pessimistische Sicht reflektiert nicht, dass es andere kulturell geschätzte Kommunikationsformen wie Brief oder Buch gibt, die je nach Anlass und Bedürfnis befriedigende Kommunikationsformen darstellen können (Eck 2011, S. 89). Auch wird bezweifelt, dass ersatzweise eingesetzte Zeichen wie Emoticons oder Aktionswörter die angesprochenen Defizite ausgleichen können.

Eine positivere Interpretation eröffnen die sogenannten *Simulations- oder Imaginationsansätze* (Eck 2011, S. 90): „In virtuellen Kommunikationsumgebungen können (und müssen) wir (…) selbst entscheiden, welche Informationen wir über uns preisgeben und welche nicht. Dadurch wird es möglich, von der Offline Realität abzuweichen und sich in einem besseren Licht darzustellen oder vollkommen neue Identitäten zu konstruieren. Unsere Selbstdarstellung (Simulation), aber auch die Vorstellung von unseren Gesprächspartnern (Imagination) können daher von der Realität vollkommen abweichen." Einerseits gewinnen wir damit Kontrolle und Freiheitsgrade in der Kommunikation, andererseits stellen die Simulationsleistungen unserer Interaktionspartner auch Kontrollverluste dar. Das Risiko von Täuschungen und Verletzungen nimmt zu, wenn Inszenierungen durchschaubar werden. In die Bilanzierung ist auch einzubeziehen, dass der Wegfall von sozialen Hemmungen auch zu größerer Intimität führen kann, wenn Störfaktoren wie ein unattraktives Äußeres oder eine unsympathische Stimme wegfallen. Eine soziale Eindrucksbildung kann demnach positiv beeinflusst werden, wenn Ausschnitte aus der Realität fehlen: „Imagination kann die soziale Wirklichkeit also produktiv aufwerten." (Eck 2011, S. 91). Dies ist aber nicht allein der computervermittelten Kommunikation vorbehalten. Auch andere mediale Kontexte offerieren dieses Potential, wie die Ausführungen zu parasozialen Interaktionen mit Medienfiguren im Folgenden zeigen werden.

17.4.2 Soziale Realität in der Kommunikation mit Medien(produkten)

Kindern, deren Medienkompetenz noch nicht ausgereift ist, fehlt die Fähigkeit zur Realitäts-Fiktions-Unterscheidung. Daher kann es vorkommen, dass sie Personen auf dem Fernsehbildschirm etwas von ihren Süßigkeiten anbieten. Dies ist als Beziehungsangebot zu werten, das zur Irritation und Enttäuschung Anlass gibt. Auch bei Erwachsenen gibt es Interaktionen und Beziehungen zu Medien und ihren Produkten, die sich dadurch auszeichnen, „dass das Wissen um mediale Illusionen in den Hintergrund rückt." (Hartmann 2010, S. 48). Medienfiguren wie TV-Schauspieler, Radiomoderatoren, Nachrichtensprecher, Talkshow-Master, Moderatoren von Tele-Shopping-Sendungen, aber auch fiktive Figuren aus Comicfilmen oder Computerspielen können bei Rezipienten das Gefühl auslösen, von diesen Figuren persönlich angesprochen zu werden. Diese Illusion eines kommunikativen Aktes nennt man *parasoziale Interaktion*, entwickelt sich eine intensive Bindung, spricht man von *parasozialen Beziehungen*.

Im Unterschied zur „normalen" Interaktion und Beziehung sind sich die Kommunikationspartner hier nicht beide der gegenseitigen Anwesenheit bewusst und die Interaktion ist nicht wechselseitig angelegt: Der entscheidende Unterschied zu tatsächlichen Interaktionen ist jedoch, dass einer der Interaktionspartner den anderen (…) nicht beobachten kann. Für jenen „blinden" Interaktionspartner bleiben die Reaktionen des anderen (…) komplett verborgen. (Hartmann 2010, S. 14). *Die Medienfigur, der blinde Interaktionspartner*, ist auf Handeln beschränkt und steuert seine „Performance" nur auf Basis eigener Annahmen über seine Wirkung. Dies kann bezogen auf die Beziehungsgestaltung aber sehr erfolgreich sein, denn die Interaktionen können durchaus verhaltenswirksam werden. Stars regen dazu an, die eigene Frisur zu ändern. TV-Show-Master können während ihrer Sendung erfolgreich zu Spenden für die Aidshilfe aufrufen, dafür mit sozialer Aufmerksamkeit „belohnen" und damit die „Beziehung" festigen. Die Interaktion bleibt aber eine Illusion, sie ist keine, die geteilter sozialer Realität entstammt. Die persuasiven Wirkungen einzelner Medienfiguren kann enorm sein: Den Anfang der Erforschung parasozialer Interaktionen stellte ein erfolgreicher 18-stündiger Marathon-Radio-Auftritt der populären Sängerin Kate Smith in den 1940er Jahren in den USA dar, die laut Hartmann (2010, S. 21) wiederholt dazu aufrief, US-Kriegsanleihen zu zeichnen. Diese wurden während der Sendung im Umfang von 39 Mio. US-$ gezeichnet.

Unter welchen Umständen können *Medienfiguren* Prozesse in der Wirtschaftskommunikation moderierend oder *als Katalysator* erfolgreich gestalten? Nicht nur für den instrumentellen Einsatz von Stars, sondern auch für die Moderation von

Tele-Shopping sind die Antworten darauf spannend. Diese sollen in Anlehnung an einen Forschungsüberblick von Hartmann (2010, S. 82 ff.) zusammengefasst werden: Je mehr sich Zuschauer von einer Medienfigur direkt „adressiert" fühlen, und je attraktiver die Medienfigur für den Betrachter ist, desto stärker seine Wirkung. Attraktivität meint dabei nicht nur sexuelle Attraktivität. Attraktiv sind Medienfiguren, wenn sie Kompetenz, Glaubwürdigkeit, Fröhlichkeit, Gelassenheit und/oder Durchsetzungsfähigkeit zeigen. Die *Attraktivität einer Medienfigur,* zu der ich eine illusionäre Beziehung unterhalte, liegt in der Menge der mit mir geteilten Anschauungen und Werte. Verkörpert die Figur ein attraktives „Inneres", neige ich eher dazu, die Beschäftigung mit dieser Figur zu vertiefen und die wünschbare Ähnlichkeit mit der Medienfigur motiviert mein Verhalten, z. B. ihr zu folgen in der Produktwahl oder sie zu unterstützen in prosozialem Verhalten (wie der Spende). Je mehr Zuschauer sich in eine Sendung einbezogen fühlen, desto intensiver fallen auch die emotionalen und kognitiven Verarbeitungen der gelebten illusionären Beziehung aus.

Auch Geschlecht, Bildung und Alter spielen eine Rolle für die Intensität der Beziehungsgestaltung: Weibliche Personen, solche mit vergleichsweise geringer Bildung und Ältere neigen zu intensiveren parasozialen Beziehungen als männliche, besser gebildete und jüngere Personen. Diese Ergebnisse kennt man zum Teil auch aus der Analyse der Wirkungen, die Third-Partys, Testimonials bzw. Prominente haben, wenn man sie in der Wirtschaftskommunikation auch außerhalb des Fernsehens oder Radios einsetzt: Hier wie dort ist aber Vorsicht geboten, wenn der illusionäre Beziehungspartner einen „*Charakterbruch*" begeht, also aus seiner Rolle fällt (siehe z. B. die erotischen Fotos der Nachrichtenmoderatorin Susan Stahnke), oder enttäuscht, weil er sich aus der Öffentlichkeit bzw. vom Bildschirm verabschiedet. Dann kann es echte Stressreaktionen durch den Verlust des Beziehungspartners geben.

Für die Beziehungsgestaltung in der Wirtschaftskommunikation ist wesentlich, dass die geschilderten Interaktionswirkungen auch auftreten, wenn sich der Medienrezipient des illusionären Charakters der Beziehung bewusst ist. D. h. bei den oben angesprochenen Befunden handelt es sich nicht um pathologische Fälle, bei denen zwischen Illusion und Realität keine Unterscheidung mehr möglich ist (die es natürlich auch gibt), sondern in die soziale Realität von Medienrezipienten und Konsumenten gehören ganz selbstverständlich sozial einflussreiche Beziehungen, die nur eingeschränkt zur Alltagsrealität gehören. *Beziehungsillusionen sind also wirksame soziale Tatsachen,* die zur Beziehungsrealität in der Wirtschaftskommunikation dazu gehören. Zu deren Gestaltung gehört Selbstreflexivität auf der einen Seite und verantwortliches Verhalten auf der anderen Seite. Während Illusionen die Realität nicht gänzlich verdrängen sollten, ist vom blinden Interaktionspartner zu erwarten, dass er sieht. Aber das wäre dann schon die *Moral der Geschichte*, nach der am Ende der Theaterzuschauer immer fragt. Sie soll auch hier abschließend kurz aufgegriffen werden.

17.5 Episches Theater für Wahrheit und Wahrhaftigkeit im Möglichkeitsraum sozialer Realität

In der *Bilanzierung des Wertes von Medien für soziale Beziehungen* kommt die Sozialpsychologin Döring (2003, S. 484 f.) insgesamt zu einer recht positiven Bilanz – egal ob Massen- oder Individualmedien, Online- oder Offline Medien betrachtet werden: Massenmedien können soziale Beziehungen repräsentieren und Rollenmodelle für die Beziehungsgestaltung darstellen. Sie dienen auch der Beziehungsanbahnung und bieten Potential für die parasoziale Interaktionen. Die Nutzung von Massenmedien kann Beziehungen stärken, aber auch Beziehungen konfliktreich aufladen, sie stellen im Hinblick auf die Anpassung von Mediennutzungsverhalten auch Gestaltungsanforderungen an Beziehungen. Die kommunikative Kompatibilität von Menschen stellt wohl bei der Nutzung von computervermittelter Kommunikation eine noch größere Herausforderung dar als bei der Nutzung von Massenmedien: „Online Beziehungspartner müssen sich jedoch darüber verständigen, in welchem Rahmen sie ihren Austausch verstehen, da das Spektrum der individuellen Interpretationsweisen im Netz größer ist." (Döring 2003, S. 486).

Computervermittelte Kommunikation stellt insgesamt betrachtet Chancen zur Gratifikation durch Unterhaltung dar und kann der Realisierung von Affiliations- und Bindungsbedürfnissen dienen. Auch wenn Formen des Eskapismus, der Flucht aus der sozialen Realität, in medienvermittelter Kommunikation leicht gemacht werden, hält Döring (2003, S. 487) es für überzogen, der kulturpessimistischen Betrachtung vieler Ansätze zur CvK zu folgen: „Das Konstrukt der ‚Online-Beziehung' läuft (…) Gefahr, Mediennutzung zu dramatisieren, während die Alltagsintegration des Internet eher eine Perspektive der Normalisierung verlangt." Allerdings erhebt sie auch die *Forderung nach Selbstreflexivität* (Döring 2003, S. 169) für einen angemessenen Umgang mit Simulations- und Imaginationsmöglichkeiten der medienvermittelten Kommunikation, der eine negative Entwicklung hin zu Authentizitätsverlusten, Identitätsbrüchen und verspieltem Vertrauen auf den Bühnen der Selbstdarstellung in Internetszenarien nicht riskieren will.

Das Gleiche gilt selbstverständlich auch für die Selbstdarstellungen im Beziehungsmanagement außerhalb von Medien in den Inszenierungswelten des Face-to-Face-Theaters. *Wahrheit und Wahrhaftigkeit* sind die kommunikationsethischen Problemfelder, die die soziale Realitätskonstitution mehr als andere ethische

Konfliktfelder berühren. Wahrheit darf ein genereller Geltungsanspruch in der menschlichen Kommunikation unterstellt werden, die sich im Alltag durch Überprüfung von Übereinstimmung, Kongruenz oder Widerspiegelung von Aussage und Wirklichkeit Geltung im sozialen Miteinander verschafft (Beck 2010, S. 137). Wahrheitsansprüche werden in der sozialen Realitätsherstellung permanent erhoben, aber auch enttäuscht – unabhängig von medialen Kontexten der Realitätsvermittlung. Beim kommunikationsethischen Prinzip der Wahrhaftigkeit „geht es nicht um Übereinstimmung von Kommunikation und Realität, sondern um moralische Haltung und Intention der Kommunikanten: also Aufrichtigkeit, Ehrlichkeit und Authentizität des Sprechers." (Beck 2010, S. 138). Wird nicht gemeint, was gesagt wird und wird nicht (alles) gesagt, was gemeint ist, steht ein zentraler sozialer Wert auf dem Spiel: Vertrauen. „Aus einer normativen Perspektive", so der Medienethiker Schicha (2008, S. 543), „gelten Wahrheit und Wahrhaftigkeit als wünschenswerte Kategorien, und wenn davon abgewichen wird, gilt dies als Betrug." *Vertrauen* ist quasi *die Währung*, mit der hier bezahlt wird. Vertrauen bestimmt in dieser Betrachtung das Ausmaß, in dem Menschen Gestaltungspotentiale in ihrer gemeinsamen sozialen Realität wahrnehmen bzw. nutzen.

„Trust needs touch." so Hand (1995, zitiert nach Rügenberg 2007, S. 4). Die Bedeutung dieser „*Berührung*" dürfte nicht nur in der sozialen Nähe liegen. Sie lässt sich im vorliegenden Kontext auch sinnvoll als emotionale Berührung interpretieren. Die sozialen Kosten, sprich Vertrauensverluste, von Selbstinszenierungen in sozialen Realitätskonstitutionen gilt es kommunikationsethisch betrachtet zum Wohle aller Beteiligten möglichst gering zu halten. Wie schwer das ist, hat schon Goffman (1983) gewusst, der die ganze Welt als Theater verstanden hat. Mit medienvermittelten Kommunikationswelten sind die *Risiken sozialer Kosten von Beziehungsspielen* sicher gestiegen. Vielleicht braucht die Welt der sozialen Realität – will man es ethisch betrachten – daher ergänzend ein anderes Theater, das den Blick schärfen, die Ohren spitzen und für Berührung sensibler werden lässt.

Das wäre mit einer *Theatermetapher nach dem Vorbild von Berthold Brechts epischem Theater* gegeben. Dieses hatte sich nach Brechts Vorstellung in einer immer komplexer und unübersichtlicher werdenden Welt, in der die Gesetze des Handelns nicht mehr selbstverständlich erschlossen werden können und intransparent blieben, als notwendige Ergänzung bzw. Ablösung des dramatischen Theaters entwickelt. Der Zuschauer im zeitgemäßen Theater erhält Rollenkompetenz, denn er gewinnt über den Transparenz schaffenden Erzähler auf einer Metaebene Kompetenz bei seiner Rezeption und die Möglichkeit, sich distanzierend einem neuen Verstehen anzunähern:

> Der Zuschauer des dramatischen Theaters sagt: Ja, das habe ich auch schon gefühlt. – So bin ich. – Das ist natürlich. – Das wird immer so sein. – Das Leid dieses Menschen

erschüttert mich, weil es keinen Ausweg für ihn gibt. – Das ist große Kunst: da ist alles selbstverständlich. – Ich weine mit den Weinenden, ich lache mit den Lachenden. (…) Der Zuschauer des epischen Theaters sagt: Das hätte ich nicht gedacht. – So darf man es nicht machen. – Das ist höchst auffällig, fast nicht zu glauben. – Das muss aufhören. – Das Leid dieses Menschen erschüttert mich, weil es doch einen Ausweg für ihn gäbe. – Ich lache mit den Weinenden, ich weine über den Lachenden. (Brecht 1963, S. 54 f.)

Für kommunikations- und medienethische Bedenkenträger bedeutet dies, dass bei steigenden Sozialkosten und Aufregungsschäden über die beschriebenen kommunikativen Kontexte *Diskurse* notwendig werden. Und zwar solche *zwischen Erzähler und Zuschauer*. Der Erzähler gehört zum epischen Theater Brechts wie die vierte Wand zur Erfassung des gesamten Raums und der Gesamtaussage der Inszenierung. Als Erzähler sind Medienrezipienten wie Medienproduzenten gleichermaßen gefragt – zwei Rollen, die sich in Interaktionswelten neuer medialer Kontexte sowieso stetig abwechseln und deren Grenzen sich permanent verwischen. Damit wäre dann vielleicht auch der Forderung nach Selbstreflexivität im Beziehungsalltag genüge getan und die Kosten für Betrug, der immer auch Selbstbetrug einschließt, ließen sich eventuell auf ein unerlässliches Minimum reduzieren.

Literatur

Beck, K. (2006). *Computervermittelte Kommunikation im Internet*. München: Oldenbourg.
Beck, K. (2010). Ethik der Online-Kommunikation. In W. Schweiger & K. Beck (Hrsg.), *Handbuch Online Kommunikation* (S. 130–155). Wiesbaden: VS Verlag für Sozialwissenschaften.
Boos, M., Jonas, K. J., & Sassenberg, K. (2000). *Computervermittelte Kommunikation in Organisationen*. Göttingen: Hogrefe.
Brecht, B. (1963). *Das epische Theater. Schriften zum Theater 3*. Frankfurt a. M.: Suhrkamp.
Bühler, K. (1934). *Sprachtheorie. Die Darstellungsfunktion von Sprache*. Jena: Gustav Fischer.
Carr, N. (2010). *Wer bin ich, wenn ich online bin… und was macht mein Gehirn so lange? Wie das Internet unser Denken verändert*. München: Karl Blessing.
Döring, N. (2003). *Sozialpsychologie des Internet. Die Bedeutung des Internet für Kommunikationsprozesse, Identitäten, soziale Beziehungen und Gruppen*. Göttingen: Hogrefe.
Ebert, H., & Piwinger, M. (2007). Impression Management: Die Notwendigkeit der Selbstdarstellung. In M. Piwinger & A. Zerfaß (Hrsg.), *Handbuch Unternehmenskommunikation* (S. 205–225). Wiesbaden: Gabler.
Eck, C. (2011). *Second Life und virtuelle Realität. Potentiale virtueller Existenz*. Baden-Baden: Nomos, Edition Reinhard Fischer.
Egli von Matt, S., Peschke, H.-P. von, & Riniker, P. (2008). *Das Portrait*. Konstanz: UVK Verlagsgesellschaft.

Femers, S. (2005). Neue Medien – Neue Macht, neue Mythen? In P. Rössler & F. Krotz (Hrsg.), *Mythen der Mediengesellschaft – The Media Society and its Myths* (S. 159–175). Konstanz: UVK Verlagsgesellschaft.
Frindte, W., & Köhler, T. (1999). *Kommunikation im Internet.* Frankfurt a. M.: Peter Lang.
Goffman, E. (1959). *The presentation of self in everyday life.* New York: Doubleday & Company.
Goffman, E. (1983). *Wir alle spielen Theater. Die Selbstdarstellung im Alltag.* München: Piper.
Hartmann, T. (2010). *Parasoziale Interaktionen und Beziehungen. Konzepte. Ansätze der Medien- und Kommunikationswissenschaft* (Bd. 3). Baden-Baden: Nomos.
Hickethier, K. (2003). Medienkultur In G. Bentele, H.-B. Brosius, & O. Jarren (Hrsg.), *Öffentliche Kommunikation. Handbuch Kommunikations- und Medienwissenschaft* (S. 435–457). Wiesbaden: Westdeutscher.
Katz, D., & Kahn, R. L. (1978). *The social psychology of organizations.* New York: Wiley.
Kimpeler, S., & Schweiger, W. (2007). Einführung: Computervermittelte Kommunikation als Forschungsgegenstand in der Publizistik und Kommunikationswissenschaft. In S. Kimpeler, M. Mangold, & W. Schweiger (Hrsg.), *Die digitale Herausforderung. Zehn Jahre Forschung zur computervermittelten Kommunikation* (S. 14–23). Wiesbaden: VS Verlag für Sozialwissenschaften.
Kimpeler, S., Mangold, M., & Schweiger, W. (Hrsg.). (2007). *Die digitale Herausforderung. Zehn Jahre Forschung zur computervermittelten Kommunikation.* Wiesbaden: VS Verlag für Sozialwissenschaften.
Köhler, T. (2003). *Das Selbst im Netz. Die Konstruktion sozialer Identität in der computervermittelten Kommunikation.* Wiesbaden: Westdeutscher.
Krotz, F. (2005). Einführung: Mediengesellschaft, Mediatisierung, Mythen – Einige Begriffe und Überlegungen. In P. Rössler & F. Krotz (Hrsg.), *Mythen der Mediengesellschaft – The Media Society and its Myths* (S. 9–30). Konstanz: UVK Verlagsgesellschaft.
Mead, G. H. (1934). *Mind, self, and society.* Chicago: Chicago University Press.
Mummendey, H. D. (1995). *Psychologie der Selbstdarstellung.* Göttingen: Hogrefe.
Reid, E. (1995). Virtual worlds: Culture and imagination. In S. G. Jones (Hrsg.), *Cybersociety* (S. 164–183). London: Savage.
Rügenberg, S. (2007). So nah und doch so fern. Soziale Präsenz und Vertrauen in der computervermittelten Kommunikation (Dissertation am Psychologischen Institut der philosophischen Fakultät, Universität zu Köln, 2007).
Schicha, C. (2008). Medienethik. In B. Batinic & M. Appel (Hrsg.), *Medienpsychologie* (S. 533–553). Heidelberg: Springer Medizin Verlag.
Schulz von Thun, F. (1981). *Miteinander reden 1 – Störungen und Klärungen.* Reinbek bei Hamburg: Rowohlt.
Shakespeare, W. (1983). *Wie es Euch gefällt. Gesammelte Werke in vier Bänden* (Bd. III, S. 339–411). Salzburg: Caesar.
Solomon, M. R., Surprenant, C., Czepiel, J. A., & Gutman, E. G. (1985). A role theory perspective on dynamic interactions: The service encounter. *Journal of Marketing, 49*(4), 99–111.
Turkle, S. (1984a). *The second self. Computers and the human spirit.* New York: Simon and Schuster.
Turkle, S. (1984b). *Die Wunschmaschine. Der Computer als zweites Ich.* Reinbeck bei Hamburg: Rowohlt.
Turkle, S. (1995). *Life on screen.* New York: Simon and Schuster.

Watzlawick, P. (1995). *Wie wirklich ist die Wirklichkeit? Wahn – Täuschung – Verstehen*. München: Piper.
Watzlawick, P., Beavin, J. H., & Jackson, D. D. (1969). *Menschliche Kommunikation. Formen, Störungen, Paradoxien*. Bern: Verlag Hans Huber.
Weizenbaum, J. (1977). *Die Macht der Computer und die Ohnmacht der Vernunft*. Frankfurt a. M.: Suhrkamp.

Am Ende: Warum? 18

> **Zusammenfassung**
>
> Die Autoren haben – wie eingangs erläutert – die Arbeit an den Texten für dieses Buch mit Gesprächen begleitet. Zum Ende der Reflexion über den „Finanztango" steht ein Gespräch über die Intentionen und Ziele der Autoren, das hier in Auszügen dargestellt wird mit dem Ziel, Sinn und Eigenheiten von Büchern wie auch von Tänzen zu ergründen.

KBS: Wir haben ein Buch geschrieben – aber für wen ist das eigentlich interessant, was wir da alles reflektieren?

SF: Zunächst schreiben wir natürlich für uns: Es geht darum, Erfahrungen aufzuarbeiten, auch darum, endlich mal von diesem wilden Schwein zu erzählen, das uns im zweiten Kapitel begegnet ist, das vermutlich immer noch unerlegt durch die Eifel läuft. Es ist aber nicht ein bloßes Anekdotenerzählen, sondern darüber hinaus ein Zerlegen, Sortieren und Begreifen des eigenen Berufslebens. Dieser methodische Zugriff macht – hoffentlich – das Persönliche des Erlebten zu einem Allgemeinen einer Tätigkeitsform, der Tätigkeitsform des Beziehungsmanagements im Rahmen der Wirtschaftskommunikation. Damit schreiben wir das Buch dann auch für unsere Studenten und Studentinnen, für kommende und gegenwärtige Beratungskollegen und -kolleginnen, und natürlich für andere Wissenschaftler und Wissenschaftlerinnen mit Interesse an theoriegestützten Reflexionen beruflicher Erfahrungen.

KBS: Wir sind also die Alten, die den Jüngeren mit guten Ratschlägen auf die Nerven gehen?

SF: Die Jüngeren müssen ja nicht unbedingt die gleichen Erfahrungen machen wie wir, aber vielleicht können sie ja in ähnlichen Situationen von den Erfahrungen, die wir hier verarbeiten, profitieren – obwohl sie sich natürlich selber ihre eigenen Knie aufschlagen müssen. Das gehört natürlich auch dazu. Aber es sind nicht nur die indirekten Ratschläge, die das Buch sinnvoll machen. Wir haben als

Autoren ja auch eine Menge gelesen, was andere so über Beratung und Kommunikation geschrieben haben. Mir fehlte dabei immer etwas. Es fehlte eigentlich, sich die Beziehungen einmal anzugucken. Meine Motivation zu diesem Buch war dann, in diesem Beziehungsbereich genauer hinzuschauen und etwas beizutragen. Was naheliegend ist, weil ich als Psychologin zunächst mit einer psychologischen Betrachtungsperspektive an das Kommunikationsmanagement herangehe. Meines Erachtens nach sind Beziehungen bisher in der Kommunikationswissenschaft und im Kommunikationsmanagement viel zu kurz gekommen.

KBS: Ja, mir geht es ähnlich. Einerseits sehe ich einen Beziehungsboom im digitalen Marketing, mit buzzwords wie Relationship-Marketing und CRM. Dergleichen wird wohl auch auf der technischen Ebene ernst genommen, mit der Auswertung aller greifbaren Daten, die sich aus Such-, Click- und sonstigem Online-Verhalten ergeben, natürlich auch bei der Auswertung von Wiederkaufsraten, Loyalität und anderen CRM-Kategorien. Ich sehe aber noch nicht, dass das verknüpft wird mit dem vorhandenen gewachsenen Wissen darüber, wie Beziehungen beeinflusst werden können. Dazu liegen viele Überlegungen aus der Soziologie, der Philosophie und auch den Kulturwissenschaften vor, die aber, entweder aus Zeitmangel oder auch, weil man gar nichts davon weiß, im Marketing und der Wirtschaftskommunikation ungenutzt bleiben. Für mich war eine wichtige Motivation, solche nicht unbedingt auf der Hand liegenden Verknüpfungen mit den Ergebnissen anderer Wissenschaftsdisziplinen aufzuzeigen und zur Erweiterung des Marketing-Gesichtsfeldes anzubieten.

SF: Ich glaube, dass es dem gegenwärtigen Beziehungsmarketing an einer entscheidenden Sache fehlt: Das ist die Perspektivenübernahme. Die Beziehungen sind offenbar in den Mittelpunkt gerückt, um sie effizienter zu gestalten – aber dabei ist der Kunde selbst oft vergessen worden. Drastisch gesagt: Vieles im so genannten Beziehungsmarketing dient nur dazu, sich die Kunden vom Hals zu halten und bloß keine persönlichen Kontakte aufkommen zu lassen. Deshalb wird im Design dieser Prozesse häufig vergessen, den Kunden zu fragen, was er eigentlich will, wie es ihm eigentlich geht und wie er sich so einen Prozess selbst vorstellen könnte. Ich als Kunde möchte manchmal auch einfach bedient werden und ich wäre auch bereit, das zu bezahlen – aber das kann ich mir nicht einmal aussuchen.

KBS: Das ist interessant, denn ich merke jetzt, dass ich selbst die Wirtschaft doch sehr stark aus der anbietenden Perspektive sehe und mir die Frage durchaus sympathisch ist, wie ich mir die Kunden soweit wie möglich vom Hals halten kann – allerdings ohne den Bogen zu überspannen, denn dann gehen die Kunden ganz weg. Einerseits überlege ich also: Wie kann ich das noch weiter treiben, wo habe ich als Unternehmen noch zu viel Kundenkontakt – und andererseits: wo mache ich möglicherweise eklatante Fehler, weil ich keine Kommunikation zulasse, wo sie unbedingt gewünscht und oftmals auch bezahlt wird. Das ist das eine.

Die andere für mich spannende Frage ist: Wie fühlen sich eigentlich die Menschen hinter dem Tresen – die Verkaufenden, Beratenden, Dienstleistenden? Das liegt sicher auch daran, weil ich als Kind in einem Ladengeschäft großgeworden bin und eine ganz frühe Herausforderung für mich war: Ein Kunde kommt auf mich zu und will irgendetwas – was muss ich jetzt tun? Nach meinem Dafürhalten werden die aus dieser basalen Mitarbeiter-Kunden-Relation entstehenden Beziehungskonstellationen in Unternehmen zumindest nicht so bedacht, wie sie bedacht werden könnten.

SF: Was kann denn unser Buch dazu beitragen, aus Unternehmensperspektive Kundenbeziehungen noch effizienter zu gestalten – also: für das Unternehmen effizienter zu gestalten, weil sich die Kunden am Ende des Kontaktes verstanden fühlen und zufrieden sind?

KBS: Was tatsächlich durch einzelne Texte passiert, wenn sie jemand liest, ist vorab schwer zu sagen. Insgesamt denke ich aber, dass Unternehmen effizienter werden können, wenn sie mehr über die Möglichkeiten, aber auch über die Grenzen von Beziehungen wissen. Welche Zumutungen Beziehungen in gewisser Weise sind – aber auch, welche Entlastung sie bieten können. Das ist eine flexible Grenze, an der zu arbeiten sich lohnt. Mit Kunden, aber auch mit den eigenen Mitarbeitern, z. B. wenn geklärt wird: Wie wollen wir es denn mit Wahrheit und Unwahrheit halten, wie mit Freundlichkeit, wie mit privaten Beziehungen zu unseren Kunden? Wenn da ein aufgefächertes Wissen bereitliegt, das zeigt, welche unterschiedlichen Sichtweisen es auf solche Fragestellungen gibt, wird klar, welche unterschiedlichen Möglichkeiten sich bieten, sich z. B. im Hinblick auf die Konkurrenten zu profilieren und bessere Arbeitskräfte für das eigene Unternehmen zu gewinnen. Ein solches Buch liefert eben keine Rezepte, sondern fordert auf zum Tanz.

SF: …und heißt deshalb im Haupttitel Finanztango. Wir sind ja relativ spät zu diesem Titel gekommen, mir hat er dann aber sofort eingeleuchtet, weil er so viele Aspekte des Buches in eine griffige Metapher fasst. Es sind immer finanziell getriebene bzw. monetär motivierte Beziehungen, die im Wirtschaftsleben zu steuern und zu gestalten sind. Und der Tango repräsentiert das typische Miteinander der Partner, die sich in eine Beziehung zu einander begeben und sich daher aufeinander zu oder voneinander weg bewegen, ihre Bewegungen anpassen, ihre Schritte steuern und ihre Richtung bestimmen müssen, um den Tanz entsprechend der Regeln der Management-Kunst zu absolvieren.

KBS: Und muss das Tango sein – oder reicht auch Walzer?

SF: Der Tango hat nach meiner Auffassung eine Reihe von Eigenschaften, die auch für das Beziehungsmanagement in der Wirtschaftskommunikation typisch sind. Es handelt sich um einen Gesellschaftstanz, das heißt, die hier betrachteten Beziehungen sind typisch für die Wirtschaftsgesellschaft und repräsentieren ihre Kultur. Tango hat sich auch als Standardtanz etabliert, was bedeutet, dass die Beziehungskonstellationen weitgehend erwartbar sind und von entsprechenden Transaktionsmustern und Rollenvorstellungen sowie gegenseitigen Erwartungen beeinflusst sind, hinter denen individuelle Gestaltungsmöglichkeiten oft zurückstehen – aber durchaus für das Gelingen des tänzerischen Miteinanders und den künstlerischen Ausdrucks entscheidend sein können.

Das für die gesellschaftliche Kontextualisierung hervorstechendste Merkmal aber ist die Eigenschaft des Turniertanzes, die dem Tango zugeschrieben wird beziehungsweise zu dem er sich entwickelt hat. „Finanztango" deutet für mich auf das Beziehungsmanagement in einem immer kompetitiven Umfeld hin, das von Leistungswillen, -erwartungen und -versprechen gespeist wird. Außerdem ist Tango ein Paartanz – so wie die hier für die angestellten Betrachtungen vorrangig ausgewählten Beziehungen dyadische Interaktionssituationen wiederspiegeln. Zu guter Letzt verbindet sich mit dem Tango auch das Klischee der gezähmten Leidenschaft, das als ein wünschenswertes Ziel einer zivilisatorischen Leistung im kreativen Miteinander von Kommunikationsschaffenden angesehen werden kann, denen eben das Klischee der Kreativen anhaftet – derer, die Neues schaffen und fest Gefügtes in Frage stellen.

KBS: Ein für mich wichtiger Punkt fällt mir dazu noch ein: Der Tango zeigt auch, dass Ethik nicht die Abwesenheit von Erotik beinhalten muss. Die Ethik beim Tango besteht eben darin, dass man zusammen spielt. Wenn wir in unseren Texten von den Beziehungen zwischen Mitarbeitern, Kunden und Management sprechen, dann umkreisen wir genau das. Beim Tanzen ist es so: Wenn ein Partner den anderen durch die Welt schleudert, ohne dass der merkt, worum es geht, macht das beiden keine Freude und Turniere gewinnt man so erst recht nicht. In dem begehrenden Zusammenspiel insbesondere des Tangos liegt dagegen eine ganze Menge Potential – aber klar ist auch: die Hand hat auf der Schulter zu bleiben.

SF: …und welche Leidenschaften werden da Ihrer Meinung nach im wirtschaftlichen Kontext gezähmt?

KBS: Hauptsächlich die Leidenschaft der Habgier. Es ist eben der *Finanz*-Tango, bei dem es letztlich doch darum geht, sich in einer gezügelten Art und Weise seinen Teil an einem Kuchen zu sichern, der einem zunächst noch nicht gehört. Aber nicht, in dem man mit Prügeln aufeinander einschlägt, sondern in gewisser Weise in gegenseitigem Einverständnis, als Tanz. Wie im Wirtschaftsleben ist dieser Tanz einerseits regelgeleitet – es gibt ja unendlich viele Gesetze, Ethik Codices und Verhaltensvorschriften in der Wirtschaft. Aber Tango tanzt man nicht, indem man nur alle Schritte richtig macht – zum Tango gehört sicher auch ein gewisses „chemisches" Zusammenpassen der Partner, dazu gehört eine Fortune des Augenblicks, es gehört aber auch die Kapelle dazu. Denn der Tango, ohne Musik getanzt, ist vielleicht zum Üben geeignet. Aber die Musik, das ist eben der Markt, zu dem man tanzen können muss.

MIX
Papier aus verantwortungsvollen Quellen
Paper from responsible sources
FSC® C105338

If you have any concerns about our products,
you can contact us on
ProductSafety@springernature.com

In case Publisher is established outside the EU,
the EU authorized representative is:
**Springer Nature Customer Service Center GmbH
Europaplatz 3, 69115 Heidelberg, Germany**

Printed by Libri Plureos GmbH
in Hamburg, Germany